Das Kursbuch Musik 1

für den Unterricht an allgemeinbildenden Schulen

von Markus Detterbeck
und Gero Schmidt-Oberländer

Lehrerband

HELBLING

Innsbruck · Esslingen · Bern-Belp

Inhaltsverzeichnis

Vorwort 3
Einleitung 4

Kapitel 1:	Begegnung mit Musik	19
Kapitel 2:	Rund um die Stimme	25
Kapitel 3:	Meet the beat	32
Kapitel 4:	Wolfgang Amadeus Superstar	43
Kapitel 5:	Mit Musik erzählen	54
Kapitel 6:	Haste Töne?	66
Kapitel 7:	Musikinstrumente I	77
Kapitel 8:	Mit drei Klängen durch die Welt	89
Kapitel 9:	Musik in Form I	100
Kapitel 10:	Let's dance	112
Kapitel 11:	Move and groove	117
Kapitel 12:	Musik mit Programm	127
Kapitel 13:	Farbwechsel: Dur und Moll	140
Kapitel 14:	Musikinstrumente II	152
Kapitel 15:	Musik in Form II	161
Kapitel 16:	Haste tiefe Töne?	172
Kapitel 17:	Multitalent Leonard Bernstein	182
Kapitel 18:	Notenbilder – Tonbilder	191
Kapitel 19:	Klänge im Aufbruch	200
Kapitel 20:	Fremd und vertraut	211

Workshops

Stabspiele 223
Klassenmusizieren 225
Sprechen über Musik 227
Improvisation 229
Line Dance 231
Latin 233

Symbole:

 Arbeitsaufgabe im Schülerband (differenziert nach Kernstoff und optionalem Stoff)

 Videobeispiel

 Multimedia-CD-ROM

 Aufgabe im Schülerarbeitsheft

 Aufbauende Inhalte

 Tonbeispiel

Vorwort

Das wünschen wir uns doch alle: einen Musikunterricht, der Spuren hinterlässt, der den Schülern[1] nachhaltig praktische Fähigkeiten, aber auch historisches und kulturübergreifendes Wissen vermittelt.

Musik spielt zweifelsohne – und das belegen inzwischen zahlreiche wissenschaftliche Studien – innerhalb des Fächerkanons eine wichtige, ja unverzichtbare Rolle: Musik kann die motorische, kognitive, emotionale und soziale Ebene des Lernens verbinden und übernimmt damit eine zentrale Funktion in der Entwicklung von Kindern und Jugendlichen. Musikalische Fähigkeiten entwickeln sich jedoch nicht von allein, sondern müssen durch eine gezielte und kontinuierliche Förderung entwickelt und aufgebaut werden. Dabei haben wir Autoren von „MusiX" als Idealvorstellung einen Unterricht vor Augen, der die Schüler auf ein selbstbestimmtes, aktiv, kritisch und kreativ teilhabendes Leben und Agieren in der Gesellschaft vorbereitet. Bezogen auf das Fach Musik bedeutet dies: Junge Menschen sollen durch die Erfahrungen im Musikunterricht befähigt werden, sich selbst musikalisch auszudrücken, Musik für sich selbst und auch zusammen mit anderen zu nutzen und sich mit Musik aus dem eigenen Kulturkreis, aber auch mit der Vielfalt der Musik der Welt auseinanderzusetzen. Wenn Musikunterricht beispielsweise nur reines Wissen über Daten, Biografien, Notennamen, rhythmische Erscheinungsformen wie Triolen und Synkopen vermittelt, bleibt dieses Wissen meist belanglos, weil isoliert und nicht auf eigenen ästhetischen oder musikpraktischen Erfahrungen gegründet.

„MusiX" ist ein Lehrwerk, das neue Wege gehen will: Wir wollen die Schüler an möglichst viele Erscheinungsformen der Musik heranführen und sie befähigen, sich zu **verständigen Musikhörern** zu entwickeln. Sie sollen dabei möglichst viele **musikpraktische Fähigkeiten** und **Fertigkeiten** erwerben, die es ihnen ermöglichen, das gesellschaftliche Musikleben – egal ob in einer Rockband, in einem Kirchenchor oder in einer Capoeira-Tanzgruppe – **aktiv** und **mit Freude** mitzugestalten. Wir gehen davon aus, dass in jedem Menschen musikalische Potenziale angelegt sind, diese jedoch in unterschiedlichem Maße entwickelt bzw. gefördert werden müssen. Beispiel Singen: Jeder kann singen, aber aufgrund von gesellschaftlichen Bedingungen, fehlenden frühkindlichen Erfahrungen und unzureichender Förderung schlummern diese Fähigkeiten und kommen oft erst gar nicht zur Entfaltung. Im Musikunterricht geht es freilich nicht etwa um musikalische Höchstleistungen oder die Entwicklung spezieller gesanglicher oder instrumentaler Fähigkeiten, sondern um die Ausbildung einer grundlegenden musikalischen Kompetenz. Dabei sollen die musikalische Erfahrungs- und Handlungsfähigkeit sowie das musikalische Wissen der Schüler schrittweise aufgebaut und erweitert werden. Dies ist sicherlich eine große Herausforderung, aber eine Herausforderung, die unser Wirken als Musikpädagogen wieder auf eine ganz andere Basis stellen kann. Letztlich wird sich damit die Stellung des Faches innerhalb des Fächerkanons, aber auch das Selbstverständnis von Musikunterricht grundlegend ändern.

Wir und „MusiX" wollen Sie bei dieser Herausforderung unterstützen. Viel Erfolg und nachhaltige Musikstunden wünschen Ihnen

Markus Detterbeck und Gero Schmidt-Oberländer

Autoren und Verlag danken Stefan Bauer, Mike Rumpeltes, Wieland Schmid, Andrea Spengler, Stephan Unterberger, den Studiomusikern und den Programmierern für die engagierte Arbeit an dem Projekt.

---

[1] Die Verwendung der maskulinen Formen „Schüler", „Lehrer" etc. schließt selbstverständlich Schülerinnen, Lehrerinnen etc. mit ein.

Einleitung

A Vorbemerkungen zum Lehrerband

Der vorliegende Lehrerband will vor allem vielfältige Wege aufzeigen, wie Sie die umfangreichen musizierpraktischen Materialien und Aufgabenstellungen des Kursbuchs „MusiX 1" methodisch vielfältig umsetzen können. Auf zusätzliche Informationen zu Komponisten und Werken, die man auch problemlos recherchieren kann (Internet, Musiklexikon ...) haben wir bewusst verzichtet. Dafür finden Sie:
- thematische Einführungen in alle Kapitel mit Lernzieldefinitionen
- im Musikunterricht erprobte Methoden und Arbeitsformen
- Tipps zu schrittweisen Erarbeitungen der Lerninhalte
- Hinweise zu besonderen Herausforderungen der jeweiligen Lerninhalte
- Lösungsvorschläge und Erwartungshorizonte
- Vorschläge zu Vertiefungs-, Erweiterungs- und Differenzierungsmöglichkeiten
- vertiefende Zusatzaufgaben zu Themen der Musiklehre
- Varianten und Ergänzungen zu Musiziermodellen
- Klavierpatterns und Begleitsätze
- Hinweise zur sinnvollen Einbindung der Begleitmedien, insbesondere der Schülerarbeitshefte, Hörbeispiele und Playbacks, Filme und multimedialen Anwendungen

B Konzeption und Zielsetzung des Kursbuchs

„MusiX" folgt einer neuen Konzeption von Musikunterricht: dem Prinzip des aufbauenden Lernens von Musik mit dem Ziel einer nachhaltigen Vermittlung von Fähigkeiten, Fertigkeiten und Wissen. Dazu werden musikalische Fähigkeiten in ihrer ganzen Breite praktisch erworben und mit der Erschließung von kulturellen Kontexten eng verschränkt.

Das neue Lehrwerk soll Schülern also einen systematischen Zugang zur Musik mit vielen praktischen Übemöglichkeiten und Spaß an der eigenen musikalischen Praxis ermöglichen. Um das zu erreichen, setzt „MusiX" auf eine systematische Vermittlung von musikalischen Fähigkeiten und musiktheoretischem Wissen und bietet vielfältige Musizieranregungen. Die Inhalte sind mit dem Ziel einer nachhaltigen Förderung und Entwicklung aller Erfahrungsfelder der Musik konzipiert und aufbereitet:
- **Rezeption:** Hören, Analysieren und Beurteilen von Musik
- **Reproduktion:** Nachsingen und -spielen von existierender Musik
- **Produktion:** Musik selbst erfinden und diese improvisierend oder komponierend ausführen

Die in „MusiX" enthaltenen Materialien ...
- gehen von der praktischen Auseinandersetzung in musikalischen Zusammenhängen aus und entwickeln auf dieser Grundlage die Begriffsbildung.
- bieten ein spiralcurriculares Erarbeiten von Fähigkeiten, Fertigkeiten und kulturerschließenden Inhalten.
- bauen nach und nach ein Sprachvokabular auf, das ein musikbezogenes sprachliches Bewusstsein und das begriffliche Denken der Schüler fördert.
- befähigen die Schüler, musikalische Phänomene zu erleben, zu reflektieren und sinnvoll in Worte zu fassen.
- unterstützen die Schüler bei der systematischen Vermittlung von musikalischen Fähigkeiten und musiktheoretischem Wissen.

- sind eingebettet in den Rahmen des jeweiligen kulturellen Umfeldes und der historischen Zusammenhänge, fördern darüber hinaus aber auch Offenheit und Toleranz, indem die Vielfalt der Musiken der Welt in den Blick genommen wird.
- wollen Ausdrucksvielfalt entwickeln, damit für die Schüler Musik als Form menschlicher Kommunikation sinnvoll erlebbar wird.
- sind in sinnvolle, aufeinander aufbauende Lernschritte gegliedert, die einen tatsächlichen Kompetenzzuwachs nicht nur für die Lehrenden sichtbar, sondern insbesondere für die Schüler spürbar machen (Portfolio).

Aufbauendes und nachhaltiges Lernen von Musik

„MusiX" vollzieht einen Paradigmenwechsel, weg von einem inhaltsorientierten Lehrbuch hin zu einem Kursbuch, das sich an den Prinzipien eines aufbauenden Musikunterrichts orientiert. Sinnvoll aufeinander aufbauende Lernschritte führen zur Entwicklung von musikalischen Kompetenzen der Schüler. Dies ist eng verschränkt mit der Erarbeitung musikgeschichtlicher und -theoretischer Kontexte und fördert an Stelle der Beliebigkeit eines kanonzentrierten Unterrichts die Begründung von Inhalten in praktischen Erfahrungen.

Fußballregeln statt Fußballspiel? Welcher Sportkollege käme auf die Idee, mit seinen Schülern im Klassenzimmer Fußballregeln zu pauken, Berechnungen über Trainings- und Ernährungspläne anzustellen und über all dem keine Zeit zu haben, auf den Fußballplatz zu gehen, um Fußball zu spielen? Der Versuch, Musik nur in theoretischen Überlegungen zu analysieren und in einem historischen Kontext zu erfassen, erscheint ebenso sinnlos und wenig nachhaltig. Hier kann man Leonard Bernstein nur aus ganzem Herzen zustimmen: „Nichts kann zum Verständnis von Musik mehr beitragen als sich hinzusetzen und selbst Musik zu machen."

Diese Feststellung ist Leitgedanke für einen nachhaltigen Musikunterricht: Nicht die Begriffsetzung steht im Vordergrund und ist Ausgangspunkt einer musikalischen Beschäftigung, sondern das eigene Handeln und Erfahren, das letztlich in ein Be-greifen von musikalischen Phänomenen mündet.

Dies führt uns zu einer Lernspirale, an deren Anfang das eigene Handeln steht, das zu Können führt und bei weiterer Vertiefung in nachhaltiges Wissen mündet. Das heißt, dass erst durch eigene Erfahrungen die Grundvoraussetzung geschaffen wird, um über Begrifflichkeit nachzudenken.

Musizieren und musikbezogenes Handeln bilden unbedingte Grundlage und Ausgangspunkt musikalischer Erfahrung. Das heute im Musikunterricht noch vielfach anzutreffende Primat des Hörens (hören, analysieren und beurteilen) muss aufgegeben werden zugunsten eines Unterrichts, der Handeln und Wissen inhaltlich sinnvoll und methodisch konsequent verknüpft.

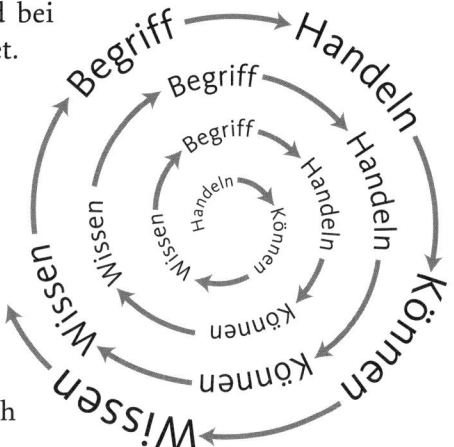

In „MusiX" werden alle Lernschritte ausgehend von eigenen praktischen Erfahrungen vollzogen. Im Bereich Rhythmus beginnt der konsequente Aufbau rhythmischer Kompetenz beispielsweise mit der Fähigkeit, einen metrischen Puls (Grundbeat) gemeinsam auszuführen (Kapitel 1) und auch in erklingender Musik zu erspüren (metrische Kompetenz). Dies geschieht einerseits durch Übungen zum Finden des Grundbeats einer Musik, andererseits durch Rhythmusspiele oder Bodypercussionstücke, die auf spielerische Art die metrische Kompetenz der Schüler entwickeln und trainieren. Erst wenn die Schüler

Einleitung

den metrischen Puls einer Musik verlässlich ausführen können, hören und imitieren sie Rhythmen. In weiteren Schritten gehen die Schüler kreativ mit diesen Rhythmen um (Erfinden und Improvisieren) und machen sich dann erst mit Rhythmusnotation vertraut (Kapitel 3). Viel wichtiger als das kognitive Verstehen ist dabei jedoch das Erfahren von zeitlichen Phänomenen der Musik am eigenen Körper. Wenn diese Voraussetzung gegeben ist, wird der Schritt zur Notation problemlos und nachhaltig gelingen. Denn die visuelle Repräsentation entwickelt sich aus dem praktischen Tun heraus.

Der Aufbauende Musikunterricht (AMU) wurde erstmals 2001 von J. Bähr, S. Gies, W. Jank und O. Nimczik als Konzept formuliert.[2]

Dimensionen musikalischer Kompetenz

Im Aufbauenden Musikunterricht[3] werden acht Dimensionen musikalischer Kompetenz formuliert, die beschreiben, in welchen Feldern die Schüler musikalische Fähigkeiten und Fertigkeiten, musikalische Erfahrungsfähigkeit sowie Kenntnis von und Wissen über Musik erwerben sollen. Diese sind:

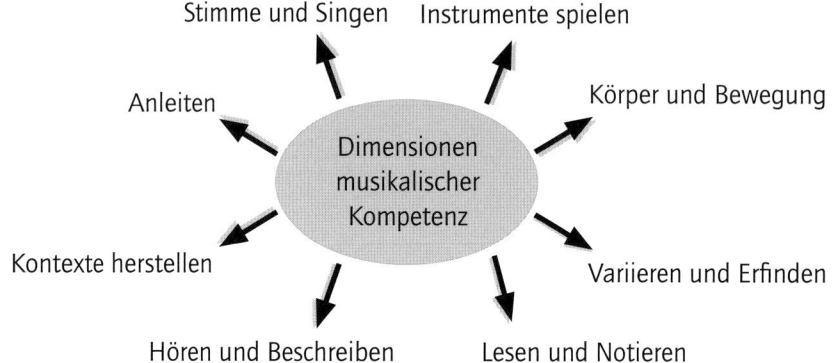

In allen diesen Dimensionen wird in „MusiX" aufbauend gearbeitet, meist sind diese Dimensionen sinnvollerweise miteinander verknüpft.

Aufbauende Lernstränge

Drei aufbauende Stränge zum Lernen von Musik durchziehen wie ein roter Faden das Kursbuch „MusiX" und bestimmen die kontinuierliche Arbeit im Musikunterricht:

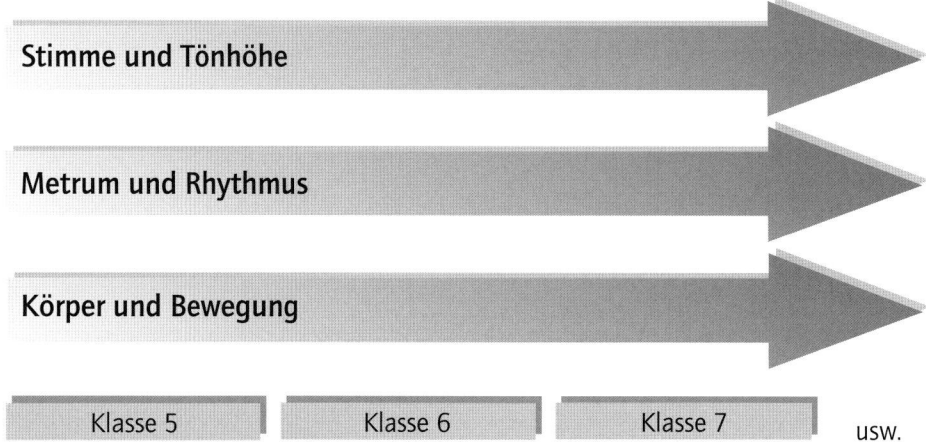

---

2 Näheres zum Aufbauenden Musikunterricht finden Sie unter: J. Bähr, S. Gies, W. Jank, O. Nimczik: Kompetenz vermitteln – Kultur erschließen. In: Diskussion Musikpädagogik 9/2003, S. 26–39.

3 S. auch W. Jank, G. Schmidt-Oberländer: Music Step by Step. Aufbauender Musikunterricht in der Sekundarstufe I, Helbling: Rum/Innsbruck, Esslingen 2010.

Zusätzlich zu den Kapitelinhalten wird in Form kurzer Start-ups am Aufbau musikalischer Fähigkeiten nach diesen drei Strängen gearbeitet. So entsteht ein buntes und umfangreiches Kompendium an Stundeneinstiegen. Didaktisch konzipierte und dennoch eigenständige Lieder und Songs unterstützen die Arbeit an Inhalten der Musiklehre, sodass die Arbeit an Musiktheorie Spaß macht.

Der Strang „Metrum und Rhythmus" beispielsweise spielt dabei in jeder der Kompetenzdimensionen eine Rolle:

1. Stimme und Singen: Jede Melodie hat einen Rhythmus.
2. Instrumente spielen: Rhythmen werden auf Instrumenten in einfachen wie komplexen Zusammenhängen gespielt.
3. Körper und Bewegung: Rhythmus initiiert Bewegung (z. B. in Tanz oder Bodypercussion).
4. Variieren und Erfinden: Rhythmus wird variiert oder improvisiert (z. B. in Call-&-Response-Modellen).
5. Lesen und Notieren: Rhythmus kann man lesen und notieren (z. B. in grafischer oder klassischer Notation).
6. Hören und Beschreiben: Rhythmus kann man hören und beschreiben (z. B. in seiner Gestalt, aber auch hinsichtlich seiner Wirkung).
7. Kontexte herstellen: Rhythmus wird kulturellen Kontexten zugeordnet (z. B. einer Samba, einer Person in Programmmusik).
8. Anleiten: Rhythmus kann man anleiten (z. B. durch einfaches Einzählen oder durch Vormachen).

Aufbauende Inhalte sind im Lehrerband mit einem Symbol gekennzeichnet.

Kompetenzziele

„MusiX 1" ist so konzipiert, dass bei konsequenter Arbeit die Schüler mit dem Vollenden des Kursbuchs folgende Ziele in den einzelnen Dimensionen erreicht haben:

1. Stimme und Singen
Die Schüler...
- haben Sicherheit im Umgang mit ihrer Singstimme gefunden, können Töne abnehmen und Töne (z. B. als Grundton) sicher halten.
- haben ein Grundtonempfinden entwickelt.
- bewegen sich singend sicher in verschiedenen Tonräumen: Pentatonik, Dur-, Moll-Tonleiter.
- können Dreiklänge in Dur und Moll singen.
- haben ein Wissen über ihren Stimmapparat und den gesunden Umgang damit erworben.
- können mit der Stimme in freien und gebundenen Kontexten improvisieren.
- können singend verschiedene einfache Formen der Mehrstimmigkeit ausführen: liegender Ton, Kanon, eventuell einfache zwei- und dreistimmige Begleitpatterns.
- können mit der Stimme Instrumente, insbesondere Percussioninstrumente/Schlagzeug (Vocussion) imitieren.

2. Instrumente spielen
Die Schüler...
- können elementare Begleitsätze zu Liedern oder Songs auf Klasseninstrumenten (Stabspielen, Boomwhackers, Percussion) oder mit Körperinstrumenten ausführen.
- können Spiel-mit-Sätze in unterschiedlichen Stilistiken mit den genannten Instrumenten ausführen.

Einleitung

- beherrschen verschiedenste Möglichkeiten, ihren Körper als Instrument einzusetzen (Bodypercussion).
- können sich Alltagsgegenstände als Instrumente nutzbar machen.
- haben einen tieferen Einblick in Umgang mit und Spielweise von Stabspielen und Latin-Percussion gewonnen.
- können auf E-Bass, Schlagzeug und Tasteninstrumenten elementare Begleitaufgaben übernehmen.
- können verschiedene Instrumente mit Alltagsgegenständen nachbauen und spielen.
- können ihr Instrumentalspiel in komplexeren Klassenarrangements selbstbewusst und sicher einsetzen.

3. Körper und Bewegung
Die Schüler...
- können vorgegebene metrumbezogene Bewegungen sicher ausführen.
- können einen Grundbeat selbstständig in angemessene Bewegung umsetzen.
- haben durch Bewegungsspiele und in Action-Songs gelernt, ihren Körper zu erspüren und zu aktivieren.
- können durch Bewegungen das Singen gezielt unterstützen.
- können ihre Bewegungskompetenz auf verschiedene Musizierformen (z. B. Bodypercussion, Tischpercussion) übertragen.
- können Musik improvisierend in unterschiedliche szenische Darstellungsformen umsetzen.
- können verschiedene Tänze aus unterschiedlichen Zeiten und Ländern ausführen.
- können formale Strukturen in Bewegung zeigen.
- können aus Bewegungsbausteinen eigene Choreografien entwerfen.

4. Variieren und Erfinden
Die Schüler...
- können mit Stimme, Körperklängen und Instrumenten experimentieren und dabei zu neuen, ungewohnten Klängen gelangen.
- können verschiedene Vorlagen (Bildergeschichten, Grafik, Klänge der Umwelt, Szenen) in freier Improvisation umsetzen.
- können in verschiedenen Tonräumen (Pentatonik, Dur-, Moll-Tonleiter) Melodien erfinden.
- können musikalische Motive in freier und gebundener Improvisation beantworten.
- können elementare Rhythmen und Melodien variieren.
- können in verschiedenen musikalischen Formen (z. B. Rondo) einen genau begrenzten Abschnitt improvisierend füllen.
- können einen Rhythmuskanon erfinden.
- können aus Bausteinen ein einfaches Arrangement zusammenstellen.
- können musikalische Abläufe gestaltend festlegen.

5. Lesen und Notieren
Die Schüler...
- können grafische Notation gezielt in Klänge umsetzen.
- können Klänge in grafischen Symbolen darstellen.
- können verschiedene Taktarten im Notenbild erkennen und unterscheiden.
- können verschiedene Notenwerte bis zur Sechzehntel und Achteltriole lesen und notieren.
- können die rhythmischen Phänomene Synkope und Punktierung erkennen und notieren.

- können zuvor praktisch erarbeitete Rhythmen in Silbensprache und Notation übertragen.
- kennen die Pausenzeichen für die erarbeiteten Notenwerte.
- kennen den Aufbau von Dur- und Moll-Tonleiter und können diese lesend unterscheiden.
- können Dreiklänge in Dur und Moll lesen, am Instrument umsetzen und notieren.
- können Melodien vom Violin- in den Bass-Schlüssel und umgekehrt übertragen.
- kennen die Versetzungszeichen und können sie lesend und notierend anwenden.
- kennen verschiedene Vortragsbezeichnungen für Dynamik, Tempo und Ausdruck.
- können Spiel-mit-Sätze lesend erfassen und ausführen.
- können sich in einer Partitur orientieren.
- kennen verschiedene Möglichkeiten der Notation (traditionelle, grafische, auch historische Notationsformen).
- können Motive und ihre Veränderungen lesend erkennen.

6. Hören und Beschreiben
Die Schüler...
- können sich gezielt auf ihren Hörsinn konzentrieren.
- können eine Hörgeschichte konzentriert verfolgen und Aufgaben dazu lösen.
- können Hörbeispiele z. B. Bildern, Texten oder Aufführungssituationen zuordnen.
- können hörend verschiedene Ensembles unterscheiden.
- können hörend verschiedene Blas- und Streichinstrumente und Spieltechniken unterscheiden.
- können verschiedene Stimmklänge beschreiben.
- können Hörbeispiele verschiedenen Kategorien zuordnen (z. B. Gestaltungsmittel, Parameter, fremd/vertraut, konsonant/dissonant).
- können hörend verschiedene Taktarten und rhythmische Phänomene benennen.
- besitzen ein erweitertes Repertoire an Fachbegriffen zur Beschreibung von Musik.
- können sich differenziert und fantasievoll zu Ausdruck, Verwendung von Gestaltungsmitteln, Wort-Ton-Verhältnis in Musik äußern.
- können Tonleitern und Dreiklänge in Dur und Moll hörend unterscheiden bzw. erkennen.
- können einfache formale Strukturen (z. B. Liedform, Rondo) hörend erkennen und deren Struktur beschreiben.
- besitzen ein breites stilistisches wie historisches Hörrepertoire.

7. Kontexte herstellen
Die Schüler...
- kennen verschiedene musikalische Ensembles.
- kennen verschiedene Streich- und Blasinstrumente sowie das Klavier in Klang, Spielweise und Bau.
- kennen grundlegende Prinzipien der Klangerzeugung, insbesondere mit dem Stimmapparat.
- kennen musikalische Bausteine wie z. B. Motiv, Phrase oder Periode.
- kennen die musikalischen Gestaltungsmittel Wiederholung, Veränderung und Kontrast.
- kennen die musikalischen Parameter Tonhöhe, Lautstärke, Tempo, Klangfarbe.
- kennen die musikalischen Formen zwei- und dreiteilige Liedform, Menuett, Rondo, Variation (auch Coverversion), Invention, Kanon.
- haben verschiedene Komponisten in kurzen bzw. ausführlichen Porträts kennengelernt (z. B. Bach, Mozart, Haydn, Beethoven, Mussorgski, Orff, Bernstein, Mack).
- haben die Bedeutung von Programmmusik an unterschiedlichen Beispielen erfahren.

- kennen verschiedene Ausdrucksformen der Musik des 20. und 21. Jahrhunderts.
- haben einen Einblick in die Vielfalt der musikalischen Kulturen der Welt bekommen.
- haben an zwei Beispielen einen ersten Einblick in die Welt des Musiktheaters bekommen.
- kennen Aufbau und Funktion einer Partitur.
- kennen verschiedene Tänze und ihre musikalisch-gesellschaftliche Praxis sowie die Bedeutung von Choreografie.
- können Musik nach ihrer Wirkung einschätzen und beurteilen.

8. Anleiten

Die Schüler ...
- können durch eigene Bewegungen die Bewegungen anderer führen.
- können Tempoveränderungen führen.
- können ein Tempo sicher und motivierend einzählen.
- können Lautstärke steuern.
- können Tonhöhe insbesondere im Glissando steuern.
- können eine Improvisation anleiten, dabei vor allem den Anfang und das Ende steuern.
- können eine grafische Vorlage in Anleitungsbewegungen umsetzen.
- beherrschen die Schlagfiguren für 2/4-, 3/4- und 4/4-Takt und können sie zu Hörbeispielen und gemeinsamem Musizieren ausführen.

C Grundlegende Hinweise zu einer aufbauenden und nachhaltigen Arbeit mit „MusiX"

Stimmbildung und tonal-vokale Fähigkeiten

Aufgrund mangelnder Hör- und Singerfahrungen in den ersten Lebensjahren (selbstverständliches Singen), einer zunehmenden beziehungslosen Beschallung von außen, aber auch aufgrund fehlender oder mangelhafter Stimmerziehung in Elternhaus, Kindergarten und Grundschule fallen heute in weiterführenden Schulen in zunehmendem Maße Schüler auf, die Probleme haben, vorgegebene Töne und Melodien zu übernehmen und tongleich nach- oder mitzusingen. Die stimmlichen Fähigkeiten „falsch" singender Kinder sind dabei sehr unterschiedlich: Während beispielsweise einige Kinder nur in tiefer Lage rhythmisch sprechen und mit ihrer Stimme kaum modulieren (Sprechsänger), singen andere beim gemeinsamen Musizieren in etwas tieferer Lage mit, vollziehen dabei die Auf- und Abwärtsbewegungen der Melodie ungefähr mit (Tiefsänger).

Auch wenn die Ursachen vielfältig sind, zeigt sich, dass meist eine interaktive Verbindung zwischen Hören und stimmlichem Hervorbringen nicht zustandekommt. Nur wer die Fähigkeit entwickelt hat, Klänge über das Ohr wahrzunehmen und zu interpretieren, wird diese Wahrnehmungen auch mit der Stimme präzise und zuverlässig imitieren. Ein Ausgleich dieser fehlenden Koordination kann in den meisten Fällen nachträglich erfolgen, sofern dafür die nötige pädagogische Aufmerksamkeit aufgebracht wird.

Ansatzpunkt ist deshalb unbedingt neben dem regelmäßigen Singen eine entsprechende Hörerziehung, die ein aktives und aufmerksames Hin- und Zuhören trainiert (Lauschen).

Beim gemeinsamen Singen mit falsch singenden Schülern muss unbedingt differenziert verfahren werden: Ganz entscheidend ist es, die Schüler zu befähigen, sich selbst zuzuhören und die eigene Stimme wahrzunehmen. Dies geschieht beispielsweise durch wechselnde kleinere Gruppen, die den Tuttiklang aufbrechen, oder durch räumliche Trennung von falsch singenden Schülern. So können sich diese Schüler besser kontrollieren. Mit „Elefantenohren" (Handflächen hinter die Ohren halten) können sich die Schüler besser selbst zuhören. „Headset": Eine akustische Verbindung mit den beiden

Händen vom Mund zum Ohr (eine Hand vor den Mund, die andere an das Ohr halten) verstärkt den eigenen Klang. Durch Registerarbeit in hoher Lage (mit Geisterstimmen etc. Kopfstimmenfunktion locken) werden die Schüler, die meist nur die Brustregister nutzen, für andere Stimmregister sensibilisiert. Grundvoraussetzung ist dabei eine Lernatmosphäre, die nicht bloßstellt, sondern es den Schülern ermöglicht, sich ohne Angst ihrer Stimme bzw. dem Singen zu nähern.[4]

Exkurs: „Werkzeuge für einen nachhaltigen Unterricht"

Solmisation: Werkzeug zur Erarbeitung des Tonraums

Die relative Tonhöhen-Solmisation ist eine in vielen Regionen eingeführte Methode zur Erarbeitung einer tonalen Kompetenz. Die Arbeit an diesem Kompetenzstrang wird in „MusiX" ohne Solmisation durchgeführt. Wir weisen aber ausdrücklich darauf hin, dass Solmisation im Rahmen eines aufbauenden und nachhaltigen Musikunterrichts ein hervorragendes Mittel zur Erarbeitung des diatonischen Tonraums und zur Entwicklung einer sicheren Tonhöhenvorstellung darstellt. Wie die Rhythmussprache (s. u.) ist Solmisation als ein Mittel zu verstehen, das sich beim Erreichen einer soliden Lesefähigkeit allmählich überflüssig machen muss. Dennoch kann immer wieder auf dieses Werkzeug zurückgegriffen werden, um bestimmte Zusammenhänge zu verdeutlichen. Im Folgenden seien einige Übungsmöglichkeiten skizziert.

Die Erarbeitung des Tonraums erfolgt in verschiedenen aufeinander aufbauenden Schritten. Für Schüler bietet die Einführung von unterschiedlichen „Levels" einen großen Motivationsanreiz (das Erreichen eines höheren Levels kennen sie aus der Beschäftigung mit Computerspielen). Folgende Levels sind denkbar:

- Level 1: auf „so" mit Glissando von unten landen („auf dem Planeten ‚so' zielsicher mit einer Rakete landen") → Grundkompetenz einen Ton singen, Glissandoübung zur Flexibilität der Stimme

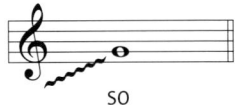

- Level 2: Terz „so – mi" → Rufterz

- Level 3: Tonfolge „so – mi – so – la – so" → Ausweitung des Tonraums um einen Ganztonschritt nach oben

- Level 4: Erarbeitung des Quintraums

---

[4] Nähere Informationen z. B. bei H. Spital: Stimmstörungen im Kindesalter: Ursachen, Diagnose, Therapiemöglichkeiten, Thieme Verlag 2004.

- Level 5: Ausweitung zum Oktavraum

do re mi fa so la ti do

Darauf aufbauend sind weitere Levels denkbar:
- Level 6: Aufbau der Tonfolge immer vom Grundton aus → Intervalle

do do re do mi do fa do so do la do ti do do do

- Level 7: terzweise Fortschreitung

do mi re fa mi so fa la so ti la do ti re do

- Level 8: tonale Zusammenhänge

do mi so mi do fa la fa ti re so ti do

- Level 9: Dreiklänge

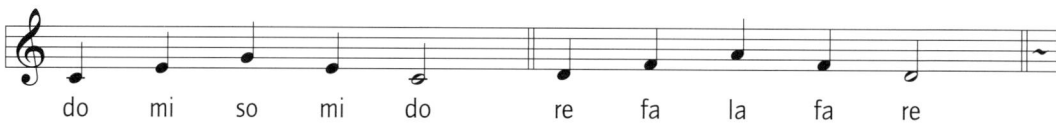
do mi so mi do re fa la fa re

Parallel zu den Singsilben werden die Handzeichen eingeführt: Die Kombination von Bewegung (Handzeichen) und Singen fördert eine bessere Verankerung des Tonraums. Zudem helfen die Handzeichen dabei, die Spannungsverhältnisse zwischen den einzelnen Tönen besser nachvollziehbar zu machen (z. B. das „do" als fester Grundton, das „re" als vom Grundton wegstrebender Ton usw.).

Weitere Übungsmöglichkeiten und Spiele:
1) Der Lehrer singt auf Solmisationssilben, die Schüler zeigen die jeweiligen Handzeichen an. Dies kann auch in Partnerarbeit von Schülern durchgeführt werden: Einer singt, der andere zeigt die Töne per Handzeichen an.
2) Audiationstraining: Mit Handzeichen ohne zu singen eine kurze Tonfolge anzeigen. Die Schüler singen dann auf Tonsilbe die Melodie nach. Auf diese Weise wird die innere Vorstellung geschult. Dies kann auch in Partnerarbeit von Schülern selbst durchgeführt werden.
3) Einführung von Zweistimmigkeit: Die Schüler in zwei Gruppen teilen. Mit der rechten Hand wird die Tonfolge der einen, mit der linken Hand die Tonfolge der anderen Gruppe gesteuert.

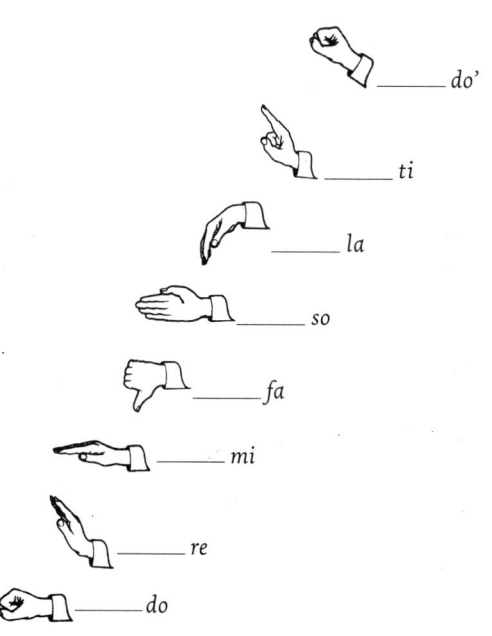

4) Die Schüler schließen die Augen und folgen einer vorgesungenen Melodie mit Handzeichen.
5) Der Lehrer beginnt eine Tonfolge, ein Schüler (oder alle Schüler gleichzeitig) führt die Tonfolge fort.
6) Liedanfänge erraten, die mittels der Handzeichen gezeigt werden:
„Bruder Jakob", „Alle meine Entchen", „Hänschen klein", „Happy Birthday to You", „Ich bin Wolfgang Amadeus" (➤ SB, S. 46), „Warum kleiden die Bäume sich wohl aus" (➤ SB, S. 25) usw.

Gordon-Rhythmussilben: Werkzeug für Rhythmus-Patternarbeit

In „MusiX" verwenden wir Rhythmussilben, die von dem amerikanischen Musikpädagogen Edwin E. Gordon entwickelt wurden. Gordons System relativer Rhythmussilben orientiert sich im Gegensatz zur oft verwendeten Kodály-Methode nicht an der Länge der Noten, sondern an der Betonungsordnung in Metrum bzw. Takt. Die Silben unterstützen daher das Empfinden der Schüler, wo im Takt sie sich gerade befinden. Diese an Taktschwerpunkten orientierte Rhythmussprache lässt mehr musikalische Freiheit und einen offeneren Zugang zu als die starre, rein am Notenbild orientierte Tonlängensprache. In dem in „MusiX" verwendeten System werden alle Schwerpunkte mit der Silbe „du" gekennzeichnet, die leichten Zeiten mit „dei" für die Zweierunterteilung und mit „da di" für die Dreierunterteilung (➤ SB, S. 30 ff.). Die jeweils nächstkleinere Unterteilung erhält die Silbe „te". So lassen sich alle rhythmischen Figuren, die in „MusiX" vorkommen, mit diesen wenigen Silben trainieren und verinnerlichen – bis hin zu ungeraden Taktarten wie dem 7/8-Takt in Kapitel 20 (➤ SB, S. 235).

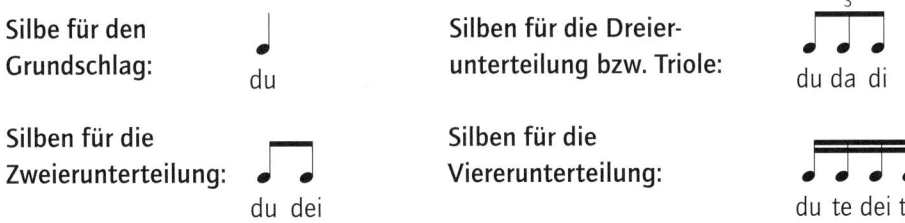

Beispiele:

Ein wichtiges Prinzip des Erlernens und des Umgangs mit der Rhythmussprache ist die Patternarbeit. In „MusiX" gibt es eine Vielzahl von Übungen dazu.[5] Folgende Schritte führen die Schüler in die Arbeit mit den Rhythmussilben ein:

Schritt 1: Eine wichtige Grundübung, die sich die Schüler bereits in Kapitel 1 des Kursbuchs erarbeiten (➤ SB, S. 8), legt den Fokus zunächst auf den Grundbeat: Die Schüler führen dabei gemeinsam mit dem Körper die Schwerpunkte aus (auf den Hacken wippen, mit den Fäusten auf die Oberschenkel o. Ä.). Dabei sprechen sie zunächst immer die Silbe „du" mit.

---

[5] Weiterführendes Material finden Sie im Grundlagenwerk W. Jank, G. Schmidt-Oberländer: Music Step by Step. Aufbauender Musikunterricht in der Sekundarstufe I, Helbling: Rum/Innsbruck, Esslingen 2010.

> Schritt 2: Sobald die Schüler den Grundbeat zuverlässig ausführen können, beginnen Sie damit, einen Takt als Pattern auf Silben vorzusprechen und zeigen dabei auf sich, dann auf die Schüler, die unmittelbar anschließend diesen Takt nachsprechen. Zunächst sollte der Rhythmus nur aus Viertel- und Achtelnoten bestehen:
>
>
>
> Schritt 3: Wenn ein gewisses Repertoire an Patterns erarbeitet wurde, können verschiedene Übungen ausgeführt werden, z. B. „Der verbotene Rhythmus" (▶ SB, S. 27 bzw. 145) oder ein Rondo, bei dem zwischen einem immer wiederkehrenden Pattern einzelne Schüler eigene Patterns improvisieren.
>
> Schritt 4: Nächster wichtiger Schritt ist die „Übersetzung" von neutralen Rhythmen in Silbensprache: Der Lehrer spricht auf neutrale Silbe oder klatscht ein Pattern vor, die Schüler sprechen auf Rhythmussilben nach.
>
> Schritt 5: Nun können die Schüler ohne Weiteres die Patterns, mit denen sie gearbeitet haben, auch lesen und notieren.
>
> Wichtig: Die Schritte 1–5 sollten bei jedem neuen rhythmischen Phänomen (z. B. Punktierung, Triole, Synkope) erneut durchlaufen werden, damit dieses zunächst körperlich erfahren wird, bevor es in Symbole, also in Notenschrift übertragen wird, wie es Gordon im Prinzip „sound before sight" formuliert.
>
> Wenn bereits ab der ersten Kursbuchseite Lieder, Start-ups oder Begleitsätze notiert sind, obwohl die Schüler das Lesen der Noten noch nicht gelernt bzw. wiederholt haben, so ist dies im Sinne von Gordon als „bridging movement" zu verstehen: etwas noch nicht Gelerntes ist schon präsent, wird aber noch nicht thematisiert. Viele Schüler, die aber bereits mit Notation durch Unterricht in der Grundschule oder am Instrument vertraut sind, können hier nebenbei Sprünge zu „schlussfolgerndem" Lernen machen und bereits Gelerntes stabilisieren.

D Zum Umgang mit dem Kursbuch

Start-ups

Start-ups sind kurze, motivierende, für sich stehende Stücke, die am Stundenbeginn zum Einstieg in ein bestimmtes Thema oder aber auch als Zwischenmotivation – beispielsweise zur Vertiefung bestimmter Inhalte – genutzt werden können. In vielen Kapiteln nehmen die Start-ups schon in ihrer Gestaltung Bezug auf Inhalte des jeweiligen Kapitels: So ist z. B. die Unterscheidung von Zweier- und Dreierunterteilung in „Listen! Listen!" (▶ SB, S. 45) eine Vorbereitung auf die Beschäftigung mit der 1. Sinfonie Mozarts, das Start-up „Schlagzeug-Rap" (▶ SB, S. 133) verweist auf die Erschließung des Drumsets in Kapitel 11 und das experimentelle Start-up „Lesen macht schlau" (▶ SB, S. 223) öffnet den Weg in das Kapitel 19 zum Thema Neue Musik. Innerhalb des Konzepts von „MusiX" erfüllen die Start-ups also unterschiedliche Funktionen:

- Bezogen auf die musizierpraktischen Ansätze in „MusiX" bereiten die Start-ups Stimme und Körper der Schüler vor auf den Umgang mit Melodien, Metrum und Rhythmus.

- Im Rahmen der aufbauenden Konzeption von „MusiX" konfrontieren sie die Schüler spielerisch mit den Inhalten der jeweiligen Kapitel bzw. Lernstränge.
- Im Sinne eines nachhaltigen Musikunterrichts erweitern und vertiefen sie schrittweise musikalische Kernkompetenzen der Schüler.

Die jedem Kapitel vorangestellten Start-ups decken jeweils die aufbauenden Kompetenzstränge „Körper und Bewegung", „Rhythmus" und „Stimme" ab. Ein „Label" vermerkt dabei die Ausrichtung des jeweiligen Start-ups. Diese kleinen Stücke sind in der Regel schnell zu erlernen und auszuführen, besonders mithilfe der stilistisch vielfältig gestalteten Playbacks. In der Regel sollten sie in der Unterrichtsgestaltung nicht mehr als 5–10 Minuten einnehmen. Gelegentlich bietet sich jedoch eine über mehrere Stunden verteilte Erarbeitung und evtl. auch Aufführung an.

Da die Start-ups in der Regel den Charakter kleiner Etüden en miniature haben, finden Sie zu jedem Start-up einen ausführlichen Kommentar in diesem Lehrerband mit Tipps zu Erarbeitung, Herausforderung und Einsatzmöglichkeiten. Diese vielfältigen methodischen Vorschläge wollen Sie bei der kreativen und zielgerichteten Umsetzung im Unterricht unterstützen.

Gemeinsames Musizieren – Liedrepertoire

„MusiX" bietet eine Fülle von neuen Liedern, Spiel-mit-Sätzen, Chants, Bodygrooves und Tänzen, die es Ihnen ermöglichen, auf vielfältige Weise mit Ihren Schülern Musik zu gestalten. Dabei wird auch hier ein aufbauendes Prinzip eingehalten, z. B. indem neue rhythmische oder tonale Schwierigkeiten in den Start-ups vorbereitet werden. Eng verzahnt sind die Stücke jeweils mit dem kulturerschließenden Thema des Kapitels.

Zusätzlich zu den – in „MusiX" meist in einem bestimmten didaktischen Kontext eingebundenen – Liedern, Songs und Musizierstücken sollte ein erweitertes Musizierrepertoire (z. B. durch Verwendung eines Liederbuchs) erarbeitet werden. Die Beschränkung auf didaktisch aufbauendes und in den Kontext der jeweiligen Kapitel eingebundenes Musiziermaterial eröffnet ihnen die Möglichkeit, eigene Stücke in den Unterricht einzubringen, die auf besondere Klassensituationen oder Wünsche der Schüler eingehen. „MusiX" ist als Lehrwerk konzipiert und kann keinesfalls ein Liederbuch mit breitem Repertoire (z. B. für usuelles Singen von Liedern, die im alltäglichen Leben eine bestimmte Funktion haben) ersetzen.

Klaviersätze im Lehrerband:
Für die meisten Lieder und Songs (mit Ausnahme einiger sehr bekannter Volkslieder) gibt es im Lehrerband Vorschläge für die Klavierbegleitung bzw. Begleitpatterns. Die Klavierbegleitungen sind fast durchgängig ohne die Melodie in der rechten Hand gesetzt. Dadurch sind sie leichter auszuführen und gleichzeitig wirkungsvoller als Begleitung. Im Schwierigkeitsgrad erstrecken sich die Vorschläge von leicht bis mittelschwer. Manche der Begleitpatterns, die so oder ähnlich auf den gesamten Song angewendet werden können, gibt es in zwei Schwierigkeitslevels, mit denen man gleichzeitig auch Strophe und Refrain unterschiedlich gestalten kann.

Erschließung kultureller Kontexte

Zur Erschließung kultureller Kontexte enthält „MusiX" vielfältige Arbeitsmöglichkeiten mit musikalischen Formen (z. B. Variation, Rondo), Komponistenporträts (z. B. zu Bach, Mozart, Bernstein) und musikalischen Fragestellungen (z. B. das Eigene und das Fremde, mit Musik erzählen, Neue Musik, Instrumente).

Stundenpartitur (Gestaltung der Stunde mit einer Doppelseite)

„MusiX" ist in Doppelseiten angelegt, wobei sich die aufbauenden Inhalte als Stränge durch die Kapitel ziehen. Oftmals sind die Aufgabenstellungen als Partitur für den Lehrer gedacht und zeigen den Ablauf der Stunde. Das bedeutet: Nicht immer ist das Buch geöffnet; Einstiege werden beispielsweise mit geschlossenem Buch vollzogen, an bestimmten Stellen nutzen die Schüler dann Texte, Bilder etc. aus dem Buch. Fantasievolle Aufgabenstellungen eröffnen zudem den Weg in Arbeitsformen, weg von der direkten Instruktion hin zu Partner- und Gruppenarbeit und anderen kommunikativen Lernformen.

Kernstoff und optionaler Stoff

Das Kursbuch bietet eine Fülle an Material, möglicherweise mehr, als man in zwei Schuljahren mit zweistündigem Musikunterricht mit den Schülern bearbeiten kann. An vielen Stellen sind Materialien als Alternative, Ergänzung oder Vertiefung gedacht. Deshalb sind alle Aufgabenstellungen im Buch zur Unterscheidung als „Kernstoff", den wir im Sinne eines aufbauenden und nachhaltigen Unterrichtes („roter Faden") für unverzichtbar halten, bzw. optionaler Stoff gekennzeichnet.

Optionale Aufgabenstellungen und Materialien bieten an vielen Stellen eine schöne Ergänzung durch z. B. etwas zeitaufwändigere Projektarbeit (z. B. Klangskulpturen bauen ➤ SB, S. 87) oder eher länderspezifische Kontexte (Komponistenporträt Carl Orff ➤ SB, S. 66 f.). Diese Aufgaben sind jedoch für das aufbauende Lernen und die damit verschränkte Kulturerschließung nicht essenziell. Insbesondere in Bundesländern, in denen Musik in Klasse 5 bzw. 6 nur einstündig in der Stundentafel ausgewiesen ist, bietet die Unterscheidung in Kernstoff und optionalen Stoff eine hilfreiche Orientierung.

Portfolio: „Das habt ihr gelernt"

Schüler brauchen Herausforderungen und wollen den Erfolg für ihre Anstrengungen nachvollziehbar erleben. Es motiviert sie, erarbeitete Inhalte und Erfahrungen zu dokumentieren. Zudem ist Selbstreflexion des Gelernten ein wichtiges Mittel zur Entwicklung eines musikalischen Selbstkonzepts. Die Schüler sollten sozusagen in aktiver Umsetzung von Bildungsstandards von sich sagen können: „Ich kann (z. B.) Melodien in Dur und Moll singen, Rhythmen mit Vierteln und Achteln in verschiedenen Taktarten hören, lesen und ausführen, einige musikalische Formen beim Hören oder Singen unterscheiden".

In „MusiX" schließt deshalb jedes Kapitel mit einer portfolioartigen Zusammenfassung in Form der Rubrik „Das habt ihr gelernt" ab, die den Schülern bei der Entfaltung ihres musikalischen Selbstkonzepts hilft. Die für das aufbauende Lernen wichtige Selbstreflexion wird durch diese Rubrik zum wichtigen Ritual. Im Schülerarbeitsheft besteht zusätzlich die Möglichkeit, eine Selbsteinschätzung der bearbeiteten Inhalte einzutragen. Damit können die Schüler ihren persönlichen Lernfortschritt überwachen und gezielt – beispielsweise im Hinblick auf einen Test – Lücken schließen.

Arbeit mit Tanzbausteinen

An verschiedenen Stellen im Schülerbuch werden Tanzbausteine zu Songs oder Stücken angeboten. Die Arbeit mit Tanzbausteinen hat den Vorteil, dass die Schüler selbsttätig Schrittfolgen erarbeiten und diese zu Choreografien zusammenfügen können. Zudem können Tanzbausteine beliebig erweitert werden. Dies eröffnet den Schülern die Möglichkeit, sich mit ihren kreativen Fähigkeiten einzubringen. Der Workshop „Line Dance" sowie das Kapitel 10 („Let's dance") widmen sich intensiv dem Umgang mit solchen Bewegungsmodulen. Methodische Hinweise dazu finden sich an entsprechender Stelle im Lehrerkommentar.

Workshops

Im Kursbuch „MusiX 1" finden Sie zusätzlich zu den in den 20 Kapiteln behandelten Inhalten sechs Basis-Workshops:
- Stabspiele (➤ SB, S. 42)
- Klassenmusizieren (➤ SB, S. 82)
- Sprechen über Musik (➤ SB, S. 108)
- Improvisation (➤ SB, S. 142)
- Line Dance (➤ SB, S. 172)
- Latin (➤ SB, S. 204)

Diese konzentrieren sich auf verschiedene Kompetenzbereiche (Musizieren, Aufbau musikalischer Fähigkeiten, Kontexterschließung) und bieten jeweils in sich abgeschlossene Unterrichtsmodelle, die als eigenständige Module das Schuljahr bereichern können. In den Workshops werden Themenbereiche jeweils Schritt für Schritt erarbeitet, die in vielen Kapiteln immer wieder eine Rolle spielen. So werden Fähigkeiten und Fertigkeiten gezielt entwickelt und trainiert. Aufgrund der schrittweisen Erarbeitungshinweise können die Schüler die Workshops auch eigenständig in Lernteams erarbeiten.

Die Workshops sind an bestimmten Stellen im Buch platziert, um das aufbauende Lernen an dieser Stelle gezielt zu unterstützen. Dennoch können sie auch an beliebiger Stelle im Schuljahr eingeschoben oder auch wiederholt werden, wenn z. B. die „Handhabung der Stabspiele" noch vielen Schülern Probleme bereitet oder wenn das „Sprechen über Musik" sich eines zu eindimensionalen, pauschalisierenden Vokabulars bedient.

Musiklabore

Die fünf im Kursbuch verankerten Musiklabor-Teile stehen jeweils in den Kapiteln, die sich thematisch schwerpunktmäßig mit Inhalten der Musiklehre beschäftigen bzw. wo die Inhalte innerhalb eines aufbauenden Stranges Etappenziele erreichen:
- Bunte Rhythmusspiele (➤ SB, S. 40)
- Intervallspiele (➤ SB, S. 78)
- Dreiklänge (➤ SB, S. 102)
- Versetzungszeichen, Dur und Moll (➤ SB, S. 170)
- Tiefe Töne (➤ SB, S. 199)

Die Musiklabore bieten kreatives und motivierendes Material für eine vertiefende, spielerische Anwendung des im Kapitel erworbenen Musiklehreinhalts. Ziel ist es dabei, kognitive, sensomotorische und emotionale Aspekte gleichermaßen anzusprechen, um auf vielfältige Weise und unterschiedlichen Lerntypen entsprechend das gelernte Material „umzuwälzen".

E Hinweise zur Arbeit mit den weiteren Komponenten des Kursbuchs

Schülerarbeitshefte

Die Konzeption eines Schülerarbeitshefts zum Lehrwerk schließt im Fach Musik eine bislang bestehende Lücke. Im Rahmen der aufbauenden Konzeption von „MusiX", die auf Nachhaltigkeit abzielt, war die Einführung eines Arbeitshefts eine logische Konsequenz. Das mit dem Kursbuch eng verzahnte Schülerarbeitsheft ist ein echtes Arbeitsmedium: Hier finden die Schüler vertiefende und fantasievolle Übungen bzw. Aufgaben zum Aufbau bzw. zur Vertiefung musikalischer Fähigkeiten und Fertigkeiten einerseits, aber auch zusammenfassende Aufgabenstellungen (Grundwissen aktiv) mit Lexikoncharakter andererseits. Die enge Anbindung an das Kursbuch (zentrale Aufgabenstellungen des Schülerbuchs können direkt im Arbeitsheft gelöst und eingetragen werden) und die Portfolio-Rubrik ermöglichen das selbstständige und zielgerichtete Arbeiten an musikalischen Themen in der Schule und zu Hause.

Da alle Aufgabenstellungen direkt sauber und übersichtlich im Schülerarbeitsheft eingetragen werden können und das Heft zusätzlich die Möglichkeit zum Einheften von Arbeitsblättern und Notenblättern bietet, ersetzt es gleichzeitig das herkömmliche Notenheft sowie den meist obligatorischen „Hefter".

Medienbox: multimediale Anwendungen auf der CD-ROM

Eine Fülle von Programmierungen zum fantasievollen Einsatz des Computers im Musikunterricht findet sich auf der Multimedia-CD-ROM. Die Palette reicht von einfachen Präsentationen z. B. zu Musikerbiografien (Mozart, Bach) über Baukästen zum rhythmischen und tonalen Lernen bis hin zu neu entwickelten Spielideen, in denen Themen der Musiklehre vertieft werden können, wie z. B. die Rhythmusschatzsuche im „karhythmischen" Meer. Darüber hinaus gibt es viele Anwendungen, die komplexere Themen aus Instrumentenkunde (Klangerzeugung) oder Notation (Partitur) für die Schüler plastisch aufbereiten.

Die Anwendungen eignen sich zum Präsentieren und Spielen im Klassenverband mit Beamer bzw. interaktivem Whiteboard sowie auf Einzelarbeitsplätzen im Computerraum (PC und Mac).

Medienbox: Videos auf der DVD

Insgesamt 52 Videos bieten Informationen für Lernende und Hilfestellungen für Lehrende. Die DVD enthält nicht nur Filme zu ausgewählten Themen des Musikunterrichts, z. B. zur Instrumentenkunde mit Demonstrationen zur Tonerzeugung, Spieltechnik, Geschichte und zum Instrumentenbau, sondern auch Video-Gesamtaufnahmen zu Bewegungsvorschlägen und Teaching-Videos zu Tanzbausteinen sowie Ausschnitte aus kommerziellen Filmproduktionen.

Audio-CDs

Die 7 Audio-CDs enthalten alle Hörbeispiele zu den Aufgaben des Kursbuchs, Originalaufnahmen der Songs und Playbacks für eigene musikalische Gestaltungen sowie spannende Hörgeschichten.

Testgenerator

Mithilfe vorgegebener Fragen zu allen wichtigen Themen des Kursbuchs können Sie Ihre eigenen Tests und Übungsblätter ganz schnell und ohne großen Aufwand durch Anklicken der entsprechenden Fragen individuell zusammenstellen und ausdrucken. Ein automatisch generiertes Lösungsblatt erleichtert Ihnen die Korrektur. Auch eigene Aufgabenstellungen können Sie problemlos integrieren.

Kapitel 1: Begegnung mit Musik

Thema und Ziele

Der Übergang von der Grundschule in eine weiterführende Schule stellt die Schüler vor vielfältige Herausforderungen: ein neues Umfeld, neue Klassenkameraden, das Fachlehrerkonzept… Das erste Kapitel will mit einem aktivierenden Song, abwechslungsreichen rhythmischen Kennenlernspielen, einem musikalischen Steckbrief und einem spannenden Einblick in das Musikleben der eigenen Stadt die Einstimmung auf die neue Situation erleichtern und den Schülern einen lustbetonten, spielerischen Start in den Musikunterricht bieten. Zudem führen elementare Start-ups und grundlegende metrische Übungen in die aufbauende Struktur des Kursbuchs ein.

> In diesem Kapitel werden auf spielerische Art und Weise und in fast allen Dimensionen musikalischer Kompetenz (➤ Einleitung, S. 6) erste Grundlagen erarbeitet:
>
> - **Stimme und Singen:** Mimik aktivieren („Smiling Faces 1" ➤ SB, S. 5), usuelles Singen („Shalala" ➤ SB, S. 6) und Stimmexperimente (Namensspiel ➤ SB, S. 8)
> - **Instrumente spielen:** elementarer Begleitsatz (➤ SB, S. 7)
> - **Körper und Bewegung:** erste metrumbezogene Bewegungsspiele (➤ SB, S. 5, 8)
> - **Variieren und Erfinden:** Klangexperimente mit Alltagsgegenständen, Variation von elementaren Rhythmen (➤ SB, S. 10 f.)
> - **Lesen und Notieren:** elementare Rhythmen („Stop and go" ➤ SB, S. 11)
> - **Hören und Beschreiben:** Hörgeschichte, Ensembleklang (➤ SB, S. 12 f.)
> - **Kontexte herstellen:** musikalische Ensembles (➤ SB, S. 14 f.)

Start-ups für Stimme und Körper ➤ SB, S. 5

Zuhören lernen

Das erste Kapitel bietet viele verschiedene Möglichkeiten, das Hinhören und Lauschen zu trainieren: Klänge des Alltags (Klangbeschreibungen, Klang-Memory), Stop-and-go-Rhythmen (Vor- und Nachspielen), Hörgeschichte vom goldenen Notenschlüssel (Klangstationen verfolgen). Begleitet werden diese Wahrnehmungsübungen von stimmbildnerischen Übungen, die aber bewusst noch keine „Gesangsübungen" im engeren Sinn, sondern eher Stimmspiele oder kurze Chants zur Entdeckung der eigenen Stimme sind.

Smiling Faces 1

Körper und Bewegung

In diesem Start-up werden Mimik und Artikulation geschult und damit ein wichtiger Grundstein für eine flexible und ausdrucksstarke Stimme gelegt. Smileys haben hohen Aufforderungscharakter und aktivieren im spielerischen Kontext den äußeren Stimmapparat. Aufbauend auf diese Übung werden die Schüler später („Smiling Faces 2" ➤ SB, S. 17) ganz bewusst nachvollziehen, wie sich der Stimmklang hörbar verändert, je nachdem welcher Smiley gerade „singt".

[Tipp] Die Erfahrung, Artikulation und Stimmklang durch Smileys zu verändern, können Sie auch auf andere Singsituationen übertragen, indem Sie z. B. den Song „Shalala" (➤ SB, S. 6) einmal mit einem staunenden und einmal mit einem lächelnden Smiley singen lassen.

Begegnung mit Musik

Beim Gruppenspiel sollten sich die beiden Spieler einer Gruppe leicht den Rücken zuwenden, damit sie nicht „abschauen" können. Der Lehrer oder ein Schüler zählt laut bis drei, bei „drei" führen die Spieler ihren Smiley aus und verändern ihn nicht mehr (kurzer Freeze: „Pausentaste beim DVD-Player"). Die ganze Klasse ist Schiedsrichter und achtet auch darauf, dass sich die beiden Spieler nicht heimlich beraten. Wenn man Zweiergruppen aus Schülern bildet, die etwas voneinander entfernt sitzen, kann man Vorabsprachen vermeiden. Es ist auch möglich, vorbereitete Zahlenkärtchen ziehen zu lassen, die eine zufällige Zusammenstellung der Paare gewährleisten. Gespielt wird, bis eine Gruppe drei Punkte hat. Selbst dies kann eine Weile dauern.

Stimme/Rhythmus

Einen Groove versenden

Dieses erste metrumbezogene Start-up verbindet einen kurzen Chant im Fünftonraum (Teil A) mit einem motivierenden Klatschspiel (Teil B), das am besten zuerst in langsamem Tempo ohne Rap-Text geübt wird.

2

Das gleichzeitige Sprechen und Klatschen ist eine Herausforderung für die Schüler. Deshalb ggf. den Rap-Text entweder von einer Gruppe sprechen lassen oder selbst sprechen, während die Schüler das Klatschspiel ausführen. Das Playback kann die Ausführung des Start-ups unterstützen.

[**Tipp**] Um den Tonraum schrittweise zu erweitern, können Sie den Teil A bei jeder Wiederholung um einen Halbton höher ausführen. Diese schrittweise Ausweitung des Tonraums bietet auch das Playback.

Rhythmus

Rhythm Walk

In diesem Start-up geht es um das Wechseln zwischen verschiedenen metrischen Ebenen. Ausgangspunkt ist die Viertelebene (Zeile 2.). Von dort kann in die nächsthöhere bzw. -niedrigere Ebene gewechselt werden. Auf jeden Fall sollen die Schüler die im Text beschriebene Bodyaction ausführen (Zeile 1: Gehen; Zeile 2: Patschen; Zeile 3: Tippen).

Wenn den Schülern der Übergang von einer Ebene zur nächsten sicher gelingt, kann man auch den Sprung von Zeile 1 zu Zeile 3 und zurück ausprobieren. Evtl. kann dies durch eine Glocke in Viertelnoten gestützt werden.

Die im Buch beschriebenen Aufgabenformen sind bewusst mit ansteigender Schwierigkeit gestaltet. So kann das Start-up auch später für eine kurze Einheit herangezogen werden, um durch eine neue Herausforderung die rhythmischen Kompetenzen der Schüler schrittweise zu vertiefen und zu erweitern.

Grundbeat-Radar (Erweiterungsspiel): Alle Schüler gehen in halben Noten am Platz (Zeile 1) und führen gleichzeitig Zeile 2 aus (Bodypercussion und Sprechen). Ein Spielleiter lässt nun seinen Arm langsam in einem Viertelkreis über die Klasse wandern. Wer vom „Armstrahl" berührt wird, wechselt zu Zeile 3. Sobald der „Armstrahl" weitergewandert ist, wechseln die Schüler wieder zu den beiden Ausgangspatterns.

Mit Musik geht alles besser! ➤ SB, S. 6

3, 4

Shalala

Ein Song für einen motivierenden Einstieg in das Buch und das neue Schuljahr! Je nach Klassensituation können die Schüler den Song instrumental mit den Patterns begleiten. Einzelne Patterns lassen sich auch gut von einer kleinen Schülergruppe mit der Stimme ausführen. Mit folgendem einfachem Klaviersatz lässt sich der Refrain begleiten:

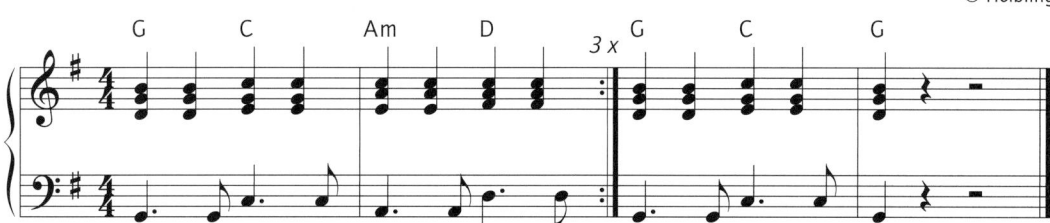

Wir lernen uns kennen ➤ SB, S. 8

Bewegungsspiele

🎵 Die Bodypercussion in Aufgabe 1a wird im Verlauf des Kursbuches immer wieder auftauchen. Das Pattern bildet die Grundlage für die Erfahrung von Grundbeat und übt das Gefühl für ein stabiles Metrum.

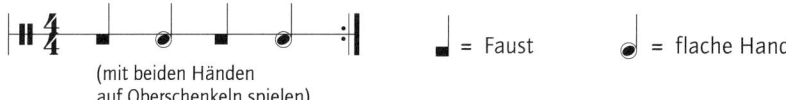

Durch den Wechsel zwischen Faust und flacher Hand entsteht das metrumtypische Gefühl eines Wechsels zwischen schweren und leichten Schlägen. Die Bewegungsfolge betont bewusst die Zählzeiten 2 und 4. Dadurch erfährt der Backbeat (Schlag 2 und 4) eine akustische Betonung, wie es in vielen groove-orientierten Musiken der Fall ist.

Für diese vermeintlich einfache Übung sollte man viel Zeit einplanen. Erst wenn das Pattern einige Zeit geübt wird, wird der Körper gleichsam „Kontrolle übernehmen". Dann können auch andere Aktionen zusammen mit dem Pattern ausgeführt werden (erste Übungen zur Unabhängigkeit: den Namen zum Pattern sprechen usw.).

[Tipp] In der Arbeit mit den Schülern können Sie im Vierertakt (auch im Zweiertakt) dieses Bodypercussionpattern auch an nicht markierten Stellen zur Stabilisierung eines Metrums/Tempos nutzen.

Falls möglich, sollte diese Aufgabe im Sitzkreis ausgeführt werden. Es empfiehlt sich unbedingt ein kleinschrittig aufbauendes Vorgehen. Die Schüler sollten die Bodypercussion einige Zeit durchlaufen lassen, bis sie ein gleichmäßiges Tempo ausführen können und die Bewegung soweit verinnerlicht haben, dass sie diese selbstverständlich ausführen können. Erst dann fängt die Namensrunde an.

[Tipp] Regen Sie immer wieder durch Vormachen auch zu ausdrucksvollen Aussprachen an, da die Namen von den Schülern erfahrungsgemäß eher monoton gestaltet werden.

Ich und du

Zugleich zu sprechen und die Bodypercussion auszuführen, ist für viele Schüler eine große Herausforderung; deshalb sollten die Schüler als vorbereitende Übung die Namen rhythmisiert sprechen: „Ich heiß Karoline, ich heiß Anna" usw. Ggf. können Beispiele oder Hilfestellungen bei der Rhythmisierung von Namen mit ungerader Silbenzahl gegeben werden. Alternativ sind aber auch fantasievolle, ungewöhnliche Rhythmisierungen wie in Aufgabe 1b denkbar, wenn man im letzten Takt der Zeile wieder im Metrum ist.

Begegnung mit Musik

Erst dann abschnittsweises Vorsprechen des Stücks „Ich und du" (jeweils 2 Takte); die Klasse antwortet. Den gemeinsamen Grundschlag zu keiner Zeit unterbrechen! Erst wenn die Ausführung des Sprechstücks den Schülern keine Schwierigkeiten mehr bereitet, sollten die eigenen Namen eingebaut werden.

3 Die Rhythmusübung kann als Begrüßungsspiel auch in folgenden Lerneinheiten wieder aufgegriffen werden. Als Erweiterung machen die „coolen" Handshakes daraus ein schulhoftaugliches Sprechstück mit Performance.

4 5 6 ### Musikalische Steckbriefe

Ziel der Arbeitsphase ist es, in Form einer Plakatwand einen Überblick über das Musikleben der Klasse zu gestalten. Erfahrungsgemäß benötigen Schüler beim Entwurf der Fragen Unterstützung. Es bietet sich unter Umständen sogar an, im Klassengespräch einen gemeinsamen Fragenkatalog zu entwickeln. Erst wenn die Schüler sich die Fragen notiert haben, beginnt die Phase der Interviews. Die Schüler sollen als Journalisten ihren Banknachbarn befragen und die Antworten aufschreiben. Das Schülerarbeitsheft enthält eine Vorlage für die Interviewarbeit.

Als Hausaufgabe verfassen die Schüler einen Steckbrief über ihre eigene musikalische Welt. Das Schülerarbeitsheft bietet auch dafür eine Vorlage. Hier ist außerdem Raum vorgesehen, damit die Schüler Material wie Bilder und Konzertkarten einkleben oder eigene Zeichnungen entwerfen können. So entsteht eine kleine Collage ihrer persönlichen musikalischen Welt. ⊙ Diese Aufgabe ist ein wichtiger Teil der in „MusiX" verankerten Portfolioarbeit.

Klänge des Alltags ➤ SB, S. 10

1 2 Ⓐ 6

Wie klingt eigentlich Papier?

Ziel der Arbeit ist neben dem Erforschen von Klangmöglichkeiten der verschiedenen Materialien und ersten Höraufgaben (bewusstes und genaues Hinhören) das Schärfen der Sprache hinsichtlich der Beschreibung von Klängen. Die Schüler sollen sich mit den Parametern Lautstärke, Tondauer, Tonhöhe und Klangfarbe vertraut machen und diese als Fachbegriffe in ihre Klangbeschreibungen einfließen lassen. An den bewussten Umgang mit den genannten Parametern knüpfen die folgenden Kapitel an. Dort wenden die Schüler die Parameter aktiv in musikalischen Gestaltungsaufgaben an.

Im Arbeitsheft vertiefen die Schüler bei einem Klangrätsel das Erkennen und Beschreiben von Klängen mit Alltagsinstrumenten.

Ⓐ 7–9

Stop and go

3 4

Diese kleine, nahezu harmlos aussehende Übung stellt eine grundlegende Einführung in das Lesen und Schreiben von Musik dar. Durch die Anknüpfung an das Bild einer Ampel wird das „Voranschreiten" (Klang) und „Anhalten" (Pause) aus der Lebenswelt der Schüler visualisiert. Wieder greifen die Schüler auf die bereits erarbeitete Bodypercussion zurück und üben somit die stabile Ausführung des Grundbeats. Nun geht es aber darum, durch Betonungen einzelner Grundschläge erste Rhythmen entstehen zu lassen; dabei wird die Verwendung von Alltagsinstrumenten (➤ SB, S. 10) aufgegriffen.

[**Tipp**] Die Rhythmen in Aufgabe 4 können Sie dann auch auf Zuruf in anderer Reihenfolge durchwechseln. Besonders gut kann hier das Wiederholungszeichen eingeführt werden: zweimal A, zweimal B, zweimal C.

Wichtig ist, dass die Schüler hier schon erste eigene Rhythmen erfinden und ausführen.
➔ Dies bildet die Grundlage für die Vorstellung von Rhythmen und der entsprechenden klanglichen Repräsentation und schult somit das rhythmische Audiationsvermögen, das im Verlauf des Buches schrittweise entwickelt werden soll.

Im Schülerarbeitsheft finden sich Vorlagen zur Bearbeitung der Aufgaben sowie vertiefende Höraufgaben und die Möglichkeit, den selbst erfundenen Rhythmus aufzuschreiben.

Die Stop-and-go-Übung ist auch als Programmierung aufbereitet. Die Schüler können sowohl Rhythmen selbst gestalten als auch vorgegebene Rhythmen mitspielen. In einem weiteren Spielmodus sollen die Schüler außerdem gehörte Rhythmen durch Anklicken richtig anzeigen.

Auf der Suche nach dem goldenen Notenschlüssel ➤ SB, S. 12

Als spielerische Höraufgabe konfrontiert die Suche nach dem goldenen Notenschlüssel die Schüler mit unterschiedlichen Musizierorten bzw. Klangstationen einer fiktiven Stadt. Mithilfe der Hörgeschichte bekommen sie einen Überblick über die Vielfalt, aber auch über die Verschiedenheit musikalischer Praxen.

Eine Rätselaufgabe schult das genaue Hinhören und Zuordnen von Klängen und Musikbeispielen.

> **Lösung**
>
> **Stadtplan:**
> Mozartstraße 8
>
> **Liste der Hörbeispiele in der richtigen Reihenfolge:**
> 1. Geigenunterricht in der **M**usikschule, 2. **O**pernarie im Opernhaus, 3. **J**azz-Trio in einer Kneipe, 4. Bl**a**skapelle im Park, 5. **O**rgelmusik in der Kirche, 6. Orche**s**termusik im Konzerthaus, 7. Chor**mu**s**ik, 8. Hochze**it**smarsch im Standesamt, 9. **R**ockband bei einem Open-Air-Konzert, 10. Kaufhausmusik, 11. Straßenmusiker, 12. L**ied** in der Schule

Die Hörgeschichte können die Schüler sowohl im Schülerarbeitsheft bearbeiten als auch anhand der Programmierung verfolgen (Präsentationsmodus). Sie haben dort außerdem bei einem Quiz (Spielmodus) die Möglichkeit, die Hörbeispiele den verschiedenen Musizierorten richtig zuzuordnen.

Musiker spielen zusammen ➤ SB, S. 14

➔ Aufbauend auf die spielerische Konfrontation mit unterschiedlichen Musizierorten und Klangbeispielen (Hörgeschichte ➤ SB, S. 12) beschäftigen sich die Schüler nun genauer mit Ensemblebesetzungen. Neben der Besetzung machen sich die Schüler mittels Zuordnungsaufgaben mit der charakteristischen Klanglichkeit der jeweiligen Ensembles vertraut.

Ergänzend oder alternativ zu den Abbildungen und Hörbeispielen stehen sechs kurze Videoclips zu den im Schülerbuch genannten Ensembles zur Verfügung. Mögliche Aufgaben: Die Schüler können mit Fragen nach der Zusammensetzung der Ensembles, Anordnung der Instrumente, Auffälligkeiten in den Aufnahmen, Klang oder Auftrittsort auf ein aktives Sehen gelenkt werden.

 Im Schülerarbeitsheft vertiefen die Schüler anhand einer Bildzuordnungsaufgabe ihre Kenntnisse zu Besetzungen verschiedener Ensembles. Es wird hier außerdem eine Rechercheaufgabe zu den Ensembles der eigenen Stadt oder Region angeboten.

Kapitel 2: Rund um die Stimme

Thema und Ziele

Kapitel 2 beschäftigt sich schwerpunktmäßig mit dem Thema Stimme. Es geht darum, 1.) die Erfahrungsfähigkeit mit dem Instrument Stimme zu erweitern, 2.) stimmliche Möglichkeiten bewusst einzusetzen und 3.) Wissen über das Stimmorgan und dessen Pflege, also Grundlagen der Stimmphysiologie, aber auch der Stimmbildung, zu erwerben. Dafür werden eine ganze Anzahl an Stimmbildungsübungen und -spielen angeboten, die auch für weniger erfahrene Schüler einen allmählichen Einstieg in die Beschäftigung mit dem körpereigenen Instrument Stimme bieten und zudem Grundlagen für sicheres und sauberes Singen schaffen sollen.

Verknüpft mit der Beschäftigung mit der Stimme spielen folgende Inhaltsfelder eine Rolle:
- grundlegende musikalische Parameter (Tonhöhe, Lautstärke, Tempo, Klangfarbe), die mit Klangexperimenten erarbeitet, variiert und kombiniert werden
- Festigung der erworbenen metrisch-rhythmischen Kompetenz
- Kennenlernen des Klasseninstrumentariums
- ein neues Herbstlied

> In diesem Kapitel wird an folgenden Dimensionen musikalischer Kompetenz gearbeitet:
>
> - **Stimme und Singen:** Mimik zur Klangformung einsetzen („Smiling Faces 2" ➤ SB, S. 17), usuelles Singen (Herbstlied ➤ SB, S. 25) und Stimmexperimente (➤ SB, S. 17, 19–22, 24)
> - **Instrumente spielen:** elementarer Begleitsatz (➤ SB, S. 23)
> - **Körper und Bewegung:** Körper erspüren („Baum-Stand" ➤ SB, S. 17)
> - **Variieren und Erfinden:** Klangexperimente mit Stimme und Instrumenten, Variation von elementaren Bausteinen (➤ SB, S. 20f., 23)
> - **Lesen und Notieren:** grafische Notation, elementare Bausteine (➤ SB, S. 20f.)
> - **Hören und Beschreiben:** Stimmklänge (➤ SB, S. 20)
> - **Kontexte herstellen:** Grundlagen Stimmphysiologie, Stimmapparat (➤ SB, S. 18f.)
> - **Anleiten:** Führen und Folgen (Marionette ➤ SB, S. 19), musikalischen Ablauf gestisch anleiten (Stimmklänge ➤ SB, S. 20), Parameter anzeigen (Merkmale-Mischmaschine ➤ SB, S. 21)

Start-ups für Stimme und Körper ➤ SB, S. 17

Körper und Bewegung

Baum-Stand

Diese Übung braucht Ruhe! Deshalb sollte man sich genügend Zeit dafür lassen, die Schüler auf das Bild, ein Baum zu sein, einzustimmen. Die Übung mit der Arbeit am Atem verbinden: Bei der Vorstellung, dass sich die Wurzeln allmählich in die Erde graben, sollen die Schüler langsam und gleichmäßig auf „s" ausatmen – Atemruhe – dann Vorstellung, die Luft fließt durch die Wurzel wieder langsam von unten in den Körper zurück. Diese Vorstellung einige Male wiederholen, wobei die Wurzeln sich jeweils tiefer in den Boden graben und allmählich zu allen Seiten hin verästeln. Auch beim Hin- und Herwiegen des Baumstammes und beim Strecken der Blätter zum Sonnenlicht auf ähnliche Weise den Atem aktivieren: Ausatmen – Atempause – staunendes, öffnendes Einatmen.

Rund um die Stimme

Eine kleine Geschichte kann zusätzlich helfen, die Schüler auf die Übung einzustimmen. So oder ähnlich könnte sie erzählt werden: „Auf einem Hügel über dem Tal steht ein großer Baum. Hundert Jahre und länger steht er schon dort und wacht über die Wiesenlandschaft. Jeden Morgen, wenn die Sonnenstrahlen ihn wecken, spürt er zuerst nach, ob seine Wurzeln noch tief in der Erde stecken. Das ist wichtig, denn sie geben ihm Halt, wenn es stürmt und der Wind an seiner Krone zerrt. Durch die kleinen Verästelungen nimmt er mit seinen Wurzelspitzen neue Nährstoffe in sich auf. Der Stamm des Baumes ragt weit in den Himmel, es scheint, als wüchse er fast bis zu den Wolken empor. Der kühle Morgenwind streicht durch die Krone des Baumes und wiegt ihn sanft hin und her. Nun streckt der Baum alle seine Äste, nach oben, aber auch zur Seite, damit möglichst viele Blätter in den Genuss des Sonnenlichts gelangen. Der Tag kann beginnen!"

Stimme

Töne auf Wanderschaft 1

Fehlende oder falsch angeleitete Singerfahrung in Kindheit, Vorschule oder Grundschule resultiert unter anderem meist in einer unzureichend ausgeprägten Modulationsfähigkeit der Kinderstimme. Die Schüler „brummen" auf einem Ton mit oder singen in einer tieferen Lage mit der Klasse (➤ Einleitung, S. 10). Da diese Schüler die wichtige Erfahrung des Kopfstimmenklangs noch nicht gemacht haben, spricht man auch von der „Bruststimmenfalle".

↗ Als aufbauende Übung im Bereich tonal-vokaler Kompetenzen legt dieses Start-up Grundlagen: Die Schüler lernen ihre eigene Stimme kennen und erweitern gleichzeitig spielerisch die Modulationsfähigkeit ihrer Stimme. Zudem ist sie eine grundlegende Einführung in das Konzept abendländischer Notation. Das „Höher"- oder „Tiefer"-Singen wird verbunden mit der Visualisierung von hoch und tief, sodass die Schüler lernen, diese mit der gesungenen Tonhöhe zu koppeln. Die Übung schult zusätzlich das Empfinden eines Grundtons, d. h. eines Tons, zu dem man immer wieder zurückkehrt.

Als Vorübung kann man die ganze Klasse zunächst einem Dirigenten folgen lassen. Folgende Bilder sind dabei hilfreich:
- Ein Kunstflieger startet, macht Kapriolen und landet wieder.
- Ein Aufzug fährt in einem Hochhaus von Stockwerk zu Stockwerk.
- Eine Biene, Hummel, Mücke fliegt von Blüte zu Blüte.

Dabei sollten verschiedene, klingende Konsonanten und Vokale verwendet werden.

↗ Das Anleiten musikalischer Prozesse als achte Dimension musikalischer Kompetenz findet hier in einer ersten Ausprägung statt. Die Dirigenten führen mit Gesten den Klang der Klasse und können erste Erfahrungen in der Wirkung solchen Anleitens sammeln.

Stimme

Smiling Faces 2

A 18

↗ Aufbauend auf die Übung von Mimik und Gesichtsausdruck in Kapitel 1 (➤ SB, S. 5) wird nun der Vokalkreis erarbeitet und angewandt:

1. Vorübung
- Smileys: Die drei abgebildeten Smileys werden erst noch einmal einzeln mimisch dargestellt, schließlich im Uhrzeigersinn fließend miteinander verbunden.
- Vokalkreis: Der Vokalkreis steht (ohne Smileys) an der Tafel, die Schüler folgen nun auf einem Ton singend dem Finger des Lehrers, der langsam von Vokal zu Vokal gleitet.
- Vokalkreis und Smileys: Nun wird der gesungene Vokalkreis mit den jeweiligen Gesichtern verbunden.

2. Chant
- Der kleine Chant wird erlernt.
- Singen mit einem Smiley: Ein Smiley wird ausgewählt und der Chant mit diesem Gesichtsausdruck gesungen.
- Smiley-Kette: Während des Singens wechseln die Schüler von Smiley zu Smiley und singen die Melodie mit dem entsprechenden Gesichtsausdruck. Takt 1/2: lächelnder Smiley („i"), Takt 3–6: staunender Smiley („a"), Takt 7/8: Kussmund-Smiley („u").

[Tipp] Teilen Sie die Klasse in zwei Gruppen: Gruppe 1 führt die Aufgabe „Singen mit einem Smiley" oder „Smiley-Kette" aus. Gruppe 2 ist „ganz Ohr" und verfolgt die Darbietung von Gruppe 1. Fordern Sie anschließend die Schüler auf, ihre Höreindrücke genau zu beschreiben. Dazu können sie ein einziges Wort oder auch einen kurzen Satz äußern. Der Eindruck wird zunächst nicht kommentiert.
Interessant ist auch ein direkter Hörvergleich: Wie klingt der Gesang mit und ohne das Singen mit Smileys? Der aktive Hörprozess schärft einerseits die Klangwahrnehmung der Schüler. Andererseits merken sie, dass der Einbezug von Mimik den Klang entscheidend beeinflussen kann.

Die Stimme – ein vielfältiges Instrument ▸ SB, S. 18

Um die stimmphysiologischen Grundlagen kennenzulernen, erforschen die Schüler zunächst spielerisch ihr körpereigenes Instrument Stimme. Das Experimentieren mit den zur Klangschale geformten Händen zielt auf das Kennenlernen des eigenen Stimmklangs ab. Diese Übung ist vor allem auch für die Schüler wichtig, die bislang keine Erfahrung mit ihrer Kopfstimme gemacht haben. Durch das Sprechen des Wortes „you" werden die Obertöne hörbar.

[Tipp] Regen Sie die Schüler dazu an, die Tonhöhe zu modulieren (hohe/tiefe Töne, Glissando), und so mit dem eigenen Stimmklang zu experimentieren.

Um die Arbeit an der Grafik (Atemorgan, Kehlkopf, Resonanzrohr) zu erleichtern und anschaulicher zu gestalten, steht eine Präsentationssoftware zur Verfügung.

Das Schülerarbeitsheft enthält Lückentexte und Grafiken zur Ergebnissicherung. Die Beschriftung der Grafik auf S. 13 muss mit geschlossenen Schülerbüchern erfolgen.

Stimme braucht Training ▸ SB, S. 19

Körper und Stimme in Bewegung

Die Stimmbildungswiese bietet eine Vielzahl von Möglichkeiten, körperliche und stimmliche Aktivitäten zu kombinieren:
- Winken und „Hallo" (Rufterz, z. B. g' – e') oder/und einen Namen rufen („Hallo, Jonathan"), dabei chromatisch höherrücken.
- Ein imaginäres Seil ziehen: Bei „Hey" Impuls nach vorn, bei „ziiiieeeh!" – langsames Glissando nach unten – eine spannungsvolle Ziehbewegung ausführen.
- Äpfel pflücken (mit beiden Händen abwechselnd), dabei „mom, mom, mom" singen: Die Schüler strecken sich zu einem Apfel, greifen ihn und singen dabei genussvoll „mom". Wichtig ist, dass das Greifen bewusst und zielgerichtet zusammen mit der Artikulation des „mom" ausgeführt wird.

Rund um die Stimme

- Ball zuwerfen: Das „Hopp!" löst gleichzeitig mit dem Wurfimpuls einen Zwerchfellimpuls aus. Alternativ können die Schüler den Ball auch mehrmals auf den Boden prellen.
- Über eine nasse Wiese trippeln (Zehenspitzen), dabei „tipi tipi tipi tipi top" singen, chromatisch höher rücken.
- An einer Blume schnuppern: Durch die Nase den Duft einholen, auf ein staunendes „Aaah!" leise, quasi „blumig-locker", ausseufzen – hierbei soll der Randstimmenbereich aktiviert werden.
- Mit spitzem Mund eine Pusteblume leerpusten, dabei einen gut dosierten und zielgerichteten Atemstoß ausführen (Zwerchfellaktivierung).

Marionette

Diese Führen-und-Folgen-Übung bietet eine weitere Möglichkeit, die Modulationsfähigkeit, aber auch die Ausdrucksfähigkeit der Stimme spielerisch zu üben. Da der Marionettenspieler sofort ein optisches Feedback auf seine Stimmaktion erhält, wird die Wirkung der eigenen Stimme direkt erfahrbar.

[Tipp] Der Gefahr des Überschwangs können Sie begegnen, indem Sie zunächst nur einzelne Bewegungen oder Körperteile (linker Arm, Schulter etc.) isoliert üben lassen. Natürlich soll aber auch der Spaß am Experimentieren nicht verloren gehen!

Eine mögliche Erweiterung: Die Marionette verlässt kurz den Raum, der Marionettenspieler bekommt eine Aufgabe, z. B. die Marionette zur Tafel hüpfen und sich dann auf den Klavierstuhl setzen zu lassen.

Stimmklänge ➤ SB, S. 20

Wenn Wörter klingen

Die Erfahrungen des Experimentierens mit der eigenen Stimme übertragen die Schüler nun auf ein Werk von R. M. Schafer. „Wenn Wörter klingen" soll die Schüler anregen, ihre Stimme vielfältig in allen Klangmöglichkeiten auszuloten, um damit auf spielerische Weise die Voraussetzung für weitere Stimmexperimente zu schaffen. Zudem führt die Komposition die in Kapitel 1 begonnene Einführung in grafische Notation (➤ SB, S. 8) auf eine höhere Ebene und verweist damit auf spätere Kapitel (➤ SB, Kap. 5, 9, 12, 19).

Die vorliegende Aufnahme des Ergebnisses in einer 5. Klasse kann
- als Hörübung (Aufgabe 3),
- als Interpretationsvergleich,
- als Impuls für ein Gespräch über das Kompositionskonzept (großer Gestaltungsspielraum für die Interpreten, vom Komponisten intendierte unterschiedliche klangliche Ergebnisse…)

dienen.

Ⓐ 19

Lösung

In der Aufnahme werden die Stimmaktionen des rechten Weges (Kichern, Pfeifen, Aufschluchzen…) zunächst einzeln durchlaufen. Der zweite Durchgang ist aufbauend angelegt, indem die einzelnen Stimmaktionen zwar sukzessive einsetzen, dann aber ausgehalten werden und sich überlagern. Vom Piano ausgehend steigern sich die Stimmen allmählich zu einer Klangfläche. Vor dem Blöken bricht der Klang ab. Danach bauen die Stimmaktionen wieder auf. Steigerung der Lautstärke. Ein langes Aufschluchzen beendet das Stück.

Merkmale-Mischmaschine

Die Idee, die hinter dieser Mischmaschine steckt, ist zunächst die gut nachvollziehbare, humorvolle praktische Anwendung der drei wichtigsten musikalischen Parameter. Zudem übt die unabhängige Verwendung der Parameter eine wichtige musikalische Fähigkeit. Die oft unwillkürliche Kombination von z. B. Lautstärke und Tempo, d. h. das automatische Beschleunigen beim Lauterwerden und umgekehrt, läuft nicht selten musikalischen Intentionen zuwider. Die Fähigkeit, diese musikalischen Parameter unabhängig voneinander ausführen zu können, wird über das Bild von verschiedenen Reglern einer Maschine gut nachvollziehbar.

[Tipp] Auf diese Parameter-Maschine können Sie auch später immer wieder zurückgreifen, wenn es um eine bestimmte Interpretation eines Liedes oder Stückes geht (z. B. „schnell spielen, aber leise bleiben" oder „tiefer, aber nicht lauter werden").

Mithilfe einer Programmierung können die Schüler die Änderung der einzelnen Parameter hörbar nachvollziehen. Da auch eigene Klänge aufgenommen werden können, kann die Programmierung im Unterricht gezielt zu Demonstrations-, aber auch Übungszwecken eingesetzt werden.

Stimm-Schlagzeug

Inzwischen hat sich der Einsatz von Vocussion auch innerhalb der Schule etabliert.
Die eintaktigen Patterns bieten aufbauend auf die Stimmexperimente die Möglichkeit, die verschiedenen Instrumente eines Stimm-Schlagzeugs kennenzulernen:
- „ti ki": Imitation einer Hi-Hat
- „gong ts gong ga": Bass-Drum, Hi-Hat, Snare-Drum
- „schi ki di": Shaker

[Tipp] Die durch die Kombination der Bausteine entstehenden Begleitgrooves sollten Sie nun in zukünftigen Musikstunden immer wieder für die Begleitung von Klassensongs nutzen.

Mit Stimme und Instrumenten ▸ SB, S. 22

Die Erforschung des Klasseninstrumentariums und seiner Klangmöglichkeiten – weiterführende Aufgaben dazu im Schülerarbeitsheft – ist eine wichtige Voraussetzung für das Klassenmusizieren und Erfinden eigener Musik (aufbauender Strang: Basiskompetenz im Bereich Improvisation).

Drei der im Kursbuch angebotenen sechs Workshops bauen auf dieses erste Kennenlernen auf und entwickeln die erworbenen Kompetenzen weiter: die Workshops Stabspiele, Latin und Klassenmusizieren.

Kleine Improvisationsspiele können den sinnvollen Einsatz der Instrumente und ihrer Klänge üben:
- Begriffe raten: Ein Schüler wählt aus einer Auswahl von Begriffen (Wecker, Donner, Specht, Regentropfen …) einen aus und spielt ihn auf einem oder mehreren Instrumenten vor. Der Rest der Klasse versucht zu erraten, welcher Begriff dargestellt wurde.
- Klangumgebung: Eine Gruppe von Schülern bekommt eine Aktionskarte, auf der ein Ort steht (Urwald, Straßenkreuzung, Uhrenladen …), und muss versuchen, diesen so zu spielen, dass die Klasse ihn erraten kann. Dieses Spiel wird zu Beginn von Kapitel 5 (▸ SB, S. 58 f.) aufgegriffen und fortgeführt.

Rund um die Stimme

5 6 Die gewonnenen Erfahrungen können die Schüler nun nutzen, um eine Begleitung zum Lied „Finster, finster" zu gestalten. Die einzelnen Begleitrhythmen sind aus Teilen des Liedes abgeleitet. Bei der Auswahl der Instrumente sollen die Schüler die klanglichen Besonderheiten in Bezug auf den Text bedenken, z. B. Instrument 1 („Finster, finster…"): Triangel oder Schüttel-Ei; Instrument 2 („Geisterstunde!"): Handtrommel; Instrument 3 („Schwarze Raben…"): Guiro oder Cabasa; Instrument 4 (Glissando auf „U-hi!"): Metallofon, Guiro; Instrument 5 (Finster-Ostinato): Xylofon.

„… wenn es Herbst ist" ➤ SB, S. 24

1 ### Stimmbildungscomic

In der Arbeit mit Schülergruppen, vor allem in der Unterstufe, bietet es sich an, zentrale Bereiche stimmlicher Arbeit in eine Stimmbildungsgeschichte zu verpacken. So üben die Jugendlichen auf spielerische Art einen differenzierten Umgang mit Körper, Stimme und Bewegung. Idealerweise sind die Stimmbildungsgeschichten auf Tages- oder Jahreszeit bzw. thematisch auf ein bestimmtes Lied abgestimmt. Die vorliegende Stimmbildungsgeschichte stimmt die Schüler auf das Lied „Warum kleiden die Bäume sich wohl aus" ein, legt stimmtechnische Grundlagen und bereitet besondere Herausforderungen des Liedes vor.

Methodische Hinweise:

- Ausgangspunkt sind Körper- und Atemübungen (Luft ausströmen und schnuppernd einatmen). Immer mit dem Ausatmen beginnen. Dabei die Vorstellung haben: „Wir treten vor die Türe, der kalte Herbstwind bläst uns ins Gesicht. Wir pusten kleine Atemwolken in die Luft". Nach dem Ausatmen den Bauch lösen, dies „lockt" den Einatem. Dabei das Gefühl haben, dass die Luft den gesamten Oberkörper bis in den Bauchraum füllt.
- Das Abklopfen der Arme (mit rechtem Arm beginnen: innen runter, außen rauf) regt die Energiebahnen des Körpers an (Kinesiologie); siehe dazu auch das Start-up „Bodydrum" (➤ SB, S. 45).
- Das Hecheln aktiviert das Zwerchfell und soll durch die geweiteten Nasenflügel erfolgen, um die Mundschleimhäute nicht zu sehr auszutrocknen.
- Ein staunender Gesichtsausdruck (oder: erschrocken sein) in Verbindung mit einem Schnappatem bereitet den Körper auf den Toneinsatz vor. Der Stimmapparat erhält dadurch eine Weitung, das Zwerchfell wird aktiviert, um den Ausatem zu kontrollieren. Das „Aaah!" und „Ohhh!" auf verschiedene Tonhöhen und auch im Glissando singen.
- Um den stimmhaften Konsonant „w" zu erzeugen, ist der Mund leicht geöffnet und die obere Zahnreihe berührt die Unterlippe. Die Schüler sollen ohne Druck im Piano singen. Die in die Luft gezeichnete liegende Acht hilft bei der Vorstellung der Tonhöhe und versetzt den Körper zusätzlich in eine gute Singspannung.
- Es folgen kleine Singmotive (Rufterz und Ausweitung zur Oktave). Beim „ju" ist darauf zu achten, dass die Schüler ein langes Gesicht machen (locker geöffneter Unterkiefer) und die Mundwinkel etwas anspannen (vgl. auch „Smiling Faces 2" ➤ SB, S. 17). Beim abwärts gerichteten Durchschreiten des Oktavraums darf man keinesfalls auf den unteren Ton drücken. Eine aufwärts gerichtete Bewegung der Arme und ein leichtes Decrescendo in die Tiefe unterstützen die Vorstellung, dass der obere Oktavton noch im unteren enthalten sein muss. Diese Übung bereitet Takt 1 des Liedes vor, wo der Oktavsprung eine besondere technische Herausforderung darstellt.

Warum kleiden die Bäume sich wohl aus

Klaviersatz

Text u. Musik: C. West;
Klavierbegleitung: G. Schmidt-Oberländer
© JINGO b. v. Netherlands

22, 23

[Notensatz mit Liedtext:]

Ref.: Warum kleiden die Bäume sich wohl aus, wenn es kalt wird, wenn es Herbst ist?

1. Vögel in den Süden ziehen, Igel in ihr Laubhaus fliehen, Hunden wachsen Winterfelle, Hamster ruh'n an warmer Stelle. Nur alle Bäume landauf und landab werfen jetzt im Herbst die Blätter ab.

Das Lied enthält einige stimmliche Herausforderungen:
- Oktavsprung im ersten Takt: Der obere Ton muss entlastet werden und leicht (kopfig) angesungen werden; keinesfalls darf der tiefe Ton mit brustiger, lauter Stimme gesungen werden, da dies den Absprung in die Oktave erschwert. Die Schüler sollen beim Singen des tiefen Tones bereits den hohen Ton voraushören. Eine Bewegung (Armschwung nach oben: der Baum breitet sein Blätterdach aus) unterstützt den Oktavsprung.
- Der Ton c' bei „kalt wird" bzw. „wenn es Herbst ist" sollte leicht und mit lächelndem Ausdruck gesungen werden. Dies wirkt der Gefahr entgegen, auf den Ton zu drücken.
- Gute Aussprache des Textes: Wenn einzelne Phrasen zusammengefasst werden – Zielpunkt und damit Betonungsschwerpunkt ist immer die Zählzeit 1 des zweiten Taktes, z. B. „Vögel in den **Sü**den ziehen…" – lässt sich ein leiernder Ausdruck der auf einem Ton wiederholten Silben vermeiden.

Kapitel 3: Meet the beat

Thema und Ziele

In Kapitel 3 werden die in den ersten beiden Kapiteln eingeführten Grundkompetenzen im Bereich Metrum und Rhythmus zusammengeführt, systematisiert und konsequent weiterentwickelt. Während bislang eher eine spielerische und an die Gegenwart der Schüler anknüpfende Erfahrungserschließung metrisch-rhythmischer Phänomene eine Rolle spielte, soll in Kapitel 3 nun das Phänomen der in Metrum und Rhythmus sortierten Zeit systematisch erarbeitet werden. Dazu gibt es innerhalb des Kapitels einen aufbauenden Binnenstrang, der den Bereich wie folgt erschließt:
- Grundschlag und Puls sowie seine Unterteilungen (Zweier- und Dreierunterteilung)
- Metrum → Takt → Rhythmus
- Notenwerte
- Taktarten
- Auftakt

Jeder dieser Schritte wird durch mehrere spielerische Übungen zunächst praktisch erarbeitet und vertieft, bevor Notation und Begrifflichkeit eingeführt werden.

Am Ende des Kapitels findet sich ein Spiel-mit-Satz zur Anwendung des Gelernten sowie ein Musiklabor mit einer Anzahl vertiefender Übungen.

In diesem Kapitel wird an folgenden Dimensionen musikalischer Kompetenz gearbeitet:

- **Stimme und Singen:** Grundtonempfinden („Geschüttelt und gereimt" ➤ SB, S. 27), usuelles Singen („Let's Meet the Beat!" ➤ SB, S. 28; „Ayelevi" ➤ SB, S. 37) und Vocussion (➤ SB, S. 32)
- **Instrumente spielen:** Begleitsatz (➤ SB, S. 29)
- **Körper und Bewegung:** sicheres Ausführen des Metrums und Zweier-/Dreierunterteilung des Metrums (➤ SB, S. 30, 32 f.), Bodypercussion (➤ SB, S. 28, 32, 36, 38 f., 40)
- **Variieren und Erfinden:** Improvisation mit Körperklängen (➤ „The Beat Is Hot" ➤ SB, S. 27), Rhythmusbaukasten (➤ SB, S. 34, 36)
- **Lesen und Notieren:** elementare Bausteine („Der verbotene Rhythmus 1" ➤ SB, S. 27), Rhythmusnotation/Silbensprache (➤ SB, S. 30 ff.)
- **Hören und Beschreiben:** Grundschlag und Unterteilungen (➤ SB, S. 30 f.), Taktarten (➤ SB, S. 35)
- **Anleiten:** Schlagfigur 4/4-Takt (➤ SB, S. 35)

Start-ups für Stimme und Körper ➤ SB, S. 27

Rhythmus

Der verbotene Rhythmus 1

Dieses Spiel hat erfahrungsgemäß einen großen Motivationsanreiz für die Schüler!

Es hat sich gezeigt, dass es für Schüler zunächst viel leichter ist, Rhythmen mit Sprache auszuführen als mit Bodypercussion. Dies liegt wohl vor allem daran, dass dort Körperkoordinationsfähigkeiten als zusätzliche Herausforderung hinzukommen. Auch wenn die Rhythmusbausteine auf „neutrale" Silben gesprochen werden können („bam", „di" etc.), eignet sich die Übung sehr gut dazu, die im Buch an verschiedenen Stellen angebotene Silbensprache (➤ Einleitung, S. 13) zu vertiefen. Es ist darauf zu achten, dass das Metrum bei der Ausführung stabil bleibt.

Über die im Buch angebotenen Bausteine hinaus kann man natürlich zusätzlich eigene Bausteine erfinden. Die Leitung des Spiels kann unter Umständen als besondere Herausforderung auch von fortgeschrittenen Schülern erfolgen.

[Tipp] Sie können verschiedene Varianten bzw. „Levels" (bekannt von Computer- und Handyspielen) als zusätzlichen Übungsanreiz verwenden:
Level 1: Vor- und Nachsprechen auf neutrale Silben
Level 2: Vor- und Nachsprechen auf Rhythmussilben
Level 3: Vor- und Nachmachen mit Körperklängen
Level 4: Vorsprechen auf Rhythmussilben, Nachmachen mit Körperklängen
Level 5: Vormachen mit Körperklängen, Nachsprechen auf Rhythmussilben
Level 6: Level 1–5, aber mit spontanem Anzeigen von antwortenden Kleingruppen oder einzelnen Schülern
Eine Spielvariante ist, dass ein nächstes Level erst erreicht wird, wenn die Klasse dreimal hintereinander mit 3 Punkten gewonnen hat.

The Beat Is Hot

Das kleine Start-up ist als aktivierende Übung für Stimme und Körper angelegt. In den Bodypercussion-Antworten werden dabei nacheinander drei metrische Ebenen geübt (Halbe, Viertel und Achtel). Zusätzlich bietet der B-Teil Raum für kleine rhythmische Improvisationen mit Körperklängen.

Methodische Hinweise:
- Die vier Elemente des A-Teils zunächst einzeln (jeweils 2 Takte) üben, bevor sie im Ablauf ausgeführt werden.
- Den B-Teil bei den ersten Malen auch öfter als vier Mal (als Loop ad lib.) musizieren, um den Schülern Zeit für Experimente mit ihren Körperklängen zu lassen. Während dieser Phase des Ausprobierens können entweder alle Schüler gleichzeitig improvisieren oder einzelne Schüler führen ihre Patterns reihum vor. Die Schüler sollten in diesem Zusammenhang unbedingt darauf hingewiesen werden, dass es nicht darauf ankommt, möglichst komplizierte Schlagfolgen zu erfinden, sondern die improvisierten Rhythmen einfach und klar zu strukturieren.
- Die Fähigkeit, ein Tempo über längere Zeit beizubehalten, muss immer wieder geübt werden. Dies bedeutet aber auch, dass der Leiter dies immer wieder bewusst machen und darauf hinweisen muss. Eine auf Viertelnoten geschlagene Glocke zusammen mit einem Shaker, der die kleineren Schläge (Zweier- bzw. Dreierunterteilung) spielt, unterstützt diesen Prozess. Auch das Playback erleichtert diese Aufgabe, indem es das Tempo stabilisiert und damit den Schülern Orientierung bietet.

24

[Tipp] A- und B-Teil können Sie auch mit zwei Gruppen musizieren lassen. Die jeweils nicht ausführende Gruppe markiert mit den Füßen oder Händen die Halben. Denkbar ist auch: A-Teil im Tutti, B-Teil in Kleingruppen/Solisten (konzertierendes Prinzip in Rondoform).

Geschüttelt und gereimt

Der kleine humorvolle Song mit seinen lustigen Nonsens-Schüttelreimen bringt nicht nur Spaß in den Musikunterricht. Mit ihm üben die Schüler auch das Empfinden und sichere Singen des Grundtons. ◐ Dies stellt eine wichtige Kompetenz innerhalb des aufbauenden vokal-tonalen Strangs dar. Nachdem sich die Schüler mit dem Finden der eigenen Stimme beschäftigt haben, üben sie, einen gemeinsamen Ton zu finden und sicher singen zu können. Darauf aufbauend hören und singen sie den Grundton einer Liedmelodie etc. (➤ Einleitung, S. 11 f.). Das vorliegende Start-up übt diese Kompetenz, indem die Tutti-Gruppe immer auf den Vorsänger bzw. die Vorsängergruppe mit einer auf den Grundton bezogenen Phrase antwortet.

Methodische Hinweise:

- Zum Einstieg in der ersten Strophe den Schüttelreim vorgeben; die Schüler singen die Grundtonantwort (dies ist besonders gut mit dem Playback möglich, weil man dann den Einsatz der Schüler genau anzeigen kann).
- Besonderes Augenmerk auf die saubere Ausführung des ersten Taktes (Dreiklang durch die Oktave) sowie den Anfang der letzten Zeile (Oktavsprung) legen. Als Hilfe für den großen Sprung können die Schüler beim zweiten „Oh" leicht in die Knie gehen oder einen Impuls mit der Hand (Sprung auf dem Trampolin) ausführen. (Auch im Herbstlied „Warum kleiden die Bäume sich wohl aus" und der dazugehörigen Stimmbildungsgeschichte spielt der Oktavsprung eine wichtige Rolle ➤ SB, S. 24 f.)
- Die etwas folklorehafte Melodie lässt sich am Klavier gut mit einem Nachschlag-Pattern begleiten:

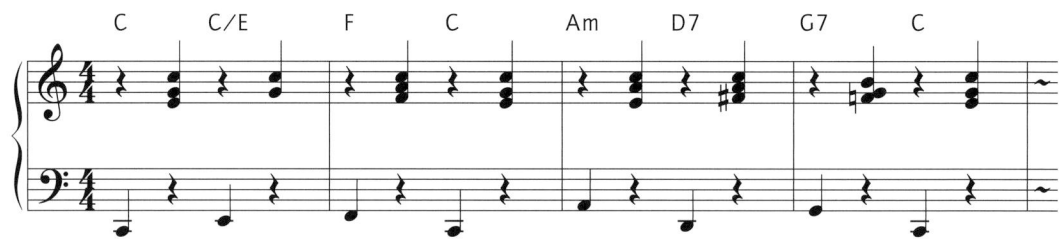

[Tipp] Regen Sie die Schüler auch an, eigene Schüttelreime oder lustige Verse zu erfinden und diese jeweils als Vorsänger vorzutragen, während die Klasse antwortet.

Ein Calypso als Klassensong   ➤ SB, S. 28

Let's Meet the Beat!

Dieser Motto-Song thematisiert in Text und Musik bereits Elemente des Kapitels und führt so in das Kapitel ein. Der Refrain ist im Calypso-Feeling mit charakteristischen Latin-Elementen konzipiert, die Strophen sind im Swing mit typischer Triolenphrasierung angelegt.

Erarbeitung des Songs:

Insbesondere mithilfe des Playbacks lässt sich der Unterschied zwischen binärem (Latin – gerade Achtel) und ternärem Feeling (Swing – triolische Achtel) gut nachvollziehen: Wenn die Schüler in freier Bewegung zum Playback tanzen – der Fokus liegt auf den unterschiedlichen Bewegungen zu Refrain und Strophe – können die Körperhaltungen durch das Anhalten des Playbacks (Pausetaste) „eingefroren" werden. Die verschiedenen Standbilder werden dann verglichen. Während das Swing-Feeling ein eher erdiges, auf den Boden gerichtetes und entspanntes Körper- und Tanzgefühl erzeugt, wird sich beim Latin eine eher aufgerichtete, „stolze" Körperhaltung zeigen. Die Bewegungen gehen dabei eher vom Boden weg. Durch diese Vorübung werden die Schüler das Umschalten von Zweier- und Dreierunterteilung organischer und überzeugender leisten können.

Klassenmusizieren:
In der Begleitung für Klasseninstrumentarium werden typische Elemente der jeweiligen Stile aufgegriffen, z. B. der Percussion-Satz für den Refrain oder der durchgehende Viertelpuls in Boomwhackers und Stabspiel 3 für die Strophen oder das Mitschnipsen auf Zählzeit zwei und vier als jazztypische Klanggeste.

Feel the beat: Puls in der Musik   ➤ SB, S. 30

Unterteilungen des Grundschlags

In den beiden vorausgehenden Kapiteln haben sich die Schüler intensiv mit dem Grundschlag beschäftigt und erfahren, dass er sich in kleinere Schläge teilen lässt („Rhythm Walk" ➤ SB, S. 5). Aufbauend darauf lernen sie nun, dass neben der Zweierunterteilung auch eine Dreierunterteilung möglich ist. Dabei fällt zunächst der Begriff Triole nicht.

Meet the beat

1 Es geht lediglich darum, praktisch zu erfahren, dass sich der Grundschlag auf verschiedene Weise teilen lässt. Dies fällt den Schülern an dieser Stelle erfahrungsgemäß nicht besonders schwer und wird als logische Konsequenz verstanden. Dennoch bedarf der Wechsel von Zweier- und Dreierunterteilung – besonders wenn er direkt aufeinanderfolgt – einiger Übung.

[Tipp] Sie können den Schülern helfen, indem Sie Ihre Anweisung bereits in der jeweiligen Teilung sprechen und so die Schüler rhythmisch einstimmen. Beispielsweise für die Zweierunterteilung „**Auf** die **Plät**ze **fer**tig **los**", für die Dreierunterteilung „**Macht** euch jetzt **fer**tig, denn **nun** geht es **los**!".

Als vertiefende Übung sollte man an dieser Stelle das Start-up „Der verbotene Rhythmus 1" (➤ SB, S. 27) aufgreifen und im Verlauf des Spiels Rhythmen mit Dreierunterteilungen („du da di") einstreuen.

2 Wichtig ist, dass neben dem eigenen Ausführen auch der hörende Nachvollzug geübt und vertieft wird. Es können auch die beiden Teile des Motto-Songs mit den Schülern näher besprochen und der Grund für das unterschiedliche Feeling von Refrain bzw. Strophe mithilfe der Zweier- bzw. Dreierunterteilung (Calypso ↔ Swing) erklärt werden.

Auf Schatzsuche: Fluch der Karhythmik

3 Die Schatzkarte ist der Spielplan für einen Hörparcours, in dem die Unterscheidung von reinem Puls, Zweier- und Dreierunterteilungen trainiert wird. Hierzu gibt es unterschiedliche mediale Angebote.

A 33–42 Auf der **Audio-CD** stehen verschiedene Schatzwege mit ansteigendem Schwierigkeitsgrad als Höraufgaben zur Verfügung, wobei das erste Beispiel die im Buch rot markierte Übungsroute (➤ SB, S. 31) beschreibt.

[Tipp] Beachten Sie, dass zwischen den einzelnen Richtungsimpulsen (Grundschlag, Zweierunterteilung, Dreierunterteilung) ein Geräusch erklingt, während dem die Schüler Zeit haben, ein Feld weiter zu ziehen. Weisen Sie die Schüler darauf hin, dass immer von einem Kästchen zum nächsten gezogen wird.

Lösung

A, 34: Schatzsuche 1 (Percussion); Ziel: E8
A, 35: Schatzsuche 2 (Percussion); Ziel: G15
A, 36: Schatzsuche 3 (Percussion); Ziel: K10
A, 37: Schatzsuche 4 (Xylofon); Ziel: F11
A, 38: Schatzsuche 5 (Xylofon); Ziel: G10
A, 39: Schatzsuche 6 (Xylofon); Ziel: I13
A, 40: Schatzsuche 7 (Silbensprache); Ziel: E14
A, 41: Schatzsuche 8 (Silbensprache); Ziel: H8
A, 42: Schatzsuche 9 (Silbensprache); Ziel: K8

Sobald die Schüler Sicherheit mit dem Spiel erlangt haben, sollten sie sich eigene Wege überlegen und die Klasse oder den Banknachbarn zum Schatz führen. Dies hat erfahrungsgemäß einen großen Motivationsfaktor für die Schüler und macht viel Spaß. Diese Aufgabe eignet sich auch zur Ausführung in Partnerarbeit.

[Tipp] Weisen Sie die Schüler darauf hin, für diese anspruchsvolle Übung zunächst unbedingt kurze, eindeutige Wege zu wählen. Unterstützen Sie die Ausführung der Schüler mit einem stabilen durchlaufenden Puls.

Selbstverständlich kann man auch als Lehrer auf einem beliebigen Rhythmusinstrument einen eigenen Weg vorspielen.

Im **Schülerarbeitsheft** können die Schüler ihre Lösungen in die Schatzkarte eintragen.

Die **Multimedia-Anwendung** kann entweder als Präsentation mittels eines Beamers ausgeführt werden oder auch in einem Computerraum in Partnerarbeit gespielt werden. Mithilfe eines digitalen Whiteboards lässt sich die Schatzsuche natürlich noch unmittelbarer gestalten.
Level 1: drei verschiedene Sounds (für jede Richtung einen)
Level 2: ein einziger Sound für alle drei Richtungen
Level 3: Verwendung der Rhythmussprache
Level 4: melodischer Rhythmus
Jedes Level startet mit einem kurzen Schatzweg. Aufbauend folgen schwierigere, weil längere Schatzwege.

Ein rhythmischer Muntermacher ▸ SB, S. 32

Im Klassenunterricht hat es sich bewährt, den Song „Hallo Leute, aufgewacht!" als Call-&-Response-Variante auszuführen: In Teil A spricht der Lehrer jeden Takt einzeln vor, die Schüler antworten. Das Playback ist deshalb mit der doppelten Taktanzahl gegenüber dem Buch angelegt und eignet sich so für eine Aufführung mit 2 Gruppen. Der dritte Durchgang von Teil A ist für eine eigene Strophe der Schüler vorgesehen.

Ablauf des Playbacks:

Intro	Teil A: 1. Strophe	Teil B	Teil A: 2. Strophe	Teil B	Teil A: eigene Strophe	Teil B	Fade out
4 Takte	8 Takte	8 Takte	8 Takte	8 Takte	8 Takte	8 Takte	

[Tipp] Es macht sehr viel Spaß, spontan zum immer weiter durchlaufenden Grundschlag (auf Oberschenkel patschen) in der Klasse zu reimen. Führen Sie die Reimrunde beispielsweise mit folgendem Satz ein „Weißt du noch 'nen schönen Reim, dann halt ihn doch nicht geheim!".

Im Schülerarbeitsheft kann die Beschäftigung mit dem Song vertieft werden. Die Schüler erfinden eine eigene Vocussion-Begleitung und Texte für den Sprechteil.

Meet the beat

Musik braucht Zeit ➤ SB, S. 33

[1] [2] [3] [4]

Zeit spielt in der Musik eine zentrale Rolle und schlägt sich unter anderem nieder in der Beschäftigung mit Grundschlag, Metrum, Takt und Rhythmus. Im praktischen Tun werden die Schüler nun vom Grundpuls zum Rhythmus geführt:
- Aufgabe 1–3 schrittweise mit den Schülern durchgehen, ohne das durchlaufende Metrum zu unterbrechen.
- Durch Vor- und Nachmachen erläutern, wie sich aus dem Metrum (Gehen am Platz) der Takt entwickelt (Betonungen in die Schrittfolge einbauen: nach vorne gehen, betonter Schritt).
- Zu dieser betonten Schrittfolge nun verschiedene Rhythmen vorklatschen; die Schüler klatschen nach.

[Tipp] Beginnen Sie mit einfachen Rhythmen und lassen Sie die Schüler bewusst nachvollziehen, welche Teile des Rhythmus mit den Grundschlägen zusammenfallen und welche nicht.

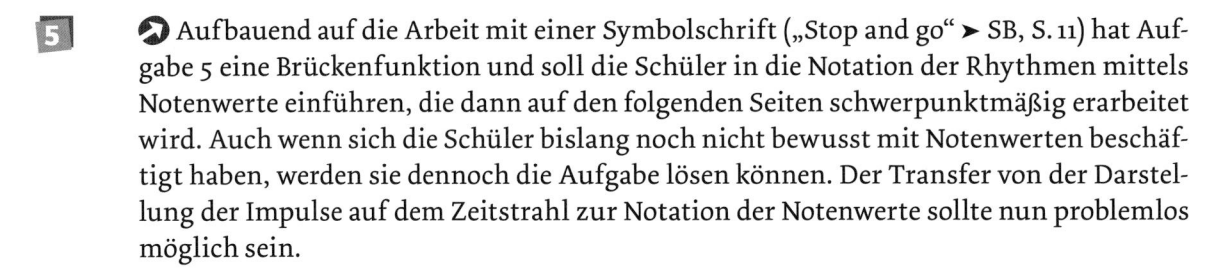

[5]

Aufbauend auf die Arbeit mit einer Symbolschrift („Stop and go" ➤ SB, S. 11) hat Aufgabe 5 eine Brückenfunktion und soll die Schüler in die Notation der Rhythmen mittels Notenwerte einführen, die dann auf den folgenden Seiten schwerpunktmäßig erarbeitet wird. Auch wenn sich die Schüler bislang noch nicht bewusst mit Notenwerten beschäftigt haben, werden sie dennoch die Aufgabe lösen können. Der Transfer von der Darstellung der Impulse auf dem Zeitstrahl zur Notation der Notenwerte sollte nun problemlos möglich sein.

Im Schülerarbeitsheft wird anhand eines Gedichts der Wechsel von betonten und unbetonten Silben erarbeitet und schließlich auf musikalische Zusammenhänge übertragen.

Mithilfe der Präsentationssoftware können Sie die Zusammenhänge von Grundschlag, Takt und Rhythmus besonders deutlich darstellen und Schritt für Schritt mit den Schülern erarbeiten.

Rhythmusbaukasten ➤ SB, S. 34

[1]

Aus Rhythmusbausteinen können Rhythmen verschiedener Länge gebaut werden (1, 2 oder mehr Takte). Kopieren Sie dazu die Bausteine (Vorlage im Schülerarbeitsheft) oder verwenden Sie die Multimedia-Anwendung; dort wird das Baukastenprinzip sehr anschaulich erfahrbar. Besonders hilfreich für eine selbsttätige Beschäftigung der Schüler mit dem Rhythmusbaukasten ist die Funktion, die aus den Bausteinen erstellten Rhythmen zur Kontrolle abzuspielen. Über „Einstellungen" kann die Komplexität der Bausteine angepasst und eine andere Taktart gewählt werden. Die Anwendung wird in späteren Kapiteln immer wieder aufgegriffen und um neu erlernte rhythmische Phänomene erweitert: Dreierunterteilung (➤ Kap. 4), Sechzehntelnoten (➤ Kap. 5), Pausen (➤ Kap. 6), Synkopen (➤ Kap. 11), 6/8-Takt (➤ Kap. 12), Punktierung (➤ Kap. 13).

Wichtig für das Schulen der rhythmischen Audiationsfähigkeit sind folgende methodische Schritte: 1.) Bausteine zusammenbauen, 2.) sich den Rhythmus vorstellen, 3.) den Rhythmus ausführen, 4.) Hörkontrolle.

[2]

B 1, 2

Dann wird das im Baukasten Geübte in einer der musikalischen Praxis des Sambas nachempfundenen Musiziersituation angewendet. Während das erste Hörbeispiel die Rhythmen des Calls vorgibt, erklingt im zweiten Hörbeispiel weder Call noch Response.

[Tipp] Fordern Sie die Schüler auf, bei der Gestaltung der Calls zunächst auf das erarbeitete Rhythmusrepertoire zurückzugreifen.

↻ Die Reihenfolge 1.) Hören und Imitieren, 2.) Variieren und Erfinden ist eine wichtige Schrittfolge im aufbauenden Lernen von Musik. Aufbauend auf das Gestalten des Calls mit dem Material des Rhythmusbaukastens sollten die Schüler deshalb unbedingt eigene Rhythmen erfinden.

Musik im Takt ➤ SB, S. 35

Taktarten erkennen

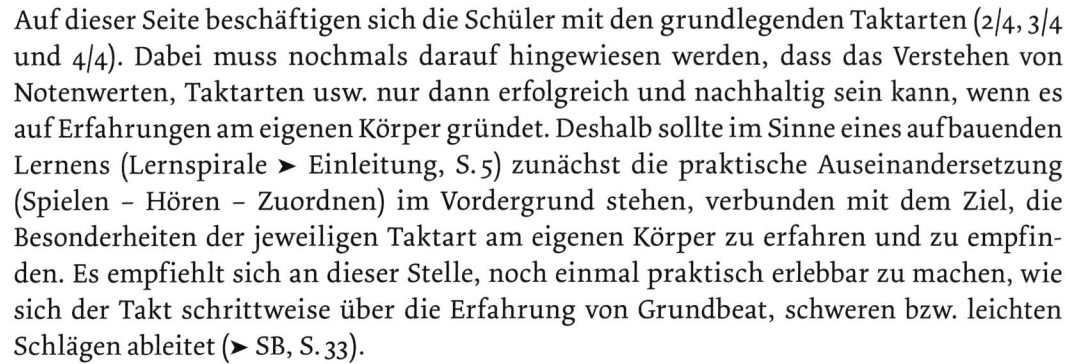

Auf dieser Seite beschäftigen sich die Schüler mit den grundlegenden Taktarten (2/4, 3/4 und 4/4). Dabei muss nochmals darauf hingewiesen werden, dass das Verstehen von Notenwerten, Taktarten usw. nur dann erfolgreich und nachhaltig sein kann, wenn es auf Erfahrungen am eigenen Körper gründet. Deshalb sollte im Sinne eines aufbauenden Lernens (Lernspirale ➤ Einleitung, S. 5) zunächst die praktische Auseinandersetzung (Spielen – Hören – Zuordnen) im Vordergrund stehen, verbunden mit dem Ziel, die Besonderheiten der jeweiligen Taktart am eigenen Körper zu erfahren und zu empfinden. Es empfiehlt sich an dieser Stelle, noch einmal praktisch erlebbar zu machen, wie sich der Takt schrittweise über die Erfahrung von Grundbeat, schweren bzw. leichten Schlägen ableitet (➤ SB, S. 33).

Möglich ist auch ein Einstieg über die Sprache:
- Das unten stehende Gedicht mit verschiedenem Ausdruck sprechen: lustig, langsam, bedeutungsvoll...

Wár einmál ein Búmeráng;
wár nur léider étwas láng.
Búmeráng, der flóg ein Stück,
áber kám nicht méhr zurück.
Públikúm – noch stúndenláng –
wárteté auf Búmeráng.
(nach Joachim Ringelnatz, 1883–1934)

- Grundschlag auf den Oberschenkeln klopfen. Welche Silben fallen mit dem Grundschlag zusammen? Die jeweiligen Silben markieren.
- Die betonten Silben des Satzes lauter sprechen und unterstreichen. Durch die betonten und unbetonten Silben entsteht eine Gruppierung der Grundschläge.

Mit der Multimediaprogrammierung kann demonstriert werden, wie unterschiedlich Melodien erklingen, wenn sie in verschiedenen Taktarten abgespielt werden.

Das Schülerarbeitsheft enthält Erweiterungsmaterial, um Rhythmen zu schreiben, zusammenzusetzen und zu erkennen.

Taktarten anzeigen

Beim gemeinsamen Musizieren stellt die Fähigkeit, eine Gruppe anzuleiten, eine wichtige musikalische Kompetenz dar. ↻ Aufbauend auf elementares gestisches Führen in Kapitel 2 (➤ SB, S. 19 ff.) wird deshalb in diesem Kapitel nun eine erste Schlagfigur erlernt. Es geht hier zunächst natürlich vor allem um Taktieren, also um die Anwendung der metrischen Kompetenz in einer strukturierten Bewegung. Gleichzeitig wird aber die Funktion einer Schlagfigur als ordnendes Element mit der Abwärtsbewegung auf die 1 als schwerste Zeit erarbeitet. Dies führt dazu, dass sich die Schüler allmählich auch selbst besser an Schlagfiguren orientieren bzw. auf sie reagieren können. In weiteren Kapiteln werden noch die Figur des Zweier- und Dreiertaktes (➤ SB, S. 106, 165) erlernt, bevor in Kapitel 17 ein kleiner Dirigierlehrgang (➤ SB, S. 213) die erworbenen Kompetenzen zusammenfasst.

5 Hier kommt die Klasse

Dieser groovige Rap wiederholt und vertieft auf motivierende Weise die Fähigkeit, einen Grundschlag stabil und gleichmäßig auszuführen. Falls die Klasse damit noch Schwierigkeiten hat, kann auf das Übungsmaterial der ersten beiden Kapitel zurückgegriffen werden. Zur Begleitung des Raps stehen verschiedene Bodypercussion-Patterns zur Verfügung. Für die Zwischenspiele erfinden die Schüler einfache Rhythmen mit Körperklängen.

Im Umgang mit dem Song sind verschiedene Leistungsniveaus möglich, die zudem einen unterschiedlichen zeitlichen Umfang bei der Erarbeitung benötigen:

Level 1: Eine einfache Bodypercussion (Aufgabe 5a) wird im Intro und in den Zwischenspielen ausgeführt, in den Strophen rappt die Klasse.

Level 2: Begleitung und Ablauf wie zuvor, aber im Zwischenspiel wird der Bodyfill in 4 Gruppen ausgeführt. Der Übergang dorthin muss unbedingt vorher in langsamem Tempo geübt werden, z. B. indem der Lehrer die (immer wiederkehrende) letzte Zeile der Strophe vorspricht, dann im Viertelpuls auf die jeweilige Gruppe zeigt.

Level 3: Zur Begleitung der Strophen werden eine oder mehrere der Bodypercussion-Stimmen nach und nach hinzugenommen. Im Zwischenspiel wird das angegebene Bodyfill-Pattern gespielt.

[Tipp] Verteilen Sie den Rap auf vier Solisten. Wenn die Möglichkeit dazu besteht, sollte der jeweils rappende Solist mit Mikrofon verstärkt werden, denn das Playback braucht zur Entfaltung seiner Wirksamkeit als Timekeeper und besonders, um zur Bodypercussion noch wahrgenommen zu werden, eine gewisse Lautstärke.

Auf los geht's los: der Auftakt ➤ SB, S. 37

Im Zusammenhang mit der Erarbeitung des Auftaktes beschäftigen sich die Schüler zunächst sprechender- und singenderweise mit einem Morgengruß.

Aufbauend darauf wird das Klatschlied „Ayelevi" aus Ghana erarbeitet. Rhythmusspiele gehören für Kinder und Jugendliche in Afrika zum Alltag. Die Spiele dienen einerseits zum Zeitvertreib, andererseits stellen sie eine Möglichkeit dar, sich mit anderen zu messen. Dabei zählen Geschicklichkeit, Koordinationsvermögen und Geschwindigkeit: So wird Rhythmus mit allen Sinnen erlebbar. In afrikanischen Rhythmusspielen werden immer verschiedene Aktionsformen kombiniert: Singen, Tanzen, Klatschen… und üben so ganz „nebenbei" Körperkoordination und Rhythmusgefühl.

Erarbeitung:
- Das Lied einüben, dabei einen gleichmäßig durchlaufenden Puls auf den Oberschenkeln spielen (➤ SB, S. 11).
- Während des Singens die linke Hand mit der Handfläche nach oben vor den Körper halten. Die Hand bleibt nun in dieser Stellung. Auf Zählzeit 1 mit der rechten Hand in die eigene linke Hand klatschen, auf Zählzeit 3 in die linke Hand des rechten Nachbarn.

- Sobald die Klatschfolge problemlos gelingt, können in Takt 1 (nach dem Auftakt) und in Takt 5 jeweils ein Seitschritt nach rechts ausgeführt werden.

[Tipp] Auf Zählzeit 1 ein Schüttel-Ei mit der rechten Hand nehmen und auf Zählzeit 3 in die linke Hand des rechten Nachbarn ablegen. Dieser nimmt es auf der nächsten Zählzeit 1 mit der rechten Hand und gibt es auf Zählzeit 3 weiter an die linke Hand seines rechten Nachbarn usw. Schüttel-Eier kann man einfach selbst bauen: Füllen Sie dazu Filmdosen oder Kapseln aus Überraschungseiern mit Steinchen oder Reis. Falls nicht genügend Schüttel-Eier zur Verfügung stehen, können auch andere Gegenstände verwendet werden, die gut in eine Hand passen.

Das Schülerarbeitsheft enthält verschiedene Erweiterungsaufgaben zum Auftakt, z. B. Silbenrätsel, Höraufgaben und einen Lückentext.

Eine große Rhythmus-Tratscherei ▶ SB, S. 38

Die humorvolle Polka von Johann Strauß bietet die Vorlage für den Spiel-mit-Satz. Der recht lange Satz eignet sich sehr gut zum Vom-Blatt-Lesen von einfachen Rhythmen (nur Viertel und Achtel) im Zweiertakt. Es empfiehlt sich, den Satz zunächst auf neutralem Klang in Abschnitten langsam vom Blatt zu spielen (z. B. zunächst die Teile A und B). Dann kann für diesen Abschnitt die Ausführung mit den verschiedenen Sounds geübt werden; dies auch in Stillarbeit, d. h. eigenständige Instrumentierung des gelernten Rhythmus mithilfe der Legende. Wenn auch dieses gemeinsam geübt wurde, sollte der Abschnitt zum Hörbeispiel ausgeführt werden. In drei weiteren Abschnitten (C – D – A, E – E – F – E, A – Coda) kann dann der gesamte Satz auf gleiche Weise erarbeitet werden, wobei die Arbeit mit der Legende sich zunehmend beschleunigen wird.

[Tipp] Wer nicht pfeifen kann, soll „hui" rufen.

Lösung

Beispiel 1: Teil A, Takt 7/8; Beispiel 2: Teil E, Takt 1–4; Beispiel 3: Teil F, Takt 1–4; Beispiel 4: Teil A, Takt 1–4

Auf der Multimedia-CD-ROM ist die Tritsch-Tratsch-Polka als Mitlaufpartitur aufbereitet.

Musiklabor 1: Bunte Rhythmusspiele ▶ SB, S. 40

Point of view

Zusätzlich zu den vielen im Buch bereits vorgeschlagenen Ideen bietet die Multimedia-Anwendung den Schülern die Möglichkeit, neue Rhythmusquadrate zu erfinden, umzusetzen und anzuhören. Besonders spannend bei dieser Anwendung ist es, das Quadrat mit einem Klick zu drehen. Es werden dabei verschiedene Kompetenzen geübt: schnelles Orientieren nach dem Drehen, sicheres Weiterspielen im Tempo, richtiges Spiel des veränderten Rhythmus usw. ↻ Dies fördert als aufbauender Strang die Lesekompetenz und bereitet unter anderem die Fähigkeit vor, sich in einer Partitur zurechtzufinden.

Come On, Give Me One

Die Idee des Stückes, eine Verdichtung durch die Vervielfachung der Klangereignisse zu erreichen, wird am besten umgesetzt, indem man das Stück zusätzlich mit einem Crescendo versieht. Dadurch wird die energetische Steigerung noch offensichtlicher. Da das Schnipsen im letzten Takt automatisch wieder zur Einstiegsdynamik zurückführt, lässt sich hier besonders gut ein zyklischer Effekt erzielen. Das Stück nun wie vorgeschlagen z. B. ohne Sprache und/oder als Kanon auszuführen, ist allerdings eine Herausforderung. Für leistungsstarke Klassen ist sogar noch eine Steigerung denkbar: Die Gruppen werden nicht nach Sitzordnung, sondern nach anderen Kriterien sortiert (z. B. nach Geburtsmonaten: Frühlings-, Sommer-, Herbst- und Winterkinder), sodass die Gruppen zufällig gemischt sitzen.

Wer hat an der Uhr gedreht?

Diese Partnerarbeit stellt noch einmal den Zusammenhang zwischen Puls, Unterteilung, Rhythmus und Notation her.

Die Rhythmusuhr eignet sich in besonderem Maße dazu, rhythmische Phänomene zu visualisieren und deutlich zu machen. Eine Visualisierung ist insbesondere für die Arbeit mit rhythmischen Patterns, also immer wiederkehrenden Mustern, sehr hilfreich: Rhythmus also nicht als linear verlaufender Strang, sondern als kreisende Bewegung. Dieses Verständnis von Rhythmus spielt nicht nur in afrikanischer Musik, sondern auch in Pop- und Rockmusik eine zentrale Rolle.

[Tipp] Das Modell der Rhythmusuhr können Sie auch später für die Erarbeitung weiterer rhythmischer Phänomene (z. B. Punktierung) heranziehen.

Im Schülerarbeitsheft können die erfundenen Rhythmen festgehalten werden.

Ergänzend können mit der Multimediaanwendung Rhythmen gestaltet werden.

Kapitel 4: Wolfgang Amadeus Superstar

Thema und Ziele

Im Zentrum dieses Kapitels steht das Komponistenporträt von Wolfgang Amadeus Mozart. Wenngleich auch andere Aspekte seines Lebens und Schaffens eine Rolle spielen, beschäftigen die Schüler sich vor allem mit der großen Europatournee (1763–1766), verbunden mit den Themenfeldern Reise, Lebensumstände, musikalische Förderung, Wunderkind und „Superstar".

Zu Beginn des Kapitels werden ausgehend von Mozarts Rolle als vom Vater „gemachten" Superstar Vergleiche mit heutigen Superstars gezogen. Interessant besonders auch im Kontrast zur heutigen globalisierten Welt ist die Betrachtung der Reiseumstände zu Mozarts Zeit. Daran anknüpfend wird die auf dieser Reise entstandene 1. Sinfonie musizierpraktisch erarbeitet. Die für diesen langsamen Satz charakteristischen Überlagerungen von Zweier- und Dreierunterteilungen werden in einem Start-up vorbereitet und in rhythmischen Übungen vertieft, bevor sie im Spiel-mit-Satz zur Anwendung kommen. Dabei werden die rhythmischen Kompetenzen der vorangegangenen Kapitel aufgegriffen und erweitert.

Am Beispiel der spannenden Geschichte der „Entführung aus dem Serail" lernen die Schüler Mozart als Opernkomponist kennen. Erste Musiktheater-Bausteine werden hier mit fantasievollen Hör- und Gestaltungsaufgaben eingeführt. Zuletzt bietet eine Hörgeschichte einen Überblick über Mozarts Leben.

In diesem Kapitel wird an folgenden Dimensionen musikalischer Kompetenz gearbeitet:

- **Stimme und Singen:** Verbindung Stimme/Körper und Energiefluss („Bodydrum" ➤ SB, S. 45), usuelles Singen (➤ SB, S. 46)
- **Instrumente spielen:** Spiel-mit-Satz (➤ SB, S. 54)
- **Körper und Bewegung:** in Verbindung mit Metrum/Rhythmus (➤ SB, S. 45), szenische Umsetzung (➤ SB, S. 53)
- **Lesen und Notieren:** Zuordnungsaufgabe Melodieverlauf/Textumsetzung in der Arie des Osmin (➤ SB, S. 53), Spiel-mit-Satz (➤ SB, S. 54)
- **Hören und Beschreiben:** Hörgeschichten (➤ SB, S. 52, 55), Gestaltungsmittel/Wort-Ton-Verhältnis (➤ SB, S. 53)
- **Kontexte herstellen:** Komponistenporträt (➤ SB, S. 47 f., 55), Oper: Janitscharenmusik (➤ SB, S. 54)

Start-ups für Stimme und Körper   ➤ SB, S. 45

Listen! Listen!

Rhythmus/Körper und Bewegung

Dieser zweistimmige Sprech- und Bodypercussion-Kanon greift die in Kapitel 3 erworbenen Grundfähigkeiten der Zweier- und Dreierunterteilung des Grundbeats auf. Aufbauend darauf übt der Sprechrhythmus auf motivierende Weise das Umschalten zwischen Zweier- und Dreierunterteilung. Als Kanon ausgeführt wird die Überlagerung von zwei gegen drei erlebbar. Damit bereitet dieses Start-up die Beschäftigung mit der 1. Sinfonie in diesem Kapitel vor (musizierpraktische Kompetenzen und Hörkompetenzen).

Methodische Hinweise:
- Beide Teile zunächst separat und ohne Bodypercussion üben, damit der Sprechrhythmus präzise artikuliert werden kann. Erfahrungsgemäß können Schüler mit der Sprache rhythmische Strukturen um ein Vielfaches genauer ausführen. Greift man zunächst bei der Erarbeitung auf die Rhythmussprache zurück, können die rhythmischen Strukturen (Zweier-/Dreiereinteilung) außerdem noch besser erfahrbar gemacht werden.
- Nun werden zwei Gruppen gebildet: Gruppe 1 führt den Sprechrhythmus aus, Gruppe 2 die Bodypercussion (dabei gut auf die jeweils andere Gruppe achten!). Dann können Zweierteams gebildet werden: einer spricht, einer spielt. So gelingt die hinzugenommene Bodypercussion mit größerer Sicherheit und rhythmischer Genauigkeit.
- In einem weiteren Schritt gehen die Schüler frei im Raum umher und wählen, ob sie sprechen oder Körperklänge ausführen. Erst wenn dies problemlos klappt, werden beide Ebenen (Sprechen und Spielen) zusammengeführt.
- Für Profis: Es ist eine besondere Herausforderung, nur die Bodypercussion auszuführen und den Text still mitzudenken. Es braucht sicher eine Weile, bis die Überlagerung in T. 2 und T. 4 sauber klingt. Es ist aber wert, daran mit Geduld ein bisschen zu üben, weil die Arbeit mit dem Sinfoniesatz auf S. 50/51 dann umso leichter fällt.

[Tipp] Erklären und zeigen Sie den Schülern, dass die Bodypercussion im letzten Takt „von unten nach oben" organisch fließend angelegt ist: Oberschenkel → Oberkörper → Klatschen → Hände nach oben.

Körper und Bewegung/Rhythmus

Stampf-Kanon

Dieser kleine Kanon eignet sich als rhythmischer Anfangsimpuls beispielsweise am Stundenbeginn. Besonders das Aufstehen bzw. Hinsetzen (letzter Takt) bringt die Klasse in Schwung und hat im Kanon ausgeführt eine lustige Wirkung. Der Kanon ist auch zweistimmig ausführbar (dann zweiter Einsatz in T. 3).

[Tipp] Übertragen Sie die mit Sprechen und Bodypercussion erarbeiteten Rhythmen auf verschiedene Rhythmusinstrumente und gestalten Sie so einen Groove: T. 1: große Trommel; T. 2: kleine Trommel; T. 3: Shaker; T. 4: Glocke.

Das Begleitvideo enthält einen Durchführungs- bzw. Interpretationsvorschlag mit Schülern, der auch für eine kleine Performance geeignet wäre.

Stimme/Körper und Bewegung

Bodydrum

Der kleine Chant hat ganz besondere Bedeutung für die Verbindung von Körper und Stimme. Durch die Körperaktionen wird eine körperliche „Wachheit" erreicht, indem der Energiefluss im Körper angeregt (Kinesiologie – Energiebahnenaktivierung), eine Wohlspannung (Eutonie) erzeugt und das Zwerchfell aktiviert wird. Diese ganzheitliche Körperaktivierung führt zu einer umfassenden Erfahrung einer guten inneren wie äußeren Singehaltung („Stütze"), die Grundvoraussetzung für sauberes und klangvolles Singen ist.

Die Körperaktionen in den verschiedenen Strophen aktivieren unterschiedliche Bereiche des Körpers:
- Strophe 1: Thymusdrüse (Brustbein)
- Strophe 2: Aktivierung und Stabilisierung der Rumpfmuskulatur durch Abklopfen der Meridiane (Kinesiologie) und Vorstrecken der Arme begünstigt zudem die Zwerchfellsenkung.

[Tipp] Nutzen Sie zur Erklärung das Bild eines Krans, bei dem der Ausleger durch ein Gegengewicht ausbalanciert wird. Auf ähnliche Weise erzeugt der Körper die nötige Balance (ausgestreckter Arm) durch erhöhte Muskelspannung im Bauch-/Brustbereich. Dies begünstigt zudem die Zwerchfellsenkung.

- Strophe 3: Lockeres Schwingen der Arme, Impulse durch einen leichten Schlag auf Bauch bzw. Kreuzbein (Gesäß). Der Schlag auf den Bauch aktiviert das Sonnengeflecht (Solarplexus), der Schlag auf das Kreuzbein fördert eine aufrechte und für das Singen geeignete Haltung. Zudem ist die Kreuzbeinregion ein wichtiger Energiepunkt für das Singen.

[Tipp] Weisen Sie die Schüler darauf hin, den Schwung aus den Beinen (Sprunggelenken) zu nehmen, die Arme locker schwingen zu lassen.

- Strophe 4: Abklopfen der Meridiane. Auch bei den Beinen auf die Klopfrichtung achten: außen runter, innen rauf, hinten runter, vorne rauf.
- Strophe 5: Mit den Füßen abwechselnd kräftig aufstampfen.

Nach der Übung kurz innehalten und der Übung im Körper nachspüren.

[Tipp] Nutzen Sie die vorgeschlagenen Bewegungen auch für die Arbeit an Liedern und Songs, so können Sie Spannung und körperliche Präsenz bei den Schülern fördern. Auch wenn die Bewegungen dann wegfallen, wird sich die Singehaltung allmählich verinnerlichen. Der Chant funktioniert sehr gut ohne Begleitung. Das Playback ist jedoch insofern hilfreich, als es chromatisch höher moduliert und so die Schüler schwungvoll bis nach fis-Moll führt.

Das Begleitvideo vermittelt die Bewegungsabfolge aller fünf Strophen.

Von Wunderkindern und Stars ➤ SB, S. 46

Einstiegssong

Das Lied von F. Jirovec versetzt das Wunderkind Mozart in die Welt der Schüler und dient als ein humorvoller Einstieg in diese Sequenz.

Die kleinen Zitate („Zauberflöte" und „Kleine Nachtmusik") werden während der Fermate z. B. auf einem Glockenspiel oder mit der Flöte von einem Schüler als kleine Zwischenspiele eingefügt.

Ein Werbeplakat für Mozart

Leopold Mozart ließ das Bild als „Werbeplakat" anfertigen. Der Maler wurde anscheinend angewiesen, einige Eigenschaften, mit denen Leopold seinen Sohn auf der Konzerttournee vermarkten wollte, besonders augenscheinlich herauszustellen.

Lösung

Einige zentrale Aspekte sind:
- Auf dem Bild ist Wolfgang im Vergleich zu seiner Schwester recht klein dargestellt.
- Die Beine hängen weit über dem Boden.
- Er ist mit sehr kleinen Füßen/Schuhen dargestellt.
- Er sitzt im Vordergrund.

Wolfgang Amadeus Superstar

- Er hat vornehme, edle Kleidung an.
- Er ist durch seine „professionelle" Kleidung als vollwertiger Künstler dargestellt.
- Er sieht aufmerksam in die Noten, liest also bereits Musik.
- Sein Vater steht hinter ihm und wacht über die korrekte Ausführung der Musik.
- Die Säulen und der gemalte Hintergrund (Blick in einen Garten) offenbaren einen Konzertraum in adeligem Umfeld. Dies soll evtl. zeigen, dass die Familie Mozart in Adelskreisen verkehrt.
- Die drei Musiker befinden sich augenscheinlich auf einem Podium, sind also als konzertierende Künstler etabliert.

4 Lösung

Leopold wollte wohl seine Kinder, besonders aber Wolfgang, als Wunderkinder darstellen. Dabei war es ihm wichtig herauszustellen, dass Wolfgang zwar noch ein Kind, aber bereits ein vollwertiger und besonders begabter Künstler ist. Zudem sollte die Darstellung des Umfeldes (adelige Kreise) Zuhörer anlocken, aber auch andere Adelshäuser auf die Familie aufmerksam machen.

Das Leben als Star

5 Lösung

Das Leben eines Stars verspricht kommerziellen Erfolg und Karriere („ich will besser bezahlt sein als die anderen"), setzt aber viel Arbeit, Ehrgeiz und Disziplin voraus („ich habe schon lange nicht mehr geschrieben, weil ich mit der Opera beschäftigt war"). Andererseits hat dieses Leben auch viele Schattenseiten („… warum tust du dir das an?") und birgt die Gefahr, den Bezug zur Realität zu verlieren und letztlich ein gesellschaftlich isoliertes Leben zu führen („es ist eine Illusion, eine Show", „mein Äußeres kontrollieren").

Reisen muss sein! ➤ SB, S. 48

Die große Europatournee (1763–1766), die Leopold Mozart mit seinen Kindern unternahm, war nur eine von vielen Reisen, die Wolfgang in seinem Leben erlebte. Dennoch prägte ihn diese Reise nachhaltig. Bei der Rückkehr war er 10 Jahre alt, also in dem Alter der Schüler einer 5. Klasse. Deshalb bietet sich diese Reise als Einstieg in die Beschäftigung mit biografischen Details um das Leben Mozarts an.

Die Beschäftigung mit der Reiseroute – die die Schüler zur Dokumentation in ihr Arbeitsheft einzeichnen können – macht zunächst die Dimensionen dieser gigantischen Reise deutlich (Dauer der Reise, Reisedistanzen, Besuch einer Vielzahl von Städten).

1 Lösung

Die Reisezeit für die Distanz Salzburg – München (ca. 150 km) mit der Kutsche betrug mindestens 5 Tage.

Für den Bericht können die Schüler Materialien aus dem Buch oder auch der Multimediapräsentation zur Reise Mozarts verwenden. Zusätzliche Informationen sollen die Schüler im Internet recherchieren (z. B. bei Wikipedia oder unter http://www.mozarteum.at). Alternativ beschäftigen sich die Schüler mit der Multimediapräsentation und beantworten die begleitenden Fragen im Schülerarbeitsheft.

Mehr als dreieinhalb Jahre „auf Achse" zu sein, war für den bei der Abreise gerade einmal sieben Jahre alten Wolfgang wohl eine besondere Herausforderung. Die Reise bot natürlich die Möglichkeit, Impulse bei führenden Musikern in den wichtigen Musikzentren Europas zu erhalten. Hier erhielt Wolfgang, der die Gabe hatte, musikalische Erlebnisse perfekt in sich aufzunehmen und daraus Neues zu schöpfen, prägende Impulse für seine künstlerische Entwicklung.

In einem Gespräch mit den Schülern könnten folgende Aspekte eine Rolle spielen: Einerseits die Härte tagelanger Reisen in kalten Postkutschen, häufige Krankheiten, weg von der vertrauten Umgebung, keine Freunde zum Spielen, fremde Sprachen, hohe Erwartung des Vaters, Leistungsdruck als Wunderkind, andererseits die Möglichkeit, bei den besten Lehrern und Musikern der Zeit zu lernen, Kompositionen, Orchester und fremde Kulturen intensiv kennenzulernen und vor Ort zu studieren. Interessant ist sicherlich in diesem Zusammenhang auch ein Vergleich der Situation damals mit der globalisierten Welt heute, in der Wissen z. B. online jederzeit und überall verfügbar ist. Zu Zeiten Mozarts musste man sich noch selbst auf die Reise machen, um Neues zu erfahren und zu entdecken.

Eine Sinfonie als Zeitvertreib ▸ SB, S. 50

Der Sinfoniesatz, den Mozart während des Aufenthaltes in London (wohl mit kräftiger Unterstützung des Vaters) komponiert hat, ist durch die Überlagerungen von Zweier- und Dreierunterteilungen gekennzeichnet. Aufbauend auf die Kompetenzen, die sich die Schüler in den vorangegangenen Kapiteln erarbeitet haben, geht es nun um die Festigung und kulturerschließende Anwendung der rhythmischen Fertigkeiten, besonders aber auch um die Erfahrung der Wirkung von Zweier- und Dreierunterteilungen und deren gleichzeitiger Überlagerung.

Bei der Erarbeitung spielen aktives Musizieren eines Ausschnittes aus dem Sinfoniesatz (Spiel-mit-Satz), aspektbezogenes Hören (rhythmische Strukturen) und Reflexion (Wirkung von Zweier- und Dreierunterteilung) eine wichtige Rolle.

Das Hörbeispiel hat die doppelte Länge des im Schülerbuch abgedruckten Notenteils. Bei der Ausführung des Spiel-mit-Satzes kann nach 0:59 Minuten ausgeblendet werden. Im Zusammenhang der abschließenden Reflexion der Musik sollte das gesamte Hörbeispiel gehört werden.

In den Aufgaben 1, 2 und 3 wird wiederholt und geübt, was in Kapitel 3 rhythmisch bereits erarbeitet wurde, allerdings nun in einen Werkkontext gestellt. In Aufgabe 4 werden die Patterns dann zur Originalmusik ausgeführt, verteilt auf zwei oder drei Gruppen (Pattern 1: Puls; Pattern 2: Zweierunterteilung; Pattern 3: Dreierunterteilung).

Reflexion: Die rhythmischen Überlagerungen von Zweier- und Dreierunterteilungen erzeugen eine unruhige, rastlose Wirkung. Auch wenn die Frage nach der Wirkung im Schülerbuch nicht direkt thematisiert wird, so sollte sie doch abschließend gestellt werden. Dabei könnte auch der suggestiv auf die Reise und die Kutschfahrt bezogene Text von S. Unterberger helfen, der die Unruhe („Ich will endlich Ruh!") und schiere Endlosigkeit des Fahrens („immer fort und fort") aufgreift. Wichtig für das Gespräch über

Wolfgang Amadeus Superstar

die Wirkung des Stückes ist dann ein nochmaliges Hören des gesamten Ausschnitts ohne eigene Begleitung. Die Schüler werden das Stück mit ganz anderen Ohren hören und können nun auch Fragen zur Instrumentation beantworten: Welche Instrumente spielen die Zweier- (tiefe Streichinstrumente), welche die Dreierunterteilungen (hohe Streichinstrumente)? Profis benennen die jeweiligen Streichinstrumente und hören evtl. sogar noch das Fagott, das die Zweierunterteilungen mitspielt.

Die Geschichte einer Entführung ➤ SB, S. 52

Was für ein Abenteuer: Von Piraten geraubt, auf dem Sklavenmarkt verkauft! Die schöne Konstanze und ihre Freunde Blondchen und Pedrillo werden als „Eigentum" des reichen Bassa Selim in seinem Palast in der fernen Türkei festgehalten. Nur Belmonte ist davongekommen und versucht, seine geliebte Konstanze zu befreien.

Schon allein die Geschichte ruft bei Schülern Begeisterung und Interesse hervor. In der im Folgenden skizzierten Unterrichtseinheit ergründen die Schüler die Geschichte der Entführung und beschäftigen sich aktiv mit einem Bühnenwerk Mozarts.

1 Eine Hörgeschichte führt die Schüler zunächst in Inhalt und Musik des Singspiels ein. Nach dem Hören der Geschichte und dem Nacherzählen des Inhalts mit eigenen Worten, sollen die Schüler ihre Gedanken über das Singspiel in Form eines Blitzlichtes äußern (ein Wort oder kurzer Satz). Die einzelnen Statements bleiben dabei unkommentiert.

Die Handlung des Singspiels halten die Schüler im Arbeitsheft fest (Lückentext).

Mozarts „Entführung aus dem Serail": Text der Hörgeschichte

B 24–30

Musik 1 (Ouvertüre)

Wir befinden uns im am Meer gelegenen Palast des Bassa Selim. Dieser hält die junge Spanierin Konstanze, ihre Zofe Blonde und deren Freund, den Diener Pedrillo, gefangen. Er hat die drei auf einem Sklavenmarkt gekauft, nachdem sie von Seeräubern verschleppt worden waren.

Konstanzes Verlobter, Belmonte, weiß durch einen Brief Pedrillos, wo sich die Entführten aufhalten. Nach langer Reise erreicht er endlich den Palast, steht am Gitter und denkt sehnsüchtig an Konstanze.

Musik 2 (Belmonte: Hier soll ich dich denn sehen, Konstanze, dich mein Glück)

Bassa Selim hat sich in Konstanze verliebt und möchte sie zur Heirat bewegen. Doch sie verrät ihm, dass sie schon einen anderen liebt und ihm versprochen ist.

Musik 3 (Konstanze: Ach ich liebte, war so glücklich)

Pedrillo hat Glück mit seinem Versuch, den neu angekommenen Belmonte als „Baumeister" vorzustellen, und Bassa Selim nimmt ihn in seine Dienste. Gemeinsam mit Pedrillo kann Belmonte nun die Flucht planen. Als Blonde von ihrer nahen Rettung erfährt, kann sie ihre Freude kaum bezwingen.

Musik 4 (Blonde: Welche Wonne, welche Lust)

Ein Palastwächter des Bassa Selim ist der unberechenbare Osmin. Damit er sie bei der Flucht nicht stört, verleitet ihn Pedrillo dazu, den für Moslems verbotenen Wein zu trinken. Osmin lässt sich leicht überreden und gemeinsam singen sie ein Loblied auf Bacchus, den römischen Gott des Weines.

Musik 5 (Pedrillo/Osmin: Vivat Bacchus! Bacchus lebe!)

Konstanze und Belmonte können fliehen, doch als Blonde und Pedrillo ihnen folgen wollen, werden sie vom wieder erwachten Osmin entdeckt. Auch Konstanze und Belmonte werden wieder gefangen genommen und vor Bassa Selim geführt. Osmin hofft, dass nun alle hingerichtet werden.

Musik 6 (Osmin: Ha, wie will ich triumphieren)

Als Belmonte um Gnade bittet und seinen Namen nennt, erkennt Bassa Selim in ihm den Sohn seines größten Feindes und will alle zum Tode verurteilen. Schließlich besinnt er sich, weil er nicht Böses mit Bösem vergelten will. Er lässt die Gefangenen großzügig frei und sie danken ihm für seine Gnade.

Musik 7 (Belmonte: Nie werd ich deine Huld verkennen)

Die Arie des Osmin

Im Zentrum der weiteren Erarbeitung steht die Rachearie des Osmin. Mozart lässt den rachsüchtigen und übellaunigen Charakter des Osmin von einem Bass singen. Somit unterstützt die Stimmlage den musikalischen und textlichen Ausdruck dieser Rolle.

Das Filmbeispiel zeigt die Arie des Osmin in einer Inszenierung der Staatsoper Stuttgart von 1998. Hans Neuenfels verzichtet darin auf klassisch-historisches osmanisches Kolorit im Bühnenaufbau, leuchtet die Figuren jedoch mit sparsamen Effekten aus, zu denen die schlichte, aber farblich gut abgestimmte Kostümierung der handelnden Personen sowie auch die Bemalung des Osmin gehört. Zur Fokussierung auf die Protagonisten gehört auch, dass er jedem Sänger ein schauspielerisches Double zur Seite stellt, das mit dem Hauptakteur in Interaktion tritt und seine Aussagen pantomimisch verstärkt. In der dargestellten Szene agiert Osmin mit Schlangen aus einem Schlangenkorb, die nicht nur die markante Textstelle („… seine Hälse schnüren zu") überhöht, sondern darüber hinaus auf den Würgegriff der Gefangenschaft allgemein hinweisen.

Mögliche Aufgaben beim Betrachten: Welche Elemente weisen darauf hin, dass die Handlung in der Türkei stattfindet? Wie setzt der Schauspieler die vier im Schülerbuch auf S. 53 genannten Textstellen um? Wodurch drückt er seine Überlegenheit aus? Welche Bedeutung könnte die Verwendung der Schlangen haben?

Um das Wort-Ton-Verhältnis der Arie näher zu erkunden, werden in der nun folgenden Erarbeitung Methoden der szenischen Interpretation angewandt.

- In einem ersten Schritt werden zunächst Gehhaltungen erprobt: Die Schüler verteilen sich gleichmäßig in zwei Gruppen auf zwei Hälften des Unterrichtsraumes. Die Schüler einer Gruppe gehen gemeinsam durch ihre Raumhälfte. Auf ein Zeichen „frieren sie ein". Wenn Gruppe 1 geht, steht Gruppe 2 – und umgekehrt. Nun setzt jeweils eine Gruppe eine vorgegebene Emotion in eine Gehhaltung um (begeistert, ängstlich, aggressiv, verträumt, niedergeschlagen, lustig…), während die andere Gruppe steht und beobachtet.
- In Partnerarbeit drücken die Schüler nun die vier Textstellen (➤ SB, S. 53) in Bewegungen aus. Der jeweilige Partner ahmt die Bewegungen nach, danach werden die Aufgaben getauscht. Zum Schluss sprechen die Paare über ihre Erfahrungen.
- Nun führen die Schüler nochmals – diesmal zur Musik – in Partnerarbeit die Bewegungen aus (einer führt aus, der andere beobachtet – Wechsel der Aufgaben). Ein kurzer Austausch über Bewegungsformen und Musik schließen diesen Teil der Erarbeitung ab.

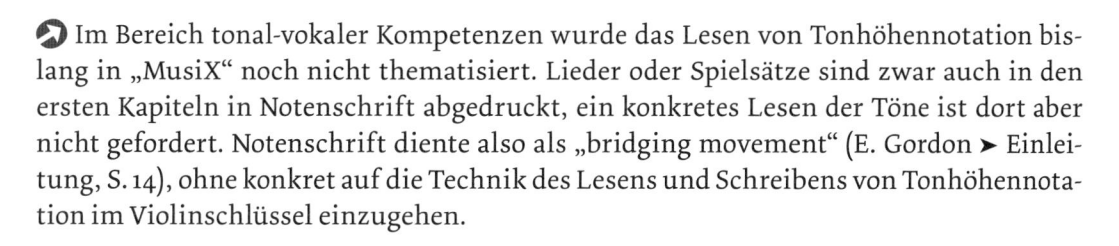

Im Bereich tonal-vokaler Kompetenzen wurde das Lesen von Tonhöhennotation bislang in „MusiX" noch nicht thematisiert. Lieder oder Spielsätze sind zwar auch in den ersten Kapiteln in Notenschrift abgedruckt, ein konkretes Lesen der Töne ist dort aber nicht gefordert. Notenschrift diente also als „bridging movement" (E. Gordon ➤ Einleitung, S. 14), ohne konkret auf die Technik des Lesens und Schreibens von Tonhöhennotation im Violinschlüssel einzugehen.

Wolfgang Amadeus Superstar

So geht es in dieser Aufgabe auch nicht um das Lesen von Tönen oder Intervallen. Vielmehr sollen die Schüler anhand des grafischen Verlaufs der Melodielinie Rückschlüsse auf den Textinhalt ziehen. Die Erfahrungen mit den Bewegungsformen (Springen, Schleichen, Entspringen, Singen) sollen ihnen dabei helfen. Anhand der Hörbeispiele überprüfen sie ihre Prognosen.

Nun präzisieren die Schüler ihre Prognosen aus Aufgabe 4 und untersuchen die Beispiele nach verschiedenen Aspekten, z. B.:
- Tonsprünge (Hüpfen)
- Tonwiederholungen – und nur ein Ton schert aus (Entspringen)
- Dreierunterteilungen des Grundbeats bzw. Triolen (Singen, leiernder Rhythmus)
- Notenwerte (lange Notenwerte: Schleichen; kurze Notenwerte: Springen, Hüpfen; punktierte Noten: zögerliches Schleichen)

Achtung: Es geht aber weiterhin nicht um genaues Lesen (Intervall etc.)!

Im Schülerarbeitsheft zeichnen die Schüler zunächst den melodischen Verlauf farbig in die Notenbeispiele ein, verbinden die „Melodiebilder" mit Illustrationen und halten die Ergebnisse auch ihrer Bewegungserfahrung in einem Lückentext fest. Die Beschäftigung mit den rhythmischen Phänomenen in diesem Kapitel (punktierte Noten, Triolen) kann anhand der Übungen im Schülerarbeitsheft vertieft und gefestigt werden.

Mit Pauken und Trompeten: die Ouvertüre

Abschließend beschäftigen sich die Schüler mit dem Kontext des Singspiels, das eng verbunden ist mit den vielfältigen kulturellen Wechselwirkungen zwischen Orient und Abendland. Im 18. Jahrhundert begann an den Bühnen und Opernhäusern in ganz Europa eine wahre „Türkenmode". Daran beteiligte sich auch Mozart. Im Auftrag des österreichischen Kaisers Joseph II. schrieb er das Singspiel „Die Entführung aus dem Serail". Opern mit dieser Thematik – sogenannte „Soliman-" oder „Türkenopern" – waren nach der Befreiung Westeuropas von der Bedrohung des Orients (um 1700) sehr beliebt. Als Mozart 1782 sein Singspiel „Die Entführung aus dem Serail" fertigstellte, waren gerade mal hundert Jahre vergangen, seit eine gewaltige türkische Heeresmacht vor den Toren Wiens stand. Der Vorstoß scheiterte und die Niederlage war der Beginn des Zerfalls des Osmanischen Großreiches.

In Mozarts Komposition verbergen sich die Klänge vor allem von Rhythmusinstrumenten der Janitscharenkapelle. Der Ursprung dieser „Lärminstrumente" liegt in der Militärmusik der „yeni çeri", der „Neuen Truppe". Neben der oboenartigen Zurna und Trompeten („Boru") finden sich darin vor allem jene Schlaginstrumente, die im Westen als typisch „türkisch" galten. Die Verwendung von Triangel, Becken, Pauken und Großer Trommel machte den Besuchern des Singspiels die elementare Wirkung dieser Lärm- und Schlaginstrumente bewusst. So schreibt Mozart an seinen Vater Leopold: „Von der ouverture haben sie nichts als 14 Täckt. – die ist ganz kurz – wechselt immer mit forte und piano ab; wobey beym forte allzeit die türckische Musick einfällt. – modolirt so durch die töne fort – und ich glaube man wird dabey nicht schlafen können, und sollte man eine ganze Nacht durch nichts geschlafen haben."

Aus dem einstmals furchteinflößenden Lärminstrumentarium werden im Laufe des 18. Jahrhunderts Instrumente mit unterhaltsamem, exotischem Reiz. Rasch verbreitet sich über ganz Europa die neue Mode des „alla turca".

Der im Folgenden komplett abgedruckte Spiel-mit-Satz zur Ouvertüre Mozarts ist auf der Multimedia-CD-ROM als Mitlaufpartitur aufbereitet.

W. A. Mozart: Ouvertüre (Spiel-mit-Satz)

Spiel-mit-Satz: W. Kern
© Helbling

Mozarts Leben ➤ SB, S. 55

Abschließend beschäftigen sich die Schüler mit einer Hörgeschichte, die wichtige Stationen aus Mozarts Leben aufgreift und mit Musik verbindet.

Wolfgang Amadeus Superstar

Text der Hörgeschichte

B 41

Musik 1 (Konzert für Flöte, Harfe und Orchester, C-Dur, KV 299, 2. Satz)

Hoppla, Christine schreckte hoch: Beinahe wäre sie über ihrer Hausaufgabe eingeschlafen. Sie sollte bis morgen das Leben Mozarts beschreiben, aber immer noch saß sie vor einem leeren Blatt. Sie konnte sich das einfach nicht vorstellen! Wie lebte man damals, wie reiste man, wo hörte man Musik, welche Wünsche hatte man?

Sie sah auf ihr leeres Blatt und dachte: „Das schaffe ich nie!" Schon wollten ihr die Augen wieder zufallen, da dachte sie an die morgige Musikstunde und sie murmelte: „Mozart, hilf!" Plötzlich flackerte ihre Lampe, verdunkelte sich und – das war doch nicht möglich – da stand… ja, da stand Mozart neben ihr!

„Du hast mich gerufen, ich bin gekommen", sagte er. „So hübschen jungen Damen helfe ich immer gern!"

„Ich… a…a…aber", stotterte Christine, aber dann wurde sie mutiger. „Na gut, wenn Sie schon da sind: Sagen Sie, wie konnte man es denn früher aushalten ohne iPod und Musik überall?"

„Ganz einfach, man musste selber Musik machen. Ich glaube, ihr sagt heute ‚live' dazu. Wir musizierten oft gemeinsam in der Familie. Mit meiner Schwester saß ich am Klavier und mein Vater Leopold spielte die Violine dazu. Oder nehmen wir an, du wolltest für eine Serenade Musik haben…"

„Serenade?", fragte Christine.

Musik 2 (Serenade Nr. 6, D-Dur, KV 239, 3. Satz: Rondo: Allegretto)

„Also…", Mozart suchte nach dem richtigen Wort, „sagen wir… ‚Party'! Dann gibst du mir einen Auftrag, ich lade ein paar Musiker ein und wir spielen dir die schönste Unterhaltungsmusik vor."

„Na ja", meinte Christine, „so ganz billig wäre das wohl nicht gewesen, Sie waren ja ein berühmter Komponist, der sicher viel verlangt hat!"

„Das stimmt", antwortete Mozart, „darum konnten sich ja nur die Adeligen oder sehr reichen Bürger solche Musik leisten. Aber das arme Dienstmädchen konnte ja zumindest mit einem Ohr an der Tür lauschen…"

„Ist es wahr", fragte Christine, „dass Sie schon als Kind eine Tour durch ganz Europa gemacht haben?"

„Das stimmt", antwortete Mozart, „aber es war mehr eine Tortur; alles mit der rüttelnden Kutsche auf den schlechten Wegen mit unzähligen Schlaglöchern!"

Musik 3 (Konzert für Horn und Orchester, Es-Dur, KV 417, 3. Satz: Rondo)

„Ja, das Reisen war anstrengend, aber wichtig für mich, ich habe viel dabei gelernt. Irgendjemand hat ausgerechnet, dass ich ein Drittel meines Lebens auf Achse verbracht habe!"

„Und wie kam es, dass Sie schon als Kind so berühmt wurden?", wollte Christine wissen.

„Das verdanke ich meinem Vater", sagte Mozart, „der war ein ausgezeichneter Geiger und ein hochgebildeter Mann. Geboren wurde ich in Salzburg und blieb dort – abgesehen von meinen Reisen –, bis ich 25 war. Mein Vater merkte schnell, dass ich sehr musikalisch war und brachte mir alles selber bei. In eine Schule bin ich nie gegangen. Bei meinem Vater habe ich alles Notwendige gelernt."

Musik 4 (Menuett, KV 3)

Christine staunte: „Wenn heute ein Kind sehr musikalisch ist, schicken es seine Eltern in eine Musikschule oder ins Konservatorium. Also, mein Vater könnte mir nicht viel Musikalisches beibringen!"

„Na ja", meinte Mozart, „ganz so gut war mein Verhältnis zu meinem Vater auch nicht. Er wollte nicht, dass ich meine Stellung beim Salzburger Fürsterzbischof aufgab und als freier Komponist nach Wien ging. Und dabei konnte ich gerade hier erst so richtig große Erfolge feiern wie mit meiner Oper ‚Die Entführung aus dem Serail'."

Musik 5 (Singt dem großen Bassa Lieder, aus: Die Entführung aus dem Serail, KV 384)
„Ich habe immer gehört", sagte Christine, „Sie seien so arm gewesen."
„Was?", rief Mozart, „arm, ich und arm? Nein, ich verdiente glänzend, gründete eine Familie und lebte auf großem Fuß! Na ja, stimmt schon, vielleicht hätte ich sparsamer sein können, aber arm? Für eine Klavierstunde, die ich gab, erhielt ich doppelt so viel, wie ich unserem Dienstmädchen für den ganzen Monat bezahlte!"
Musik 6 (Klaviersonate, D-Dur, KV 485, Rondo)
Christine sagte nachdenklich: „Dann wollten Sie eigentlich auch nichts anderes als das, wovon wir heute auch noch träumen: erfolgreich sein, beliebt sein, sich viel leisten können."
„Richtig", gab Mozart zurück, „aber ich war auch immer ein gläubiger Mensch. Mein letztes Werk war ein Requiem, eine Totenmesse, in der ich den Tag des Zornes beschreibe, jenen Tag, an dem sich das Weltall in Asche auflöst: Dies ira, dies illa, solvet saeclum in favilla…"
Musik 7 (Dies ira, aus: Requiem, KV 626)
Erschreckt wachte Christine auf. Wo war diese beängstigende Musik geblieben, die das Ende der Welt beschrieb? Und wo war Mozart? Das war doch nicht möglich: Hatte sie wirklich alles nur geträumt?
Noch lange konnte sich Christine nicht von diesen Bildern befreien, aber dann begann sie zu schreiben und zu schreiben.

Im Schülerarbeitsheft können die wichtigsten biografischen Daten Mozarts abschließend in einem Steckbrief festgehalten werden.

Kapitel 5: Mit Musik erzählen

Thema und Ziele

Thema des Kapitels ist die Annäherung an programmatische Musik, sowohl mit als auch ohne Gesang. Dabei stehen zunächst Klangexperimente im Vordergrund, die Übungen aus vorherigen Kapiteln aufgreifen, fortführen und vertiefen. Neben der Einführung von dynamischen Zeichen erarbeiten sich die Schüler Motiv und Bearbeitungsmöglichkeiten (Wiederholung, Veränderung, Kontrast) in experimentellen Übungen und übertragen sie dann auf weitere Musiziersituationen. Die Sequenz über „erzählende" Musik verläuft nach einem folgerichtigen, aufbauenden Strang:

- stimmliche Klangbilder (aufbauend auf Übungen aus Kap. 2)
- Bearbeitung und Kombination von kleinen rhythmischen Motiven in einer Musik-Fabrik (aufbauend auf Übungen aus Kap. 2 und 3)
- improvisierende Vertonung einer Bildergeschichte mit Instrumenten (aufbauend auf Kap. 2) und musikalischen Motiven
- Arbeit mit der bildhaften, sprachbezogenen „Stripsody" und Eigenkompositionen
- ein Märchen als Musiktheater – Anwendung der erworbenen Kenntnisse über erzählende Musik und über Musiktheater (aufbauend auf Kap. 4)
- ein kurzes Komponistenporträt zu Carl Orff und die mögliche Ausführung seines „Hexen-Einmaleins'" mit kulturerschließenden Kontexten

Das Kapitel ist darüber hinaus Voraussetzung für die Weiterarbeit in Klasse 6, insbesondere für die Kapitel 12 („Musik mit Programm"), 18 („Notenbilder – Tonbilder") und 19 („Klänge im Aufbruch").

In diesem Kapitel wird an folgenden Dimensionen musikalischer Kompetenz gearbeitet:

- **Stimme und Singen:** Echowirkung als Ausdrucksmittel („Fly Like an Eagle" ➤ SB, S. 57), Stimmexperimente (➤ SB, S. 58 f.), Umsetzen einer grafischen Vorlage (➤ SB, S. 61), Gefühle mit Musik ausdrücken (➤ SB, S. 63), Intensitätssteigerung (➤ SB, S. 67)
- **Instrumente spielen:** Improvisation (➤ SB, S. 60), Begleitsatz (➤ SB, S. 62), Sprechstück mit Schlaginstrumenten (➤ SB, S. 67)
- **Körper und Bewegung:** Aktivierung („Auf der Pferderennbahn" ➤ SB, S. 57), szenische Interpretation (➤ SB, S. 63 f.)
- **Variieren und Erfinden:** Klangexperimente mit Stimme (➤ SB, S. 58 f.) und Instrumenten (➤ SB, S. 60), eigene Komposition erstellen (➤ SB, S. 61)
- **Lesen und Notieren:** grafische Notation (➤ SB, S. 59, 61), Ausdruck in Notation (➤ SB, S. 65)
- **Hören und Beschreiben:** „Stripsody" (➤ SB, S. 61), Stimmung und Ausdruck eines Musikbeispiels beschreiben (➤ SB, S. 63, 65, 67)
- **Kontexte herstellen:** Musiktheater (➤ SB, S. 62 ff.), Komponistenporträt (➤ SB, S. 66 f.)
- **Anleiten:** Lautstärke (➤ SB, S. 59), Ablauf einer Szene anleiten (➤ SB, S. 63), Einsätze geben (➤ SB, S. 67)

Start-ups für Stimme und Körper ➤ SB, S. 57

Körper und Bewegung

Auf der Pferderennbahn

Wichtigstes Ziel dieser Übung ist eine ganzkörperliche Aktivierung.

Methodische Hinweise:
- Zu Beginn sollte der Lehrer als Spiegelbild der Schüler die Bewegungen und ihren Wechsel initiieren. Dabei müssen die einzelnen Stationen/Hindernisse in die Klasse

gerufen werden. Bald können die Kommandos auch einzelne Schüler übernehmen und die Gruppe anleiten.
- Die Reihenfolge zwischen „Start" und „Ziel" kann natürlich jederzeit verändert und neue Elemente der Rennbahn hinzugefügt werden. Wahlweise können metrumsfreie oder durchpulste Bewegungen zu einer kleinen Szene verbunden werden.

[Tipp] Bauen Sie zusätzlich plötzliche Tempowechsel, ein Accelerando und Crescendo in die Übung ein. Üben Sie mit den Schülern gezielt auch das Führen und Folgen in Bewegung. Fordern Sie die Schüler auf, den Bewegungen des Rennleiters möglichst exakt zu folgen.

Kleine Mücke

Ziel dieses Start-ups ist einerseits die Wiederholung von verschiedenen Ebenen des Grundbeats (Halbe, Viertel, Achtel), andererseits die Vertiefung und Verinnerlichung des Pulsgefühls (durchlaufender Puls).

Körper und Bewegung

B 42, 43

Methodische Hinweise:
- Mit dem Sprechtext beginnen und auf einen stabilen Puls achten. Die Takte mit Achteln (T. 2/3) bzw. die Viertel mit Pause (T. 4) sollen nicht schneller werden. Dies muss immer wieder ins Bewusstsein gerufen und auch geübt werden. Hierbei hilft während der Erarbeitungsphase auch eine Gruppe, die den Grundbeat mit Bodypercussion (➤ SB, S. 8) ausführt.
- In einem nächsten Schritt die Bodypercussion hinzunehmen. Gegebenenfalls die Aufgaben teilen: Gruppe 1 spricht, Gruppe 2 führt die Bodypercussion aus. Den kleinen Chant möglichst als Kanon ausführen.
- Das Begleitpattern kann instrumental oder vokal von einer kleinen Gruppe ausgeführt werden. Es unterstützt das Gefühl der durchlaufenden Achtel bei der Gruppe, die den Text spricht, und stabilisiert damit das Tempo.
- Zuletzt spielen alle nur noch die Bodypercussion; der Text wird innerlich weitergesprochen.

[Tipp] Um das innere Pulsgefühl zu trainieren, könnten Sie die Schüler dazu auffordern, nur Takt 1 und 3 laut zu sprechen, die anderen Takte innerlich leise weiterzusprechen. In einer anderen Variante werden nur die Zählzeiten 1 und 3 laut gesprochen, der Text der anderen Zählzeiten wird nur gedacht.

Bewegungsgestaltung:
Zusammen mit den Schülern kann ein interessanter Ablauf, evtl. in Form einer kleinen Geschichte, entwickelt werden, z. B.:
- Mit einem leisen Summen beginnen, das sich allmählich steigert (erst ein Schüler, dann steigen weitere Schüler ein), dann setzt eine kleine Gruppe mit dem Begleitpattern ein usw.
- In Takt 1 (vergeblich) mit beiden Händen in der Luft nach der Mücke klatschen.
- In Takt 4 in den Pausen die Mücke mit einer Handbewegung verjagen.

Mit Musik erzählen

Stimme

Fly Like an Eagle

🅑 44

Erarbeitung zunächst durch Vorsingen des Lehrers (auf sich deuten) und Nachsingen der Schüler (auf die Klasse deuten). Dies kann durchaus in mehreren Durchgängen sowohl der einzelnen Elemente als auch des gesamten Gesangs erfolgen. Den Gesang mit einer großen Handtrommel unterstützen:

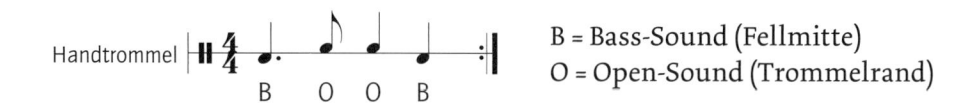

Handtrommel: B O O B

B = Bass-Sound (Fellmitte)
O = Open-Sound (Trommelrand)

[**Tipp**] Gestalten Sie die Wiederholungen mit verschiedenem Ausdruck: laut und bestimmt, leise und geheimnisvoll usw. Fordern Sie einzelne Schüler auf, als Vorsänger einen Durchgang zu gestalten.

Begleitostinato:
Erinnern Sie die Schüler bei der Erarbeitung des Begleitostinatos an das Start-up „Smiling Faces 2" (➤ SB, S. 17), in dem der Vokalkreis bereits verwendet wurde. Die Vokale sollen unbedingt deutlich artikuliert werden (Mund und Lippen formen die Vokale), denn nur dann wird das Ostinato klingen. Eventuell kann hier sogar angeregt werden, auf Obertöne zu hören. Zwei Ausführungsmöglichkeiten sind denkbar:
- Der Wechsel der Vokale erfolgt zufällig: die Vokale metrumsfrei langsam ineinander gleiten lassen (im Stil eines Obertongesangs).
- Der Wechsel erfolgt im Rhythmus von Halben und erzeugt dadurch ein rhythmisches Ostinato; dabei die einzelnen Vokale bzw. Vokalwechsel durch einen leichten Akzent (Zwerchfellimpuls) verstärken.

Musik ohne Worte ➤ SB, S. 58

Klangbilder

Ziel dieser Seite ist es, die Schüler über eigene Gestaltungsversuche zum einen in die gezielte Umsetzung von außermusikalischen Impulsen einzuführen, ihnen zum anderen aber auch die Funktion von (grafischer) Notation für das Festhalten und die Reproduzierbarkeit von Ideen zu erschließen.

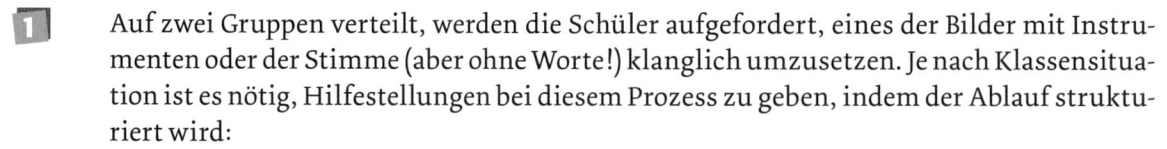

1 Auf zwei Gruppen verteilt, werden die Schüler aufgefordert, eines der Bilder mit Instrumenten oder der Stimme (aber ohne Worte!) klanglich umzusetzen. Je nach Klassensituation ist es nötig, Hilfestellungen bei diesem Prozess zu geben, indem der Ablauf strukturiert wird:
- Die Schüler notieren in einem ersten Schritt zunächst zentrale Elemente des von ihnen gewählten Bildes.
- Erst dann werden die Instrumente ausgegeben. Abwechselnd wählen die Gruppen jeweils ein Instrument, das sie zur Vertonung eines der notierten Elemente benötigen. Es genügt eine beschränkte Anzahl an Instrumenten pro Gruppe (ca. 3–5), damit sich die Schüler wirklich mit den Möglichkeiten der einzelnen Instrumente beschäftigen und nicht in einer Vielzahl von Möglichkeiten verlieren.
- Nun folgt eine längere Phase der klanglichen Umsetzung der Bilder und als Abschluss eine Präsentation der Ergebnisse.

[Tipp] Die klangliche Arbeit baut auf Erfahrungen auf, die die Schüler in Kapitel 2 (Klasseninstrumentarium ➤ SB, S. 23) gemacht haben. War die Erforschung der klanglichen Möglichkeiten dort noch sehr unspezifisch, müssen sie nun sehr konkret entscheiden, welche Bildelemente sie mit welchem Instrument umsetzen. Deshalb können Sie zu Beginn der klanglichen Umsetzung gegebenenfalls diese Einheit aus Kapitel 2 wiederholen (z. B. durch eine kurze Präsentation der zur Verfügung stehenden Instrumente). Erst wenn die Schüler über die klanglichen Möglichkeiten der einzelnen Instrumente Bescheid wissen, können sie diese gezielt einsetzen.

Die grafische Notation eines Klangbildes unter Verwendung der musikalischen Parameter Lautstärke, Tonhöhe und Tempo und möglicherweise einer Zeitleiste führt in die elementaren Mittel von Notation ein. Später (➤ Kap. 6) werden diese Erfahrungen genutzt, um über Notation von Musik konkret nachzudenken und Grundlagen der traditionellen Notenschrift zu erarbeiten.

[Tipp] Besprechen Sie zuerst die Zeichen für Lautstärke und Artikulation, damit die Schüler diese als Repertoire für ihre Notationsversuche zur Verfügung haben (➤ SB, S. 59, Wissensbox).

Der Vergleich der Notationsergebnisse soll nicht auf ein Besser oder Schlechter der einzelnen Gruppenergebnisse abzielen. Vielmehr soll es in einem Auswertungsgespräch darum gehen, welche Notation die klangliche Umsetzung des jeweiligen Bildes treffend wiedergeben kann: Wo liegen die besonderen Herausforderungen einer grafischen Umsetzung von Musik? Was war bei der Notation des eigenen Klangbildes schwierig? An welcher Stelle ließen sich die klanglichen Ergebnisse gar nicht notieren? Welchen Sinn bzw. Vorteil hat eine Zeitleiste gegenüber reinen „Klangbildern" usw.

Im Schülerarbeitsheft machen sich die Schüler zunächst mit den Grundlagen grafischer Notation vertraut. Aufbauend darauf finden die Schüler dort eine Vorlage, in die sie ihr Klangbild übersichtlich notieren können.

In der Musik-Fabrik

Alternativ oder auch ergänzend zum eigenen Erstellen der Klangbilder kann die Arbeit mit den Klangelementen einer Musik-Fabrik eingesetzt werden, um in den Bereich „Musik ohne Worte" einzuführen bzw. diesen Bereich zu vertiefen. Diese Aufgabenstellung benötigt weniger Zeit, fordert allerdings auch nicht die eigene Kreativität der Schüler, da sie bereits vorgefertigte grafische Elemente anbietet, die die Schüler mit der Stimme umsetzen sollen.

🎵 Aufbauend im Strang „Anleiten musikalischer Prozesse" steuern die Schüler nun mit konkreten Handzeichen den Ablauf der Maschinengeräusche.

[Tipp] Fordern Sie den anleitenden Schüler auf, Handzeichen zur Gestaltung weiterer Parameter zu erfinden, z. B. für lauter, leiser.

Der Klang der Bilder: Bildergeschichten und Comics ➤ SB, S. 60

Der selbstgebaute Schlitten

Die Bildergeschichte von Erich Ohser alias e. o. Plauen gibt viele Impulse für eine musikalische Gestaltung, da Motive nach dem Formprinzip der variierenden Wiederholung eingesetzt werden können. Es werden alle Sinnesebenen angesprochen, weil die Bilder visuelle, auditive und auch sensuelle Reize liefern.

Mit Musik erzählen

1 Die Vertonung der klanglich suggestiven Bildergeschichte erfüllt zwei Funktionen: Zum einen greift sie die Beschäftigung mit den Instrumentenklängen aus Kapitel 2 (▶ SB, S. 22 f.) auf, zum anderen führt sie in die Arbeit mit einem musikalischen Motiv ein, z. B. durch die Zuordnung von Instrumenten für einzelne Personen (siehe auch Kap. 12 ▶ SB, S. 150 f.) oder durch den Charakter, den diese Motive für Vater bzw. Sohn erhalten sollen.

Methodische Hinweise:
- Einstieg mit der Bildergeschichte: Zunächst sollen die Schüler die Geschichte anhand der Bilder nacherzählen. Bei dem folgenden Gespräch könnte eine weiterführende Impulsfrage sein: „Was seht ihr, was hört ihr bei der Betrachtung der einzelnen Bilder?"
- Die Ergebnisse werden stichwortartig in einer Tabelle zusammengefasst.
- Wichtig für eine Vertonung ist es, die jeweilige Stimmung der beiden Protagonisten zu beschreiben und festzuhalten (weitere Spalte in der Tabelle).
- Bezogen auf den Vater könnte die erarbeitete Tabelle beispielsweise folgendermaßen aussehen:

Bild	Sichtbares/Hörbares	Stimmungsverlauf
1	Vater und Sohn hämmern.	entschlossen
2	Sie sausen den Berg hinab.	freudig, begeistert
3	Sie stürzen, Holzteile schlagen aufeinander.	erschrocken
4	Sie stapfen durch den Schnee.	ärgerlich, enttäuscht, traurig
5	Sie zersägen den Schlitten und bauen ein Futterhäuschen.	erneut entschlossen, zuversichtlich
6	Die Vögel zwitschern und picken das Futter auf.	zufrieden und glücklich, stille Freude

Tipps zur organisatorischen Durchführung:
- Die Gruppen möglichst leistungsheterogen zusammenstellen.
- Wichtig ist auch eine gerechte Verteilung von Rhythmusinstrumenten und Stabspielen.
- Nebenräume oder Flure sollten je nach vorhandenen Möglichkeiten mitgenutzt werden (klangliche Trennung der Gruppen).
- Das Ergebnis für Nachfragen bzw. Wiederaufnahme in der Folgestunde aufzeichnen (Video- oder Audioaufnahme).

2 Die Vertonung der Bildergeschichte unter Verwendung von Motiven ist um einiges anspruchsvoller als der recht unspezifische Vertonungsversuch von Aufgabe 1. Die Schüler benötigen deshalb besondere Unterstützung:
- gemeinsames Überlegen, wie ein Motiv verändert werden kann, um die wechselnden Tätigkeiten bzw. Stimmungen auszudrücken
- gemeinsames Überlegen, wie unterschiedliche Parameter (Tonhöhe, Tempo…) dazu eingesetzt werden können, um die Stimmung zu verändern, eine bestimmte Tätigkeit auszudrücken oder einen Kontrast zu erzeugen

➲ Die konkreten Möglichkeiten der Motivbearbeitung spielen jedoch an dieser Stelle noch keine Rolle und werden aufbauend in späteren Kapiteln konkretisiert (▶ SB, S. 113 f.: Wiederholung/Veränderung/Kontrast; ▶ SB, S. 188 f.: Umkehrung/Spiegelung/Abspaltung/Seqenzierung).

[Tipp] Denkbar wäre, für Vater bzw. Sohn nur jeweils einen einzigen Ton zu verwenden und diesen unterschiedlich zu rhythmisieren. Zudem ist es auch möglich, die musikalische Umsetzung von Aktion und Stimmung arbeitsteilig zu gestalten: Gruppe 1 beschäftigt sich dann mit der Verklanglichung des Hörbaren und Sichtbaren, Gruppe 2 erstellt eine Verklanglichung der Stimmung bzw. des Stimmungsverlaufs.

Im Schülerarbeitsheft erleichtern aufeinander aufbauende Arbeitsschritte die Vertonung der Bildergeschichte unter Verwendung von Motiven.

Präsentation und Reflexion:
Die Schüler präsentieren ihre Klangergebnisse und erläutern diese kurz (unterstützt durch die Aufzeichnungen des Schriftführers). Ein Gespräch über die Ergebnisse sollte die Arbeitsphase abschließen. Diese Reflexionsphase ist eine wichtige Grundlage für eine nachhaltige musikalische Förderung.

[Tipp] Achten Sie darauf, dass in der Phase der Reflexion möglichst sachbezogen und weniger emotional (z. B. auf Freundschaften gründend) argumentiert wird. Weisen Sie die Schüler darauf hin, dass es um konkrete Aspekte gehen soll, und nicht darum, ob eine Vertonung besser gefällt oder nicht. Als Hilfestellung können beispielsweise folgende Kriterien herangezogen werden:
- sinnvolle und effektive Auswahl der Instrumente (z. B. für Vater/Sohn)
- Verwendung unterschiedlicher Parameter: Tempo, Lautstärke, Rhythmik, Tonhöhe
- musikalisches Zusammenspiel

Bei einer Bewertung der Schülerergebnisse kann es nicht darum gehen, ein pauschales Urteil zu Fleiß oder Engagement zu fällen oder grundsätzlich alles positiv zu bewerten, weil ja alle Schüler kreativ waren. Aufbauend zu arbeiten, bedeutet hier, positives und vor allem konstruktives Feedback zu ermöglichen, indem beispielsweise auf Qualitätsunterschiede aufmerksam gemacht wird oder gemeinsame Überlegungen zu möglichen oder gar gebotenen Verbesserungen angestellt werden.

Ein gesungener Comicstrip

Der Ausschnitt aus der „Stripsody" von Cathy Berberian kann alternativ zur Bildergeschichte „Der selbstgebaute Schlitten" als Vorlage für eine Vertonung verwendet werden. Je nach Klassensituation könnte die Beschäftigung mit den Comicszenen die Schüler zwar stärker ansprechen. Die vorgegebenen Laute der Comicsprache, die zusammenhanglose Handlung und auch das Fehlen eines konkreten Stimmungsverlaufs schränken die Möglichkeiten einer Verklanglichung jedoch ein (z. B. Arbeit mit Motiven). Verbunden mit der Erforschung der Ausdrucksmöglichkeiten der Stimme geht es bei der Arbeit mit der „Stripsody" eher um die konkrete Anwendung der Parameter (Tonhöhe, Lautstärke, Klangfarbe und Tempo) und damit um die Erweiterung der Modulationsfähigkeit der Stimme.

Das Märchen vom gestohlenen Mond ➤ SB, S. 62

Mit Carl Orff lernen die Schüler einen Komponisten kennen, dessen kompositorisches Schaffen durch eine einfache, formelhafte Melodik, eine breite Klangfarbenpalette und ein vielgestaltiges Schlagwerk geprägt ist. Das Ergebnis ist eine kraftvolle Musik, die stark auf dem Parameter Rhythmus gründet und damit beeinflusst ist unter anderem von Béla Bartók und Igor Strawinsky. Damit verbunden ist eine Art „Primitivismus", den Orff bewusst als Stilmittel einsetzte. Zentrale Werke seines Schaffens sind die „Carmina Burana" (1937) – bis heute Publikumsfavorit nicht nur des klassisch orientierten Publikums –, daneben besonders seine zwei Märchenopern „Der Mond" (1939) und „Die Kluge"

Mit Musik erzählen

(1943). Seine musikpädagogischen Ideen und Ambitionen fanden in der Entwicklung des Orff-Instrumentariums ihren Niederschlag. Hier stehen Rhythmusinstrumente im Mittelpunkt – Klangstäbe, Xylofone, Rasseln und Trommeln –, die sich heute in der Musikpädagogik fest etabliert haben.

Das Märchen „Der Mond" der Brüder Grimm spricht Schüler der 5. Klasse an und eignet sich unter dem Aspekt „Mit Musik erzählen" bestens zum aktiven Musizieren, szenischen Darstellen und hörenden Nachvollzug. So beschäftigen sich die Schüler mit ausgewählten Szenen des von Orff vertonten Märchens:

1) Der Mond ist fort:
- eigenes Musizieren (Singen, Stabspielbegleitung, Rhythmusinstrumente)
- Gestaltung der Szene (Diebstahl des Mondes) als Klanggeschichte
- Einführung der Sechzehntelnote (als Gestaltungselement der Aufregung der bestohlenen Bewohner)

2) Ankunft der Burschen im eigenen Land:
- ausdrucksstarkes Lesen des Textes mit verteilten Rollen
- szenische Interpretation (Gestaltung eines Standbildes)

3) Wie der Mond an den Himmel kam:
- Höraufgabe: Charakter der Musik einer Szene zuordnen
- Elemente der Notengrafik dem Charakter der Musik zuordnen (rhythmische Strukturen, Artikulationszeichen, Tempoangabe, dynamische Zeichen usw.)

Der Mond ist fort

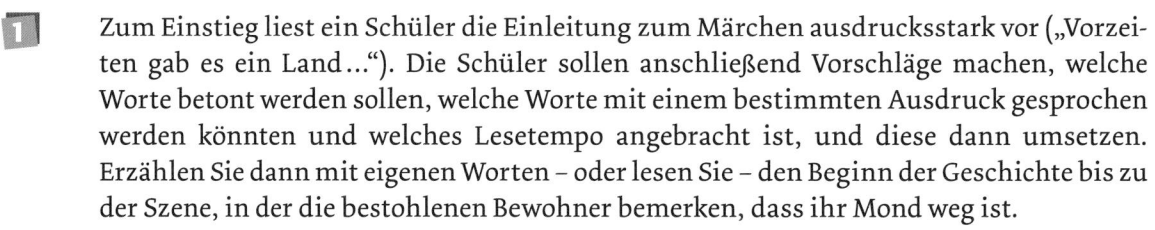

Zum Einstieg liest ein Schüler die Einleitung zum Märchen ausdrucksstark vor („Vorzeiten gab es ein Land..."). Die Schüler sollen anschließend Vorschläge machen, welche Worte betont werden sollen, welche Worte mit einem bestimmten Ausdruck gesprochen werden könnten und welches Lesetempo angebracht ist, und diese dann umsetzen. Erzählen Sie dann mit eigenen Worten – oder lesen Sie – den Beginn der Geschichte bis zu der Szene, in der die bestohlenen Bewohner bemerken, dass ihr Mond weg ist.

Direkt im Anschluss bietet es sich an, das Lied „Der Mond ist fort" mit der Klasse einzuüben. Vorgehen:
- Die Liedmelodie durch Vor- und Nachsingen abschnittsweise vermitteln.
- Sobald die Schüler das Lied singen können, Rhythmusinstrumente und Stabspiele hinzunehmen.

Es folgt ein Gespräch über die musikalischen Mittel, die Orff verwendet, um die Aufregung der bestohlenen Dorfbewohner auszudrücken. Folgende Aspekte könnten dabei eine Rolle spielen:
- Motivwiederholungen
- aufwärts geführte Melodiephrase (bei „... gestohlen?"), um die Frage zu unterstützen
- schrittweise geführte Auf- und Abwärtsbewegungen der Melodielinie, um das Suchen des Weges auszudrücken
- Wiederholen der Phrase „Weg nicht mehr" als Ausdruck der Verzweiflung

Im Schülerarbeitsheft halten die Schüler ihre Ergebnisse direkt im Notat fest.

Ein abschließendes Hören der Orff'schen Vertonung beschließt die Beschäftigung mit dieser ersten Szene. Als Höraufgabe könnten die Schüler herausfinden, welche musikalischen Mittel Orff in der Orchesterbegleitung eingesetzt hat, um die Aufregung und Enttäuschung der Bestohlenen zusätzlich hörbar zu machen.

Als Erweiterung kann man die Szene des Diebstahls als Klangbild gestalten lassen. Diese optionale Aufgabe greift die Aufgabe der Vertonung der Bildergeschichte „Der selbstgebaute Schlitten" (▶ SB, S. 60) auf. Es gibt zwei Möglichkeiten der Durchführung:
- spontane Improvisation (z. B. mit nur einem Instrument)
- geplante Durchführung einer Klanggeschichte

Bei der geplanten Durchführung bietet es sich an (evtl. in Gruppen) darüber nachzudenken, welche Instrumente geeignet sind, das silbrige Mondlicht, das Klettern der Burschen, das Wegtransportieren im Pferdekarren usw. auszudrücken. Auch jetzt könnten die Schüler eine Tabelle anlegen, in der sie das Sichtbare bzw. Hörbare und den Verlauf der Emotionen eintragen. Diese Überlegungen helfen für die spätere Vertonung. Leistungsstärkere Gruppen können ein Motiv für den Mond entwickeln und dieses dann entsprechend verändern (Mond hängt ruhig am Baum, Mond wird „abmontiert", Mond wird im Karren abtransportiert). Als Abschluss des Klangbildes könnte noch einmal das Lied bzw. die Liedmelodie der bestohlenen Bewohner musiziert werden.

Orff drückt die Aufregung der Dorfbewohner auf rhythmischer Ebene aus. Dabei spielen Sechzehntelfiguren eine wichtige Rolle. In Kapitel 3 (▶ SB, S. 34) haben sich die Schüler bislang nur mit den Notenwerten Achtel, Viertel, Halbe und Ganze beschäftigt. Aufbauend darauf lernen sie nun im Zusammenhang mit Orffs musikalischer Gestaltung die Sechzehntelnote kennen. Der neue Notenwert wird über die Rhythmussprache (du te dei te) eingeführt. Hier bietet es sich an, Rhythmusspiele aus den vorangegangenen Kapiteln zu wiederholen („Der verbotene Rhythmus 1" ▶ SB, S. 27; „Rhythm Walk" ▶ SB, S. 5) und diese um das Element der Sechzehntelnote zu erweitern.

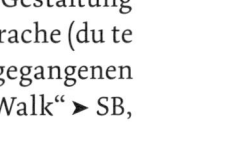

Das Schülerarbeitsheft enthält ergänzende Schreib- und Rhythmusübungen zur Sechzehntelnote.

Ankunft der Burschen im eigenen Land

In einem Standbild können die Schüler eine Handlung bzw. einen Ausdruck einer Figur „einfrieren". Die Verdichtung der Emotionen und Aktionen auf ein Bild ermöglicht in vielen Fällen, die Figur oder ihre Handlung sehr viel klarer und besser zu verstehen. Während der Standbildarbeit reflektieren die Schüler ihre Standbilder, indem sie sich zu ihren Haltungen und Emotionen auf Nachfrage äußern.

Allgemeine Hinweise für das Entwickeln des Standbildes in zwei Gruppen:
- Die Schüler aus Gruppe 1 stellen das Standbild dar. Passiv – wie eine Drahtpuppe – lassen sie sich in jede gewünschte Haltung „biegen".
- Die Schüler aus Gruppe 2 gestalten bzw. modellieren als aktiver Part das Standbild – sie positionieren die Schüler der Gruppe 1 und lassen so ein Gesamtbild entstehen.
- Beim Modellieren des Standbildes wird jede einzelne Figur der Szene (Bauer, Wirt, Gast, Bursche 1 usw.) so „in Szene gesetzt", dass eine Momentaufnahme des Bildes „Ankunft der Burschen im eigenen Land" entsteht. Dabei ist es wichtig, die einzelnen Figuren/Rollen in dieser Situation zu bedenken und entsprechend zu positionieren: Die Burschen kommen mit dem Mond auf dem Wagen an, vor dem Wirtshaus steht der Wirt mit dickem Bauch und verwundertem Blick, die Bewohner starren irritiert auf das helle Licht auf dem Wagen, reiben sich die Augen…

Mit Musik erzählen

Rollenkarten für Gruppe 1 (Darsteller des Standbildes – passiv)

Du bist **Bauer 1.** Du trittst aus dem Wirtshaus, als die vier Burschen kommen.	Du bist **Bauer 2.** Du trittst aus dem Wirtshaus, als die vier Burschen kommen.	Du bist **Bauer 3.** Du trittst aus dem Wirtshaus, als die vier Burschen kommen.	Du bist **Bauer 4.** Du trittst aus dem Wirtshaus, als die vier Burschen kommen.
Du bist **Gast 1.** Du trittst aus dem Wirtshaus, als die vier Burschen kommen.	Du bist **Gast 2.** Du trittst aus dem Wirtshaus, als die vier Burschen kommen.	Du bist **Gast 3.** Du trittst aus dem Wirtshaus, als die vier Burschen kommen.	Du bist der **Wirt.** Du trittst aus dem Wirtshaus, als die vier Burschen kommen.
Du bist der **1. Bursche.** Du kommst mit dem Mond auf einem Karren den Weg zum Wirtshaus entlang.	Du bist der **2. Bursche.** Du kommst mit dem Mond auf einem Karren den Weg zum Wirtshaus entlang.	Du bist der **3. Bursche.** Du kommst mit dem Mond auf einem Karren den Weg zum Wirtshaus entlang.	Du bist der **4. Bursche.** Du kommst mit dem Mond auf einem Karren den Weg zum Wirtshaus entlang.

Rollenkarten für Gruppe 2 (Gestalter des Standbildes – aktiv)

Ein paar Bauern treten aus dem Wirtshaus und sehen die vier Burschen kommen. Überlege dir, wohin du **Bauer 1** stellen willst.	Ein paar Bauern treten aus dem Wirtshaus und sehen die vier Burschen kommen. Überlege dir, wohin du **Bauer 2** stellen willst.	Ein paar Bauern treten aus dem Wirtshaus und sehen die vier Burschen kommen. Überlege dir, wohin du **Bauer 3** stellen willst.	Ein paar Bauern treten aus dem Wirtshaus und sehen die vier Burschen kommen. Überlege dir, wohin du **Bauer 4** stellen willst.
Ein paar Gäste treten aus dem Wirtshaus und sehen die vier Burschen kommen. Überlege dir, wohin du **Gast 1** stellen willst.	Ein paar Gäste treten aus dem Wirtshaus und sehen die vier Burschen kommen. Überlege dir, wohin du **Gast 2** stellen willst.	Ein paar Gäste treten aus dem Wirtshaus und sehen die vier Burschen kommen. Überlege dir, wohin du **Gast 3** stellen willst.	Der Wirt tritt aus dem Wirtshaus und sieht die vier Burschen kommen. Überlege dir, wohin du **den Wirt** stellen willst.
Der 1. Bursche kommt mit dem Mond auf einem Karren den Weg zum Wirtshaus entlang. Überlege dir, wie du den **1. Burschen** stellen willst.	Der 1. Bursche kommt mit dem Mond auf einem Karren den Weg zum Wirtshaus entlang. Überlege dir, wie du den **2. Burschen** stellen willst.	Der 1. Bursche kommt mit dem Mond auf einem Karren den Weg zum Wirtshaus entlang. Überlege dir, wie du den **3. Burschen** stellen willst.	Der 1. Bursche kommt mit dem Mond auf einem Karren den Weg zum Wirtshaus entlang. Überlege dir, wie du den **4. Burschen** stellen willst.

Schrittweises Vorgehen bei der Erarbeitung des Standbildes:
- Mittels Rollenkarten (s. Kopiervorlagen links) werden die einzelnen Rollen verteilt. Die Schüler, die keine der verteilten Rollen bekommen haben, sind Beobachter. Die Beobachter haben in der abschließenden Befragung eine wichtige Rolle.
- Es finden sich die Paare mit gleicher Rollenkarte aus Gruppe 1 und 2 zusammen.
- Die Schüler der Gruppe 2 positionieren nun die jeweils zugeordnete Figur der Gruppe 1. Wichtig: Während des Prozesses werden keine verbalen Anweisungen gegeben. Bis auf den Gesichtsausdruck, den die jeweiligen Rollen aus Gruppe 1 vormachen, gibt es auch kein Vor- und Nachmachen. Die Gestalter aus Gruppe 2 betrachten das Standbild aus unterschiedlichen Perspektiven und modellieren so lange, bis es ihren Vorstellungen unter der jeweiligen Aufgabenstellung entspricht. Zum Abschluss wird eine Perspektive festgelegt, aus der die Beobachter das Standbild betrachten sollen.
- Die Beobachter haben das Entstehen des Standbildes mitverfolgt. Sie begeben sich nun alle in die Betrachtungsperspektive, die Gruppe 2 festgelegt hat.
- Befragung des Standbildes: In der nun folgenden Phase der Befragung tritt ein Beobachter hinter einen Spieler und stellt eine Frage, z. B. „Warum stehst du mit offenem Mund da und reißt die Augen weit auf?". Der Spieler antwortet in Ich-Form und spricht nicht zum Fragenden, sondern zu allen Beobachtern. Die Befragung ist ein wichtiger Bestandteil der Standbildarbeit, da der Fragende Gedanken und innere Haltungen des Spielers offenlegt. Damit dient sie einer vertiefenden Einfühlung in eine Figur oder eine Situation, sie macht gleichzeitig Haltungen und Spielprozesse einer Reflexion zugänglich.
- Vor dem Auflösen des Standbildes wird der Ausschnitt „Wenn ihr nachts aus der Taberne" eingespielt. Falls die Beobachter Änderungen am Standbild vornehmen wollen, können sie „Stop!" rufen, um die Musik zu unterbrechen und Änderungen vorzunehmen. Dann läuft die Musik weiter.
- Zum Abschluss wird ein Foto des Standbildes gemacht, das im Arbeitsheft im Sinne der Portfolioarbeit eingeheftet werden kann. Zudem kann das Foto in der Folgestunde genutzt werden, um noch einmal über die Szene zu sprechen: Wirkung von Musik und Körperausdruck...

Wie der Mond an den Himmel kam

Der Ausgang der Geschichte wird anhand einer Höraufgabe vermittelt. Zwei Hörbeispiele sollen den Situationen „Feiern des Festes" und „Schlaflied für die Toten" zugeordnet werden. Während im ersten Hörbeispiel stärkere Kontraste hörbar sind (Dissonanzen, zerrissene Melodie, Staccato, schnelles Tempo...), ist das zweite ruhig gestaltet (langsames Tempo, ruhige harmonische Begleitung, sangliche Melodiebögen ...). Zunächst sollen die Schüler nur hörend eine begründete Zuordnung versuchen, in einem zweiten Schritt ihre Vermutungen anhand des Notenbildes überprüfen. Wieder geht es an dieser Stelle noch nicht um ein Lesen der einzelnen Noten, sondern vielmehr um ein Zuordnen von grafischen Elementen. Die Frage, die sich hier anschließt, wäre sinnvollerweise, ob das Notenbild bereits die Klanglichkeit (Feiern des Festes, Schlaflied) verraten kann.

Das Begleitvideo enthält die Szene „Aufhängen des Mondes" in einer Inszenierung des Düsseldorfer Marionettentheaters. Diese wurde vom Orff-Schüler und Komponisten Wilfried Hiller angeregt und begleitet. Durch die eher dunkel gehaltene, schattenrissartige Anlage des Bühnenbildes (➤ SB, S. 64) ist eine gute Konzentration auf die Musik möglich. Die Szene enthält nicht viel Handlung, ist aber ein gutes Beispiel für die musikalische Anlage und Kombination von Sprechtexten, Solistengesang, Chören und Instrumentalteilen. Sie kann daher an verschiedenen Stellen im Unterricht eingesetzt werden:

Mit Musik erzählen

beim Umgang mit S. 65 (Wie der Mond an den Himmel kam), begleitend zur Frage, wie Szenenbilder aussehen können (➤ SB, S. 64), oder innerhalb des Komponistenporträts (➤ SB, S. 66/67).

Der Komponist Carl Orff ➤ SB, S. 66

In diesem Komponistenporträt beschäftigen sich die Schüler mit Carl Orff. Der Impuls für die Beschäftigung mit dieser Künstlerpersönlichkeit könnte der Pädagoge Carl Orff sein oder das weltbekannte Chorwerk „Carmina Burana".

1 Die Beschäftigung mit dem Komponisten geschieht in Form der Erstellung eines Präsentationsplakates. Auf dem Plakat sollen verschiedene Aspekte aus dem Leben bzw. Schaffen von Carl Orff anschaulich dargestellt werden, z. B.:
- Stationen seines Lebens
- wichtige Werke
- Orff'sches Schulwerk
- Orff-Instrumentarium

Ausgangspunkt ist folgende Fragestellung: Welche Aspekte sind im Leben eines Musikers, Künstlers, Musikpädagogen von Bedeutung?

In einem nächsten Schritt werden die Informationen zu den jeweiligen Aspekten gesammelt. Hierzu steht unter anderem ein Infotext im Schülerbuch zur Verfügung. Zusätzliche Informationen finden sich gegebenenfalls in der Schulbibliothek oder im Internet (www.orff.de).

[Tipp] Alternativ zur Erarbeitung eines Klassenplakates können Sie die Klasse auch aufteilen und jede Gruppe ein Plakat zu einem bestimmten Aspekt erstellen lassen.

2 C 5 Der Eröffnungs- bzw. Schlusschor „O Fortuna" aus der „Carmina Burana" ist geprägt durch motorische, rhythmische Kraft, aber auch durch eine raffinierte Schlichtheit, die auf archaisierende Harmonik und kraftvolle, einfache Melodien gründet. Motivische Arbeit im Sinne einer Entwicklung gibt es ebenso wenig wie eine Kontrapunktik im eigentlichen Sinne.

Die Musik der „Carmina Burana" wurde auch in der Werbung oder als Filmmusik vielfach verwendet: Der Film „Excalibur", ein Fantasyfilm des britischen Regisseurs John Boorman aus dem Jahr 1981, verwendet den rhythmischen Chorgesang zum Höhepunkt des Films, als die Ritter in die entscheidende Schlacht ziehen. Damit wird die Musik Orffs einer breiten Öffentlichkeit in aller Welt bekannt gemacht. Immer mehr Filmkomponisten nehmen seitdem bewusst Anleihen bei Orff.

Hexen-Einmaleins

Das berühmte „Hexen-Einmaleins" aus Goethes „Faust I" ist zwar schnell gelernt, doch entfaltet es seine Wirkung erst, wenn man die Anweisungen Orffs sehr genau nimmt. Im Original hat Orff es dreimal notiert und fordert, dass jede Wiederholung mit mehr Sprechern und Schlaginstrumenten ausgeführt wird. Im Schülerbuch sind diese ausnotierten Wiederholungen aus Platzgründen weggelassen. Damit das geforderte Crescendo (immer mehr Sprecher und Instrumente) nicht verpufft, sollten im ersten Durchgang wirklich nur wenige Stimmen und Instrumente eingesetzt werden, im zweiten Durchgang einige Sprecher und Spieler dazukommen und erst im dritten und letzten Durchgang die gesamte Klasse mitmachen. Die Fermaten können durchaus lang sein, das verstärkt die Wirkung.

Kapitel 1 2 3 4 **5** 6 7 8 9 10

Als Fortführung des Kompetenzstrangs „Anleiten" könnte ein Schüler den Wechsel der Gruppen A und B anzeigen. Aufbauend auf die Gestaltungsversuche bei den Klanggeschichten (► SB, S. 60, 63) geht es nun darum, einer Gruppe anzuzeigen, wann sie sprechen/singen soll. An dieser Stelle ist es aber noch nicht wichtig, einen konkreten Anfangsimpuls im Sinne eines Auftaktes zu geben. Es reicht, wenn der Schüler zu Beginn der jeweiligen Phrase auf die entsprechende Gruppe zeigt.

Die Hexe im historischen Kontext:
Im Zusammenhang mit dem „Hexen-Einmaleins" können sich die Schüler mit dem historischen Kontext vom Umgang mit Hexen beschäftigen, unter anderem um vorhandene Klischeebilder zu relativieren. Im Mittelalter gerieten Menschen mit besonderen Fähigkeiten (z. B. kräuterkundige Personen) oder auch Menschen mit revolutionären Ideen, die sich mitunter trauten, Missstände in der Gesellschaft anzuklagen, in die Fänge von fanatischen Inquisitoren. Diese sahen den christlichen Glauben bedroht und gingen deshalb gegen vermeintliche Hexen mit äußerster Härte vor.

Das magische Quadrat:
Fächerverbindend ist hier auch die Beschäftigung mit dem „magischen Quadrat" als Deutungsversuch des „Hexen-Einmaleins"' möglich. In magischen Quadraten stimmen die Zeilen-, Spalten- und Diagonalensummen jeweils überein. Das Goethische Quadrat ist im engeren Sinn „halbmagisch", da hier nur Zeilen- und Spaltensummen übereinstimmen.

Aus Eins mach Zehn, und Zwei lass gehn, und Drei mach gleich, so bist du reich.	Die Zahlen 10, 2, 3 werden also in die erste Reihe übernommen. Reich an Wissen, nämlich, dass die Summe 15 ergibt: 10 + 2 + 3 = 15
Verlier die Vier! Aus Fünf und Sechs, so sagt die Hex, mach Sieb'n und Acht, so ist's vollbracht:	Die Zahl 4 wird fallengelassen (→ 0). Die Zahlen der zweiten Reihe sind somit: 0, 7, 8 (die Summe ist wieder 15: 0 + 7 + 8 = 15). Nun haben wir alles zusammen, um die dritte und letzte Reihe zu erstellen: die „verlorene Vier", zudem 5 und 6 (Summe wieder 15: 4 + 5 + 6 = 15).
Und Neun ist Eins, und Zehn ist keins. Das ist das Hexen-Einmaleins.	9 Felder ergeben 1 magisches Quadrat. Magische Quadrate mit zehn Feldern gibt es nicht.

Das fertige magische Quadrat:

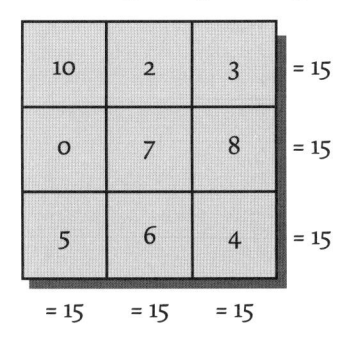

10	2	3	= 15
0	7	8	= 15
5	6	4	= 15
= 15	= 15	= 15	

Webtipp: http://www.mathematische-basteleien.de/magquadrat.htm

Kapitel 6: Haste Töne?

Thema und Ziele

Wie schreibt man Musik auf? Die Antwort auf diese Frage zu finden, ist das übergeordnete Ziel dieses Kapitels. Dazu wird zunächst geübt, aus vorgefertigten Melodiebausteinen neue kleine Melodien entstehen zu lassen und in einen Musizierzusammenhang zu bringen. Der Fünftonraum (Pentatonik), in dem sich die Schüler zunächst bewegen, eignet sich hervorragend zum improvisierenden Umgang mit kleinen melodischen Strukturen. Bis zu diesem Zeitpunkt stand das aktive Musizieren im Vordergrund, die Notation diente eher als grafische Stütze und wurde noch nicht konkret thematisiert (E. Gordon: „bridging movement" ➤ Einleitung, S. 14). Der Einstieg in den aktiven Umgang mit Notenschrift geschieht nun ausgehend von der offenen Frage: Wie schreibt man die Musik auf, die gerade improvisiert wurde? Aufbauend auf Erfahrungen mit der Notation eigener Musik (Ablaufskizzen von Klangimprovisationen, Gestaltungsaufgaben...) denken die Schüler nun darüber nach, welche Eigenschaften Notation haben muss, um eine bestimmte Musik genau wiederzugeben. Notationsbeispiele aus der Musikgeschichte, verbunden mit einem kurzen Exkurs in die Geschichte der Notation (dies wird u. a. in Kap. 18 vertieft) geben dabei Hilfestellungen.

Daran anschließend erarbeiten sich die Schüler den diatonischen Tonraum, lernen die Intervalle in Bezug auf die Stammtöne und üben diese spielerisch in einem Musiklabor; schließlich lernen sie die Pause als Symbol und wichtiges musikalisches Gestaltungsmittel kennen.

Das Kapitel wird abgeschlossen durch einen lexikalischen Eintrag „Musiklehre im Überblick" (➤ SB, S. 81), in dem Besonderheiten der Notation abgebildet sind. Er steht den Schülern als Nachschlagemöglichkeit in den folgenden Kapiteln zur Verfügung.

In diesem Kapitel wird an folgenden Dimensionen musikalischer Kompetenz gearbeitet:

- **Stimme und Singen:** Klanglichkeit/Lagenausgleich („Haiku: Mondlicht auf dem Teich" ➤ SB, S. 69), Aktivierung des Zwerchfells, kontrollierter Stimmansatz, Lockerheit („Ich, du, er, sie, es" ➤ SB, S. 69), usuelles Singen (➤ SB, S. 70, 72), Intervalle (➤ SB, S. 76)
- **Instrumente spielen:** Begleitsatz (➤ SB, S. 70), Stabspielimprovisation (➤ SB, S. 72)
- **Körper und Bewegung:** Körperaktivierung („Ich, du, er, sie, es" ➤ SB, S. 69)
- **Variieren und Erfinden:** Melodiebaukasten (➤ SB, S. 71), pentatonische Improvisation (➤ SB, S. 72)
- **Lesen und Notieren:** Notation im Fünfton- und Oktavraum (➤ SB, S. 71, 73–78), Pausennotation (➤ SB, S. 79 f.)
- **Hören und Beschreiben:** Hörrätsel (➤ SB, S. 80)
- **Kontexte herstellen:** Geschichte der Notation von Musik (➤ SB, S. 73)
- **Anleiten:** Melodien spielen unter Verwendung der „lebendigen Tonreihe" (➤ SB, S. 76)

Start-ups für Stimme und Körper ➤ SB, S. 69

Stimme

Haiku: Mondlicht auf dem Teich

Ein Haiku ist eine japanische Gedichtform von drei oder fünf Zeilen, in der eine winzige Episode in knappen lyrischen Worten erzählt wird. Der oft meditative Charakter dieser literarischen Gattung findet sich auch in der pentatonischen Melodie wieder. Das Begleitostinato ist inspiriert von der in mancher ostasiatischer Musik (z. B. in Gamelanmusik)

vorkommenden Schichtung von rhythmischen oder melodischen Patterns in unterschiedlichen metrischen Ebenen, die sich zu einer komplexeren Struktur verbinden.
🔄 Damit setzt die Begleitung die aufbauende Arbeit an dem Verständnis bzw. der präzisen Ausführung verschiedener metrischer Ebenen fort (z. B. ➤ SB, S. 5, 34).

Das Start-up kann entweder vokal oder instrumental in ruhigem Tempo (Viertel ca. 60) ausgeführt werden. Die Vokalisen der Begleitinstrumente imitieren dabei die Klänge eines Gamelanorchesters. Es ist auf eine möglichst dichte Führung der Vokale im Legato zu achten (z. B. du-i-u-i... ➞ Vokalausgleich).

Ablauf:
Man kann zunächst das Begleitostinato von den großen zu den kleinen Notenwerten aufbauen, bevor die Melodie einsetzt. Das Echo kann von einer kleineren Gruppe übernommen oder auch instrumental gestaltet werden. Zum Abschluss verklingen die Instrumente in umgekehrter Reihenfolge.

Verwendung im Kapitel:
Die Pentatonik spielt in der ersten Hälfte des Kapitels eine wichtige Rolle. Insbesondere die Improvisation zum Lied „Arirang" kann durch dieses Start-up vorbereitet werden.

Ich, du, er, sie, es

Körper und Bewegung/Stimme

Methodische Hinweise:
- Die Körperaktionen in T. 1 bzw. T. 5 (auf sich bzw. nach vorne zeigen) müssen mit Energie und zielgerichtet ausgeführt werden. Nur so aktivieren die Schüler das Zwerchfell und unterstützen den stimmlichen Ausdruck bzw. den Klang der Stimme.
Vorübung: Die Schüler fixieren mit den Augen einen Punkt in der Ferne, zeigen dann mit einer raschen, zielgerichteten Bewegung darauf und verharren in dieser Position („freeze"). Dieses Zeigen dann auf den Chant übertragen: Wenn die Körperbewegung nun mit einem guten Impuls gleichzeitig mit dem Singen ausgeführt wird, erhält das „Ich" bzw. „Du" eine viel überzeugendere Wirkung.
- In T. 3/4 kann man bei jedem Akkordwechsel ein anderes Gliedmaß ausschütteln (z. B. linker Arm, rechter Arm, linkes Bein, rechtes Bein).
- Im letzten Takt werden die Arme nach oben gestreckt. So entsteht Spannung im ganzen Körper. Das Stampfen schafft einen guten Stand, die nach oben gestreckten Arme werden dadurch „geerdet".
- Der kleine Action-Chant wird im Playback chromatisch aufwärts und (!) bei der letzten Rückung wieder abwärts geführt (C, Cis, D, Cis).

[Tipp] Lassen Sie die Schüler die klangliche Wirkung der Bewegungen unbedingt auch hörenderweise nachvollziehen. Bilden Sie dazu zwei Gruppen: Gruppe 1 singt, Gruppe 2 hört zu. Regen Sie die Schüler zum aktiven Zuhören an und lassen Sie die Klanglichkeit mit einem Wort oder einem kurzen Satz (von den anderen unkommentiert) beschreiben. Ist ein Unterschied zu hören, wenn die Bewegung ausgeführt wird? Wie lässt sich der Unterschied beschreiben? Fordern Sie die Schüler eventuell auf, die Augen zu schließen, um sich besser auf die klanglichen Unterschiede konzentrieren zu können.

Haste Töne?

Ich, du, er, sie, es (Klaviersatz)

Text u. Musik: M. Detterbeck, G. Schmidt-Oberländer;
Klavierbegleitung: G. Schmidt-Oberländer
© Helbling

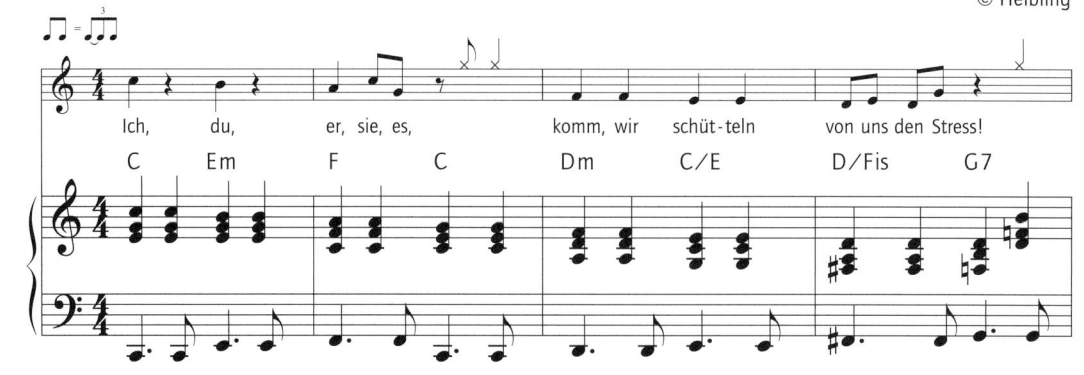

Melodien machen Laune

► SB, S. 70

Early-Morning-Reggae

Einen gut singbaren Text zu erfinden, ist gar nicht einfach. Aber Schüler sind hier oft sehr kreativ und mit ein wenig Unterstützung gelingt das meist recht gut. Die Songtexte könnten schrittweise z. B. folgendermaßen erarbeitet werden:

- gemeinsam ein Thema überlegen (z. B. Urlaub: Tanzen, Feiern am Strand)
- Wortfelder zum Thema erstellen (z. B. Strand, Sonne, Füße im Sand, im Takt mitwippen, Mondschein, Sterne über dem Meer, Einsamkeit, mit der besten Freundin, Trommelklänge, Rhythmus)
- den Rhythmus der Melodie auf einer neutralen Silbe sprechen (du, ba-da…); evtl. dazu klatschen
- evtl. entscheiden, ob und wie gereimt werden soll
- Kleingruppen bilden (3–4 Schüler), die jeweils eine Strophe erarbeiten sollen
- die Texte im Schülerarbeitsheft festhalten

[Tipp] Unterstützen Sie die Schüler, indem Sie zusammen mit den einzelnen Gruppen die entstehenden Songtexte während der Erarbeitung immer wieder auf Singbarkeit (Melodie, Silbenanzahl usw.) überprüfen.

Beispiele für eigene Strophentexte:
1. Rhythmus voller Sonnenschein, Palmen, Strand und Meer,
    ja, da bleibt mein Fuß nicht still, wippt im Takt hin und her – hey!
2. Tanzen unterm Sternenzelt durch die ganze Nacht,
    Arm in Arm, ja, ich und du, bis der Morgen erwacht!

3. Hallo, na wie geht es dir heut'? Streck die Arme aus.
   Hallo, o, wie es mich freut. Lass die Sonne ins Haus.
4. Vieles hab ich heute vor, wer mich mag, kommt mit.
   Eines geht uns nicht aus dem Ohr: Dieser Song ist ein Hit!

Early-Morning-Reggae (Klaviersatz)

nach dem afrik. Lied „Every Morning";
Adaption u. Ergänzungen: M. Detterbeck, G. Schmidt-Oberländer;
Klavierbegleitung: G. Schmidt-Oberländer
© Helbling

Ref.: Ev-'ry morn-ing when I wake up I want to sing a song.

Ev-'ry morn-ing when I wake up I want to sing this song. *Fine*

1. Wake up with a smile on your face, wel-come, sun-ny day!

Start off with a hap-py face, sing your trou-bles a-way. *D. C. al Fine*

Haste Töne?

3 4 Melodiebaukasten

Mithilfe von kleinen Melodiemodulen aus dem Melodiebaukasten können die Schüler eine neue Reggae-Melodie entstehen lassen. Dabei ist zu beachten, dass in die roten Felder nur rot umrandete Melodiebausteine (harmonisch zu d-Moll passend) gesetzt werden dürfen, in die grünen Felder nur grün umrandete Melodiebausteine (C-Dur). Die Schüler halten ihre Melodie im Schülerarbeitsheft fest.

Eine multimediale Anwendung auf der CD-ROM erleichtert den Schülern diese Arbeit; durch die Abspielmöglichkeit kann die selbst erstellte Melodie überprüft und bewertet werden.

Musik erfinden und aufschreiben ➤ SB, S. 72

Eine chinesische Flusslandschaft

1 Eine wichtige Fähigkeit, die die Schüler erlernen müssen, ist die Gestaltung von langsamer, nicht metrumbezogener Musik. Dies fällt oft schwerer als das Sich-Einlassen auf einen Groove oder klaren Puls. Die Improvisation in der Pentatonik über das Bild eines ruhig dahinströmenden Flusses erleichtert den Zugang zum Musizieren von größeren Spannungsbögen. Es gibt zunächst keine Regeln, außer dass lediglich 5 Töne verwendet werden dürfen.

Das Foto aus dem Schülerbuch S. 72 ist auf der CD-ROM enthalten und kann mittels Whiteboard oder Beamer groß an die Wand projiziert werden.

[**Tipp**] Präparieren Sie das Stabspiel so, dass nur die Töne *d, e, g, a, h* im Stabspiel verbleiben (siehe Abbildung ➤ SB, S. 72).

2 Die Improvisationsaufgabe wird durch ein Frage-Antwort-Spiel präzisiert. Immer noch sollen Elemente des Bildes verklanglicht werden, nun kommt es aber zusätzlich darauf an, dass die Schüler einen Dialog entwickeln, also auf die vom Mitschüler erfundene Melodiephrase achten und darauf (sinnvoll) antworten. ➲ Im Sinne der weiteren Entwicklung des Kompetenzbereiches „Musik erfinden" stellt diese Übung einen wichtigen weiteren Schritt dar. Die Schüler überlegen zunächst, wie man sinnvoll eine melodische Phrase beantworten kann:

- Imitieren/Weiterführen/Kontrastieren von melodischen Besonderheiten (z. B. aufwärts – abwärts spielen; Schritte – Sprünge – Tonwiederholungen)
- Imitieren/Weiterführen/Kontrastieren von rhythmischen Strukturen (z. B. lange – kurze Notenwerte; gleichmäßig fließende – punktierte Rhythmen)

[**Tipp**] Reduzieren Sie evtl. zunächst den Tonvorrat und lassen Sie die Improvisationsaufgaben nur mit einem Ton (später mit zwei Tönen usw.) ausführen. Diese Beschränkung hilft den Schülern dabei, sich auf wesentliche rhythmische bzw. melodische Strukturen zu konzentrieren (→ Entwicklung der Hörfähigkeit). Diese Erfahrungen können die Schüler später auf einen größeren Tonvorrat übertragen.
Lassen Sie zwei Schüler mit Trillertechnik die 5 Töne in langsamem beliebigem Wechsel als Begleitung für die Improvisation (Aufgabe 2) spielen.

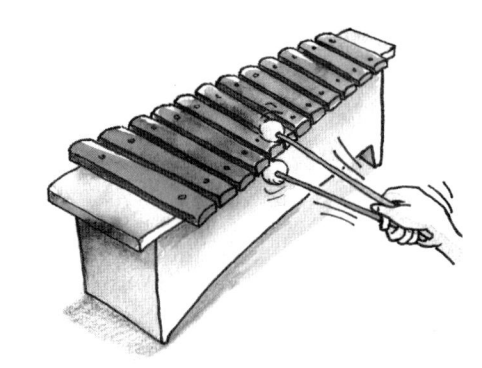

Die während der Improvisationsaufgaben gewonnenen Erfahrungen sollen die Schüler nun nutzen, um für das Lied „Arirang" z. B. Vorspiel, Zwischenspiel und Nachspiel zu gestalten. Für fortgeschrittene Klassen wäre es denkbar, als Regel für einen Improvisationsmittelteil festzulegen, dass nur melodische oder rhythmische Elemente des Liedes verwendet werden dürfen.

[Tipp] Lassen Sie zusätzlich zwei Schüler mit Trillertechnik (s. o.) das Lied begleiten.

Wie schreibt man Musik auf?

Ausgehend von den bisherigen Erfahrungen, musikalische Verläufe grafisch (z. B. in der klanglichen Umsetzung von Bildergeschichten) zu notieren, sollen sich die Schüler nun Gedanken darüber machen, wie Musik aufgeschrieben werden kann.

Zunächst werden die bisherigen Erfahrungen mit Notation reflektiert:
- Wie präzise und aussagekräftig war die Notation einer klanglichen Umsetzung beispielsweise der Bilder eines Gewitters, einer Maschinenhalle usw. (➤ SB, S. 58)?
- Wie genau wurden durch die Skizze musikalische Parameter wie Tonhöhe, Rhythmus, Lautstärke, Tempo usw. wiedergegeben (➤ SB, S. 58)?
- Könnte ein anderer Musiker nur mit der Skizze in der Hand die Musik genau so wiedergeben, wie sie sich der Erfinder ausgedacht hat?

Im weiteren Verlauf sollen die Schüler Folgendes diskutieren:
- Welche Gründe gibt es, Musik aufzuschreiben?
- Wie kann man Musik wohl am besten aufschreiben?
- Welche Zeichen braucht man, um ein möglichst präzises Klangergebnis festzuhalten?
- Eventuell sogar: Lässt sich Musik überhaupt aufschreiben und wo sind die Grenzen von Notation?

Ihre bisherigen Überlegungen ziehen die Schüler bei der „Bewertung" der vier Notenbeispiele (➤ SB, S. 73) heran. Welche Zeichen in unserer Notation gebraucht werden, zeigen anschaulich die Wissensboxen auf S. 73 und 81. Beide Schaubilder stehen als Präsentation auf der CD-ROM zur Verfügung. Das Schülerarbeitsheft bietet ergänzende Übungen zum Schreiben von Violinschlüssel, zur Notation der Stammtöne und zum Notenlesen.

Töne in Ordnung: Tonleitern ➤ SB, S. 74

Von einem offenen Zugang aus nähern sich die Schüler nun dem Lernfeld Tonleitern:
- Zunächst beschäftigen sich die Schüler mit der Anordnung der Tasten am Klavier und lernen so den Tonraum der Oktave kennen. Diese erste Orientierung passiert idealerweise am Instrument, da dann Hören und Sehen ineinandergreifen können. Zusätzlich steht auf der Multimedia-CD-ROM eine interaktive Notenzeile und eine Klaviatur zur Verfügung, die ebenfalls hervorragend für eine Präsentation (vor allem auf einer interaktiven Tafel) geeignet ist.
- In einem weiteren Schritt spielen die Schüler die im Schülerbuch abgebildeten Tonleitern. Sie lernen so, dass aus dem vorhandenen Tonvorrat (12 verschiedene Töne) Tonleitern gebildet werden können, indem nur eine bestimmte Anzahl der Töne zusammengefasst und nacheinander gespielt wird.
- Aus dem Tonvorrat von 12 verschiedenen Tönen bilden die Schüler nun in einem voraussetzungslosen kreativen Prozess eigene Leitern, spielen diese und bewerten die klanglichen Unterschiede. Die multimediale Anwendung ermöglicht das Erstellen von

Haste Töne?

beliebigen Tonleitern innerhalb des Oktavraumes. Die Abspielfunktion erlaubt den sofortigen klanglichen Nachvollzug.

- Darauf aufbauend lernen die Schüler die Dur-Tonleiter mit ihrer besonderen Struktur als eine von vielen möglichen Tonleitern kennen. Die folgenden aufeinander aufbauenden Arbeitsschritte zielen auf eine von allen Schülern nachvollziehbare Erarbeitung ab:

  – Schritt 1: Wiederholen des Begriffs „Stammtonreihe" (die weißen Tasten des Klaviers…)

  – Schritt 2: Einzelne Schüler spielen die Stammtonreihe von c' bis c".

  [Tipp] Greifen Sie, wenn möglich, auf die Arbeit mit Solmisation zurück.

  – Schritt 3: Der Lehrer stellt die Behauptung auf, dass die Stammtonreihe von allen Grundtönen aus als Tonreihe gespielt werden kann, man die Tonreihe c' bis c" aber hörend erkennen kann.

  – Schritt 4: Hörtest: Die Schüler hören nun unterschiedliche Tonreihen, die aus den Stammtönen gebildet sind, und sollen sich melden, wenn die Stammtonreihe von c' bis c" erklingt. Das hörende Erkennen gelingt erfahrungsgemäß den meisten Schülern.

  – Schritt 5: Gemeinsame Überlegung, warum ein hörendes Erkennen möglich war.

  – Schritt 6: Die Ergebnisse werden an der Tafel festgehalten:
    a) Die Stammtonreihe – weiße Tasten des Klaviers – kann von jedem Ton aus als Tonreihe gespielt werden.
    b) Jede Tonreihe hat einen charakteristischen Klang; wir können die Tonreihen hörend unterscheiden.

  – Schritt 7: Die Stammtonreihe (c' bis c") wird an der Tafel notiert, die einzelnen Tonschritte 1–8 durchnummeriert. Die Schüler untersuchen die Reihe unter Zuhilfenahme des Klaviers nach Ganz- bzw. Halbtonschritten. Anschließend wird das Ergebnis noch einmal hörend und singend (Solmisation) gesichert.

  [Tipp] Ergänzen Sie bei den Feststellungen folgende Aspekte: Die Tonreihe c' bis c" hat eine charakteristische Abfolge von Ganz- und Halbtonschritten: GT GT HT GT GT GT HT. Diese besondere Tonleiter nennen wir Dur-Tonleiter.

Das Schülerarbeitsheft enthält Lückentexte und Übungen zum Umgang mit Dur-Tonleitern und festigt somit die erworbenen Kenntnisse.

Maßeinheiten für Tonabstände: Intervalle ▸ SB, S. 76

Tonwiederholung, Tonschritt, Tonsprung

Intervall-Song (Klaviersatz)

Text u. Musik: I. Reiger, G. Wanker;
Klavierbegleitung: G. Schmidt-Oberländer
© Helbling

Kapitel 1 2 3 4 5 **6** 7 8 9 10

1.
Eight is top, I love it, sing with me this song a-gain!
Am F Dm G7 Em7 Am7 Dm7 G7

2.
Eight is top, I love it, sing with me this song!
Am F C/E G C (Am7 Dm7 G7)

Aufbauend auf der Möglichkeit, einen Tonraum durch Tonleitern zu ordnen, nutzen die Schüler nun den Tonvorrat, um Melodien zu gestalten. Zur Melodiebildung stehen ihnen die drei Möglichkeiten Tonwiederholung, Tonschritt und Tonsprung zur Verfügung.

Die drei möglichen Fortschreitungen werden erläutert, indem Melodien nach Tonschritten, -sprüngen und -wiederholungen untersucht werden. Es können dafür auch weitere Lieder und Songs aus „MusiX" oder aus dem Songbuch zur Vertiefung herangezogen werden.

[Tipp] Für Schüler ist ein Liederrätsel besonders spannend. Wählen Sie 4–5 Songs aus dem Songbuch aus. Nun sucht sich ein Schüler einen der Songs aus und sagt die Tonfortschreitungen an. Wer kann den gewählten Song am schnellsten erraten? Dieses Spiel evtl. auch rückwärts ausführen: Die Tonfortschreitungen werden dann beginnend mit dem letzten Ton angesagt. Oder eine Passage aus einem Song aussuchen lassen: Wer kann erraten, um welchen Takt aus dem Song es sich handelt?

Erfahrungsgemäß bieten (Rätsel-)Spiele mit der „lebendigen Tonreihe" eine hohe Motivation für Schüler. So wird außerdem der Tonvorrat der Stammtonreihe im Klassenzimmer besonders gut sichtbar und auch spielbar.

[Tipp] Diese Idee eignet sich auch für Solmisationsspiele: Tonleiterausschnitte werden vorgegeben und dann auf der „lebendigen Tonreihe" gespielt. Die Übung fördert die innere Tonvorstellung und entwickelt damit die Fähigkeiten der Audiation (➤ Einleitung, S. 12).

Während die Schüler bislang nur von Tonfortschreitungen gesprochen haben, lernen sie nun Intervalle kennen, um den Abstand zweier Töne voneinander präziser benennen zu können. Mit der multimedialen Anwendung können die Intervalle und ihre Namen vertieft und gefestigt werden.

[Tipp] Üben Sie die Benennung von Intervallen wieder spielerisch, z. B. anhand von Spielen rund um die „lebendige Tonreihe" (s. o.), Gehörbildungsaufgaben oder Liederrätseln. Das Schülerarbeitsheft enthält dafür zahlreiche Übungen, die als Vertiefungs- und Zusatzaufgaben herangezogen werden können.

Intervalle – Bausteine für Melodien

5 Die Schüler singen zunächst die Intervalle von Teilaufgabe 5a und bestimmen diese anschließend. Dann folgt ein Intervallquiz: Ein Intervall wird vorgespielt; die Schüler bestimmen es singend und hörend. Aufbauend auf diese Vorübung bieten die Hörbeispiele von Teilaufgabe 5b weiteres Übungsmaterial.

Ⓒ 12–17

> **Lösung**
>
> Beispiel 1 (C, 12): Intervall A – Quarte (R. Wagner: Der fliegende Holländer, Beginn)
> Beispiel 2 (C, 13): Intervall D – Sexte (H. Mancini: Love Story Theme, Beginn)
> Beispiel 3 (C, 14): Intervall E – Oktave (W. A. Mozart: Sinfonie Nr. 29, KV 201, Beginn)
> Beispiel 4 (C, 15): Intervall B – Quinte (J. S. Bach: Kunst der Fuge, Beginn)
> Beispiel 5 (C, 16): Intervall C – Terz (L. v. Beethoven: 5. Sinfonie, 4. Satz, Beginn)
> Beispiel 6 (C, 17): Intervall F – Sekunde (J. Lennon/P. McCartney: Yesterday, Beginn)

6 Zur Vertiefung singen und bestimmen die Schüler aus ihrem Songbuch weitere charakteristische Liedanfänge.

[Tipp] Erstellen Sie zusammen mit den Schülern eine Übersicht über charakteristische und bekannte Liedanfänge im Zusammenhang mit Intervallen, die sie in ihrem Arbeitsheft abheften. Diese Liste könnte für die weiteren Musikstunden als Merkhilfe bzw. für die Bestimmung (Audiation) von Intervallschritten dienen.

Musiklabor 2: Intervallspiele ➤ SB, S. 78

1
> **Lösung**
>
> Das Lösungswort ist: Abstand

2
> **Lösung**
>
> Idee der Rechenaufgabe ist es, die Intervalle ihrem Namen gemäß in Zahlen umzuwandeln.
> rote Aufgabe: 6 – 3 = 3 (als Lösung ist eine beliebige Terz zu notieren)
> grüne Aufgabe: 7 – 3 + 4 = 8 (als Lösung ist eine beliebige Terz zu notieren)
> blaue Aufgabe: 2 + 5 – 6 = 1 (als Lösung ist eine beliebige Prime zu notieren)

[Tipp] Lassen Sie diese Aufgabe am Klavier ausführen: Wer die Lösung hat, flitzt zum Klavier (oder Stabspiel) und spielt das gesuchte Intervall.
Alternativ: Die Schüler lösen die Aufgabe und spielen dann alle Intervalle der jeweiligen Aufgabe nacheinander auf dem Klavier bzw. einem Stabspiel.

3 Diese Aufgabe stellt mit Intervallen einen Melodieverlauf dar. In der oberen Spalte sind die Notenlängen dargestellt, in der unteren Spalte die Intervallschritte. Dies bedeutet: Der erste Ton ist eine Viertelnote g, darauf folgt ein Terzschritt abwärts. Damit heißt der nächste Ton Viertelnote e usw.

Kapitel 1 2 3 4 5 **6** 7 8 9 10

> **Lösung**
>
> Ich bin Wolfgang Amadeus (➤ SB, S. 46)

[**Tipp**] Als Erweiterungsaufgabe bietet es sich an, die Schüler weitere Melodien chiffrieren zu lassen, um diese dann als Rätsel ihrem Banknachbarn zu geben.

Haste keine Töne? – Brauchste Pausen! ➤ SB, S. 79

Aufbauend auf die Erarbeitung der Notenwerte (➤ Kap. 3) lernen die Schüler nun die Pause als wichtiges musikalisches Element kennen.

Mach mal Pause!

Ausgangspunkt der Erarbeitung ist die Sprache: Hier erfahren die Schüler, dass Satzzeichen u. a. durch die damit verbundenen kurzen Sprechpausen für die Gestaltung eines Textes wichtig sind. Der mit Satzzeichen versehene Text, der im Schülerarbeitsheft bearbeitet werden kann, könnte z. B. folgendermaßen aussehen:

> **Lösung**
>
> Die Pause, das ist wohlbekannt, ist sehr beliebt in Stadt und Land, denn weil, das findet jedermann, man ohne sie nicht leben kann, gibt es 'ne Menge Pausenarten: die Pausen, auf die Schüler warten, die Frühstücks-, Mittags-, Kaffeepause, die Pause auf dem Weg nach Hause und – fangt jetzt bloß nicht an zu lachen – die Pause auch vom Pausemachen, und schließlich gibt's in der Musik 'ne Pause auch in jedem Stück.

Pausenspaß

Das Sprechstück „Pausenspaß" nutzt als Grundlage einen eintaktigen Sprechrhythmus (Zeile 1), verbunden mit Bodypercussion. Die folgenden Varianten (Zeile 2–4) reduzieren diesen Rhythmus, indem immer an einer anderen Stelle Pausen eingefügt werden.

Methodische Hinweise:
- Zunächst das Grundpattern (Zeile 1) üben. Die Schüler versuchen dabei, den Text durch die Parameter Tonhöhe und Lautstärke interessant zu gestalten.
- Dann die Variationen (Zeile 2–4) üben. Den Text zunächst unbedingt vollständig mitsprechen, das reduzierte Pattern klatschen.
- Zur Vertiefung die Klasse in zwei Gruppen teilen: Gruppe 1 spricht das Ausgangspattern, Gruppe 2 spielt das reduzierte Pattern mit der jeweils angegebenen Bodypercussion.

[**Tipp**] Die aus der Reduktion resultierenden Rhythmen können Sie auch mit verschiedenen Percussioninstrumenten mitspielen lassen.

Möglichkeiten der Ausführung:
- Mit 3 Gruppen: Jede Gruppe spielt eines der reduzierten Patterns (Zeile 2–4). Der Text wird zunächst laut mitgesprochen, das Sprechen dann aber im Verlauf in der Lautstärke immer mehr reduziert, um zuletzt nur noch innerlich mitzusprechen.
- Kanon der Zeilen 2–4

Haste Töne?

- Telefonnummern-Rhythmen bilden: Patterns werden zu Rhythmen kombiniert, indem eine Zahlenfolge angesagt wird, z. B. 2 – 3 – 1, später auch längere Zahlenfolgen 2 – 4 – 2 – 1 – 3 usw.

Auch Pausen sind Musik

4   🅒 18, 19

In einem Gespräch über die Wirkung der veränderten Beethoven-Sinfonie kann auf die Erfahrungen mit der Sprache (➤ SB, S. 79, Aufgabe 1) zurückgegriffen werden. Die Schüler überlegen, welche Funktion Pausen in der Musik haben. Es soll deutlich werden, dass Pausen nicht einfach nur Momente sind, in denen nichts gespielt wird – sie sind vielmehr ein wichtiger und unverzichtbarer Bestandteil der Musik und erzeugen Spannung, gliedern einen Klangverlauf usw.

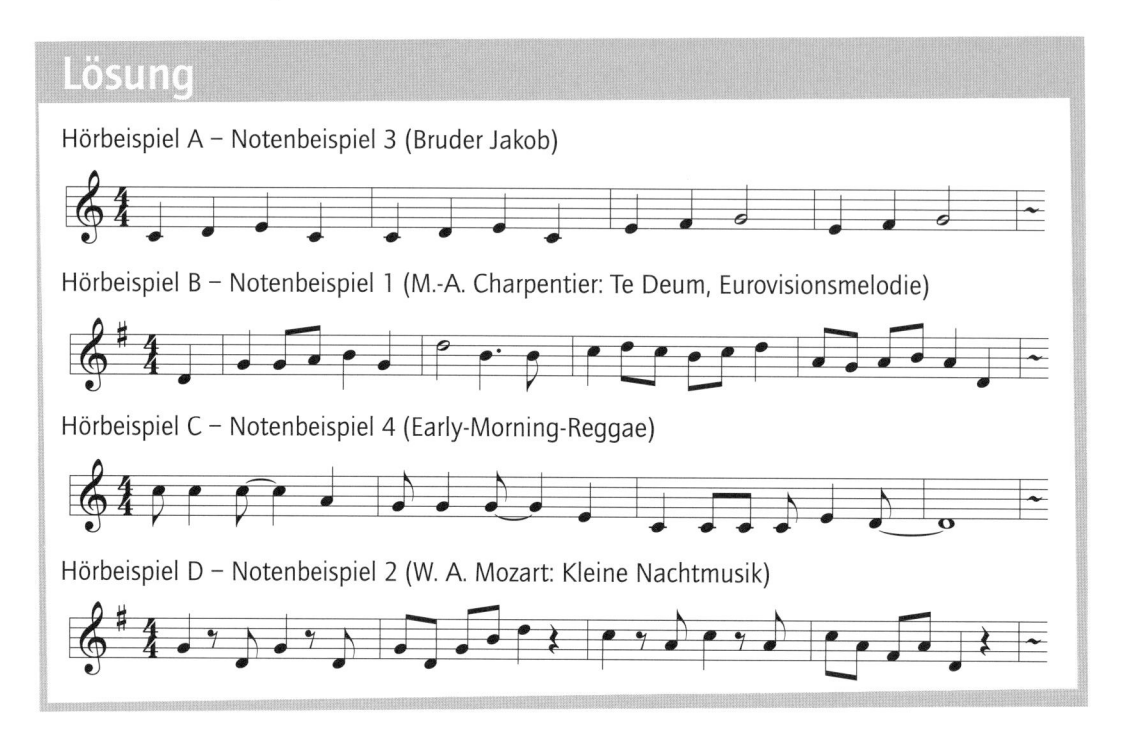

5   🅒 20

Lösung

Hörbeispiel A – Notenbeispiel 3 (Bruder Jakob)

Hörbeispiel B – Notenbeispiel 1 (M.-A. Charpentier: Te Deum, Eurovisionsmelodie)

Hörbeispiel C – Notenbeispiel 4 (Early-Morning-Reggae)

Hörbeispiel D – Notenbeispiel 2 (W. A. Mozart: Kleine Nachtmusik)

Im Schülerarbeitsheft vertiefen die Schüler das Gelernte in einem Lückentext und üben das Schreiben von Pausen sowie das Zuordnen der entsprechenden Notenwerte.

Musiklehre im Überblick

Die Wissensbox (➤ SB, S. 81) enthält die wichtigsten Elemente, die die Schüler im Zusammenhang mit Notation von Musik kennen sollten. Einige der Elemente wurden in den Kapiteln 1–6 erarbeitet, andere werden in den folgenden Kapiteln eine Rolle spielen.

[Tipp] Verwenden Sie diese Überblicksseite immer wieder, wenn Sie sich mit Notentext auseinandersetzen.

Damit sich die Schüler leichter in der Übersicht zurechtfinden können, sind die unterschiedlichen Elemente mit verschiedenen Farben gestaltet:
- grün: Elemente, die mit dem Notensystem zusammenhängen (Violinschlüssel, Taktangabe, Vorzeichen etc.)
- rot: Elemente, die mit den Noten zusammenhängen (Notenwerte, Akzidenzien etc.)
- orange: Elemente, die mit dem Tonraum zusammenhängen (Tonleiter, Tonfortschreitungen, Intervalle etc.)
- dunkellila: Vortragszeichen

Kapitel 7: Musikinstrumente I

Thema und Ziele

Das erste der beiden Musikinstrumente-Kapitel führt mit fantasieanregenden Aufgabenstellungen in das Thema ein (Instrumentenbau von Fantasieinstrumenten, Klangerzeugung etc.), um dann die große Instrumentenfamilie der Streicher vorzustellen (Klang, Bau und Spieltechnik). Das in jedem Musikraum vorhandene Klavier mit seiner den Tonraum erschließenden und ordnenden Tastatur bildet zum Abschluss des Kapitels einen weiteren Themenschwerpunkt.

Mit Experimenten zu Klangerzeugung und Instrumentenbau, einer lustigen Hörgeschichte über die Orchesterinstrumente, einem Spiel-mit-Satz, zahlreichen Videos, lustigen Musizierstücken und einem „Luft-Klavier-Wettbewerb" wird Instrumentenkunde zum spannenden Unterrichtsgegenstand.

In diesem Kapitel wird an folgenden Dimensionen musikalischer Kompetenz gearbeitet:

- **Stimme und Singen:** Stimme/Rhythmus/Körper („Tropical Fruit Market" ➤ SB, S. 85), Artikulation und differenzerter Einsatz von Kopf-/Bruststimme („Kuckuck und Hai" ➤ SB, S. 85)
- **Instrumente spielen:** Begleitsatz (➤ SB, S. 94)
- **Körper und Bewegung:** Unterstützung des Singens („Tropical Fruit Market" ➤ SB, S. 85), Bodypercussion (➤ SB, S. 90), Luftklavier (➤ SB, S. 95)
- **Variieren und Erfinden:** Klangskulptur (➤ SB, S. 87)
- **Lesen und Notieren:** Spiel-mit-Satz (➤ SB, S. 90)
- **Hören und Beschreiben:** Hörgeschichte (➤ SB, S. 88), Streichinstrumente (➤ SB, S. 91), Spieltechniken (➤ SB, S. 93), Klavierklang (➤ SB, S. 95)
- **Kontexte herstellen:** Klangerzeugung (➤ SB, S. 86f.), Familie der Streichinstrumente (➤ SB, S. 90ff.), Klavier (➤ SB, S. 95ff.), Instrumentenbau (➤ SB, S. 92f., 96f.)

Start-ups für Stimme und Körper ➤ SB, S. 85

Körper und Bewegung/Stimme

Tropical Fruit Market

Dieser Kanon macht nicht nur Spaß, sondern entwickelt gezielt rhythmische und auch stimmtechnische Fähigkeiten. Verbunden mit Bewegungen, die das Singen unterstützen, wird er zum Klassenhit.

Bei der Erarbeitung der Liedmelodie ist es wichtig, dass die vorgezogenen Sechzehntel präzise ausgeführt werden. Erst wenn die Schüler ein Gefühl für diese rhythmische Besonderheit entwickelt haben, wird der Song richtig grooven. Bei der Einstudierung kann evtl. eine Geste die vorgezogenen Silben unterstützen (Fingerzeig, Herwinken, Ausfallschritt usw.).

[Tipp] Legen Sie zusätzlich bei den drei Zeilen jeweils auf folgende Aspekte einen Fokus, um die stimmtechnischen Herausforderungen zu trainieren bzw. die Klanglichkeit zu entwickeln:

Musikinstrumente I

	stimmtechnischer Fokus	Bewegungen
Zeile 1 (Mango)	• lockerer Unterkiefer (dazu Unterkiefer ausstreichen) • Artikulation „stummer Fisch" (evtl. lautlos vorüben)	Schritte seitwärts, Schütteln von imaginären Shakern vor dem Körper im Tempo von Achtelnoten (Unterstützung des Grundbeat-Gefühls und zusätzlich Lockerheit)
Zeile 2 (Kiwi)	• leicht lächeln, dabei Schneidezähne zeigen • Artikulation: weit vorne „chinesisch singen" • am Ton bleiben: „Seidenspinnerraupe" (Faden langsam und gleichmäßig ziehen)	Hände reiben mit leichtem Druck aneinander → „Guiro" (Unterstützung der Körperspannung und eines gleichmäßigen Luftstroms)
Zeile 3 (Ananas, Bananen)	• staunende Öffnung (Vokal „a") • leichter Glottisschluss, um den Tonansatz zu unterstützen („A-nanas") • schneller Wechsel vom Konsonanten zum Vokal („B-ananen") – auch hier Öffnen des Vokals „a"	hinter sich nach imaginärer Frucht greifen und nach vorne ablegen: „Frucht vom Regal hinter sich greifen, ohne sich umzudrehen" (Unterstützung des Tonansatzes)

Klavierbegleitung

Pattern 1 (einfacher)

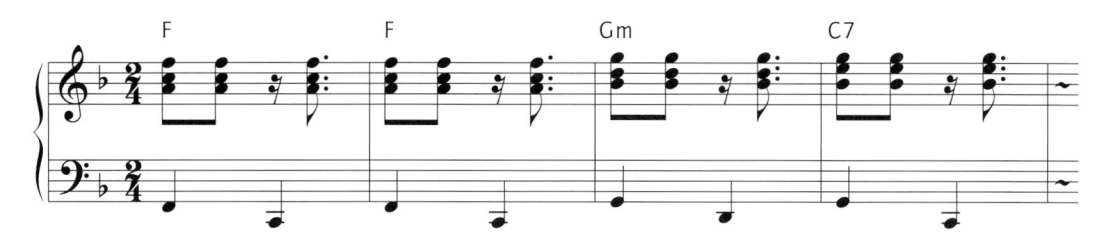

Pattern 2 (schwieriger)

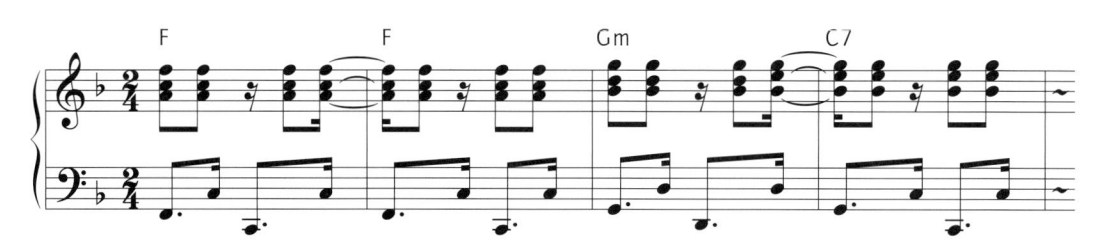

Stimme/Rhythmus

23, 24

Kuckuck und Hai

Im Sinne der aufbauenden vokal-tonalen Arbeit eignet sich dieses Wortspiel dazu, die Kopfstimme auszubauen und den Wechsel zwischen Brust- und Kopfstimme spielerisch zu üben.

Methodische Hinweise:
- Die Schüler sprechen zunächst den Text keinesfalls zu tief und gut artikuliert (die Lippen müssen dabei sehr aktiv sein). Als Vorübung kann der Satz „Schreit mal, aber leise…" die nötige Spannung bzw. den nötigen Ausdruck vorbereiten.

- Um eine gute Artikulation zu trainieren, flüstert ein Schüler seinem etwas entfernt stehenden Mitschüler den Sprechvers zu. Alternativ kann der Sprechvers zur Übung auch mit der Vorstellung geflüstert werden, dass ein vor der Tür stehender Schüler das Flüstern möglichst gut verstehen kann. Dabei unbedingt darauf achten, dass das Flüstern keinesfalls mit zuviel Druck ausgeführt wird – es geht um Artikulation.
- In einem weiteren Schritt das Wort „Kuckuck" herausheben: den Kuckucksruf in hoher Lage rufen (Kopfstimme, Terz). Wichtig ist, dass der Rest des Textes im Piano und in mittlerer Sprechlage weitergesprochen wird. Die Schüler unterstützen das Rufen des Kuckucks mit einem Fingerzeig nach oben.
- Das Sprechstück macht auch ohne Kanoneinsätze als lustiges Wortspiel viel Spaß.
- Heben im Kanon alle Gruppen nur das Wort „Kuckuck" in der Kopfstimme gesprochen als Terzruf heraus, entsteht ein eigener Groove:

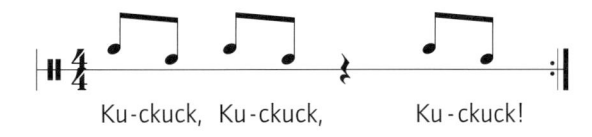

Ku-ckuck, Ku-ckuck, Ku-ckuck!

- Eine kleinere Gruppe kann das Timing mit einem Rhythmus-Ostinato unterstützen (siehe z. B. ➤ SB, S. 8, 28, 32 oder 36).

Bewegungen unterstützen das „tierische" Start-up zusätzlich:
- Variante 1: Beim Wort „Kuckuck" aufstehen, danach wieder hinsetzen. Dies ist eine lustige Variante, die den Schülern erfahrungsgemäß sehr viel Spaß macht, aber auch den Wechsel in die Kopfstimme unterstützt.
- Variante 2: Beim Wort „Kuckuck" immer mit dem Zeigefinger nach oben zeigen, beim Wort „Hai" eine Haifischflosse mit der Hand imitieren. Beim „Hi" wird allerdings gegrüßt (z. B. mit der Hand winken).

Kuriose Instrumente ➤ SB, S. 86

Der Aufbau des Lernstrangs Instrumentenkunde folgt der Konzeption aufbauenden Lernens und der Prämisse, das Handeln bzw. eigene Tun an den Anfang der Beschäftigung mit dem Thema zu stellen (Lernspirale ➤ Einleitung, S. 5). So geben kuriose Instrumente am Anfang der Lernsequenz den Schülern den Impuls, über Klangerzeugung nachzudenken. Dies führt zum Arbeitsauftrag, ein eigenes Fantasieinstrument zu entwerfen. Hierbei setzen sich die Schüler kreativ mit Instrumentenbau auseinander und reflektieren bzw. setzen verschiedene Möglichkeiten der Klangerzeugung um. Auf den folgenden Seiten des Kapitels nutzen sie die gewonnenen Erfahrungen, um das traditionelle Instrumentarium zu erforschen.

Da es sich bei der Abbildung der kuriosen Instrumente um Fotos handelt, werden die Schüler die Frage „Gibt's das wirklich?" schnell als rhetorische Frage entlarven. Bei der genaueren Beschreibung der Instrumente werden sie jedoch z. B. entdecken, dass das Knochenklavier acht Knochen umfasst. An diesem Punkt kann ein Unterrichtsgespräch dazu führen, unter anderem Rückschlüsse auf die Tonleiter (➤ SB, S. 75) zu ziehen. Auch bei der mittleren Abbildung oben (Stylofon) könnten die Schüler besondere Eigenschaften der Klaviatur wiederholen (➤ SB, S. 74). Betrachtet man nämlich die Tastatur genauer, kann man die Zahlen 1 / 1,5 / 2 usw. erkennen und entsprechend interpretieren.

Musikinstrumente I

Informationen zu den Abbildungen:
- Knochenklavier: Kastagnetten wurden ursprünglich z. B. auch aus Knochen hergestellt. Hier sind sie in Kombination mit einer Reihe hohler Klangknochen zu sehen.
- Stylofon: Das Stylofon ist ein 1967 erfundenes Miniatur-Keyboard, das mit einem Eingabestift gespielt wird. Es ist monophon, kann also nur einstimmig spielen. David Bowie und die Gruppe *Kraftwerk* setzten es gelegentlich in ihren Stücken ein.
- Tastenfidel: Die schwedische „Nyckelharpa" (wörtlich: Schlüsselharfe) ist ein Streichinstrument, deren Tonhöhe – ähnlich wie bei der Drehleier – durch Tasten bestimmt wird. Zu den vier spielbaren Melodiesaiten kommen noch zwölf Resonanzsaiten, die einen gewissen Hall-Effekt erzeugen.
- Trompetengeige: Das richtiger als Trichtergeige zu bezeichnende Instrument zeichnet sich durch seinen durchdringenden Ton aus. Daher wird es gerne bei im Freien aufgeführter Volksmusik verwendet. Die Schwingungen der Saiten werden durch einen beweglichen Hebel vom Steg auf eine Aluminiummembran übertragen und durch den Trichter verstärkt.
- Nasenflöte: Nasenflöten gibt es in vielen Kulturen, z. B. in Südamerika oder Südostasien. Die hier abgebildete Nasenpfeife wird mit Nase (Luftstrom) und Mund (Klang- und Tonhöhenformung) gespielt.

5 Die Beschäftigung mit dem Bau eigener Instrumente und der anschließenden klanglichen Präsentation ist ein zeitlich etwas aufwändigeres Unterrichtsprojekt. Auch wenn diese Aufgabe für den Unterrichtsverlauf nicht zwingend notwendig ist, ist der Bau eigener Instrumente für die Schüler ein großer Gewinn. Die Erfahrungen, die die Schüler bei der eigenen handelnden Auseinandersetzung mit Klangerzeugung machen, bilden eine wichtige Grundlage für die weitere Arbeit im Bereich Instrumentenkunde.

Das Schülerarbeitsheft bietet ergänzende Aufgaben zum Thema Klangerzeugung, einen Lückentext zum Unterschied zwischen Ton und Geräusch und Platz für eine Konstruktionszeichnung der eigenen Klangskulptur.

1 2 Besuch vom Planeten Kisum ▶ SB, S. 88

25–40

Diese Doppelseite führt anhand einer Hörgeschichte in ausgewählte Eigenschaften (Spielweise und besondere Merkmale) der Instrumente des Orchesters ein. Da die gesamte Hörgeschichte recht umfangreich ist, bietet es sich an, zunächst nur die Streichinstrumente zu behandeln und die restlichen Instrumentengruppen (Holz- bzw. Blechbläser und Schlagwerk) in der folgenden Stunde fortzusetzen.

Hinweis zu Aufgabe 1: Im Schülerarbeitsheft ist bereits eine Tabelle vorgegeben, in der die Schüler ihre Ergebnisse festhalten können. Die Hörgeschichte liefert jedoch nicht für alle Instrumente durchgehend Hinweise zu Spielweise bzw. besonderen Merkmalen. Die Schüler lassen dann die jeweilige Tabellenzelle frei. In einem anschließenden Auswertungsgespräch werden je nach Wissen der Schüler die fehlenden Aspekte ergänzt.

> [Tipp] Ein Schüler der 5. Klasse wird nicht problemlos allen Informationen um Spielweise, besondere Merkmale und Klangeigenschaften der Instrumente im Ablauf der Geschichte folgen können. Machen Sie eventuell nach jedem Instrument eine kurze Pause, um den Schülern die Zeit zum Notieren zu geben. Bei der späteren Auswertung tragen die Schüler dann ihre Angaben zusammen und ergänzen die fehlenden Informationen.

Text der Hörgeschichte

„Das sieht ja interessant aus", sagte der Gesandte Re-Mi-Do vom Planeten Kisum im dritten Quadranten des Sirius-Nebels. Er war in geheimer Mission in der Nacht unbemerkt am Stadtrand gelandet. Seine Regierung wollte wissen, ob es auf dem Planeten Erde etwas gab, was den Planeten Kisum noch lebenswerter machen könnte. Unbemerkt hatte sich Re-Mi-Do in ein großes Gebäude in der Stadt geschlichen – es war die Musikschule ...

Das war für ihn kein Problem, denn als Kisum-Gesandter konnte er natürlich alle Türen öffnen und zum Beispiel mit seinem Akustoanalysator aus unbelebten Objekten Schallwellen erzeugen und die Gegenstände dann so hören, als ob sie reden würden.

Nun war er im Instrumentenlager des Musikschulorchesters angelangt und richtete seinen Akustoanalysator auf zwei Kontrabässe.

„Für das Logbuch", sagte Re-Mi-Do, „da stehen zwei menschengroße Geräte, ihr Körper ist aus einem polierten Material, das man hier ‚Holz' nennt."

„Na, klingt das nicht toll?", sagte der eine Kontrabass zum anderen. „Besser als dieses Gefiepse von den Geigen und Flöten. Wenn wir mit unserem dicken Holzbauch nicht wären! Und es geht auch noch viel rhythmischer, wenn man pizzicato auf uns spielt, ohne Bogen, nur mit den Fingern gezupft!"

„He, he, he", meldete sich da eine Geige, „kann man sich euch etwa liebevoll unter den Hals klemmen, und könnt ihr wunderschöne Melodien spielen?"

Re-Mi-Do wunderte sich über den kleinen Streit unter den Instrumenten, nahm aber alles sorgfältig in sein Logbuch auf.

„Außerdem", sagte die Geige, „habe ich zwei Namen: Ich heiße auch noch Violine. Und überhaupt sind wir viel mehr, im Orchester sind wir oft über zwanzig Schwestern und spielen in zwei Gruppen."

„Ist ja gut, gib nicht so an", sagte ein etwas größeres Instrument, „zwei Namen habe ich auch: Bratsche oder Viola. Und mein Klang ist viel weicher als deiner."

Re-Mi-Do wandte sich an ein etwas größeres Instrument, das in der Ecke stand: „Sie sehen auch so aus wie eine Geige oder Vi... – wie war das? – Vi-o-line. Aber unter den Hals klemmen kann man Sie sich sicher nicht mehr."

„Darf ich mich vorstellen: Cello oder Violoncello", sagte das Instrument und verbeugte sich vornehm, „kein Wunder, dass wir ähnlich sind. Wir alle gehören zur Familie der Streichinstrumente und wir alle spielen im Orchester. Aber ich habe zweifellos den edelsten Klang von uns!"

„Für das Logbuch", sagte Re-Mi-Do, „ich wende mich nun nach rechts, da steht ein silbrig glänzendes Rohr, etwa so lang wie ein Menschenarm."

„Für ihr geheimnisvolles Logbuch", begann das Instrument zu sprechen, „mich nennt man Querflöte, weil man mich beim Spielen quer hält und nicht längs wie meine entfernten Verwandten, die Blockflöten. Außerdem bin ich ein Holzblasinstrument."

Nun war Re-Mi-Do doch verwirrt, die Querflöte war doch einwandfrei aus Metall.

„Sie haben noch viel zu lernen auf unserem Planeten", sagte die Querflöte, „das nennt man bei uns Tradition: Früher baute man uns aus Holz, seit gut 100 Jahren aber meist aus Metall. Trotzdem gehören wir aus Tradition immer noch zu den Holzblasinstrumenten."

„He, und ich? Willst du mich nicht auch vorstellen?", piepste da ein nur halb so großes Instrument wie die Querflöte, das Re-Mi-Do fast übersehen hätte.

„Ich bin die Piccoloflöte und ich kann am höchsten von allen spielen, weil ich so klein bin!"

Re-Mi-Do wandte sich nach rechts. Da stand ein schwarzes Instrument, etwa so groß wie die Querflöte. Oben steckte ein dünnes Röhrchen, das am Ende wie ein zusammengedrückter Strohhalm aussah.

„Mich nennt man Oboe", sagte das Instrument etwas vornehm näselnd, „und auch ich gehöre zur Familie der Holzblasinstrumente. Mein Name kommt aus dem Französischen

Musikinstrumente I

und ich gebe mit meiner klaren Stimme den anderen Instrumenten im Orchester immer den Ton zum Stimmen an!"

Re-Mi-Do war ganz beeindruckt: „Gibt es noch mehr, wie sagst du, Holzblasinstrumente im Or-or-or...?"

„Orchester, meinen Sie? Na ja, da wären unsere großen Verwandten, die Fagotte", antwortete die Oboe, „und weil ihre Rohre zweieinhalb Meter lang sind, können sie den Bass spielen."

„Mein Rohr ist deshalb unten geknickt und geht dann wieder nach oben, sonst könnte man mich gar nicht halten", meldete sich da ein Fagott selber zu Wort.

„Und dann gibt es in unserer Holzbläserfamilie noch die Jüngsten, die sind ‚erst' 300 Jahre alt, die Klarinetten", sagte das Fagott.

„Also: Querflöte mit Piccolo, Oboe, Fagott und die nette Klara", fasste Re-Mi-Do zusammen.

„Sie Banause", schimpfte die Klarinette, „können Sie sich meinen Namen nicht merken?"

„Bitte verzeihen Sie, ich wollte Sie nicht beleidigen!", sagte Re-Mi-Do. „Und die Reihe dieser goldglänzenden Instrumente gehört wohl auch zu einer Familie des Or-or-chesters?"

„Natürlich, und wir sind die Könige des Orchesters!" – „Uns hört man überall heraus!" – „Wir haben den strahlendsten Klang!", ertönte es ringsum.

„Dann nennt man euch also ‚Strahlheraus-Könige'?", fragte Re-Mi-Do.

„Quatsch", antwortete eine Trompete, „wir sind die Familie der Blechblasinstrumente. Aber wir Trompeten waren immer die Instrumente der Könige, das stimmt."

„Angeber", sagte ein Waldhorn, „wenn man *uns* hört, denkt man an grüne Wälder und eine Jagdgesellschaft. Darum heißen wir auch Waldhorn."

„Aber wenn es wirklich kraftvoll und heldenhaft zugehen soll", warf eine Posaune ein, „dann braucht man uns, die Posaunen! Mit einem Zug, einem ausziehbaren Rohrteil, kann man unseren Klang tiefer machen."

„Langsam, langsam", bat Re-Mi-Do, „das muss ich mir erst merken: Zu den Blechinstrumenten, äh, ich meine, Blechblasinstrumenten gehören Waldhorn, Popete und Tromsaune – nein falsch, Trompene und Posaute. Nein? Jetzt weiß ich's wieder: Trompete und Posaune. Also, die Sprache auf eurem Planeten ist wirklich nicht einfach!"

„He, he, und was ist mit mir?", meldete sich da eine Bass-Stimme aus der Ecke. „Wenn die Tuba mit ihrem brummigen Bass nicht da wäre, würde es nur halb so voll klingen. Mein Rohr ist sechs Meter lang und mehrfach gewunden, damit mich der Spieler überhaupt noch halten kann."

„Und nun", sprach der Gesandte Re-Mi-Do wieder für sein Logbuch, „nähern wir uns einem Instrument mit vielen Saiten und dazu noch Pedalen..."

„Tja", meldet sich da eine sehr gepflegte, vornehme Stimme, „schon der biblische König David hat Harfe gespielt. Für das Spiel mit meinen 47 Saiten und sieben Pedalen braucht man viel Erfahrung."

„Alles schön und gut", meldete sich da eine Stimme, „aber wie würden die Instrumente im Orchester klingen – ohne uns, die Pauken?"

„Pauken", sprach Re-Mi-Do sorgfältig nach. „Große Metallkessel, auf die etwas gespannt ist. Moment mal, mein Materialanalysator zeigt an, es ist... es ist ein... Kalbfell!"

„Richtig, und meistens spielen wir zu zweit!", sagte die Pauke.

„Ha, das gefällt mir, so richtig kraftvoll-rhythmisch, wie es auch die Kisumianer gern haben", sagte Re-Mi-Do. „Gibt es noch mehr von euch?"

„Ja", antwortete die Pauke, „jetzt hast du noch meine Kollegen vom Schlagwerk gehört, die große Trommel und die Becken, zwei Metallscheiben, die man aneinanderschlägt."

Re-Mi-Do fragte: „Und wie klingt nun euer ganzes Or-se..., ach, wie heißt das denn noch mal?"

„Orchester!", sagte die Pauke ungeduldig. „Also, auf geht's, liebe Kollegen, dann zeigen wir diesem Wesen einmal, dass wir auch ganz ohne Dirigent spielen können!"

Tief beeindruckt begab sich der Gesandte Re-Mi-Do vom Planeten Kisum wieder zu seinem kleinen Landungsschiff. Er wusste schon, was er seiner Regierung raten würde: Zum Wohlergehen der Kisumianer sollte sie auch dort ein Orchester einrichten. Eigentlich kein Wunder, ist der Name des Planeten doch schon „verdächtig": KISUM. Sprecht das Wort einmal von hinten nach vorn!

Die Familie der Streichinstrumente ➤ SB, S. 90

Als Einstieg in die nähere Beschäftigung mit den Streichinstrumenten steht zunächst ein Spiel-mit-Satz zum „Rigaudon" aus der „Holberg-Suite" von E. Grieg zur Verfügung. So nähern sich die Schüler aktiv spielend/hörend der Streicherfamilie.

Da das Tempo des Hörbeispiels sehr rasch ist, sollte der Spiel-mit-Satz zunächst ohne Musik in langsamem Tempo erarbeitet werden. Ideal wäre es, den Ablauf der Bewegungen auswendig auszuführen. Für die ersten acht Takte geht dies sicherlich problemlos. Im Folgenden wird die Struktur etwas anspruchsvoller (Wechsel der Gruppen, Regelmäßigkeit...), sodass ein notenloses Vermitteln und Erlernen wohl zeitintensiv sein wird. Hier kann jedoch die Mitlaufpartitur auf der Multimedia-CD-ROM gute Dienste leisten, da sie Orientierung bietet und die Schüler beim Lesen unterstützt.

[Tipp] Besonders der Einsatz bei der Wiederholung (dal Segno) ist nicht ganz einfach zu spielen. Der Wiedereinstieg ist nach dem großen Ritardando vor der Wiederholung schwer nachvollziehbar. Deshalb können Sie das Hörbeispiel durchaus auch bei 0:49 Minuten ausblenden. Mithilfe der Mitlaufpartitur ist dies wiederum weniger problematisch, da hier der jeweils zu spielende Takt markiert ist.

Darauf aufbauend beschäftigen sich die Schüler anhand von Abbildungen und Hörbeispielen mit den Unterschieden und klanglichen Besonderheiten der Instrumente der Streicherfamilie.

Die unterschiedliche Größe der verschiedenen Instrumente bewirkt einerseits einen unterschiedlichen Tonumfang (z. B. Violine ca. *g – c''''*, Kontrabass ca. *Kontra-E – g'*), andererseits klangliche Unterschiede (z. B. Violine eher heller Klang, Bratsche weicher/warmer Klang).

Der Kontrabass hat „abfallende Schultern" (spitz zum Hals zulaufende Zargen). Damit besteht noch eine große Ähnlichkeit mit den Gamben. Auch die Stimmung in Quarten entspricht den Gamben, nicht den Geigen, Bratschen und Celli (Quintstimmung). Die Stimmmechanik ist – im Unterschied zu den Wirbeln bei Geige, Bratsche und Cello – ähnlich wie bei der Gitarre eine Schraubenmechanik. Damit konnte trotz der erhöhten Spannung der durch Kupferdraht umwickelten Saiten eine präzise Stimmung der Saiten gewährleistet werden. Für die Aufführung von Werken des 20. Jahrhunderts sind fünfsaitige Kontrabässe notwendig geworden. Der Vorteil darin liegt, dass sie in der Tiefe bis zum *Subkontra-H* reichen).

Die DVD bietet vier Videoclips, in denen die Instrumente Geige, Bratsche, Cello und Kontrabass vorgestellt und miteinander verglichen werden hinsichtlich des Baus, der Größe und des Klangs. Neben den leeren Saiten zeigt der jeweilige Spieler den Tonumfang und stellt den typischen Klang seines Instrumentes vor.

Im Schülerarbeitsheft werden die erworbenen Kenntnisse anhand eines „Fehlersuchbildes" und eines Lückentextes vertieft.

Musikinstrumente I

3 🎵 41

> **Lösung**
>
> Man hört die tiefen Streicher das erste Mal in T. 8. Sie spielen dann wieder ab T. 19 für drei Takte und (Wiederholung mitgezählt) ab T. 37 bis zum Schluss (also ab der letzten notierten Bodypercussion-Note).

4 🎵 42–46

Bei mehrmaligem Hören der Beispiele ordnen die Schüler zunächst die Instrumente zu. Erst in einem zweiten Schritt können sie eine stilistische Einordnung versuchen. Auch wenn diese Aufgabe auf Wissen aufbaut, das sich die Schüler in Kapitel 1 (➤ SB, S. 14) und 4 (➤ SB, S. 55) erarbeitet haben, wird eine sichere Zuordnung in den meisten Fällen nicht zu erwarten sein. Ziel ist hier vielmehr, dass die Schüler klangliche Zusammenhänge kennenlernen und erfahren, dass Streichinstrumente in den verschiedensten Stilen Verwendung finden. Im Schülerarbeitsheft können die Ergebnisse festgehalten werden.

[**Tipp**] Versuchen Sie zusammen mit den Schülern, durch Ausschlussverfahren die geforderte stilistische Einordnung zu leisten. So wird die Zuordnung des Heavy-Metal- oder des Jazz-Beispiels relativ einfach leistbar sein, die Unterscheidung von Barock und Klassik wohl eher nur durch Hilfestellungen.

🎵 42–46

> **Lösung**
>
> Beispiel 1: Barock – Cello (J. S. Bach: Cellosuite G-Dur, 1. Satz)
> Beispiel 2: Klassik – Violine (L. v. Beethoven: Violinkonzert, 3. Satz)
> Beispiel 3: Folk – Violine (Fiona Brown: Galway Hornpipe)
> Beispiel 4: Jazz – Kontrabass (Marc Johnson: Killer Joe)
> Beispiel 5: Heavy Metal – Cello (Apocalyptica: Not Strong Enough)

Chefin im Orchester: die Violine ➤ SB, S. 92

Die Doppelseite beschäftigt sich ausführlich mit Bau und Spieltechnik der Violine. Dabei ermöglicht die Vernetzung unterschiedlicher Medien einen abwechslungsreichen und spannenden Unterricht:

- Die Videosequenzen „Bauteile" und „Vorbereitungen zum Spiel" zeigen die Bauteile einer spielfertigen Geige, den Bogen, das Einreiben mit Kolophonium, das Stimmen der Saiten und die Tonabstände.
- Im Film „Grundlagen des Spiels" sieht man die Spielhaltung, die Funktion der rechten und linken Hand, das Verkürzen der Saiten, reines/unreines Spiel, Vibrato, Doppelgriffe sowie Stricharten.
- In der Sequenz „Besondere Spieltechniken" stellt ein Geiger die klanglichen Möglichkeiten und verschiedenen Spieltechniken vor.
- Die DVD enthält außerdem eine Dokumentation über den Entstehungsprozess einer Geige, gedreht in der Geigenbauschule in Mittenwald. Sie zeigt die erstaunlich vielen einzelnen Arbeitsschritte, die nötig sind, um aus sorgfältig und lange gelagerten Hölzern eine klangschöne Violine bauen zu können.
- Um im Unterricht eine intensive Auseinandersetzung mit den Inhalten anzuregen, finden sich im Schülerarbeitsheft speziell auf die Inhalte der Videos abgestimmte Aufgaben (➤ Schülerarbeitsheft 1A, S. 48, Aufgabe 9). Damit können die Videos optimal im Unterricht eingesetzt werden.
- Mit einem abschließenden Hörquiz vertiefen und üben die Schüler ihr Wissen über die Geige.

Im Sinne einer möglichst anschaulichen Vermittlung ist es empfehlenswert, die Videosequenzen in die Unterrichtsarbeit einzubinden, da das bewegte Bild als lebendige Verknüpfung von Wort und Bild wohl einer rein verbalen Vermittlung überlegen ist. Zudem hat sich gezeigt, dass die Schüler eine ganz andere Vorstellung vom Wert einer Geige haben, wenn sie erfahren, wie viele Schritte und welches handwerkliche Geschick nötig sind, um dieses Instrument herzustellen. Dies ersetzt aber nicht den direkten Eindruck, den Schüler bekommen, wenn man eine Geige im Unterricht ansehen, in die Hand nehmen und auch selbst einmal ausprobieren kann.

Vom Holz zur Violine

Wenn das Video zum Geigenbau gezeigt wird, sollte Aufgabe 1 (Aufbau der Geige) mit den Schülern erst nach Betrachten des Videos besprochen werden. Die Schüler sollen mit eigenen Worten die wichtigsten Schritte schildern, die beim Bau der Geige nötig sind. Die Bilderleiste im Buch (Standbilder aus dem Video) unterstützt die Schüler dabei. Dann wird auch die Zuordnung der Bauteile (Aufgabe 1) problemlos gelingen (➤ Schülerarbeitsheft 1A, S. 48, Aufgabe 8).

Spieltechnik der Violine

Anhand des Videos und eines Hörquiz' (➤ Schülerarbeitsheft 1A, S. 48, Aufgabe 10) setzen sich die Schüler mit den wichtigsten Spieltechniken der Geige auseinander.

Lösung

Glissando – Tremolo – Non legato – Legato – Pizzicato

Die Schüler sollten unbedingt die Möglichkeit haben, selbst einen Ton auf der Geige zu spielen. Dabei kann es natürlich nicht darum gehen, verschiedene Spieltechniken auszuprobieren. Ziel könnte vielmehr sein, eine leere Saite möglichst gleichmäßig zu streichen. Dies auszuprobieren macht den Schülern großen Spaß, gibt ihnen aber auch eine Vorstellung davon, welche Herausforderung es ist, dieses Instrument zu spielen.

Instrumenten-Rap   ➤ SB, S. 94

Der Instrumenten-Rap dient als Zwischenmotivation und greift aktiv musizierend Aspekte auf, mit denen sich die Schüler bereits in der Hörgeschichte „Besuch vom Planeten Kisum" (➤ SB, S. 88) befasst haben.

[Tipp] Alternativ zur vokalen Instrumentenimitation in den Strophen können Sie auch – soweit vorhanden – die jeweiligen Instrumente (mit-)spielen lassen.

Das Erfinden von weiteren Strophen mit Instrumenten z. B. aus der Hörgeschichte „Besuch vom Planeten Kisum" macht den Schülern erfahrungsgemäß viel Spaß. Ablauf:
- Die Schüler wählen zunächst ein Instrument aus, das sie beschreiben wollen.
- Dann sammeln sie klangliche oder auch spieltechnische Besonderheiten.
- Zuletzt erstellen sie aus den vorhandenen Informationen eine neue Strophe.

Musikinstrumente I

Vorschlag für eine weitere Strophe wäre beispielsweise:

Wenn man meine Saiten streichelt,
wird dein Ohr von mir geschmeichelt,
denn als Harfe kling ich schön
und bin auch fein anzusehn.
Pling, pling, palingeling, palingelingeling.

Instrumenten-Rap (Klaviersatz)

Text u. Musik: M. Detterbeck, G. Schmidt-Oberländer;
Klavierbegleitung: G. Schmidt-Oberländer
© Helbling

Ein Instrument für Tastentiger: das Klavier ➤ SB, S. 95

Das Klavier steht als Thema im Instrumentenkundeunterricht zu Recht ganz weit vorne, denn seine große Bedeutung für die westliche Musikkultur, seine weite Verbreitung und seine vielfältigen Einsatzmöglichkeiten heben es unter anderen Instrumenten hervor. Zudem steht gewöhnlich ein Klavier im Musikraum, weshalb sich eine intensive Beschäftigung damit anbietet und auch problemlos durchführen lässt.

„Das Klavier kann alles!"

1 Als Einstieg überlegen sich die Schüler zunächst, welche Rolle das Klavier in unterschiedlichen Musiziersituationen haben kann: Ein Pianist spielt alleine (Klavier solo), ein Solist spielt auf dem Klavier ein Klavierkonzert zusammen mit einem Orchester, das Klavier ist ein Mitspieler z. B. in einem Jazz-Trio…

In einer Höraufgabe ordnen die Schüler nun vier Hörbeispiele den verschiedenen Funktionen des Klaviers zu:

> **Lösung**
>
> Beispiel 1 (S. Rachmaninov: Prelude Nr. 8 c-Moll): Klavier solo
> Beispiel 2 (P. I. Tschaikowsky: Klavierkonzert, Allegro con fuoco): Klavier als Solist mit Orchesterbegleitung
> Beispiel 3 (R. Schumann: Ich will meine Seele, aus: Dichterliebe): Klavier als Begleiter zur Solostimme
> Beispiel 4 (B. Mehldau: Unrequited): Klavier als Mitspieler in einer Kammermusikgruppe

Was muss ein „ideales Musikinstrument" alles können? Diese Frage ist sicherlich nicht einfach und auch nicht eindeutig zu beantworten. Dennoch ist es anknüpfend an die eigenen Erfahrungen im Instrumentenbau (➤ SB, S. 87) und auch nach der Beschäftigung mit den Instrumenten des Orchesters (➤ SB, S. 88) – und hier besonders mit den Streichinstrumenten (➤ SB, S. 90 ff.) – interessant, über das Zitat von Alfred Brendel nachzudenken.

Ihre Ergebnisse können die Schüler im Schülerarbeitsheft festhalten.

[Tipp] Gehen Sie bei den Überlegungen evtl. von den musikalischen Parametern (Lautstärke, Tonhöhe, Klangfarbe, Tempo) aus. Dies könnte in Fragen münden: Wie gut bzw. umfangreich deckt das Klavier die unterschiedlichen Parameter ab? Wie hoch/tief kann man spielen? Wie schnell kann man spielen? Wie viele Töne können gemeinsam erklingen? Lassen Sie die Vermutungen jeweils am Klavier ausprobieren.

Für die Höraufgabe ist es sinnvoll, die ersten 20 Sekunden des Hörbeispiels mehrmals vorzuspielen. Damit die Schüler eine möglichst detaillierte und reflektierte Ablaufskizze anfertigen können, sollte der Abschnitt nicht länger sein. Die Umsetzung der Musik in grafische Zeichen erfordert genaues Hinhören und erzeugt damit eine intensive Konzentration auf die Musik. So bekommen die Schüler unter anderem eine gute Vorstellung der musikalischen Struktur dieses kurzen Hörausschnittes. Dies bereitet die Umsetzung des Musikausschnitts in Bewegung (Aufgabe 4) vor. Für die Durchführung des „Luft-Klavier-Wettbewerbs" steht ein längerer Audioausschnitt zur Verfügung.

Klavierbau

Die genauere Erforschung des im Musikraum vorhandenen Klaviers soll die Schüler mit den wichtigsten Bauteilen und der Funktionsweise des Klaviers vertraut machen.

Dafür steht auf der DVD eine Sequenz zum Klavierbau („In der Klavierfabrik") zur Verfügung, die es ermöglicht, die wichtigsten Arbeitsschritte bei der Herstellung eines Klaviers mitzuerleben. Gezeigt werden die Stationen Resonanzboden und Gussrahmen, Saiten spinnen und aufziehen, Mechanik und Tastatur, Intonieren und Stimmen.

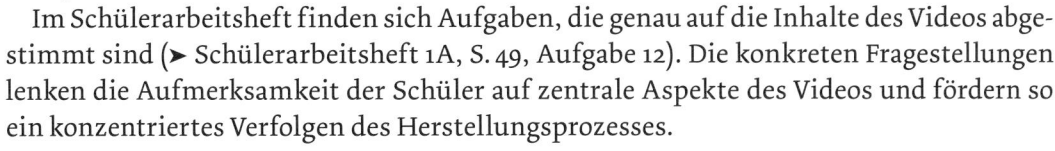

Im Schülerarbeitsheft finden sich Aufgaben, die genau auf die Inhalte des Videos abgestimmt sind (➤ Schülerarbeitsheft 1A, S. 49, Aufgabe 12). Die konkreten Fragestellungen lenken die Aufmerksamkeit der Schüler auf zentrale Aspekte des Videos und fördern so ein konzentriertes Verfolgen des Herstellungsprozesses.

Die Klaviatur

Mit der Anordnung der Klaviertasten haben sich die Schüler bereits in Kapitel 6 (➤ SB, S. 74, Aufgabe 1) beschäftigt. Dieses Wissen wird nun aufgegriffen und anhand von Rätselspielen vertieft.

Musikinstrumente I

Das Schülerarbeitsheft enthält weitere Rätselspiele. Ziel dieser Spiele ist es, dass sich die Schüler rasch auf der Klaviatur zurechtfinden können. Auch Schüler, die bislang nicht Klavier gespielt haben, sind sehr motiviert, wenn sie eine bekannte Melodie spielen lernen.

[**Tipp**] Verwenden Sie hierzu beispielsweise den Anfang des Songs „Ich bin Wolfgang Amadeus" (➤ SB, S. 46). Natürlich eignen sich auch andere bekannte Lieder, die die Schüler im Unterricht gesungen haben.

Die Klaviermechanik

Zuletzt setzen sich die Schüler mit der Klaviermechanik auseinander. Dazu steht neben einer Grafik im Schülerbuch eine Programmierung zur Verfügung, anhand derer die Schüler die Grundzüge einer Repetitionsmechanik kennenlernen können. Die Präsentation der Mechanik kann durch eigene Experimente am Klavier ergänzt werden. Hier sollen die Schüler die vielfältigen klanglichen Möglichkeiten des Klaviers erforschen und so begreifen, warum die Mechanik derart kompliziert und aufwändig aufgebaut ist. Beispielsweise könnten die Schüler bei einem Wettbewerb ausprobieren, wer einen einzelnen Ton am schnellsten hintereinander spielen (repetieren) kann. Bei einem anderen Experiment könnten sie herausfinden, wer den leisesten Ton spielen kann, oder wer einen repetierten Ton möglichst gleichmäßig immer lauter spielen kann.

Die aus der praktischen Auseinandersetzung mit der Klaviermechanik bzw. der Tonerzeugung gewonnenen Erfahrungen halten die Schüler im Schülerarbeitsheft in Form eines kurzen Textes fest.

Kapitel 8:
Mit drei Klängen durch die Welt

Thema und Ziele

Nachdem in Kapitel 6 („Haste Töne?") grundlegende melodische Aspekte erarbeitet wurden, sollen die Schüler darauf aufbauend in diesem Kapitel mit Zusammenklängen experimentieren und die besondere Funktion und Wirkung von Dreiklängen kennenlernen.

Ausgangspunkt ist ein bewusst offener Zugang, bei dem beliebige Zusammenklänge gebildet und in eine Skala von dissonant bis konsonant eingeordnet werden. Mit dem aus zwei Terzen gebildeten Dreiklang lernen die Schüler eine der gebräuchlichsten Formen konsonanter Zusammenklänge kennen. Die Unterscheidung der Tongeschlechter bleibt dabei in diesem Kapitel noch unberücksichtigt.

Bei der musikpraktischen Anwendung wird mithilfe von Dreiklangsbausteinen ein Motto-Song („Dreiklangs-Calypso") mit einer Begleitung versehen – ein modulares Arbeiten, das die Schüler schon vom Melodiebaukasten aus Kapitel 6 kennen. Im Musiklabor üben und vertiefen die Schüler ihr Wissen, ihre Fähigkeiten und ihre Fertigkeiten um das Thema Dreiklänge mit abwechslungsreichen Aufgabenstellungen. Eine abschließende praktische Anwendung bietet der Spiel-mit-Satz zum berühmten „Cancan" von J. Offenbach, der als Dreiklangsbegleitung gestaltet ist. Als Erweiterung können sich die Schüler hier auch mit den entsprechenden Tanzbewegungen beschäftigen.

> In diesem Kapitel wird an folgenden Dimensionen musikalischer Kompetenz gearbeitet:
>
> - **Stimme und Singen:** Ausgangston wiederfinden, Singen von Clusterklängen („Töne auf Wanderschaft 2" ➤ SB, S. 99), Erweiterung des Stimmausdrucks, Clusterklänge („Katzen-Rock-'n'-Roll" ➤ SB, S. 99), usuelles Singen (➤ SB, S. 99, 104)
> - **Instrumente spielen:** elementare Klaviertechniken (➤ SB, S. 100), Begleitsatz (➤ SB, S. 105), Spiel-mit-Satz (➤ SB, S. 106)
> - **Körper und Bewegung:** Tanz (➤ SB, S. 107)
> - **Variieren und Erfinden:** Cluster und Geräusche („Katzen-Rock-'n'-Roll" ➤ SB, S. 99), Begleitbaukasten (➤ SB, S. 105)
> - **Lesen und Notieren:** Melodietöne ergänzen (➤ SB, S. 103), Dreiklänge (➤ SB, S. 103 ff.)
> - **Hören und Beschreiben:** Konsonanz, Dissonanz (➤ SB, S. 100), Melodietöne ergänzen, Dreiklänge singen (➤ SB, S. 103), Dreiklänge für die Begleitung finden (➤ SB, S. 105)
> - **Kontexte herstellen:** Cancan (➤ SB, S. 107)
> - **Anleiten:** Dirigieren im Zweiertakt (➤ SB, S. 106)

Start-ups für Stimme und Körper ➤ SB, S. 99

Töne auf Wanderschaft 2 — Stimme

Dieses Start-up verfolgt mehrere Ziele: Zum einen sollen die Schüler das Empfinden eines gemeinsamen, zentralen Tones üben und damit auch die Merkfähigkeit für eine bestimmte Tonhöhe schulen. Zum anderen führt das Singen eines einzelnen Tones, der in ein Cluster übergeht, in das Thema „Konsonanz – Dissonanz" ein. Zuletzt ist die klangliche Erfahrung nicht harmonischer Zusammenklänge bis hin zu Clustern und auch die Fähigkeit, diese singend „auszuhalten", eine wichtige Erfahrungsfähigkeit insbesondere bei der Beschäftigung mit der Tonsprache des 20. und 21. Jahrhunderts und verweist damit bereits auf Kapitel 19 („Klänge im Aufbruch").

Mit drei Klängen durch die Welt

🔊 Bei der Durchführung der Übungen sollten einzelne Schüler aktiv anleiten, also die Rolle des Dirigenten übernehmen. Dadurch lernen die Schüler, musikalische Prozesse sinnvoll anzulegen und bewusst zu steuern. Gerade das allmähliche Entwickeln von Klängen ist eine wichtige Erfahrung unter anderem auch der Langsamkeit derartiger Prozesse. Zusätzlich wird aber auch die Wirkung der Klänge als Zuhörer erfahren. Diese Erfahrungen stellen innerhalb des aufbauenden Strangs „Anleiten" eine wichtige Grundlage für das differenzierte musikalische Führen einer Gruppe dar, das später im kleinen Dirigierkurs (▶ SB, S. 213) thematisiert wird.

Methodische Hinweise:
- Die Schüler finden einen gemeinsamen Ton (aufbauend auf die Übung „Töne auf Wanderschaft 1" ▶ SB, S. 17).
- Zwei Gruppen bilden: Gruppe 1 hält den Ausgangston aus, während Gruppe 2 experimentiert. Regel könnte z. B. sein, sich zunächst ein wenig, dann etwas weiter vom Ausgangston zu entfernen.

[Tipp] Weisen Sie die Schüler darauf hin, sich ganz langsam und allmählich vom gemeinsamen Ton zu entfernen und genau hinzuhören. Diese Übung sollte am besten im Glissando ausgeführt werden. Unterstützen Sie dies, indem die Schüler den Vorgang mit den Händen anzeigen (ein imaginäres Gummiband etwas dehnen und wieder entspannen).

- Erst nach dieser Vorübung sollte das im Schülerbuch skizzierte Start-up ausgeführt werden: Der Dirigent zeigt den gemeinsamen Ton an, die allmähliche Drehung der Hand bzw. das Abspreizen der Finger bedeutet das Gleiten in einen anderen Ton.
- Nach dem Zurückkehren zum Ausgangston wird die Tonhöhe überprüft.

[Tipp] Der Anfangston kann auch von einem Stabspiel oder dem Klavier gegeben werden. Dies erleichtert auch für den Dirigenten das Überprüfen des Schlusstons.

Rhythmus/Körper und Bewegung

Katzen-Rock-'n'-Roll

Dieses fetzige Start-up animiert die Schüler spielerisch, die Ausdrucksfähigkeit ihrer Stimme zu erweitern. 🔊 Im Bereich tonal-vokaler Kompetenzen stellt die Erweiterung des Stimmausdrucks einen wichtigen Aspekt dar. Deshalb geht es bei diesem Start-up nicht nur um „Katzenklänge". Vielmehr sollen die Schüler bestärkt werden, in den sechs freien Takten (möglichst extreme) klangliche Möglichkeiten der Stimme zu erproben. Im Schutz der Klasse – hierbei darf es gerne auch etwas lauter werden – und mit etwas ironischem Schwung gelingt die Erweiterung der Klangvielfalt erfahrungsgemäß mit großem Spaß.

[Tipp] Achten Sie aber unbedingt darauf, dass die Schüler nicht nur schreien. Lassen Sie das Start-up z. B. mit einer Singhaltung in Bildern ausführen („ein nächtliches Katzenkonzert... die Klänge dringen leise durch das Fenster in mein Schlafzimmer... ein verliebter Katzensong..."). Es wäre auch denkbar, dass ein Dirigent die Dynamik anzeigt und einen interessanten (auch leisen) Verlauf des „Katzenkonzertes" gestaltet.

Nach der ersten Phase der Klangexperimente sollten die Klänge strukturiert und organisiert werden: Alle überlegen gemeinsam, welche der klanglichen Ausdrucksfähigkeiten aus der Phase der Klangexperimente besonders interessant waren (einzelne Schüler stellen ihre Ergebnisse vor). Mit ausgewählten Geräuschen kann dann eine kleine Komposition gestaltet werden. Denkbar wäre ein Glissandoklang abwärts auf dem Vokal „i", dann ein Clusterklang usw. Hier bietet auch die Gesamtaufnahme Anregungen.

🅒 52

Katzen-Rock-'n'-Roll (Klaviersatz)

Text u. Musik: M. Detterbeck, G. Schmidt-Oberländer;
Klavierbegleitung: G. Schmidt-Oberländer
© Helbling

Pro- bier's mal mit 'nem neu- en Klang: mi- au- au, den vor- her nie- mals je- mand sang: ui. Der Klang klingt wie ein Kat- zen- chor! Mi- au- au, das kommt mir aber ko- misch vor. Ui. Es klingt ganz tief und auch ganz hoch. Ja, ir- gend- wie ge- fällt's mir doch!

wi — chu — ach
dr — so — tig
    lus

Mit drei Klängen durch die Welt

Alles Harmonie? ➤ SB, S. 100

Die Schüler nähern sich dem Phänomen „Zusammenklänge" zunächst im Experimentieren mit ganz unterschiedlichen Klängen. Bewusst sollte dieser Prozess offen gestaltet werden und ein voraussetzungsloses Experimentieren ermöglichen. In einem weiteren Schritt werden die Klangeigenschaften verschiedener Klänge innerhalb des Spannungsfeldes dissonant – konsonant bewertet. Die aus den Klangexperimenten gewonnenen Einsichten bilden dann die Grundlage für die Beschäftigung mit Dreiklängen und Dreiklangsbildung auf der folgenden Schülerbuchseite.

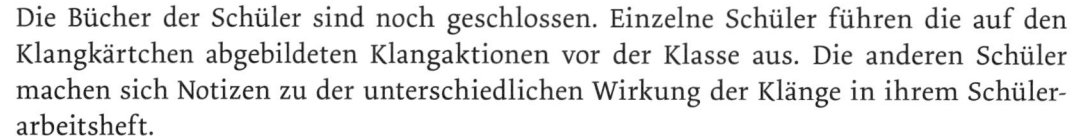

1 Die Bücher der Schüler sind noch geschlossen. Einzelne Schüler führen die auf den Klangkärtchen abgebildeten Klangaktionen vor der Klasse aus. Die anderen Schüler machen sich Notizen zu der unterschiedlichen Wirkung der Klänge in ihrem Schülerarbeitsheft.

Nachdem alle Klangaktionen durchgeführt wurden, tauschen sich die Schüler über ihre Wahrnehmungen aus. Aspekte der Klangbeschreibung könnten beispielsweise sein:
- Kärtchen A: ein spannungsreicher Klang, da sich die Töne offensichtlich „reiben" und scheinbar nicht richtig harmonieren
- Kärtchen B: ein Wohlklang, da die Töne gleichsam verschmelzen
- Kärtchen C: ein „dichter" oder „voller" Klangeindruck, weil viele Töne gleichzeitig erklingen (Klangtraube)

Besprechen der einzelnen Beobachtungen: Wo gibt es Übereinstimmungen bei den Schülern, wo unterschiedliche Höreindrücke?

2 Diese Reflexionsphase führt zu Aufgabe 2, in der die Schüler das Spannungsfeld Konsonanz – Dissonanz kennenlernen und die gehörten Klänge (eventuell auch weitere eigene Klangkombinationen) auf einer Skala einordnen. Im Schülerarbeitsheft können sie ihre Ergebnisse eintragen. Damit wird die Zuordnung dissonanter bzw. konsonanter Klänge übersichtlich und für die Schüler gut nachvollziehbar gegenübergestellt.

[Tipp] Sie können an dieser Stelle die Wortfelder aus dem Workshop „Sprechen über Musik" (besonders „Töne klingen zusammen", „Klangfarbe", „Tonhöhe" und „Lautstärke" ➤ SB, S. 108 f.) zur Beschreibung der Klänge heranziehen, um die Sprache der Schüler weiter zu schärfen und damit ein umfassenderes Bewusstsein für das Sprechen über Klangeindrücke hervorzurufen.

Perfekte Harmonie: Dreiklänge ➤ SB, S. 101

Aufbauend auf dem Experimentieren mit beliebigen Klängen lernen die Schüler nun den Dreiklang als eine besondere Form des Zusammenklingens von Tönen kennen.

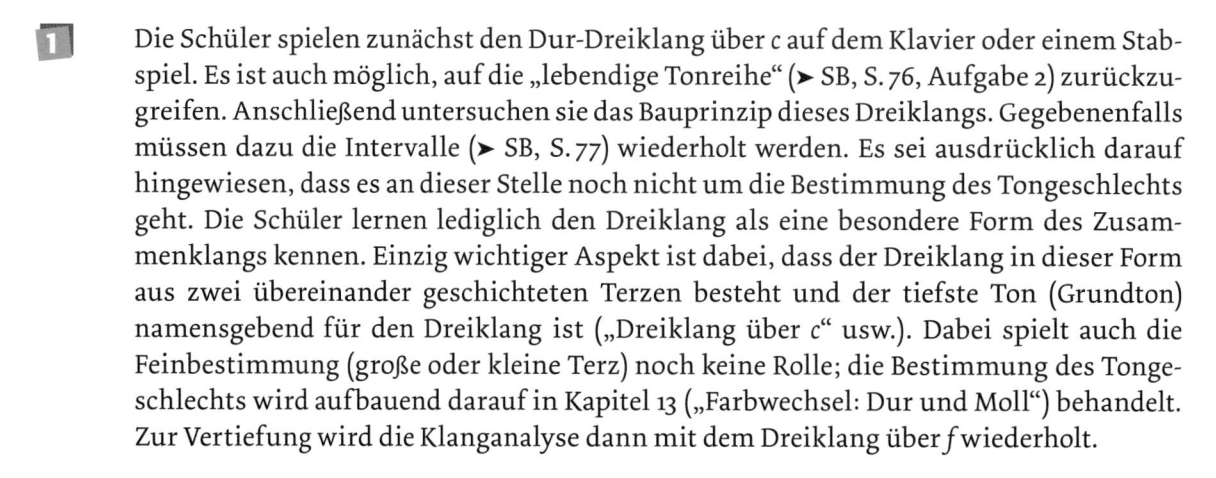

1 Die Schüler spielen zunächst den Dur-Dreiklang über c auf dem Klavier oder einem Stabspiel. Es ist auch möglich, auf die „lebendige Tonreihe" (➤ SB, S. 76, Aufgabe 2) zurückzugreifen. Anschließend untersuchen sie das Bauprinzip dieses Dreiklangs. Gegebenenfalls müssen dazu die Intervalle (➤ SB, S. 77) wiederholt werden. Es sei ausdrücklich darauf hingewiesen, dass es an dieser Stelle noch nicht um die Bestimmung des Tongeschlechts geht. Die Schüler lernen lediglich den Dreiklang als eine besondere Form des Zusammenklangs kennen. Einzig wichtiger Aspekt ist dabei, dass der Dreiklang in dieser Form aus zwei übereinander geschichteten Terzen besteht und der tiefste Ton (Grundton) namensgebend für den Dreiklang ist („Dreiklang über c" usw.). Dabei spielt auch die Feinbestimmung (große oder kleine Terz) noch keine Rolle; die Bestimmung des Tongeschlechts wird aufbauend darauf in Kapitel 13 („Farbwechsel: Dur und Moll") behandelt. Zur Vertiefung wird die Klanganalyse dann mit dem Dreiklang über f wiederholt.

[Tipp] Anhand der Anwendung auf der Multimedia-CD-ROM können Sie diese Klanganalyse besonders anschaulich durchführen: Mithilfe eines Maßbandes können Sie den Abstand zwischen den Tönen messen und bestimmen; eine Abspielfunktion macht die ausgewählten Töne auf der Klaviatur hörbar.

Im Schülerarbeitsheft festigen die Schüler ihre Kenntnisse über den Aufbau von Dreiklängen mit kreativem Übungsmaterial und einem Lückentext.

Als Übungsaufgabe bilden die Schüler nun Dreiklänge aus dem Tonvorrat c' bis e''. Es ist wichtig, die Dreiklänge nicht nur zu notieren, sondern auch erklingen zu lassen. So sollen alle Dreiklänge nacheinander auf einem Stabspiel (möglichst Metallofon) oder dem Klavier gespielt und die Tonnamen laut mitgesprochen werden. Dann werden die Töne gleichzeitig angeschlagen und der Grundton mitgesungen. Bei dieser Aufgabe können auch weitere Fragen eine Rolle spielen, z. B.: Wie viele Dreiklänge kannst du aus dem Tonvorrat bilden? In wie vielen Dreiklängen kommt der Ton *a* vor?

[Tipp] Sie sollten, wenn Sie sich im Rahmen des Unterrichts mit der vokalen Tonraumerschließung beschäftigen (z. B. durch Solmisation), die Klasse in drei Gruppen teilen und die Dreiklänge singend erarbeiten: Dreiklang über dem Ton *c* („do – mi – so"), Dreiklang über dem Ton *d* („re – fa – la") usw. So erschließen sich die Schüler die Distanzen zwischen den Dreiklangstönen besonders eindrücklich und bekommen darüber hinaus einen nachhaltigen Höreindruck. Damit dies gelingt, sollten Sie zunächst noch einmal den Quintraum festigen: „do – re – mi – fa – so". Lassen Sie dann die drei Gruppen den gesamten Tonleiterausschnitt noch einmal singen, wobei die erste Gruppe bei „do", die zweite bei „mi" und die dritte bei „so" stehen bleibt. Verfahren Sie ähnlich bei dem Dreiklang „re – fa – la" usw.

Musiklabor 3: Dreiklänge ➤ SB, S. 102

Im Musiklabor wenden die Schüler ihr Wissen um Dreiklänge spielerisch an, gewinnen einerseits an Sicherheit im Erfassen der Struktur eines Dreiklangs und trainieren andererseits ihre Hörfähigkeit.

Dreiklangsbaustelle

In Teilaufgabe a) bauen die Schüler nur Dreiklänge ausgehend vom Grundton, dies am besten zunächst gemeinsam an der Tafel. Weiterführend werden dann in Teilaufgabe b) beliebige Töne des Dreiklangs – Grundton (1), Terzton (3) oder Quintton (5) – als Ausgang genommen (➤ s. auch Schülerarbeitsheft 1A, S. 53).

In der Maschinenhalle

Die Akkordbaumaschine, die auch als multimediale Anwendung vorliegt, ist eine weitere Übungsvariante zum Bau von Dreiklängen. Die Schüler geben einen beliebigen Ton in den Einwurfschacht 1, 2 oder 3 der Maschine. Je nachdem, in welchen Schacht der Ton geworfen wurde, ist er Grundton (1), Terzton (3) oder Quintton (5). Nun müssen die Schüler entscheiden, wie die beiden fehlenden Dreiklangstöne heißen. Nachdem alle drei Töne richtig bestimmt wurden, nennen die Schüler zuletzt den Grundton und spielen den Dreiklang auf einem Instrument. Bei der multimedialen Anwendung kann dieser Bauprozess im Modus „Akkorde bauen 1" entsprechend nachvollzogen werden. Als Spiel ist der Modus „Akkorde bauen 2" angelegt, da hier ein Ton in einem Schacht bereits vorgegeben ist, und die Schüler den Dreiklang nun richtig ergänzen sollen. Per Punktescore werden die richtig gebauten Akkorde mitgezählt.

Mit drei Klängen durch die Welt

Terzenschichten

3 Das optische Erkennen von Terzen als Grundbausteinen der Dreiklänge ist wichtig im Zusammenhang mit der Lesefähigkeit von Akkorden (später auch im Zusammenhang mit Dreiklangsumkehrungen). Um das Erkennen von Terzstrukturen zu schulen, fügen die Schüler in dieser Aufgabe Terzen, die einen gemeinsamen Ton beinhalten, zu einem Dreiklang zusammen. Dabei schärfen sie ihren Blick zusätzlich im schnellen Erkennen der beiden Möglichkeiten Linie – Linie oder Zwischenraum – Zwischenraum.

[**Tipp**] Fordern Sie die Schüler auf, die einzelnen Töne der entstandenen Dreiklänge zu lesen und den Dreiklang zum Abschluss zu singen.

Lösung

Es lassen sich 4 Dreiklänge aus den vorhandenen Terzen bilden: Dreiklang über *e'*, über *g'*, über *a'*, über *c''*. Die Bearbeitung dieser Aufgabe ist auch im Schülerarbeitsheft möglich.

Was hat der Notenwurm ausgefressen?

4 Bislang beschäftigten sich die Schüler mit einzelnen Dreiklängen (erkennen, benennen und singen). Aufbauend darauf geht es nun um das Erkennen von Dreiklangsstrukturen im Verlauf von Liedmelodien. Dabei sollen die Schüler sowohl akustisch als auch optisch die in der Liedmelodie enthaltenen Dreiklangsstrukturen identifizieren und die fehlenden Töne ergänzen.

[**Tipp**] Für die Schüler ist es hilfreich, die Liedanfänge zwei- oder dreimal in langsamem Tempo zu hören, damit sie die gebrochenen Dreiklänge identifizieren können. Auch hier können Sie die Melodiefolgen zunächst mithilfe von Solmisation und Handzeichen singen. Dies verdeutlicht einerseits die Abfolge der Tonschritte und unterstützt andererseits den bewussten hörenden Nachvollzug (Audiationsprozess ➤ Einleitung, S. 12).

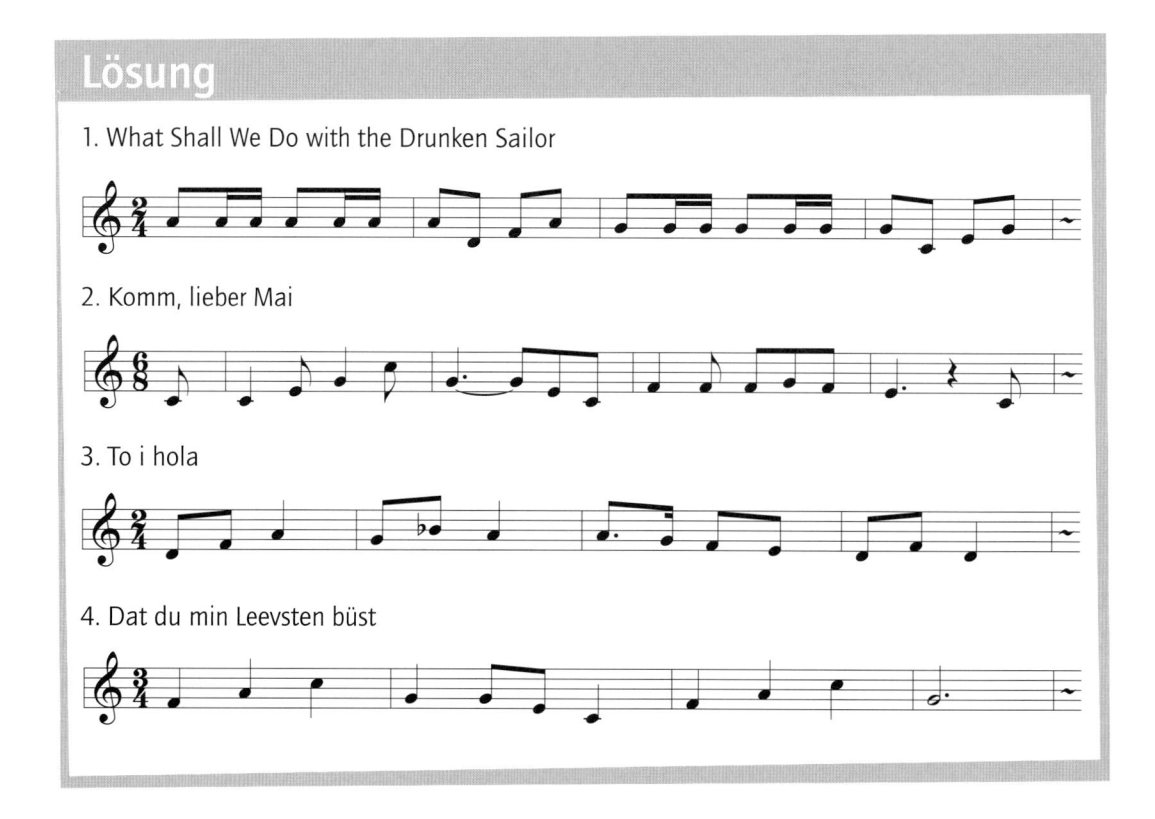

Lösung

1. What Shall We Do with the Drunken Sailor

2. Komm, lieber Mai

3. To i hola

4. Dat du min Leevsten büst

Dreiklangsdomino

Um aus den einzelnen Dominosteinen Dreiklänge legen zu können, müssen die Schüler in einem ersten Schritt die Dominosteine identifizieren, deren Töne den Abstand einer Terz aufweisen. Alle Steine, die keine Terz abbilden, werden aussortiert. In einem weiteren Schritt müssen Dominosteine mit gleichen Tönen gefunden werden, die es erlauben, einen Dreiklang zu bauen. Diese Arbeitsschritte lassen sich besonders übersichtlich im Schülerarbeitsheft ausführen. Dort können die Schüler die zusammengesetzten Dreiklänge auch notieren.

Die folgende Kopiervorlage zum Ausschneiden und Spielen (beispielsweise in Partnerarbeit) erleichtert das Sortieren und Legen der Dominosteine.

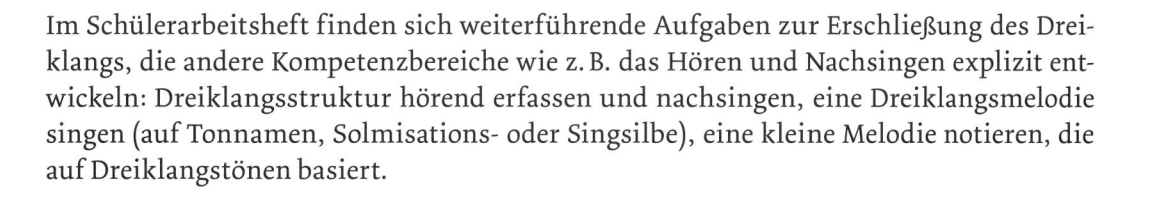

Im Schülerarbeitsheft finden sich weiterführende Aufgaben zur Erschließung des Dreiklangs, die andere Kompetenzbereiche wie z. B. das Hören und Nachsingen explizit entwickeln: Dreiklangsstruktur hörend erfassen und nachsingen, eine Dreiklangsmelodie singen (auf Tonnamen, Solmisations- oder Singsilbe), eine kleine Melodie notieren, die auf Dreiklangstönen basiert.

Dreiklangsbaukasten ▶ SB, S. 104

Beim Motto-Song „Dreiklangs-Calypso" sollen die Schüler das erworbene Wissen um Dreiklänge musizierpraktisch anwenden. Der Song ist so angelegt, dass Dreiklänge und Dreiklangsstrukturen eine zentrale Rolle spielen. Insbesondere die Melodie des Refrains besteht aus Dreiklangsbrechungen, zudem liegen dem Song harmonisch die drei Hauptstufen C-Dur, F-Dur und G-Dur zugrunde (einzige Ausnahme ist die Doppeldominante im vorletzten Takt der Strophe). Er bietet somit vielfältige Möglichkeiten für eine musikpraktische Auseinandersetzung mit Dreiklängen:

Mit drei Klängen durch die Welt

- Die Schüler können sich auf der Basis ihres Könnens und Wissens um Dreiklänge die Refrainmelodie selbstständig erarbeiten. Hierzu sollten sie, wenn möglich, auch Solmisation einsetzen.
- Die auf Dreiklangstönen basierende Melodie kann näher untersucht werden. Dabei kann durchaus auch die Wirkung einer solch gebauten Melodie thematisiert werden.
- Aufgrund des klaren Melodieaufbaus, aber auch durch die Beschränkung auf die drei Hauptstufen können die Schüler problemlos eine eigene Begleitung mit Dreiklängen entwerfen und spielen.

1 Die Schüler beschäftigen sich zunächst mit der Erarbeitung des Refrains, später mit der Strophe. Wie oben bereits erwähnt, sollten sich die Schüler den Refrain eigenständig erarbeiten (am Instrument, singend mit Solmisation usw.). Als Alternative zum deutschen Text steht eine englische Textvariante zur Verfügung, die je nach Klassensituation eingesetzt werden kann. Eine kleine Gruppe spielt den notierten Begleitrhythmus, ein Schüler spielt die Basstöne (notierte Akkorde im Leadsheet) auf Bass-Stäben, einem E-Bass oder dem Klavier.

[Tipp] Der Motto-Song kann mithilfe von Elementen aus dem Latin-Workshop (➤ SB, S. 204) mit weiterer Percussionbegleitung versehen werden. Als Intro kann man entweder die Begleitung der letzten vier Takte des Refrains oder auch der Strophen verwenden. In den Strophen sollten die Percussioninstrumente einen Break auf Zählzeit 1 des letzten Taktes spielen. Dies strukturiert den Song und gibt zusätzlichen rhythmischen Drive.

Dreiklangs-Calypso (Klaviersatz)

Text u. Musik: M. Detterbeck, G. Schmidt-Oberländer;
Klavierbegleitung: G. Schmidt-Oberländer
© Helbling

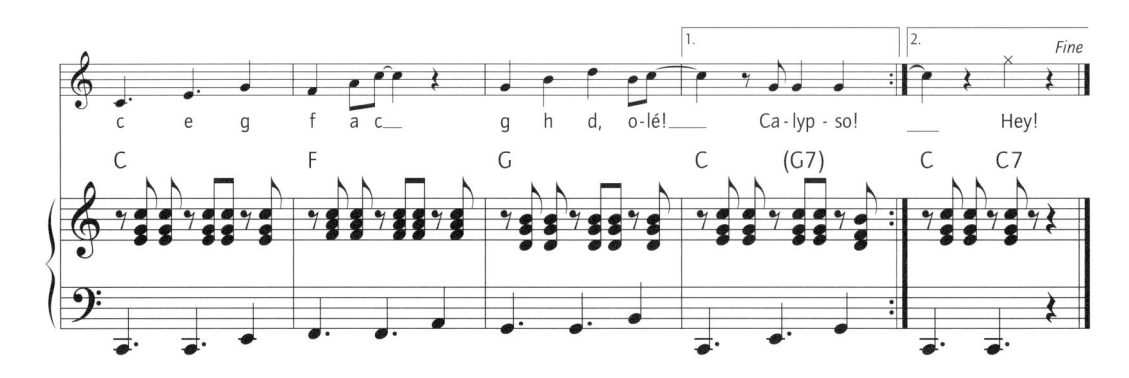

1. Mit Drei - klän - gen geht es nun um die gan - ze Welt,
2. Durch drei Tö - ne wird ein Klang erst so rich - tig toll.

F | C | G | C

D. C. al Fine

kommt und stimmt nun mit uns ein, wie uns das ge - fällt! Ja!
Die Be - glei - tung klingt dann so, wie sie klin - gen soll: Ja!

F | C | F | D7 | G7

Bei näherer Betrachtung der Refrainmelodie werden die Schüler schnell die Dreiklänge identifizieren, die als Bausteine der Melodie zugrunde liegen. Im nächsten Schritt ordnen die Schüler die Dreiklänge den jeweiligen Takten des Refrains zu. An dieser Stelle sei noch einmal angemerkt, dass die Schüler die Dreiklänge noch nicht als Dur-Akkorde identifizieren. Eine Bestimmung der Dreiklänge findet aufbauend auf die an dieser Stelle gewonnenen Erfahrungen später in Kapitel 13 („Farbwechsel: Dur und Moll") statt.

Die Dreiklangsbegleitung soll im Arbeitsheft unbedingt zweizeilig (1. Zeile: Melodie, 2. Zeile: Begleitung) notiert werden. Dies verdeutlicht einerseits den Zusammenhang zwischen Melodie und Dreiklangsbegleitung, andererseits ist das Schreiben der Dreiklänge eine wichtige Übung, die zu größerer Routine im Umgang mit Notation und Notenlesen führt. Zudem können die Schüler die entstandene Spielstimme zur Begleitung des Songs nutzen. Im Schülerarbeitsheft findet sich dazu bereits ein übersichtlicher Vordruck, bei dem die Melodie und die zu ergänzenden Dreiklangsbausteine abgebildet sind.

[Tipp] Wenn Sie die Doppeldominante D7 im vorletzten Takt nicht spielen lassen, können Sie auch die Strophe mit den drei Hauptstufen begleiten. Im vorletzten Takt erklingt dann durchweg nur F-Dur.

Ideal ist die Ausführung der Begleitung durch Klavier oder Stabspiele. Dabei können die Schüler die Struktur des Dreiklangs (in Grundform) auch visuell gut nachvollziehen. Falls die Begleitung mit Boomwhackers ausgeführt wird, ist zu beachten, dass der G-Dur-Dreiklang nicht in Grundstellung *(g – h – d)* ausgeführt werden kann. In den Schulen ist meistens ein diatonischer Satz vorhanden, der die Oktave *c'* bis *c"* umfasst. Deshalb muss der G-Dur-Dreiklang in der 2. Umkehrung (als Quartsextakkord mit den Tönen *d – g – h*) gespielt werden. Dies ist im Aufbau des bisherigen Kapitels nicht ganz ideal, da damit bereits die Notwendigkeit von Umkehrungen eingeführt würde. Umkehrungen werden in „MusiX 2" (Klasse 7) thematisiert.

Mit drei Klängen durch die Welt

Ein fröhlicher Tanz aus der Unterwelt ► SB, S. 106

1 🔘 56 Für die Ausführung dieses längeren Spiel-mit-Satzes ist es hilfreich, wenn die Schüler das Spielen mit zwei Schlägeln mithilfe des Workshops „Stabspiele" (► SB, S. 42) bereits geübt haben. Das ganze Stück lässt sich mit einem Rechts-links-Wechsel spielen; das erleichtert auch die Achtelrepetitionen.

[Tipp] Lassen Sie die Schüler vor allem das letzte Drittel von Teil A in langsamem Tempo üben; insbesondere der schnelle Wechsel der Achtelnoten c – c – h – h (Instrument 2) muss vor der Ausführung des Spiel-mit-Satzes gut vorbereitet sein.

Im Sinne eines Klangwechsels kann man Teil A mit Stabspielen besetzen und Teil B durch eine Boomwhackers-Gruppe ausführen lassen. Diese Besetzung kann zusätzlich durch weitere Instrumente (Flöte, Geige usw.) ergänzt werden.

2 Die Schüler haben im Zusammenhang mit dem aufbauenden Strang „Anleiten" an verschiedenen Stellen der vorangegangenen Kapitel mit dem Anzeigen von Melodieverläufen (gestische Singleitung) oder mit dem Ordnen von Abläufen z. B. bei Gestaltungsaufgaben grundlegende Erfahrungen gesammelt. Ein weiterer Schritt besteht in der Einführung verschiedener Taktfiguren. In Kapitel 3 (► SB, S. 35) haben die Schüler bereits die Taktfigur eines 4/4-Taktes geübt. Dabei ging es lediglich um ein „Taktieren", also darum, eine saubere Taktfigur zur Musik zu schlagen.

Vorübung zur Einführung der Schlagfigur des 2/4-Taktes
🔘 56 Die Vorübung kann auch zur Musik ausgeführt werden.
- Die Schüler zeichnen vor dem Körper mit der rechten Hand eine liegende 8 in die Luft; die Bewegung mit Schwung und großzügig ausführen.
  Unbedingt auf die Richtung der Bewegung achten: immer nach oben beginnen!
- Allmählich sollen die Schüler die zwei Schwerpunkte (x) empfinden.
- Auf den beiden Schwerpunkten einen kurzen Atemimpuls („f") ausführen.
- Die Bewegung und den Atemimpuls allmählich reduzieren mit der Aufforderung, die Impulse zwar kleiner, aber genauso präzise auszuführen.

Die bei der Vorübung gemachten Erfahrungen (Puls, Schwerpunkt, Weg von einem Schwerpunkt zum nächsten) übertragen die Schüler nun auf die Schlagfigur des 2/4-Taktes. Beim Üben sollte nun der Fokus auf folgenden beiden Aspekten liegen:
- den Puls der Musik spüren und sichtbar machen
- die Betonung des Taktes mithilfe der Schlagfigur anzeigen: Schlag 1 mit der Abwärtsbewegung markiert den Beginn und den Schwerpunkt des Taktes

Für Dirigierprofis
Aufbauend auf die Vorübung üben die Schüler, einen Einsatz anzuzeigen. Auch dies sollte vorher schrittweise eingeführt werden: Die Schüler schlagen zwei 2/4-Takte vor, der letzte Schlag im zweiten Takt bekommt einen besonderen Impuls, dabei einatmen und die Spieler anschauen. Dies kann z. B. noch mit dem Satz „Komm, **spiel**!" unterstützt werden.

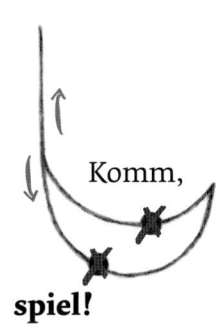

Beim Übertragen der Übung auf den Song bietet es sich an, den Einsatz der Boomwhackers in Teil B oder der Instrumente 2 und 3 im zweiten Abschnitt des A-Teils anzuzeigen.

Für eine Tanzgestaltung erlernen die Schüler die Grundschritte des Cancans. Eine Umsetzung benötigt nicht viel Zeit, macht aber als Zwischenmotivation enorm viel Spaß und dient als Hinführung zur humorvollen Verfremdung durch Camille Saint-Saëns.

Camille Saint-Saëns verwendet die Musik von Jacques Offenbach in einer ironischen Verfremdung: Charakteristisch für den Cancan ist eine „wilde" Musik, bei der die Tänzerinnen kreischend und juchzend ihre Beine weit in die Luft werfen. In seinem „Karneval der Tiere" lässt Saint-Saëns bei den Schildkröten die Musik gleichsam in Zeitlupe erklingen, sodass die charakteristische Melodie schon fast nicht mehr zu erkennen ist. Schleppend langsam und damit müde wirkend wird der Cancan von den Streichinstrumenten unisono präsentiert. Die Triolen im Klavier unterstreichen noch Langsamkeit und Unbeholfenheit (Achtel gegen Triolen). In einer Höraufgabe sollen die Schüler die entsprechenden rhythmischen Strukturen benennen und die jeweils beteiligten Instrumente hörend bestimmen. Damit baut diese Aufgabe auf der Erfahrung von Zweier- und Dreierunterteilungen auf, die die Schüler in Kapitel 3 (➤ SB, S. 30) und Kapitel 4 (➤ SB, S. 50 f.) gemacht haben.

[Tipp] Lassen Sie die Schüler die Dreierunterteilungen (du da di) und später auch die Zweierunterteilungen (du dei) mitsprechen bzw. mitspielen (Bodypercussion). Besprechen Sie mit den Schülern auch die Wirkung von Zweier- und Dreierunterteilungen im Rückgriff auf Mozarts erste Sinfonie (➤ SB, S. 50 f.).

Die folgende Kopiervorlage zeigt die Melodie des Cancans. So ist es für die Schüler einfacher, die Melodie bei der Verfremdung in Saint-Saëns' Musik zu verfolgen.

Cancan

Musik: J. Offenbach

Kapitel 9: Musik in Form I

Thema und Ziele

In diesem ersten von zwei Kapiteln, die sich mit formalen Strukturen beschäftigen, geht es zunächst um die kleinen und kleinsten Bausteine in der Musik: Motive, Phrasen und einfache Liedformen. Auf der Basis von bereits Erlerntem, der Veränderung eines Motivs (➤ Kap. 5, SB, S. 60), wird das Motiv als Baustein einer Liedmelodie oder eines Sinfoniesatzes in den Blick genommen. Wie sich die Formteile zu einem musikalischen Satz und solche Sätze dann zu Liedformen zusammensetzen, wird im Folgenden an zwei ganz unterschiedlichen Liedern bzw. Songs gelernt, einer madrigalesken Renaissancemelodie und einem Swing-Titel. Schließlich werden zwei musikalische Kunstformen, das Menuett und das Rondo durch Tanz, Theater und Bleistiftpercussion praktisch erfahren und formal erfasst.

In diesem Kapitel wird an folgenden Dimensionen musikalischer Kompetenz gearbeitet:

- **Stimme und Singen:** lockere Zunge („Wenn du einmal traurig bist" ➤ SB, S. 111), usuelles Singen (➤ SB, S. 113, 117, 118, 122)
- **Instrumente spielen:** Spiel-mit-Satz (➤ SB, S. 115), Begleitsatz (➤ SB, S. 118f.)
- **Körper und Bewegung:** Tischpercussion (➤ SB, S. 111), Liedstruktur in eine Choreografie umsetzen (➤ SB, S. 117), Menuett tanzen (➤ SB, S. 121), formale Struktur szenisch darstellen: „Sockentheater" (➤ SB, S. 122)
- **Variieren und Erfinden:** Melodieverläufe (➤ SB, S. 116), Bewegungsimprovisation (➤ SB, S. 122)
- **Lesen und Notieren:** grafische Notation (➤ SB, S. 112)
- **Hören und Beschreiben:** Gestaltungsprinzipien (➤ SB, S. 112), Ablaufskizze (➤ SB, S. 112, 113, 118, 121), Rondoform (➤ SB, S. 123)
- **Kontexte herstellen:** Motiv, Liedform (➤ SB, S. 113 ff.), Menuett (➤ SB, S. 120 f.), Rondo (➤ SB, S. 122 f.)

Start-ups für Stimme und Körper ➤ SB, S. 111

Stimme/Körper und Bewegung

Wenn du einmal traurig bist

Das kleine Stimmungsaufhellungs-Lied startet im ersten Teil mit einem geringen Tonumfang (Sexte von c' bis a'), bevor das Interlude den Oktavraum erschließt und mit Oktavsprüngen endet.

Methodische Hinweise:
- Im ersten Teil auf den Quintsprung c' – g' zu Beginn achten, der gut „gegriffen" werden muss. Um die nötige Spannung herzustellen, können die Schüler ein imaginäres Gummiband vor ihrem Körper mit Impuls bei der Ausführung des Sprungs dehnen.
- Hilfreich sind sicherlich auch Solmisationssilben in Verbindung mit den Handzeichen (➤ Einleitung, S. 11 ff.). Damit können die Schüler noch einmal die Spannung und auch die Funktion der Töne c (Grundton), g (Quinte) und a (Sexte) körperlich und hörend nachvollziehen. Die Intonation der Töne wird dann genauer und sicherer gelingen.
- Gleiches gilt für den Schluss des ersten Teils „Sorgen weg" (T. 13). Der Ton d' als große Sekunde über der Finalis (Grundton) muss mit genügend Spannung gesungen werden, sonst leidet auch die Intonation und die Spannung des Schlusstons.

- Die Alla-breve-Vorzeichnung ist ernst gemeint: Im Interlude soll die Artikulationsfähigkeit auch in schnellerem Tempo trainiert werden („Achtet auf eine lockere Zungenspitze!"). Die Schüler sollen diese Phrase mit großer Leichtigkeit und mit kurzer federnder Artikulation singen. Die Lautstärke soll dabei zurückgenommen werden. Die Lockerheit kann vor allem durch Bewegung der Beine (Knie lockern) oder der Hände (Wasser von den nassen Händen schütteln) unterstützt werden. Die Schüler sollten den Spitzenton c" quasi als „Wäscheleine" empfinden. Die restlichen Töne werden an dieser Linie (oben) eingehängt. Vorsicht, wenn der dritte Takt in die Tiefe führt. Hier dürfen die Sänger nicht in die „Brustigkeit" drücken. Die Töne werden in der Tiefe leichter, luftiger und leiser. Besonders der Oktavsprung am Ende muss leicht angesungen werden: Im tiefen Ton den hohen bereits mitempfinden (vorausbören).

[Tipp] Weitere, die Artikulation fördernde Silben sind z. B. „dibidibidim", „jabadabadu", „tiketiketa", „sabadabadi".

Man kann das Start-up z. B. mit einem Nachschlagepattern begleiten:

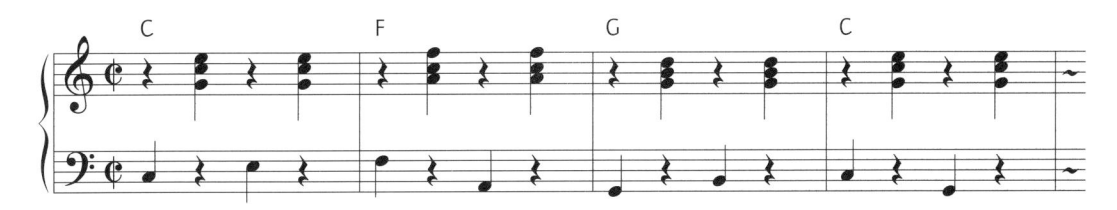

Tisch-Percussion 1

Rhythmus

Dieses Rhythmus-Start-up lässt die Schüler in kompakter Weise und mit hohem Motivationsfaktor die Rondoform aktiv erfahren, die später im Schülerbuch auf S. 122 f. thematisiert wird.

[Tipp] Bei der Erarbeitung des Rondos können Sie auf dieses Start-up zurückkommen oder es in der entsprechenden Stunde als Einstieg verwenden.

Die Begriffe „Ritornell" und „Couplet" werden hier bereits verwendet, ohne dass sie verbal erklärt werden. Im Schülerbuch verwenden wir dieses Prinzip des „bridging movements" (nach E. Gordon ➤ Einleitung, S. 14), d. h. des Verwendens von noch nicht eingeführten Fachbegriffen oder grafischen Kodierungen und die Selbsterklärung im handelnden Kontext, immer wieder. „Überbrückende Lernbewegungen" sind Teil eines prozeduralen Lernens, das die darauf aufbauende verbindliche und formalisierte Einführung der Begriffe und Symbole bestens vorbereitet.

Methodische Hinweise:
- Der Tisch sollte bei einer Tisch-Percussion ganz leer sein.
- Vorsicht mit den Ellenbogen! Hier zählt nicht unbedingt Lautstärke, sondern vielmehr Präzision.
- Idealerweise sollten die beiden Teile der Tisch-Percussion durch schrittweises Vor-/Nachmachen vermittelt werden. Jedes der drei Patterns im Ritornell muss man erst langsam einzeln üben, bevor man zwei davon und schließlich drei zusammensetzen kann.
- Rhythmisch basieren die Patterns von Stimme 2 und 3 in der ersten Hälfte auf dem Clave-Rhythmus. Als Vorbereitung evtl. sprechend mit textlicher Unterstützung („Afrika – Afrika – Kuba" oder mit den Rhythmussilben „du da di, du da di, du dei") erarbeiten.

Musik in Form I

- Es ist hilfreich, wenn bei der Erarbeitung die Aktionen mitgesprochen werden („Tisch, Klatsch, Tisch, Ellenbogen, Klatsch" usw.). So werden die einzelnen Patterns sicher erlernt und besser verinnerlicht. Vor allem, wenn die Schüler dann in Gruppen zwei oder drei verschiedene Patterns zusammenspielen, werden sie ihr Pattern mit größerer Sicherheit selbstständig ausführen können.
- Auch die Kombination von zwei Patterns groovt schon ganz schön. Für eine Aufführung der Tisch-Percussion ist beispielsweise folgende (aufbauende) Formgestaltung denkbar:

Ritornell Stimme 1	Couplet 1	Ritornell Stimmen 1 u. 2	Couplet 2	Ritornell Stimmen 1 u. 3	Couplet 3	Ritornell Stimmen 1, 2 u. 3

Gestaltungsprinzipien: Wiederholung – Veränderung – Kontrast ➤ SB, S. 112

Als Einstieg in die Beschäftigung mit musikalischer Form denken die Schüler anhand konkreter Erlebnisse aus ihrem Umfeld über die Gestaltungsprinzipien Wiederholung, Veränderung und Kontrast nach. Im Schülerarbeitsheft sind einige Alltagsbeispiele vorgegeben, die als Diskussionsgrundlage dienen können.

Erst in einem zweiten Schritt werden diese Überlegungen auf musikalische Formprinzipien übertragen: Ausgehend vom Motiv als Baustein eines Musikstückes über Satz und Liedformen lernen die Schüler dann den Aufbau des Menuetts und des Rondos kennen.

🔄 Die Gestaltungsprinzipien wurden bereits in Kapitel 5 (➤ SB, S. 60) im Zusammenhang mit motivischer Improvisation eingeführt. In Kapitel 12 (➤ SB, S. 147) werden sie zur Beschreibung von Musik mit den musikalischen Parametern kombiniert.

1 2 Die Bilderfolge eines Baums im Wechsel der Jahreszeiten eignet sich gut, um über die Gestaltungsprinzipien mit den Schülern ins Gespräch zu kommen. Die Schüler finden im Unterrichtsgespräch heraus, wo sich die einzelnen Gestaltungsprinzipien in den Bildern wiederfinden:
- Wiederholung, z. B. in der roten Bank vor einem Baumstamm, dem blauen Himmel
- Veränderung, z. B. in der Blätterfarbe, Beleuchtung
- Kontrast, z. B. zwischen grüner Wiese und weißem Schnee

Im folgenden Jahr wird sich das jahreszeitlich geprägte Aussehen der Szene wohl wiederholen, wenn es auch im Detail immer Veränderungen geben wird.

Die im Unterrichtsgespräch gewonnenen Erkenntnisse sollen die Schüler nun – beispielsweise in Kleingruppen – in ihren Alltag übertragen. Hierbei könnte es um Themen wie Schulstunden-Rhythmus, Geburtstag, Tages- oder Jahreslauf (Wiederholung), Umzug in die neue Wohnung, eigenes Wachstum oder Wetterbericht (Veränderung), Schul- und Ferienzeit oder Wachen und Schlafen (Kontrast) gehen. In einem gemeinsamen Auswertungsgespräch tragen die Gruppen ihre Ergebnisse vor.

[**Tipp**] Regen Sie die Schüler auch dazu an, über positive Aspekte bzw. Gefahren nachzudenken (Aufgabe 2). Wenn sich beispielsweise etwas oft wiederholt, kann es langweilig werden, andererseits verunsichert zu häufige Veränderung, weil ein vertrauter Rahmen fehlt.

3 Die auf den Alltag der Schüler bezogene Beschäftigung mit den Gestaltungsprinzipien wird nun auf Musik übertragen. Dazu hören die Schüler drei verschiedene Hörbeispiele und ordnen die abgebildete Verlaufsskizze begründet zu. Welches der drei Gestaltungsprinzipien wurde vom Komponisten in seiner Komposition (vorrangig) verwendet?

Die Hörbeispiele sind so gewählt, dass jeweils ein Gestaltungsprinzip im Vordergrund steht: In Beethovens 5. Sinfonie ist z. B. die Verwendung des Eingangsmotivs in veränderten Gestalten präsent. Bei genauerem Hören finden sich natürlich auch Aspekte für die Verwendung der anderen Parameter, z. B. erst drei kurze Töne, dann ein langer Ton und am Ende Akkorde, die mit dem Achtelrhythmus kontrastieren, oder auch eine Motivwiederholung auf verschiedenen Tonstufen. Die vorgeschlagene Verlaufsskizze im Schülerbuch macht die Veränderung vor allem der Tonhöhe, aber auch die Kontraste der Tonlängen deutlich.

Die Schüler hören nun die beiden anderen Hörbeispiele noch einmal und fertigen zu einem davon auf ähnliche Weise in grafischer Notation eine Verlaufsskizze im Schülerarbeitsheft an.

Die Komposition „Phase Patterns" von Steve Reich ist sicher ein sehr eindeutiges Beispiel, das die für Minimal Music typischen Wiederholungen mit nur kleinsten Veränderungen deutlich hörbar macht. Eine Verlaufsskizze könnte z. B. folgendermaßen aussehen:

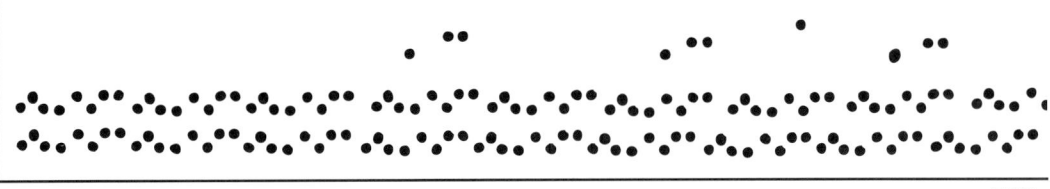

Björks „It's oh so quiet" setzt den Text mit einem starken Kontrast zwischen einem leisen „Klingklang-Teil" („It's oh so quiet, it's oh so still…") und einem massiven „Big-Band-Shout" („until you fall in love…") um. Hier ein Vorschlag für eine Verlaufsskizze:

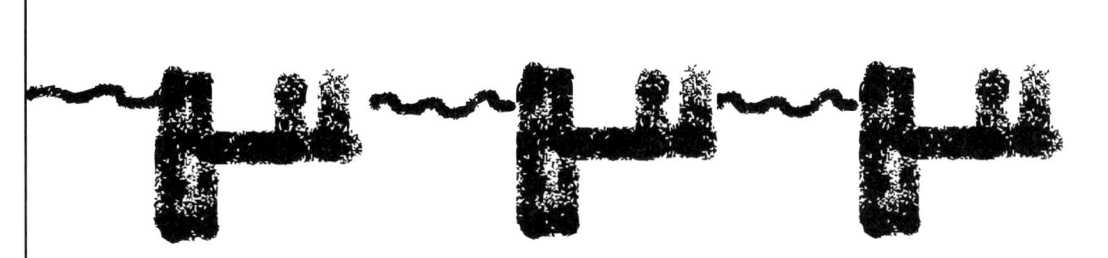

Abschließend präsentieren einzelne Schüler ihre Ergebnisse und erläutern die gewählte grafische Umsetzung auch hinsichtlich der Parameter und Gestaltungsprinzipien.

[**Tipp**] Alternativ könnten Sie einige Ergebnisse auch kommentarlos präsentieren lassen, wobei die Klasse die Grafiken einem Hörbeispiel zuordnet. Regen Sie die Schüler dabei zu einem Austausch darüber an, ob und auf welche Weise in der jeweiligen Grafik die Parameter bzw. Gestaltungsprinzipien der Komposition treffend bzw. erkennbar umgesetzt wurden.

Bausteine für Melodien: das Motiv ➤ SB, S. 113

Vom Motiv zur Liedmelodie

An dem einfach und klar aufgebauten Spiritual „Kumbaya" erarbeiten sich die Schüler ein vertieftes Verständnis für elementare Bausteine einer Melodie. Dies dient unter anderem auch zur Vorbereitung einer späteren Beschäftigung mit Motiven bzw. motivischer Arbeit (➤ SB, S. 114).

1 Zum späteren Verständnis ist es unbedingt nötig, dass die Schüler das leicht zu erlernende Lied mehrfach gesungen und dadurch verinnerlicht haben. Eine Beschäftigung mit der Notation allein genügt nicht für ein nachhaltiges Verständnis.

[Tipp] Erarbeiten Sie den Song unbedingt im Call-&-Response-Verfahren. Dieses Vorgehen hilft den Schülern, die Bausteine isoliert wahrzunehmen.

2 Bei der Beschreibung der Bausteine greifen die Schüler auf ihnen bereits vertraute Fachbegriffe zurück und wenden diese in neuem Zusammenhang an. Falls nötig, sollten die Begriffe nochmals kurz erläutert oder von den Schülern in ihrem Schülerarbeitsheft (Rubrik „Grundwissen aktiv") nachgeschlagen werden. Im Einzelnen ist die Melodie aus folgenden Bausteinen aufgebaut:

	Beschreibung / kompositorisches Mittel
Baustein 1	• Dreiklang aufwärts • Baustein endet auf dem Quintton mit dreimaliger Tonwiederholung • langer Ton (Halbe Note) am Ende
Baustein 2	• kurzer Dreitonbaustein • Sekundschritt abwärts (Kontrast zur aufsteigenden Dreiklangsmelodie von Baustein 1) • lange Note (Ganze Note) am Ende
Baustein 1	• Baustein 1 wird wiederholt
Baustein 2a	• Baustein 2 wird wiederholt, aber mit Veränderung: zwei Schritte im Sekundabstand abwärts
Baustein 1	• Baustein 1 wird wiederholt
Baustein 2	• Baustein 2 wird wiederholt
Baustein 3	• charakteristisch ist ein langer Ton (Halbe Note) am Beginn, was einen rhythmischen Kontrast zu den anderen Bausteinen schafft • absteigend mit Sekundschritt und Tonsprung (Terz)
Baustein 2b	• Baustein 2 wird wiederholt, aber auf tieferer Tonstufe (Abschluss der Melodie mit Grundton)

Eine derart detaillierte Beschreibung wird wohl nur von erfahrenen Schülern leistbar sein und ist auch nicht unbedingt Ziel der Aufgabenstellung. Die Schüler sollen vielmehr die Wirkung der unterschiedlichen Bausteine, die sie beim Singen erlebt haben, beschreiben können. Sicherlich ergeben sich dann im Unterrichtsgespräch einige der oben genannten Aspekte: „Baustein 2 bildet einen Kontrast, er umfasst nur drei Töne. Die Melodie ist nun abwärts gerichtet, während Baustein 1 eine ansteigende Melodie hatte...".

Mithilfe der Präsentation auf der Multimedia-CD-ROM, bei der die einzelnen Bausteine nicht nur im Zusammenhang, sondern auch einzeln angehört werden können, ist der Liedaufbau für Schüler besonders gut nachvollziehbar. Im Schülerarbeitsheft halten sie ihre Ergebnisse fest.

Beethoven: vom Motiv zur Sinfonie ► SB, S. 114

Ta-ta-ta-taaa – ein Baustein für eine Sinfonie

Wie aus einem Motiv ein längerer musikalischer Sinnabschnitt zusammengebaut („komponiert") werden kann, können die Schüler nun am Beispiel des ihnen bereits vertrauten Beethoven-Ausschnitts (► SB, S. 112, Aufgabe 3) nachvollziehen. Ein Spiel-mit-Satz unter Zuhilfenahme von Taschenlampen bereitet optional die Analysearbeit aktiv vor.

Im Schülerarbeitsheft ist die folgende Aufgabe für ein kleinschrittiges und gut nachvollziehbares Vorgehen aufbereitet.

Lösung

Aufgabe 1a: Aus der Beschreibung des Motivs (drei kurze Töne, ein tieferer langer Ton) lassen sich die Antworten auf die verschiedenen Aufgabenstellungen leicht ableiten: In Takt 3/4 wird das Motiv um einen Ton nach unten versetzt (Wiederholung des Motivs, aber Veränderung der Tonhöhe). In Takt 5/6 wird das Ausgangsmotiv zwar wiederholt, die letzte Note ist aber kurz und das veränderte Motiv wird nun nach oben verschoben (Sequenz).

Aufgabe 1b: Das Motiv erscheint insgesamt 13 Mal.

Aufgabe 1c: Das in Takt 13 veränderte Motiv erklingt in Takt 14 kontrastierend in tiefer Lage und umgekehrter Bewegungsrichtung (von unten nach oben).

Die Infobox auf S. 114 systematisiert diese Ergebnisse und bietet eine Übersicht über Wiederholung, Veränderung und Kontrast bezogen auf das Motiv aus Beethovens 5. Sinfonie.

Sound & Light mit Beethoven

Diese motivierende Spielidee kann zum Einsatz kommen, um die Schüler zunächst mit Beethovens Sinfonie hörend vertraut zu machen. Durch die aktive Auseinandersetzung wird die Motivarbeit (► SB, S. 114) optimal vorbereitet. Im Sinne der aufbauenden Lernspirale (► Einleitung, S. 5) schafft dies die Grundlage für eine nachhaltige Beschäftigung.
Die Durchführung des Spiel-mit-Satzes setzt einen (Musik-)Raum voraus, der sich einigermaßen verdunkeln lässt. Die Audio-CD bietet eine deutlich langsamere Trainingsversion an, zu der sich die Lichtsignale tempogenauer ausführen lassen.

Baupläne: Satz und Liedformen ► SB, S. 116

Auf den Seiten 116–118 beschäftigen sich die Schüler mit den Bauprinzipien des musikalischen Satzes (Periode). Dabei erfahren sie Aufbau und Auflösung von Spannung innerhalb einer musikalischen Phrase und lernen die Fachbegriffe Vordersatz/Nachsatz kennen. Darauf aufbauend beschäftigen sie sich mit der zwei- bzw. dreiteiligen Liedform.

Die Idee hinter Aufgabe 1 und 2 ist, die Parallelität zwischen sinnvoller Satzbildung in Sprache und Musik zu verdeutlichen. Zuerst werden auf dem Gebiet der Sprache Sätze ergänzt, dann auf dem der Musik Melodieverläufe am Instrument möglichst sinnvoll beendet.

Musik in Form I

[**Tipp**] Es ist für die Schüler sicherlich hilfreich, wenn Sie sowohl sprachliche als auch musikalische Nonsens-Beispiele geben, um durch den Kontrast die Notwendigkeit und die Sinnhaftigkeit von sinnvoller Melodieführung zu erläutern, z. B.:

- „Als ich heute Morgen aufwachte, dachte ich als Erstes ans Frühstück."

- „Als ich heute Morgen aufwachte, Schuhgröße 38 ist zu klein."

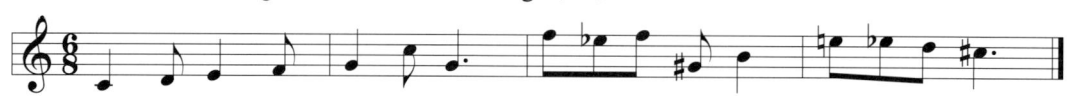

Mithilfe der multimedialen Anwendung können die Schüler zu Melodieanfängen passende Abschlüsse finden und hörend ihre Auswahl kontrollieren.

Im Schülerarbeitsheft halten die Schüler ihre Ergebnisse fest. Zudem sollen sie Gründe sammeln, welche Eigenschaften ein gut klingender Abschluss hat (z. B. „der Abschluss endet mit dem Grundton", „der Abschluss greift rhythmische oder melodische Besonderheiten des Melodieverlaufs auf").

3 In Aufgabe 3 sollen die Schüler anhand der „Ode an die Freude" den Unterschied zwischen dem einen Vordersatz beendenden offenen (Halb-)Schluss und dem einen Nachsatz beendenden geschlossenen (Ganz-)Schluss singend erfahren. Die Schüler zeigen den dabei empfundenen Spannungsverlauf (Spannungssteigerung zum Ende des ersten Teils, Abfall der Spannung zum Ende des zweiten Teils) mit der Hand an. Alternativ könnte auch eine Spannungskurve im Arbeitsheft gezeichnet werden, die den Verlauf der Spannung verdeutlicht. Der hier eingeführte Begriff „Phrase" ist für die Analyseaufgabe auf der folgenden Seite wichtig.

4 Lassen Sie die Schüler weitere Beispiele aus dem Liedrepertoire der Klasse untersuchen, um den Umgang mit dem musikalischen Satz zu üben. Folgende Lieder könnten die Schüler finden:
- „Einen Groove versenden" (➤ SB, S. 5)
- „Shalala" (➤ SB, S. 6)
- „Smiling Faces 2" (➤ SB, S. 17)
- „Geschüttelt und gereimt" (➤ SB, S. 27)
- „Let's Meet the Beat!" (➤ SB, S. 28)
- „Bodydrum" (➤ SB, S. 45)
- „Ich, du, er, sie, es" (➤ SB, S. 69)
- „Early-Morning-Reggae" (➤ SB, S. 70)
- „Arirang" (➤ SB, S. 72)
- „Dreiklangs-Calypso" (➤ SB, S. 104)
- „Wenn du einmal traurig bist" (➤ SB, S. 111)
- „Kumbaya" (➤ SB, S. 113)

Zweiteilige Liedform

5 (D 8) Zunächst singen die Schüler den Song „Now Is the Month of Maying". Die Übertragung einer Liedform in Bewegung macht den Aufbau einer periodischen Melodie besonders deutlich und nachvollziehbar. Deshalb soll in Kleingruppen (4–6 Schüler) der Bauplan des Liedes in einer Choreografie verdeutlicht werden. Die im Schülerbuch abgedruckten

Bewegungsbausteine helfen dabei. Die Bausteine können durchaus auch wiederholt werden, um z. B. den melodischen Zusammenhang in Phrase 1 zu verdeutlichen.

Abschließend sollte die formale Struktur des Liedes noch einmal gemeinsam anhand der farbigen Gestaltung im Schülerbuch nachvollzogen und im Schülerarbeitsheft notiert werden.

Alternativ kann die Präsentation auf der Multimedia-CD-ROM genutzt werden, die eine abschnittsweise Betrachtung der einzelnen Bausteine (Audio und Analyse) ermöglicht.

[Tipp] Zusätzlich können Sie an dieser Stelle auch als Merkhilfe das Modell des „Formteilehauses" (➤ SB, S.119) nutzen, um die wichtigsten Begriffe des musikalischen Satzes zu verdeutlichen. Im Schülerarbeitsheft festigen die Schüler die Begrifflichkeiten bei der Bearbeitung eines Lückentexts („Grundwissen aktiv").

Dreiteilige Liedform

Der Hit aus der Swing-Zeit des italo-amerikanischen Sängers, Trompeters und Entertainers Louis Prima (übrigens die Originalstimme des Affenkönigs King Louis in Disneys „Jungle Book") eignet sich durch seine einfache Akkordstruktur gut zum Klassenmusizieren. Zur Verdeutlichung der dreiteiligen Form in einer längeren Jazz-Aufnahme fertigen die Schüler im Schülerarbeitsheft eine Ablaufskizze an. Die Begriffe „Intro", „Improvisation", „Schlagzeugsolo" oder „Jazz-Trompete" können als Impulse an die Tafel geschrieben werden, um die Teile der Großstruktur zu benennen.

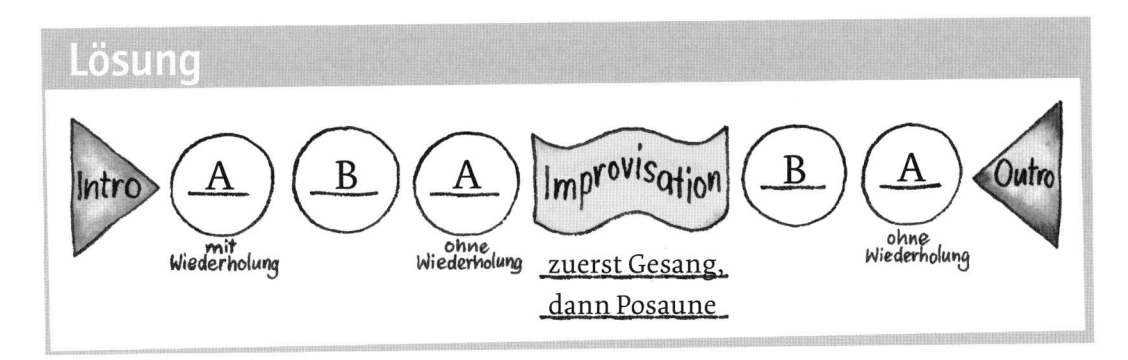

Lösung

Intro – A (mit Wiederholung) – B – A (ohne Wiederholung) – Improvisation (zuerst Gesang, dann Posaune) – B – A (ohne Wiederholung) – Outro

Zum Klassenmusizieren des Songs bietet das Schülerbuch einfach zu realisierende Begleitstimmen für Percussion, Bass, Stabspiele und Boomwhackers.

Abschließend untersuchen die Schüler verschiedene Lieder aus dem Kursbuch auf ihre Form. Eine Systematisierung mithilfe des Formteilehauses rundet diesen Lernabschnitt ab und bietet den Schülern damit eine gute Merkhilfe.

Ganz vornehm: das Menuett ➤ SB, S. 120

Die Beschäftigung mit dem Menuett als größerer dreiteiliger Form erlaubt einen Blick in die Musikgeschichte und die Funktion innerhalb der gesellschaftlichen Praxis, die dieser Tanz erfüllt.

Ein Menuett von Johann Sebastian Bach

Die Schüler wenden ihre erworbenen Kenntnisse nun in einer Hör- und Leseanalyse an. Sie verfolgen zunächst das Notenbeispiel, während die Musik erklingt. Für weniger geübte Schüler, die kein Instrument spielen, ist diese grundlegende Kompetenz immer

Musik in Form I

wieder eine Herausforderung. Um die Orientierung nicht zu verlieren, könnten die Schüler in Viertelnoten eine kleine Bodypercussion mit den Händen zur Musik spielen: Mit der rechten Hand in die linke Handfläche klatschen – mit dem rechten Zeigefinger den linken Daumen tippen – mit dem rechten Zeigefinger den linken Zeigefinger tippen. Der Klatscher verweist die Schüler jeweils auf den Beginn eines neuen Taktes.

Schließlich untersuchen die Schüler den Aufbau des Menuetts, indem sie das auf den vorangegangenen Seiten erarbeitete Wissen anwenden. Eine vollständige Analyse, wie in der Musterlösung angegeben, ist wohl nicht von allen Schülern am Ende der 5. Klasse problemlos und ohne Hilfestellung des Lehrers zu erwarten. Dennoch können die Schüler aber mithilfe des Hörbeispiels und der Noten folgende Aspekte untersuchen:
- Wo finden sich Motive, Motivwiederholungen bzw. veränderte Motive?
- Wo beginnt eine Phrase und wo endet sie?
- Wo endet eine Phrase offen und wo findet sich ein überzeugender Schluss, der die Phrase abschließt?

Auf die Unregelmäßigkeit im formalen Aufbau in den Abschnitten B und D sollte man die Schüler hinweisen: Die jeweils letzten 8 Takte bilden eine einzige längere Phrase ohne die typische Vordersatz-Nachsatz-Struktur.

Lösung

[Notenbeispiel Menuett mit Analyse: Abschnitt A mit Phrase 1 = Vordersatz (Motiv a) und Phrase 2 = Nachsatz; Abschnitt B mit Phrase 3 = Vordersatz, Phrase 4 = Nachsatz und Phrase 5 (Fine); Trio (Menuett II) mit Abschnitt C: Phrase 6 = Vordersatz (Motiv b, p), Phrase 7 = Nachsatz; Abschnitt D: Phrase 8 = Vordersatz, Phrase 9 = Nachsatz und Phrase 10 (Menuett da capo)]

Abschließend hören die Schüler das Menuett noch einmal und stellen in einer Ablaufskizze im Arbeitsheft den formalen Aufbau dar. Zusätzlich zu den einzelnen Formteilen soll die im jeweiligen Abschnitt spielende Besetzung eingetragen werden.

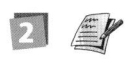

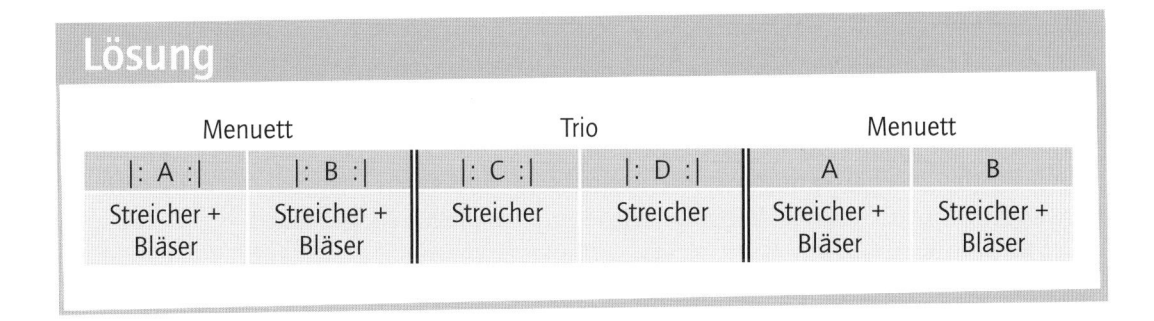

Lösung

Menuett		Trio		Menuett	
|: A :|	|: B :|	|: C :|	|: D :|	A	B
Streicher + Bläser	Streicher + Bläser	Streicher	Streicher	Streicher + Bläser	Streicher + Bläser

Menuett getanzt

Anknüpfend an die eigene choreografische Umsetzung der Liedmelodie „Now Is the Month of Maying" nutzen die Schüler nun Bausteine aus der historischen Tanzpraxis, um den musikalischen Charakter und den Formablauf eines Menuetts in Bewegung umzusetzen. Als Musikbeispiel wurde das berühmte Menuett aus Mozarts Oper „Don Giovanni" gewählt.

Das Begleitvideo enthält sowohl eine Gesamtchoreografie des Menuetts als auch die Erläuterung für zwei Einzelfiguren: Grundschritt/Wechselschritt und Elevé. Im Video wird der historische Kontext angedeutet. Die Schüler können so die Komplexität der Tanzpraxis des 18. Jahrhunderts wenigstens ansatzweise nachvollziehen.

Eine mögliche Kombination der Bausteine zum Hörbeispiel sieht folgendermaßen aus:

Aufstellung: Paare in Reihen

		Reverenz: Verbeugung/Knicks zum Partner		
A1	T. 1–4	2 x Grundschritt (Tänzer 1 beginnt links, Tänzer 2 beginnt rechts) + Wechselschritt		
	T. 5–8	4 x Wechselschritt, dabei mit einer ganzen Drehung zurück zum Ausgangsplatz (Tänzer 1 um die linke Schulter, Tänzer 2 um die rechte Schulter)		
A2	T. 1–8	Wiederholung von A1, aber am Schluss mit der Front zum Partner gewendet stehen bleiben	A1/A2, T. 1–4	A1/A2, T. 5–8
B1	T. 1/2	2 x Elevé nach rechts		
	T. 3/4	2 x Elevé nach links		
	T. 5–8	Platztausch: rechte Hand fassen, mit 4 Wechselschritten auf den Gegenplatz		
B2		Wiederholung von B1, aber statt letztem Wechselschritt Reverenz zum Partner	B1/B2, T. 1–4	B1/B2, T. 5–8

Abschließend wird die dreiteilige Form Menuett – Trio – Menuett mit den Schülern anhand der Infobox besprochen.

Musik in Form I

Musik mit Wiedererkennungswert: das Rondo
➤ SB, S. 122

Das Rondo – eine der ursprünglichsten und über die ganze Welt verbreiteten Musizierformen – mit seinem wiederkehrenden Formteil (Ritornell, in Liedern auch Refrain) erschließt sich den Schülern am besten durch aktives Musizieren und Agieren.

Manamana

1 🅓 12, 13

Der aus der „Muppet Show" bekannte Song „Manamana" eignet sich hervorragend für eine lustvolle Beschäftigung mit der Rondoform. Schon im Original wurde durch die Verwendung kreativer Zwischenspielteile Humor in die Musik gebracht.

Methodische Hinweise:
- Bei der Erarbeitung der Liedmelodie bietet es sich an, die Klasse zu teilen. Eine (kleinere) „Vorsängergruppe" übernimmt den Ruf „Manamana", während der Rest der Klasse antwortet. Die Takte 5 ff. können dann von beiden Gruppen gemeinsam gesungen werden.
- Das chromatische Motiv „Manamana" ist nicht ganz leicht zu singen. Die Tonfolge sollte deshalb unbedingt – evtl. unterstützt durch ein Instrument – zunächst in langsamem Tempo vorgeübt werden. Im Sinne einer interessanten Gestaltung kann man diese Phrase als Variation in expressivem Sprechgesang wiedergeben (vgl. auch Originalaufnahme). Gruppe 2 sollte dann aber wieder die notierte Melodie singen.
- Als Zwischenspiel ist im Schülerbuch „Old McDonald Had a Farm" notiert. Hier können die Schüler im Sinne eines Rondos kreativ werden und alle möglichen Songausschnitte singen.

2 Mit einer kreativen szenischen Umsetzung, bei der verschiedenfarbige Strümpfe zum Einsatz kommen, kann die Rondoform sichtbar gemacht werden. Wenn in diesem „Bettlaken-Theater" fünf Schüler mitmachen sollen, muss das Laken quer aufgehängt werden, damit genug Platz ist. Es macht nichts, wenn man dann die Füße sieht. Der mittlere Socky sollte sich bei einer Aufführung (Elternabend, Pausenkonzert…) deutlich von den anderen Sockys unterscheiden, auch in den kreativen Bewegungen. Die Chor-Sockys können im Refrain ihre Bewegungen koordinieren, das wirkt besser. Umso ausdrucksstärker dürfen sie dann in ihrer jeweiligen Solo-Strophe agieren.

[Tipp] Anregungen für die szenische Gestaltung finden Sie bei der Originalversion von „Manamana" im Internet (Suchwort: Manamana + Muppet Show).

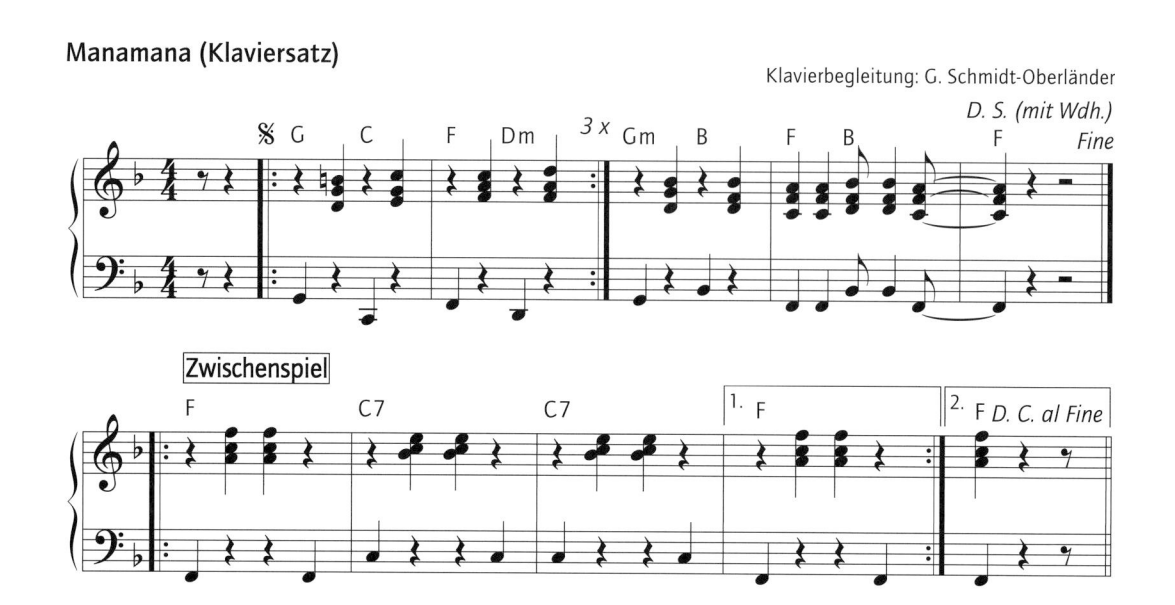

Manamana (Klaviersatz)

Klavierbegleitung: G. Schmidt-Oberländer

Ein Rondo von Haydn

Dieses kurze Rondo eignet sich sehr gut, um die erweiterte Rondoform mit dem Kettenrondo zu vergleichen, das die Schüler aus „Manamana" und anderen Musizier- und Hörzusammenhängen kennen.

[Tipp] An dieser Stelle sollten Sie die Schüler darauf aufmerksam machen, dass ihnen das Kettenrondo schon wiederholt in „MusiX" begegnet ist, z. B. bei „Hier kommt die Klasse" (▶ SB, S. 36), der Arie des Osmin (▶ SB, S. 53) oder dem „Instrumenten-Rap" (▶ SB, S. 94). Sicherlich ist es lohnenswert, dann das eine oder andere Stück noch einmal anzuhören bzw. zu singen.

Die Schüler machen sich zunächst mit dem Ritornell des Haydn-Rondos vertraut (am Instrument spielen oder singen) und üben die im Schülerbuch notierte Stiftpercussion dazu ein.

Da das Hörbeispiel so kurz ist, sollte man es durchaus öfter hören und mit Stiftpercussion jeweils das Ritornell begleiten und bei den Couplets pausieren. Abschließend fertigen die Schüler eine Ablaufskizze des Rondos an:

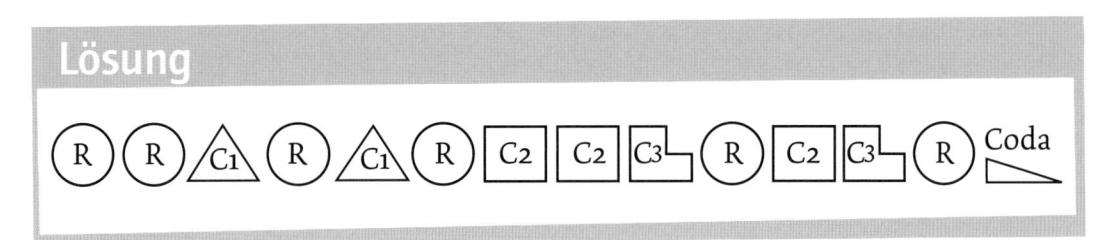

Lösung

(R) (R) /C1\ (R) /C1\ (R) [C2] [C2] [C3] (R) [C2] [C3] (R) Coda

Als Zusammenfassung werden im Schülerarbeitsheft die unterschiedlichen Formmodelle (Liedform, Menuett, Rondo), die die Schüler in diesem Kapitel behandelt haben, anhand eines Lückentexts noch einmal reflektiert und gefestigt.

Kapitel 10: Let's dance

Thema und Ziele

Kapitel 10 nimmt durch seinen Projektcharakter eine Sonderstellung im Buch ein. Es ist für das Ende des 5. Schuljahres gedacht und bietet verschiedene motivierende Zugänge zu Bewegung und vor allem Poptanz.

Hauptziel des Kapitels ist die Zusammenfassung verschiedener Kompetenzen zu einem etwas ausgedehnteren Unterrichtsvorhaben. Insbesondere die Bereiche Bewegung, Singen und Instrumentalspiel erfahren nach vielfältigen Übungen in den vorangegangenen Kapiteln nun einen Gebrauchswert durch den Präsentationscharakter des Kapitels.

Projektziel könnte eine Aufführung (Tanz, Song mit Bandbegleitung usw.) auf dem Schulfest oder Klassenfest sein. Damit entlässt „Summer Holiday" die Schüler gleichsam gut gelaunt in die großen Ferien.

In diesem Kapitel wird an folgenden Dimensionen musikalischer Kompetenz gearbeitet:

- **Stimme und Singen:** usuelles Singen („My Dancing Queen" ➤ SB, S. 125; „Summer Holiday" ➤ SB, S. 126)
- **Instrumente spielen:** Klassenarrangement (➤ SB, S. 127)
- **Körper und Bewegung:** Bewegungsspiele (➤ SB, S. 125), Tanz (➤ SB, S. 129 ff.)
- **Variieren und Erfinden:** Bewegungsspiele (➤ SB, S. 125), Choreografie (➤ SB, S. 128)
- **Lesen und Notieren:** Klassenarrangement (➤ SB, S. 127)
- **Kontexte herstellen:** Choreografie (➤ SB, S. 128)
- **Anleiten:** Führen und Folgen („Bewegungsspiegel", „Formationstanz spontan" ➤ SB, S. 125)

Start-ups für Stimme und Körper ➤ SB, S. 125

Körper und Bewegung

Freeze-Spiel

Das Freeze-Spiel stammt ursprünglich aus der Theaterpädagogik und hat sich als Methode beispielsweise im Bereich Start-up etabliert. Die Regeln dieses Spiels sind sehr einfach und von allen Schülern schnell verstanden (siehe Beschreibung im Buch). Das Start-up verfolgt folgende Ziele:
- Fokusverlagerung weg vom Einzelnen hin zur Gruppe
- Schärfung der Gruppenwahrnehmung
- Wechsel zwischen Führen (ich bleibe stehen bzw. gehe weiter) und Folgen (ich nehme mich zurück und folge dem Impuls eines Mitspielers)

Wichtig ist, dass die Mitspieler der Gruppe aufeinander eingehen, möglichst schnell reagieren und dabei nicht sprechen.

[Tipp] Weisen Sie die Schüler darauf hin, dass die Phasen des Gehens bzw. Stehens nicht zu kurz sein dürfen (mindestens 10 Sekunden). Das Spiel gelingt nur, wenn alle ihre Aufmerksamkeit ständig auf die gesamte Gruppe richten, also alle anderen im Blick behalten.

Das Spiel kann auch mit verschiedenen Aktionen verbunden werden:
- Alle übernehmen das Tempo der Person, die mit Gehen (Laufen, Hüpfen...) beginnt.
- Bewegungsformen verändern (rückwärts gehen, hüpfen, in Zeitlupe gehen, wie Marilyn Monroe gehen...)

- Pantomime (eine Blume pflücken, Zeitungsverkäufer, einen Partner finden und Walzer tanzen…)
- Körperklänge verwenden (einen Rhythmus klatschen, stampfen…)

Spielvarianten und Erweiterungsmöglichkeiten:
- Variante mit zwei etwa gleich großen Gruppen: Gruppe 1 beginnt und geht durch den Raum, Gruppe 2 steht. Wenn ein Spieler der Gruppe 1 stehen bleibt („freeze"), bleibt die ganze Gruppe stehen. Dies ist das Signal für Gruppe 2, die sofort losläuft. Bleibt ein Spieler von Gruppe 2 stehen, ist dies das Zeichen, dass die ganze Gruppe stehen bleibt und die Bewegungsimprovisation an Gruppe 1 weitergereicht wird. Diese Variante ist zum Einstieg leichter, da eine Gruppe die andere beobachtet, während diese agiert.
- Addition: Alle stehen. Ein einziger Spieler beginnt zu gehen; alle anderen bleiben aber weiterhin stehen. Sobald der erste Spieler stehen bleibt, beginnen zwei Spieler möglichst gleichzeitig zu gehen, während alle anderen weiterhin stehen bleiben. Sobald die zwei Spieler (wieder möglichst gleichzeitig) stehen bleiben, laufen drei Personen los usw. Es wird während des ganzen Spiels nicht gesprochen. Der Spieler, der loslaufen darf, wird auch vorher nicht bestimmt. Ein solcher Spielablauf erfordert ein großes Maß an Reaktion, aber auch an Entscheidungsfähigkeit: Wann setze ich mich durch, wann nehme ich mich zurück?

[Tipp] Spielen Sie die Variante bis zu sechs loslaufenden Spielern. Dann geht die Zahl der Spieler wieder bis zu einem Einzelspieler zurück.

Bewegungsspiegel

Diese Übung braucht Ruhe. Eine konzentrierte Stimmung entsteht, wenn die Schüler zunächst z. B. die Übung „Baum-Stand" (▶ SB, S. 17) ausführen. Auch Konzentrationsübungen wie eine vor dem Körper gezeichnete liegende Acht, verbunden mit Atemübungen, unterstützen eine ruhige, konzentrierte Arbeitsatmosphäre.

Bei der Ausführung des Start-ups machen die Schüler klare, nachvollziehbare Bewegungen, die sich spontan spiegeln lassen. Eine meditative Musik im Hintergrund kann die erforderliche Ruhe unterstützen (geeignet sind dafür z. B. die Hörbeispiele CD C, 6, CD D, 36 oder CD G, 2). Die Fünfton-Improvisation über eine chinesische Flusslandschaft (▶ SB, S. 72) ist gut geeignet für eine Live-Begleitung.

Variante:
Das Start-up kann auch als Führen-Folgen-Spiel mit Raumwegen verbunden werden: Ein Schüler gibt die Bewegung vor (Gangart, Gesten, Ausdruck…), der Partner folgt als „Schatten" und imitiert seine Bewegungen.

Formationstanz spontan: My Dancing Queen

Aufbauend auf die beiden ersten Start-ups bereitet diese Improvisationsübung die Arbeit mit Bewegungsbausteinen vor. Ziel ist es, dass alle Gruppenmitglieder ihre Aufmerksamkeit auf den jeweiligen „Vortänzer" der Gruppe richten, und so ihre Wahrnehmung und Reaktionsfähigkeit auf gemeinsam – möglichst synchron – gestaltete Bewegungsabläufe schulen.

Um die Schüler auf die Bewegungsimprovisation einzustimmen, sollten zunächst mit allen Schülern einige isolierte Bewegungen erarbeitet werden, um so ein kleines Ausgangsrepertoire zu schaffen. Dabei kann man sich durchaus bei den Bewegungsbausteinen von S. 129 ff. bedienen.

[Tipp] Vermitteln Sie den Schülern, dass die Bewegungen, die sie vormachen, unbedingt sehr klar sein sollen. Es geht nicht um möglichst komplexe Bewegungsabläufe. Einfache, klare Gesten oder Raumwege sind von der Gruppe leichter zu imitieren. Erst allmählich können anspruchsvollere Bewegungskombinationen die Reaktionsfähigkeit der Schüler schärfen.

Summer Holiday ► SB, S. 126

Auch wenn im Zentrum des Kapitels die Erarbeitung des Poptanzes steht, bietet es sich an, den Song „Summer Holiday" zunächst mit den Schülern zu singen. Hierfür steht ein Playback oder alternativ ein Klassenarrangement für Bandinstrumente zur Verfügung. Die dort notierten Patterns sind auch für Schüler, die wenig Erfahrung mit dem jeweiligen Instrument besitzen, gut ausführbar. So kommt die Bass-Stimme lediglich mit drei Tönen aus. Der Rhythmus (Punktierung) kann gegebenenfalls vereinfacht werden, ebenso der Rhythmus der Keyboardstimme (Refrain: Viertelnoten mit den Akkorden E-Dur, A-Dur, H-Dur).

[Tipp] Falls Sie eine Aufführung des Poptanzes zum Schulfest oder Klassenfest planen, könnte eine Gruppe von Schülern die Begleitung übernehmen und den Song live spielen.

Bausteine für einen Poptanz ► SB, S. 128

Tipps zur Arbeit mit Tanzbausteinen

Der Poptanz zum Song „Summer Holiday" besteht aus verschiedenen Bewegungsbausteinen, die beliebig miteinander kombiniert oder auch wiederholt werden können. Jeder Bewegungsbaustein gestaltet einen Takt (4 Zählzeiten), lediglich die Bausteine 9 und 10 gestalten zwei Takte (8 Zählzeiten).

Bei der tänzerischen Umsetzung ist vor allem auf Synchronität der Tanzbewegungen zu achten, damit ein optisch ansprechendes Bild entsteht. Eine konsequent abverlangte Genauigkeit in der Fuß- und Armbewegung bzw. Arm- und Handhaltung trägt wesentlich zur synchronen Tanzgestaltung bei.

Bewegungen, wie z. B.
- die Armkoordination in Baustein 3,
- die Drehung mit Fingerzeig in Baustein 4,
- die Armbewegung mit gespreizter Fingerhaltung in Baustein 5 oder
- die Armkombination in den Bausteinen 9 und 10

sollten sehr energievoll und mit Spannung ausgeführt werden, damit auf den jeweiligen Zählzeiten eine Akzentsetzung erfolgt, die dem Tanz Ausstrahlung und Dynamik verleiht.

Im Sinne einer ausdrucksstarken Choreografie ist es wichtig, dass die Tanzbewegungen immer mit der gesamten Körperspannung ausgeführt werden. Die Tänzer dürfen den Fokus (das „Gerichtet-Sein" auf das Publikum) nicht verlieren. Verlässt ein einziger Tänzer diesen Fokus, fällt er sofort aus dem Gesamtbild heraus und schwächt somit den gesamten Ausdruck der Choreografie.

Die Bewegungsbausteine lassen sich in unterschiedlichen Varianten zu einer individuellen Choreografie zusammensetzen. Aufgrund ihrer Bewegungsfolge eignen sich die Bausteine 9 und 10 besonders für den Refrain, denn die Armbewegungen unterstützen die textliche Aussage und spiegeln die Freude auf die Sommerferien wider.

Die im Buch grafisch aufbereiteten Tanzbausteine ermöglichen es den Schülern, den Tanz selbstständig zu erarbeiten. Vorteil der Arbeit mit Tanzbausteinen ist, dass Sie sich als Lehrer zurücknehmen können und den Prozess lediglich moderieren oder koordinieren müssen. Die einfachen Bewegungsbausteine werden von den Schülern zunächst einzeln erarbeitet (Aufgabe 1 und 2) und dann zu einer individuellen Choreografie zusammengefügt (Aufgabe 3).

Fortgeschrittene Schüler können die vorhandenen Tanzbausteine auch um eigene Bewegungen erweitern. Erfahrungsgemäß bringen hier einzelne Schüler durchaus vielfältige und kreative Tanzbewegungen aus dem eigenen Repertoire ein.

Die selbsttätige Erarbeitung einer Choreografie braucht anfangs etwas mehr Zeit, liefert aber letztendlich ein nachhaltiges Ergebnis. Wird diese Methode öfters verwendet, wird die Erarbeitungsphase zunehmend effektiver und es sind überzeugende Ergebnisse in kurzer Zeit möglich.

Das Begleitvideo enthält die unten vorgeschlagene Gesamtchoreografie zum Song mit Schülern zur Orientierung und als Beispiel für eine mögliche Umsetzung. Darüber hinaus werden die 10 Bausteine zur Vorbereitung des Unterrichts einzeln erläutert und vorgeführt. Die Präsentation der einzelnen Bausteine dient dem Lehrer als Vorbereitung, kann aber auch von den Schülern im Sinne eines Teaching-Videos zur selbstständigen Erarbeitung der Tanzbausteine eingesetzt werden.

Tipps zur Tanzerarbeitung

In einer ersten **Einstimmungsphase** bewegen sich die Schüler zunächst frei zur Musik im Raum. Dabei werden verschiedene Bewegungsmöglichkeiten erprobt und die Grundstimmung des Songs verinnerlicht.

In einem anschließenden **Unterrichtsgespräch** könnten z. B. folgende Fragen diskutiert werden:
- Welche Grundstimmung verbreitet der Song?
- In welcher Sprache wird gesungen?
- Worüber wird gesungen?
- Gibt es Wiederholungen?
- Wie ist der Song gegliedert?

Wenn die letzte Frage nicht sicher beantwortet werden kann, bietet sich eine **nochmalige Bewegungsphase** an, in der jeweils eine Strophenbewegung und eine Refrainbewegung vorgegeben und gemeinsam ausgeführt werden, sodass die Schüler die Zweiteiligkeit deutlich erfahren können.

In einem nächsten Schritt können die Schüler in Teams die **musikalische Struktur** sichtbar werden lassen, indem sie zur Musik verschiedenfarbige Kärtchen legen (z. B. blau = Intro / rot = Strophe / gelb = Refrain).

Anschließend wird eine **eigenständige Choreografie** in Teams entwickelt. Jedes Team erarbeitet zunächst je zwei Strophen- und zwei Refrain-Bausteine, wobei man darauf achten sollte, dass sich jede Gruppe für andere Bausteine entscheidet, sodass verschiedene Möglichkeiten präsentiert werden können (→ Losverfahren). Jedes Team bespricht und übt gemeinsam seine Bausteine und führt diese anschließend den anderen vor. Im Folgenden können sich die Schüler gegenseitig ihre erarbeiteten Bausteine beibringen und eine Kombination überlegen, die dann in einer Gesamtchoreografie zusammengefasst wird.

Eine andere Variante der Abschlussgestaltung könnte darin bestehen, dass jedes Team alleine seine Bausteine zur Strophe tanzt, während im Refrain eine gemeinsame Bewegungsumsetzung gefunden wird.

Let's dance

Vorschlag für eine Choreografie zum Song „Summer Holiday"

Aufstellung: im Block

Formteil		Zählzeiten 1–4	Zählzeiten 5–8
Intro (2 x 8 Zählzeiten)	①	Baustein 1	Baustein 1
	②	Baustein 4	Baustein 2
Strophe (4 x 8 Zählzeiten)	①	Baustein 3	Baustein 3
	②	Baustein 5	Baustein 5
	③	Baustein 4	Baustein 6
	④	Baustein 4	Baustein 6
Refrain (8 x 8 Zählzeiten)	①	Baustein 9	
	②	Baustein 10	
	③	Baustein 9	
	④	Baustein 4	Baustein 9 (Zählzeit 5–8)

Bewegungsrefrain ① – ④ wiederholen

//Kapitel// **11** 12 13 14 15 16 17 18 19 20

Kapitel 11: Move and groove

Thema und Ziele

Das erste Kapitel in Klasse 6 nutzt die Wiederholung zur Festigung rhythmischer Kompetenzen für einen aktiven Start ins neue musikalische Schuljahr. Zu Beginn wird die Unterscheidung von Zweier- und Dreierunterteilung praktisch und reflektierend aufgegriffen und damit nochmals vertieft. Aufbauend darauf wird mit der Synkope ein neues Rhythmuselement eingeführt, das besonders für die populäre Musik prägend ist. Um die Wirkung der Synkope erfahrbar zu machen, steht ein Marsch von C. Ph. E. Bach und das Sprechstück „Neulich in Rio …" zur Verfügung. Besonders deutlich wird die Wirkung der Synkope auch im direkten Vergleich des „Synkopen-Songs" mit der von Synkopen „bereinigten" Version. Zum Sommer-Evergreen „Y. M. C. A." erlernen die Schüler eine Choreografie, die man am Platz ausführen kann. Schließlich beschäftigen sie sich näher mit dem Schlagzeug: Vocussion-Silben und passende „Luftschlagzeug"-Bewegungen bieten die Möglichkeit, im Klassenverband grundlegende Schlagzeug-Sounds sowie einfache Rhythmen zu üben und später auf das Drumset zu übertragen.

> In diesem Kapitel wird an folgenden Dimensionen musikalischer Kompetenz gearbeitet:
>
> - **Stimme und Singen:** usuelles Singen (➤ SB, S. 133, 134, 138), Sprechstück (➤ SB, S. 136)
> - **Instrumente spielen:** Rhythmus-Ostinato (➤ SB, S. 135), Drumset-Basics (➤ SB, S. 141)
> - **Körper und Bewegung:** Action-Song („Pass It On" ➤ SB, S. 133), Choreografie zum Song (➤ SB, S. 139)
> - **Variieren und Erfinden:** Klangexperimente mit Vocussion und Drumset (➤ SB, S. 140 f.), Choreografie (➤ SB, S. 135, 139)
> - **Lesen und Notieren:** Grundbeat-Unterteilungen (➤ SB, S. 135), Synkopen (➤ SB, S. 136 ff.)
> - **Hören und Beschreiben:** Grundbeat-Unterteilungen (➤ SB, S. 135), Swing-Feeling, ternär und binär (➤ SB, S. 135)
> - **Kontexte herstellen:** Drumset (➤ SB, S. 140)
> - **Anleiten:** 4/4-Takt dirigieren (➤ SB, S. 137)

Start-ups für Stimme und Körper ➤ SB, S. 133

Stimme/Körper und Bewegung

Pass It On

Dieses Rhythmusspiel in Kreisaufstellung verbindet einen animierenden Pop-Chant mit dem in vielen Gegenden der Welt bekannten Spiel, dem Weitergeben von Gegenständen im Puls eines Liedes oder Tanzes. Mit Schüttel-Eiern als wandernden Gegenständen lassen sich die im Song beschriebenen Aktionen besonders effektvoll ausführen.

Methodische Hinweise:
- Zunächst in langsamem Tempo folgende Klatschfolge zum Refrain üben: Die linke Hand mit der Handfläche nach oben vor den Körper halten. Diese Hand bleibt nun in dieser Stellung! Auf Zählzeit 1 jedes Taktes mit der rechten Hand auf die „fest stehende" linke Hand klatschen, auf Zählzeit 2 mit der rechten Hand in die linke Hand des rechten Nachbarn. Erweiterung: Zusätzlich auf Zählzeit 1 + schnipsen.
- Nun wird zunächst mit ein bis zwei weichen Gegenständen, die beim Herunterfallen nicht kaputt gehen können (z. B. Radiergummis, Jonglierbälle), die Bewegungsfolge zum Refrain (noch in langsamem Tempo) ausgeführt: Der Gegenstand liegt in der linken Hand. Die Schüler, die den Gegenstand halten, nehmen ihn auf Zählzeit 1 mit der

Move and groove

rechten Hand auf (statt des Klatschens der Vorübung) und geben ihn auf Zählzeit 2 dem rechten Nachbarn in die linke Hand weiter. Dieser macht dasselbe usw. Nach und nach werden immer mehr Gegenstände ins Spiel gebracht. Ziel ist schließlich, dass alle Schüler immer einen Gegenstand weitergeben.

- Zu den Strophen werden die im Songtext beschriebenen Bewegungen ausgeführt:

Strophe 1

1	+	2	+	1	+	2	+	1	+	2	+	1	+	2	+
Grab it,		shake it,		feel		the beat,		turn		a-		round		and		stomp		your feet!
Gegenstand nehmen, hin- und herschütteln								mit 4 Schritten um die eigene Achse drehen								rechts Schritt		links Schritt		Sprung	

Strophe 2

1	+	2	+	1	+	2	+	1	+	2	+	1	+	2	+
Take it,		hold it,		one,		two, three,		pass		it		once		a-		round		your knee!
Gegenstand nehmen, 3 x schütteln auf „one, two, three"								Gegenstand erst um das linke, dann das rechte Knie (in Form einer liegenden 8) kreisen lassen							

Strophe 3

1	+	2	+	1	+	2	+	1	+	2	+	1	+	2	+
Put it,		down on-		to		the ground,		take		one		step,		look		what		you've found.
Gegenstand in Schüttelbewegung langsam zum Boden führen, bei „ground" ablegen								gegen den Uhrzeigersinn weitergehen zum vor dem rechten Nachbarn liegenden Gegenstand und diesen aufnehmen							

Strophe 4

1	+	2	+	1	+	2	+	1	+	2	+	1	+	2	+
Throw it		high up		in		the air,		catch		it		now		but		do		take care.
Gegenstand bei „air" behutsam in die Luft werfen								Gegenstand bei „catch" wieder auffangen							

Ⓓ 19, 20

- Wenn die Bewegungen eingeübt sind, werden – am besten nach und nach – die Schüttel-Eier in Umlauf gebracht. Bei guter Vorbereitung macht es den Schülern viel Spaß, die Bewegungen zum Playback oder zur Gesamtaufnahme auszuführen. Dies ist aber aufgrund des Tempos, in dem die Bewegungen ausgeführt werden müssen, anspruchsvoll. Es ist wichtig, dass während des Spiels die herunterfallenden Gegenstände nicht aufgehoben werden, da sonst der Spielablauf gestört wird.

[Tipp] Falls nicht genügend Schüttel-Eier für das beschriebene Spiel zur Verfügung stehen, kann man auch kleine Instrumente aus der Percussionkiste verwenden (Glöckchen, Shaker, Caxixis…). Für das Spiel sind aber auch andere Gegenstände ausreichend, die gut in eine Hand passen (z. B. kleine Bälle oder zu einem Ball verknülltes Papier).

Schüttel-Eier- und Shakerbau:
Der kleine Song kann auch als Anlass genommen werden, ein Schüttel-Ei selbst zu bauen, mit dem dann das Bewegungsspiel ausgeführt wird. Dazu füllt man Filmdosen, Kapseln aus Überraschungseiern oder kleine Trinkjoghurt-Fläschchen mit Steinchen oder Reis. Auch Shaker (Maracas) lassen sich ganz einfach bauen: Man umhüllt eine alte Glühbirne mit Pappmaché (Papier in Tapetenkleister einweichen) und zerschlägt, sobald die Hülle fest geworden ist, die Glühbirne vorsichtig mit einem Hammer.

Schlagzeug-Rap   Rhythmus

Im Schlagzeug-Rap werden spielerisch Vocussion-Silben und die dazu gehörigen „Luftschlagzeug"-Bewegungen eingeführt. Hier geht es aber noch nicht um eine detaillierte Beschäftigung mit den einzelnen Instrumenten bzw. der Klanglichkeit des Drumsets. Vielmehr ist dieses kleine Start-up ein erster motivierender Impuls und bereitet spielerisch vor, was am Ende dieses Kapitels ausführlich und systematisch thematisiert wird.

Methodische Hinweise:
Den Schülern den Text zunächst zeilenweise vorsprechen; dabei jeweils im zweiten Takt „Luftschlagzeug" spielen. Die Schüler benötigen genügend Zeit zum Experimentieren mit den verschiedenen Sounds. Hilfreich ist es, die Sounds von einem echten Schlagzeug bzw. von gut ausgeführter Vocussion zu hören. Zur Demonstration kann die Audioaufnahme gute Dienste leisten. Einigen Schülern wird Vocussion bzw. Beatboxing bereits ein Begriff sein. Solche „Experten" sollten unbedingt als Solisten einbezogen werden.

[Tipp] Sie können den Schlagzeug-Rap auch mit folgendem Formablauf ausführen:
› Alle führen die 8 Takte des Schlagzeug-Raps aus.
› Als Zwischenspiel improvisieren alle zeitgleich ein Schlagzeugsolo mit den Vocussion-Klängen. Das Zwischenspiel kann auch von einzelnen Schülern solistisch gestaltet werden.
› Danach folgen wieder die 8 Takte des Schlagzeug-Raps. Zur Unterstützung und zusätzlichen Motivation können Sie das Start-up zum Playback ausführen.

Der Traum von der großen weiten Welt   ➤ SB, S. 134

Die Unterscheidung von binärem und ternärem Feeling im Hören und Spielen ist eine wichtige Kompetenz für das gemeinsame Musizieren und das Beschreiben sowie Einordnen von Musik. Auf dieser Doppelseite werden bereits erworbene und geübte Fähigkeiten (➤ SB, Kap. 3 u. 4) wiederholt und reflektierend vertieft. Während sich in den vorangegangenen Kapiteln die Schüler hauptsächlich mit der unterschiedlichen Wirkung von binärem und ternärem Feeling (z. B. in Form von freier Bewegungsgestaltung) beschäftigt haben, geht es nun zunehmend um die analytische Annäherung an das Swing-Feeling.

Three Little Fishies

Vorbemerkungen:
Die im Buch dargestellte Swing-Phrasierung ist nur eine Annäherung an ein recht komplexes rhythmisches Phänomen. Die tatsächliche Ausführung der Achtel ist sehr stark mit dem verbunden, was Musiker mit dem Phänomen Groove oder Feeling bezeichnen. Technisch lässt sich das nur sehr beschränkt fassen. Bezogen auf Achtelnoten wird die jeweils erste Achtelnote lang und unbetont, die zweite Achtelnote kurz, aber betont gespielt bzw. gesungen. Wie lang bzw. kurz die jeweiligen Achtel dabei tatsächlich gespielt werden, variiert. In sehr langsamem Tempo werden die Triolen fast wie Punktierungen gespielt, während sehr schnelle Titel (z. B. im Bebop) sich geraden Achteln annähern. Hinzu kommt oft nach das Laid-back-Spiel, d. h. das gegenüber dem Bass und Schlagzeug leicht verspätete Spielen oder Singen der Melodie. Für Songs im Medium-Tempo wie „Three Little Fishies" ist die Anweisung im Kursbuch (Triole) allerdings eine gute Orientierung.

  In diesem „golden Oldie" geht es um eine ähnliche Geschichte wie im bekannten Disney-Film „Findet Nemo": die Suche nach der großen Freiheit. Gerade nach den Ferien lassen sich zu diesem Thema problemlos Anknüpfungspunkte finden. Die im Song beschriebenen Helden zieht es in die weite Welt hinaus. Alsbald schon müssen sie jedoch feststellen, dass das Leben „draußen" im weiten Meer angesichts großer und mitunter gefährlich anmutender Fische nicht nur der reine Spaß ist.

Move and groove

Methodische Hinweise zur Song-Erarbeitung:
- Zunächst die erste Strophe gesprochen üben. Die Strophe kann durch das Bodypercussion-Pattern begleitet werden.
- Die sehr eingängige Melodie ist dann kein Problem mehr. Lediglich der Ton *h* (Terz der Doppeldominante G-Dur) bedarf einiger Aufmerksamkeit.
- Bereits beim Einstudieren des Liedes ist auf die Vermittlung des Swing-Feelings zu achten. Das Playback kann dabei eine gute Hilfe sein.
- Da sich Strophe und Refrain melodisch/harmonisch hier kaum unterscheiden, bietet sich eine klangliche Differenzierung an. Eine Begleitung mit Percussioninstrumenten ist im Schülerbuch abgedruckt. In den Strophen kann man beispielsweise eine auf Viertelnoten geschlagene Glocke einsetzen, beim Refrain Becken (oder geschlossenes Hi-Hat) bzw. Trommel (Conga oder Bongo) hinzunehmen. Fingerschnipsen auf den Offbeats der Strophen verstärkt die rhythmische Wirkung des Songs.

Swing-Feeling

Zwei Audioaufnahmen verdeutlichen den Unterschied zwischen Swing-Phrasierung (ternär) und Latin-Phrasierung (binär) im direkten Vergleich. Die Schüler singen zu den jeweiligen Hörbeispielen den Song und beschreiben anschließend die unterschiedliche Wirkung. Eine Beschäftigung mit dem Notat (T. 1/2), bei der die Zweier- bzw. Dreierunterteilung thematisiert wird, macht den Unterschied zusätzlich „augenfällig".

Zuletzt kann der Song noch mit lustigen Bewegungen gestaltet werden:
- Im Refrain gehen alle im Tempo von Halben am Platz und singen dazu.
- Im vorletzten Takt machen die Schüler zwei Schwimm- und dann eine Sprungbewegung bzw. wird in der 3. Strophe der Schrecken vor dem Hai angedeutet.
- Wenn alles gut klappt, können die Schüler auch noch die im Refrain angegebenen Offbeat-Klatscher ergänzen.

Im Schülerarbeitsheft findet sich eine Aufgabe zur Wiederholung und Vertiefung von Zweier- und Dreierunterteilung des Grundbeats. Aufbauend darauf wird die unterschiedliche Wirkung (Swing-Feeling) thematisiert.

Three Little Fishies (Begleitpattern)

1) Binär (Latin)

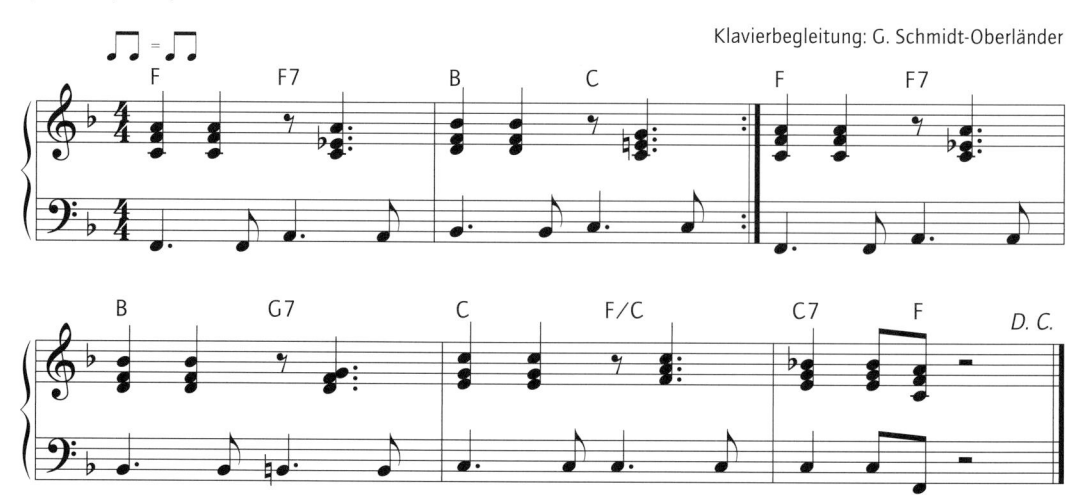

2) Ternär (Swing)

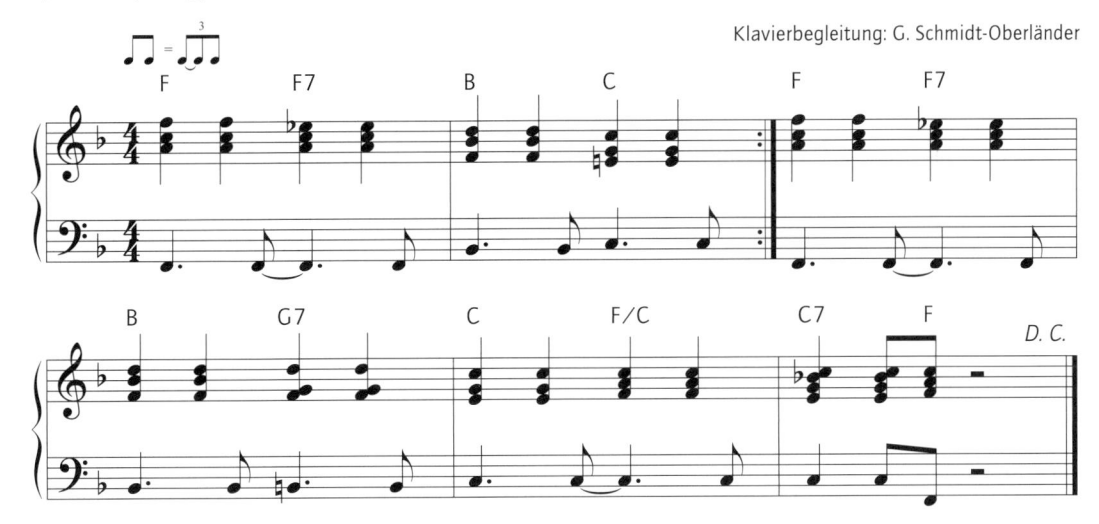

Klavierbegleitung: G. Schmidt-Oberländer

Die Synkope – eine Störung in der Musik?   ➤ SB, S. 136

Marsch

Das für populäre Musik wohl wichtigste rhythmische Phänomen – die Synkope – ist bei den Schülern als implizites Wissen durch ihre eigene musikalische Gebrauchspraxis bereits angelegt. Durch praktische Übungen sollen sie sich die Synkope auch als bewusst ausgeführtes Musizierrepertoire aneignen.

Ausgangsgedanke bei der Beschäftigung mit dem Phänomen Synkope ist die Tatsache, dass die ursprüngliche Betonungsordnung eines Taktes bewusst „gestört" wird. Die Schüler sollen die Wirkung der „Störung" erkennen und beschreiben können. Ausgehend von den Schwerpunkten der Musik in den Füßen sollen die Schüler im Hörbeispiel spüren, dass bestimmte melodische Betonungen nicht mit dem Puls in den Füßen zusammenfallen. An der Notation können sie nun überprüfen, wo dies geschieht und wie der Wechsel von betonten und unbetonten Schlägen im Takt hier „gestört" wird.

Turning hands

Die Übung „Turning hands" soll den Schülern die Betonungsverschiebung (unbetonte Zählzeiten werden betont) verdeutlichen. Dazu wird die linke Hand mit der Handfläche nach unten über den linken Oberschenkel gehalten. Die rechte Hand schlägt nun im Tempo von Achtelnoten zwischen linker Hand und Oberschenkel hin und her. Je nachdem, wie die rechte Hand gehalten wird, werden die Grundschläge (Bild: Takt 1) oder die dazwischenliegenden Offbeats (Bild: Takt 2) betont.

Wichtig ist, dass man die durchlaufenden Achtel eine Weile übt, bis sie gleichmäßig ausgeführt werden. Erst dann kann mit dem Drehen der Hände experimentiert werden.

Move and groove

In Verbindung mit dem Sprechstück „Neulich in Rio…" kann nun die Betonungsverschiebung sehr klar nachvollzogen werden:
- Die Schüler sprechen den Text von Zeile 1 zunächst in langsamem Tempo. Auf ein gleichmäßiges Metrum achten!
- Zwei Gruppen bilden: Während Gruppe 1 spricht, spielt Gruppe 2 den ersten Takt mit der rechten Handfläche nach unten (Bild: Takt 1), dann den zweiten Takt mit der Handfläche nach oben (Bild: Takt 2).
- Wechsel der Gruppen
- Nun sprechen beide Gruppen den Text in Gedanken weiter mit, während sie im taktweisen Wechsel die „Turning hands" ausführen (Takt 1: rechte Handfläche nach unten; Takt 2: rechte Handfläche nach oben). Nun wird die Verschiebung der Betonungen deutlich hörbar.
- Die Schüler sollen ihre Erfahrungen mit der Betonungsverschiebung mit eigenen Worten beschreiben. Ein möglicher Aspekt dabei wäre folgende Fragestellung: Welche Wirkung hat der zweite Takt gegenüber dem ersten Takt?
- Die Schüler erarbeiten sich nun paarweise selbstständig Zeile 2 und 3 des Sprechstücks. Achtung: Hier findet sich der synkopierte Rhythmus jeweils in Takt 1. Die Abfolge der „Turning hands" muss also umgekehrt sein.
- Zum Abschluss drei Gruppen bilden: Jede Gruppe führt eine der Zeilen aus (wenn möglich Sprechtext und „Turning hands"). Hilfreich ist das Playback mit einer Bossa-Nova-Begleitung.

D 27

Rhythmus mit Würze: mit und ohne Synkopen

Besonders deutlich – aber auch etwas humorvoll – wird das Phänomen Synkope abschließend anhand des „Synkopen-Songs" dargestellt. Der groovige Kanon greift die Rhythmen der vorherigen Übung auf und thematisiert die Synkope auch textlich, dies nicht ganz ohne Hintergedanken. Auf derselben Seite finden die Schüler den „Ohne-Synkopen-Song", der von allen Synkopen bereinigt ansonsten das gleiche melodische und harmonische Material beinhaltet. Diese zugegebenermaßen etwas plakative Gegenüberstellung macht aber für die Schüler die Wirkung von Synkopen bzw. von deren Fehlen überdeutlich und erläutert letztlich den letzten Satz in der Wissensbox: „Synkopen bringen Spannung und Abwechslung in die Musik". Dies ist auch anhand der Gesamtaufnahmen der beiden Songs gut nachvollziehbar.

D 28, 29

Im Schülerbuch sind die beiden Songs als optionaler Stoff gekennzeichnet. Erfahrungsgemäß macht dieser Song gerade wegen der etwas plakativen Gegenüberstellung den Schülern Spaß und kommt gut an. Deshalb ist es durchaus möglich, die beiden Songs anstatt des Marschs von C. Ph. E. Bach (➤ SB, S. 136) als Einstieg zum Thema Synkope zu erarbeiten.

5 Methodische Hinweise zur Song-Erarbeitung:
Bei der Erarbeitung können die „Turning hands" als Unterstützung hinzugenommen werden. Dabei ist die Handhaltung analog zum Sprechstück „Neulich in Rio…" einzusetzen. In Zeile 2 und 3 findet sich der synkopierte Rhythmus jeweils in Takt 1. Die Abfolge der „Turning hands" muss also hier umgekehrt sein: erst die Handfläche nach oben, dann nach unten.

6 [Tipp] Vermitteln Sie bei der Einstudierung die entsprechende instrumentale Stilistik der einzelnen Phrasen: Zeile 2 („du ba") imitiert eine Trompete und soll explosiv und kurz weit vorne gesprochen werden; Zeile 3 hingegen wird als Imitation eines Saxofons eher im Legato und mit weichem, warmem Klang gesungen.

Die bereits auf S. 35 erlernte Schlagfigur eines 4/4-Taktes wird in Aufgabe 6b aufgegriffen. Die Schüler sollen nun erfahren, dass die Schlagfigur die unterschiedliche rhythmische Strukturierung der beiden Songs verdeutlicht.

Es genügt zunächst das Dirigieren und Singen der ersten Zeile des „Synkopen-Songs" bzw. des „Ohne-Synkopen-Songs" in langsamem Tempo. Dies geschieht in Partnerarbeit: ein Schüler dirigiert – ein Schüler singt. Zusammen mit der Bewegung können die Schüler die Verschiebung der Schwerpunkte besonders gut körperlich nachvollziehen. Anschließend versuchen die Schüler zu dirigieren und gleichzeitig zu singen.

Dirigierprofis können nun versuchen, den Song als Kanon mit 3 Gruppen zu dirigieren, wobei sie jeweils den Einsatz für die Gruppen geben (Aufgabe 6c).

In Kapitel 17 wird die Schlagfigur wieder eine wichtige Rolle spielen. Dort werden die Schüler alle erlernten Schlagfiguren in einem kleinen „Dirigierkurs" (➤ SB, S. 213) wiederholen und zusätzlich verschiedene musikalische Parameter zur Gestaltung der Musik hinzunehmen.

Aufgrund der praktischen Auseinandersetzung mit den beiden Songs sind die Schüler bereits in der Lage, die veränderte Wirkung zu beschreiben. Aufbauend auf die praktische Erfahrung sollte nun der Notentext verglichen werden. Anhand der Notenbeispiele wird schnell deutlich, wo sich die Betonungen verschieben.

Im Schülerarbeitsheft stehen dazu Aufgaben zur Verfügung (Vergleich der beiden Songversionen, Markieren der Synkopen, „Grundwissen aktiv" über die Synkope).

Mit Synkopen zum Groove ➤ SB, S. 138

Y. M. C. A.

In der Popmusik ist die Synkope ein wesentliches und stilprägendes Gestaltungselement. So spielt das Phänomen Synkope auch im Song „Y. M. C. A." eine wichtige Rolle.

Methodische Hinweise zur Song-Erarbeitung:
- Zunächst Erarbeitung des Refrains, der vielen Schülern bereits im Ohr sein sollte. Der Sprung von der recht tiefen Lage in das c'' („They have everything...") bedarf einiger Aufmerksamkeit: darauf achten, dass die Schüler den Vokal „a" nicht zu brustig und laut singen. Als Hilfestellung denken die Schüler dabei an einen Smiley oder stellen sich vor, dass das „a" wie ein hoher Berg („A") klingt, auf dessen Spitze sich ein Leuchtturm dreht.
- Die Wiederholung bzw. Veränderung eines kurzen melodischen Motivs prägt die Strophe. Machen Sie den Schülern die jeweilige Veränderung der ersten zwei Töne des Motivs („Young man...") bewusst. Dies wird zu einem besserem Ergebnis unter anderem von Intonation und Artikulation führen. Die Fortführung des Motivs am Ende der Strophe („there's no need to be unhappy") nutzt den Clave-Rhythmus (3 + 3 + 2). Dieser Rhythmus muss präzise ausgeführt werden: Hilfreich ist es, wenn Sie diese beiden Takte zunächst den Schülern vorsprechen und dabei zur Orientierung den Puls in Viertelnoten ausführen. Erst dann die Melodie hinzunehmen.

Die melodische Struktur des Songs könnte auch Anlass sein, die Gestaltungsmöglichkeiten eines Motivs, die in Kapitel 9 (➤ SB, S. 114) erarbeitet wurden, zu wiederholen, zu festigen und zu vertiefen.

Info: In ihrem Song „Y. M. C. A." besingt die Band *Village People* 1978 die Einrichtung „**Y**oung **M**en's **C**hristian **A**ssociation", deutsch: Christlicher Verein Junger Menschen (CVJM). Heute ist dieser Verein mit insgesamt über 45 Millionen Mitgliedern die weltweit größte Jugendorganisation.

Move and groove

1 2 Wie die Schüler schon beim „Ohne-Synkopen-Song" (➤ SB, S. 137) erfahren haben, führt die Eliminierung aller Synkopen zu einer gewissen Eintönigkeit. Noch extremer können die Schüler die Wirkung anhand bekannter Hits erfahren.

Die Aufgabe, diesen bekannten Sommer-Hit als „Ohne-Synkopen-Song" auszuführen, bedarf einer ausführlichen Analyse und Vorbereitung:
- An welchen Stellen nutzt der Song Synkopen?
- Wie würde der Rhythmus ohne Synkopen gestaltet sein?

Verschiedene Aufgabenstellungen im Schülerarbeitsheft untersuchen den Song „Y. M. C. A." hinsichtlich der Verwendung von Synkopen. In einer Erweiterungsaufgabe notieren die Schüler eine von Synkopen „bereinigte" Version der Songmelodie als „Ohne-Synkopen-Song", die zu Heiterkeit führen kann.

3 Das Begleitvideo enthält eine Gesamtchoreografie des Songs mit Schülern zur Orientierung und als Beispiel für eine mögliche Umsetzung. Darüber hinaus werden die Bewegungen von Strophe und Refrain zur Vorbereitung des Unterrichts einzeln erläutert und vorgeführt.

Eine Handvoll Trommeln: das Drumset ➤ SB, S. 140

Die Instrumente eines Drumsets

Im zweiten Start-up zum Kapitel, dem „Schlagzeug-Rap", wird das Drumset mit seinen wesentlichen Teilen und Sounds bereits einführend vorgestellt. Die instrumentenkundliche Vorstellung des Schlagzeugs ergänzt die in den Instrumentenkunde-Kapiteln eher auf Orchesterinstrumente ausgerichtete Palette und bereitet auf die Doppelseite „Die Band" in Kapitel 14 (➤ SB, S. 182 f.) vor.

Da das Drumset erfahrungsgemäß auf großes Interesse unter Schülern stößt, bietet das Begleitvideo dazu eine zusätzliche optionale Sequenz an. In dem Clip werden die einzelnen Bestandteile des Drumsets sowie ihre Spielweise erläutert. Denkbar ist, den Clip zuerst anzuschauen und erst nach diesem Kennenlernen die Drumset-Vocussion-Sounds mithilfe der Schülerbuchseite 140 zu verankern.

Drumset-Sounds

Die Doppelseite 140 f. beschäftigt sich mit zentralen Lernfeldern um das Schlagzeug:
- Kennenlernen der verschiedenen Instrumente des Drumsets
- Beschäftigung mit den klanglichen Möglichkeiten und Besonderheiten der einzelnen Instrumente
- Erlernen einfacher Schlagzeug-Rhythmen – zunächst über Vocussion, dann am Drumset
- Besonderheiten der Notation von Drumset-Rhythmen

Die Imitation von Schlagzeugklängen mit der Stimme (Vocussion, Vocal Percussion oder Beatboxing) wurde durch Gruppen wie den *Wise Guys*, *Naturally 7* oder den *House Jacks* populär gemacht. Die Imitation eines Schlagzeugs mit „Mundgeräuschen", die mit Zunge und Lippen produziert werden (Beatboxing), erfordert mehr Übung als Vocal Percussion oder die Silbenmethode (Vocussion). Deshalb beschränken wir uns an dieser Stelle zunächst auf die Silbenmethode, die schnell zu brauchbaren Ergebnissen führt.

Kapitel **11** 12 13 14 15 16 17 18 19 20

Zunächst setzen sich die Schüler mit den drei wichtigsten Instrumenten des Drumsets auseinander: Bass-Drum, Snare-Drum, Hi-Hat. Nach einer kurzen Orientierung, wo sich die Instrumente beim Drumset befinden, werden nacheinander die Vocussion-Klänge dieser Instrumente erarbeitet.

Das Schülerarbeitsheft bietet Aufgaben zu den Instrumenten des Drumsets bzw. zur Erarbeitung der jeweiligen Vocussion-Sounds. Zusätzlich erfinden die Schüler ein eigenes Vocussion-Pattern und tragen es den Mitschülern vor, die das Pattern notieren sollen (⟳ aufbauender Strang „Hören und Notieren").

[**Tipp**] Lassen Sie die Schüler unbedingt die Lage des jeweiligen Instruments zur Orientierung genau vor dem Körper anzeigen und mithilfe des Luftschlagzeugs spielen.

Sobald die Schüler die Klänge eines Instruments gut ausführen können, werden die im Schülerbuch notierten Pattern erarbeitet.

Zur klanglichen Orientierung und Hilfestellung stehen zusätzlich folgende Aufnahmen zur Verfügung:
- Die einzelnen Instrumente des Drumsets werden nacheinander gespielt: Bass-Drum, Snare-Drum, Hi-Hat.
- Die im Schülerbuch notierten Rhythmen werden nacheinander mit Vocussion ausgeführt.
- Übungsgroove, zu dem die einzelnen Pattern geübt werden können.

Bass-Drum
Die Erarbeitung beginnt mit dem größten Instrument des Schlagzeugs, der Bass-Drum. Der Klang wird mit der Silbe „dm" imitiert. Für einen möglichst guten Klang der Bass-Drum helfen folgende Tipps:
- Der Anschlag erfolgt beim Drumset mithilfe eines Schlägels, der mit dem Fuß gespielt wird. Der Anschlag des Schlägels wird mit der Zunge imitiert und klingt wie ein sehr hart gesprochenes, aber stimmloses „d". Danach folgt der Ausklang der Trommel „m".
- Wenn man eine besonders „druckvolle" Bass-Drum imitieren will, muss der Hals beim „d" „geschlossen" sein, man darf also während des Sounds nicht einatmen können, weder durch die Nase noch durch den Mund. Die Schüler sollen mit verschieden lang gehaltenen Bass-Drum-Silben experimentieren, um eine optimale Klanglichkeit zu finden.
- Ein einfaches Rockpattern erfordert eher eine kurze, „trockene" Bass-Drum (deshalb legen viele Schlagzeuger Decken zur Dämpfung in die Bass-Drum).

Snare-Drum
Die Snare-Drum mit dem variantenreichen Klang ist das Herzstück des Schlagzeugs. Den für diese Trommel typischen Schnarreffekt liefert ein am Resonanzfell anliegender Teppich aus nebeneinanderliegenden Metallspiralen. Beim Anschlagen wird der Snare-Teppich zum Mitschwingen angeregt, indem das üblicherweise sehr dünne und daher sehr sensible Resonanzfell die Schwingungen des Schlagfells überträgt.

Der Klang der Snare-Drum wird mit der Silbe „ka" imitiert. Eine durchdringende, härtere Version des Snare-Klangs wird folgendermaßen erzeugt: Die Zunge wird gegen den Rachen gespannt, die beiden hinteren Endpunkte der Zunge berühren dabei den hinteren Teil des Rachens. Beim „k" schnellt die Zunge nun blitzartig zurück. Das „a" ist dabei fast lautlos.

Move and groove

Hi-Hat

Die aus zwei Becken bestehende Hi-Hat ist am leichtesten zu erlernen. Wir verwenden einen einfachen „t"- oder „ts"-Sound. Die Betonung liegt hier beide Male auf dem „t". Man drückt dabei die Zungenspitze gegen die oberen Schneidezähne und lässt sie dann blitzartig zurückschnellen. Der Klang soll sehr locker und kurz ausgeführt werden. Die Zunge berührt bei jeder Silbe die Zähne.

2 Mit Vocussion und Luftschlagzeug-Spiel wird nun ein einfacher Rock-Rhythmus erarbeitet (Pattern 1). Wieder ist es wichtig, dass sich die Schüler dabei genau die Lage des jeweiligen Instruments vorstellen. Sobald die Bewegungsfolge in langsamem Tempo gut geübt ist, können einzelne Schüler das Pattern auf das Schlagzeug übertragen. Es macht besonders viel Spaß, nun auch zu einem richtigen Song zu spielen. Hier bietet sich beispielsweise die Aufnahme von „Pass It On" an.

D 19, 20

Wenn im Musikraum ein Schlagzeug steht, sollten die Schüler unbedingt die Gelegenheit bekommen, verschiedene einfache Schlagtechniken und Grooves darauf auszuprobieren. Wie oben beschrieben sollte allerdings vorgeübt werden, indem die Schüler sich im Klassenverband mit Vocussion-Sounds bestimmte typische rhythmische Muster aneignen, diese dann zunächst durch Luftschlagzeug-Spiel in Bewegung überführen, bevor zuletzt einzelne Schüler die geübten Rhythmen und Bewegungsabläufe am Drumset ausprobieren.

Führt man das Drumset-Spiel über Vocussion ein, so hat das gerade im Klassenverband wichtige Vorteile: Zunächst sind alle Schüler bei der Erarbeitung der Schlagzeug-Rhythmen beteiligt und haben die Möglichkeit, Bewegungsabläufe über das Luftschlagzeug-Spiel vorzubereiten. Die Übertragung der vorgeübten Rhythmen auf das Drumset gelingt dann erfahrungsgemäß problemlos und mit hohem Erfolgserlebnis. Zudem ist der Lautstärkepegel, den ein Drumset im Klassenzimmer erzeugt, nicht zu unterschätzen. Bereitet man die Rhythmen mit Vocussion und Luftschlagzeug vor, kann zumindest in der Erarbeitungsphase mit reduzierter Lautstärke gearbeitet werden.

Abschließend beschäftigen sich die Schüler noch mit einer gebräuchlichen Möglichkeit, Rhythmen in Form von Schlagzeugnotation aufzuschreiben (siehe Wissensbox). Wichtig ist dabei, dass die Schüler verstehen, dass hier drei Instrumente gleichzeitig notiert sind: die Hi-Hat mit einem Kreuznotenkopf über dem Notensystem, die Bass-Drum im ersten Zwischenraum und die Snare-Drum im dritten Zwischenraum.

[**Tipp**] Lassen Sie die Schüler den selbst gespielten Rhythmus mit dem im Wissenskasten notierten Rhythmus vergleichen. Während die Schüler die Hi-Hat abwechselnd mit Bass-Drum bzw. Snare-Drum gespielt haben, wird die Hi-Hat dort mit durchlaufenden Achtelnoten dargestellt. Begabte Schüler können diesen Rhythmus nun zunächst mit Luftschlagzeug und dann am Drumset spielen, was aufbauend auf das abwechselnde Spiel allerdings einiges an zusätzlichem Koordinationsvermögen erfordert.

Kapitel 12: Musik mit Programm

Thema und Ziele

In Klasse 5 beschäftigten sich die Schüler bereits mit den Grundzügen von programmatischer bzw. narrativer Musik. Neben verschiedenen eigenen Gestaltungsversuchen lag in Kapitel 5 („Mit Musik erzählen") mit verschiedenen Beispielen aus der Kunstmusik ein erster Schwerpunkt auf diesem Themengebiet. ⊙ Dieses Kapitel beschäftigt sich nun aufbauend auf die in Klasse 5 gemachten Erfahrungen mit Programmmusik. Auch wenn Soundtracks und ihre beabsichtigte Wirkung nicht Programmmusik im engeren Sinne sind, nutzt das Schülerbuch sie im Sinne eines Anknüpfungspunktes an die Lebenswelt der Schüler. An musikalischen Kunstwerken, die Soundtracks zu Filmepisoden sein könnten, wird dieser Faden weitergesponnen bis hin zum „Gewitter" aus Beethovens 6. Sinfonie. An diesem Beispiel können die Schüler die Parallelität von Notenbildern und von vom Klang erzeugten „inneren Bildern" erfahren.

Mussorgskis „Eine Nacht auf dem kahlen Berge" lässt die Schüler eindrücklich erleben, wie eine Geschichte ohne Gesang allein durch Musik lebendig werden kann. Verschiedene Zugangsmöglichkeiten bietet unter anderem eine Hörgeschichte, zu der die Schüler passende Aktionen ausführen und so selbst Teil des nächtlichen Treibens werden.

Im Folgenden wird der illustrierende Einsatz besonderer Instrumente am Beispiel von Horn- und Trompetensignalen thematisiert, die als musikalische Topoi viele, vor allem romantische Kompositionen durchziehen. Dies gilt gleichermaßen für den 6/8-Takt, eine Ausprägung von Dreiunterteilung eines geraden Taktes, der hörend, mit praktischen Übungen und in einem Herbstlied mit Begleitsatz vertieft wird. Eine eigene musikalische Umsetzung des zur Jahreszeit passenden Herbstgedichtes „Ein welkes Blatt" der jüdisch-deutschen Dichterin Mascha Kaléko beschließt dieses umfang- und inhaltsreiche Kapitel.

> In diesem Kapitel wird an folgenden Dimensionen musikalischer Kompetenz gearbeitet:
>
> - **Stimme und Singen:** Echowirkung („Leise pfeift der Wind" ➤ SB, S. 145), Stimmbildungsgeschichte (➤ SB, S. 150), usuelles Singen (➤ SB, S. 156)
> - **Instrumente spielen:** Begleitsatz (➤ SB, S. 156)
> - **Körper und Bewegung:** 6/8-Takt (➤ SB, S. 155)
> - **Variieren und Erfinden:** Gedicht in Musik umsetzen (➤ SB, S. 157), Rhythmuskanon erfinden (➤ SB, S. 155)
> - **Lesen und Notieren:** erweiterte Rhythmusbausteine („Der verbotene Rhythmus 2" ➤ SB, S. 145), Notenbilder (➤ SB, S. 148), 6/8-Takt („Klapper-Groove" ➤ SB, S. 145; Bausteine im 6/8-Takt ➤ SB, S. 155)
> - **Hören und Beschreiben:** Soundtracks (➤ SB, S. 146), Programmmusik (➤ SB, S. 147 ff.), Signale (➤ SB, S. 152 ff.), 6/8-Takt (➤ SB, S. 155)
> - **Kontexte herstellen:** Programmmusik (➤ SB, S. 147 ff.), „Eine Nacht auf dem kahlen Berge" (➤ SB, S. 150 f.), Kurzporträt Mussorgski (➤ SB, S. 151), Signale (➤ SB, S. 152 ff.), Instrumentenkunde: Horn (➤ SB, S. 154)

Start-ups für Stimme und Körper

▶ SB, S. 145

Stimme

Leise pfeift der Wind

🔵 36

Dieses Start-up führt in den schwingenden Charakter des 6/8-Takts ein und schult – insbesondere durch den „u-i…"-Wechsel in der letzten Zeile – die Fähigkeit, eine Melodie legato und klangvoll im Piano zu singen. 🎵 Zudem wird das Gefühl für einen Grundton weiter vertieft, da der Ton *d* – quasi als Zentralton – immer präsent ist.

Durch die ruhige Stimmung des Chants besteht die Gefahr, dass der weiche, fließende Ausdruck und auch das leise Singen mit Spannungslosigkeit verbunden werden. Das Ergebnis wäre ein fahler Stimmklang mit einer sehr schlechten Intonation: Die Tonschritte nach oben werden zu klein genommen, die fallenden Tonschritte zu groß.

Methodische Hinweise:
- Auf die Herausforderung, leise, aber trotzdem spannungsreich zu singen, bereits in der Erarbeitungsphase achten.
- Die absteigende Linie stimmlich gut führen. Dabei unterstützende Handbewegung nutzen: leicht nach vorne gestreckter Arm, die Hand vor dem Körper hin- und herbewegen („im Wind wiegen").
- Zur Orientierung und Unterstützung die Kerntöne der Melodie (*a – g – f – e – d*) von einem Metallofon mitspielen lassen.
- In der zweiten Zeile, Takt 2 den Ton *e* („Herbstes…") als zweite Stufe hoch intonieren, mit der Vorstellung, diesen Ton mit einem leichten Lächeln („hohe Wangenknochen") zu singen.
- Das Echo am Ende jeder Zeile bewusst gestalten: besonders der Quintsprung muss mit guter Körperspannung, aber ohne Druck auf die Stimme gesungen werden (Gefühl: breiter Rücken, staunender Gesichtsausdruck, Luft nicht auspusten, sondern Ton staunend einatmen…).

Die Begleitung sollte den weich-wiegenden Ausdruck unterstützen und fast eine meditative Stimmung erzeugen:
- Metallofon-Begleitung, die einen gebrochenen d-Moll- bzw. C-Dur-Akkord spielt.
- Die Akkorde d-Moll und C-Dur können zusätzlich auf Boomwhackers gespielt werden: Töne an einzelne Schüler verteilen und jeweils in Trillertechnik oder als geblasenen Ton spielen (über die Kante blasen und den Boomwhacker dabei hin- und herbewegen).
- Den Grundton *d* durchgängig auf Bass-Stäben, dem Klavier oder einem Kontrabass (gestrichen) spielen.

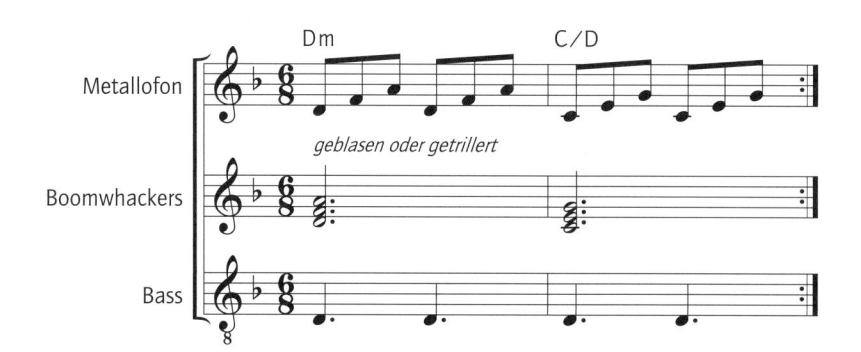

Begleitet man den Chant am Klavier, sind folgende Begleitvorschläge möglich, die zurückhaltend und mit taktweisem Pedalwechsel ausgeführt werden sollten. Insbesondere die rechte Hand kann auch um ein oder sogar zwei Oktaven nach oben verschoben oder in anderen Umkehrungen gespielt werden.

Leise pfeift der Wind (Begleitpatterns)

Der verbotene Rhythmus 2

Dieses Start-up sollte durch die Wiederholung von „Der verbotene Rhythmus 1" (➤ SB, S. 27) vorbereitet werden. Die nun komplexeren Rhythmen greifen vieles auf, was die Schüler inzwischen gelernt haben: Synkopen, Unterscheidung von Zweier- und Dreierunterteilung, Wechsel zwischen beiden Unterteilungen. Die auf S. 33 gemachten Anmerkungen in diesem Lehrerband, z. B. die Möglichkeit, mit verschiedenen Levels zu arbeiten, gelten hier gleichermaßen.

[**Tipp**] Alternativ zur Spielidee können Sie die rhythmischen Modelle auch verwenden, um ein Rhythmus-Rondo zu gestalten: Für das Ritornell werden ein oder zwei Rhythmusbausteine zu einer viertaktigen Rhythmusfolge zusammengesetzt. Zwischen diesem immer wiederkehrenden Teil improvisieren die Schüler zunächst alle gemeinsam, dann auch evtl. solistisch viertaktige Couplets.

Rhythmus

Klapper-Groove

Dieses Start-up, das dem später in diesem Kapitel thematisierten unheimlichen Treiben in der Johannisnacht ein kleines Augenzwinkern entgegensetzt, übt den 6/8-Takt vor, der auf S. 155 im Schülerbuch vertieft erarbeitet wird. Gleichzeitig wird durch die Betonungsverschiebung zwischen Zeile 1 und 2 eine Abgrenzung zum 3/4-Takt hergestellt. Dieser Unterschied wird in Zeile 3 durch die Sprachbetonung in taktweisem Wechsel aufgegriffen. Dieses Start-up spielt bei der Erarbeitung des 6/8-Taktes eine wichtige Rolle, weil in einer späteren Reflexionsphase der Unterschied zwischen 3/4- und 6/8-Takt dargestellt wird.

Rhythmus

D. 37

Musik mit Programm

Für das Gelingen der Ausführung in drei Gruppen ist das Tippen der Achtel (z. B. mit dem Zeigefinger auf den Handrücken) als Pulsation unverzichtbar. Eine interessante Aufführung des Sprechstückes gelingt, indem
- die Stimmen flüsternd nacheinander einsetzen,
- sich die Lautstärke ganz allmählich steigert (vgl. „Hexen-Einmaleins" ➤ SB, S. 67),
- am Schluss die Geisterstunde wieder ganz allmählich verklingt.

Soundtracks: musikalische Stimmungsbilder ➤ SB, S. 146

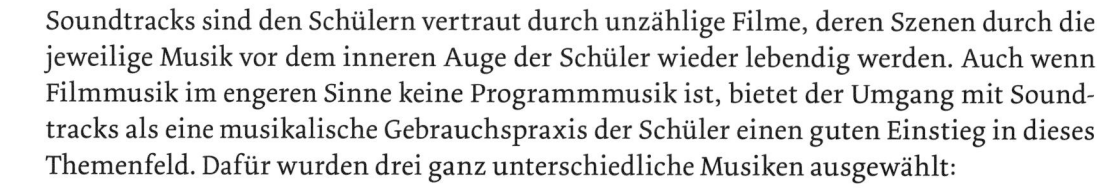

1 Soundtracks sind den Schülern vertraut durch unzählige Filme, deren Szenen durch die jeweilige Musik vor dem inneren Auge der Schüler wieder lebendig werden. Auch wenn Filmmusik im engeren Sinne keine Programmmusik ist, bietet der Umgang mit Soundtracks als eine musikalische Gebrauchspraxis der Schüler einen guten Einstieg in dieses Themenfeld. Dafür wurden drei ganz unterschiedliche Musiken ausgewählt:

38 • Die energetische Musik zu „Fluch der Karibik", die als sehr schneller 6/8-Takt oder als 3/4-Takt jeweils mit Betonungsverschiebung hörbar ist. Die Verschiebung der Betonung haben die Schüler bereits im Start-up „Klapper-Groove" kennengelernt.

39 • Die – zumindest in diesem Ausschnitt – elegische Musik des den Schülern wohl kaum noch bekannten Films „Forrest Gump", die einen starken Kontrast zur Piratenatmosphäre bildet.

40 • Die Eingangsmusik zum vielen Kindern bekannten Disney-Werk „Das Dschungelbuch", die durch Instrumentation, Melodik und Begleitrhythmus eine – zugegebenermaßen – etwas klischeehafte Exotik heraufbeschwört.

Die Beschreibung der Musik sollte mithilfe der Adjektive im Auswahlkasten gut gelingen. Zusätzlich bietet es sich an, die Schüler noch einmal auf den Workshop „Sprechen über Musik" (➤ SB, S. 108) hinzuweisen, um für die Beschreibung zusätzliche Formulierungen zu finden.

2 Bei der Beschreibung der Bilder sollten sich die Schüler auf die Gesamtwirkung, aber auch auf einzelne Details (z. B. Grabstein unter dem Baum von Bild 1) konzentrieren. Es sollte zunächst bewusst darauf verzichtet werden, auf die vorher gehörten und beschriebenen Hörbeispiele einzugehen.

Im Anschluss wird die Zuordnung der Bilder zur Musik ohne Probleme gelingen. Es ist wichtig, dass es eigentlich kein „richtig" oder „falsch" gibt. Ziel ist vielmehr eine gut begründete Zuordnung. So ist es durchaus denkbar, dass die Musik von Soundtrack 2 dem Bild 3 (Schiff auf dem Meer) zugeordnet wird. Die damit verbundene Bildaussage würde sich dann aber ändern: das Schiff segelt in den hellen Sonnenstreifen, nach dem Sturm beruhigt sich die See, die Weite des Meeres ist faszinierend…

Eine unterschiedlich begründete Zuordnung könnte in eine kurze Diskussion über die Wirkung von Musik übergehen.

Erweiterung: In diesem Zusammenhang ist ein kleines Experiment sicherlich aufschlussreich: Beim Betrachten eines der Bilder (hier bietet sich Bild 1 oder 3 an) hören die Schüler nacheinander zwei Musikbeispiele. Anschließend berichten sie, ob bzw. wie sich **38, 39** die Aussage des Bildes verändert hat. ➤ Mit der Wirkung von Musik beschäftigen sich die Schüler noch einmal vertiefend in Kapitel 20 (➤ SB, S. 240).

[Tipp] Falls die Schüler die Soundtracks bereits kennen und damit eine Zuordnungsaufgabe sich eigentlich erübrigt, können Sie alternativ das oben beschriebene Experiment machen. Dabei beschäftigen sich die Schüler reflektierend mit der Aussage der jeweiligen Musik im Zusammenhang mit einem Bild, anstatt nur eine vermeintlich einfache Zuordnungsaufgabe zu erledigen.

Kapitel 11 **12** 13 14 15 16 17 18 19 20

Töne malen Bilder: Programmmusik ▸ SB, S. 147

Die im Umgang mit den Soundtracks geübte differenzierte Beschreibung der von einer bestimmten Musik hervorgerufenen Stimmung wird nun übertragen auf nicht an Filme gekoppelte Musikausschnitte, die doch gleichermaßen eine sehr bildhafte, suggestive Wirkung haben.

Die Schüler hören zunächst die vier Musikausschnitte und ordnen sie dann den abgedruckten Programmen zu. Unter Umständen können sie auch hier zu unterschiedlichen Ergebnissen kommen. Die Tatsache, dass voneinander abweichende Zuordnungen möglich und auch legitim sind, wird in Aufgabe 2 aufgegriffen.

Im Schülerarbeitsheft können die Schüler die Zuordnung notieren. Um diese in einem zweiten Schritt zu konkretisieren, hören die Schüler die einzelnen Hörbeispiele noch einmal und ergänzen dabei die teilweise ausgefüllte Tabelle. Anhand der Tabelle können die zuvor getroffenen Zuordnungen nochmals überprüft und eventuell Abweichungen thematisiert werden.

Lösung

Hörbeispiel 1 – Programm 1 (A. Honegger: Pacific 231)
Hörbeispiel 2 – Programm 2 (L. v. Beethoven: Wellingtons Sieg)
Hörbeispiel 3 – Programm 4 (C. Saint-Saëns: Schwan, aus: Karneval der Tiere)
Hörbeispiel 4 – Programm 3 (M. Mussorgski: Ballett der Küken, aus: Bilder einer Ausstellung)

Die Schüler haben bereits bei der Bearbeitung der vorangegangenen Zuordnungsaufgaben erfahren, dass sich programmatische Musik meist nur schwer durch bloßes Hören erschließen lässt. Diese Beobachtung sollte Anlass für eine Diskussion sein, ob eine eindeutige Interpretation wohl nur durch die Kenntnis des entsprechenden, vom Komponisten intendierten Programms möglich ist. Die Schüler sprechen gemeinsam darüber,
- was wohl der Grund für eine Mehrdeutigkeit sein könnte (kein gesungener Text, Tonfolgen können unterschiedlich gedeutet werden…),
- ob Programmmusik überhaupt so komponiert sein kann, dass man auch ohne die außermusikalische Vorlage erkennen kann, was hier vertont wurde,
- welches der vier Beispiele eine solche Vorgabe am ehesten erfüllen würde (wahrscheinlich „Pacific 231" und „Wellingtons Sieg") und wie die Komponisten dies jeweils erreichten (durch Nachahmung der „echten" Geräusche wie das Pfeifen der Lokomotive bzw. die Kanonenschüsse oder durch Zitate wie die Militärsignale).

Im Schülerarbeitsheft können die Schüler Besonderheiten von Programmmusik festhalten („Grundwissen aktiv").

Donner und Blitz: Ein Gewitter in der Musik ▸ SB, S. 148

Die Schüler erfahren anhand kurzer Notenausschnitte und Klangbeispiele aus Beethovens 6. Sinfonie (Pastorale), wie ein Komponist die verschiedenen Elemente eines Gewitters in Orchestermusik umsetzt.

Die Beschäftigung mit den verschiedenen Gewitterelementen geschieht zunächst über eine Beschreibung der Notenbilder. Dabei soll der Zusammenhang zwischen der grafischen Wirkung eines Notenbildes und dem tatsächlichen Klang deutlich werden. Im Zusammenhang mit dem Kompetenzstrang „Lesen und Notieren" schärft dieser Zugang den Blick der Schüler für das Notenbild und verdeutlicht, dass Notation tatsächlich auch eine visuelle Komponente hat, die über die reine Niederschrift des vom Komponisten gewollten Klanges hinausgeht. Zudem üben und vertiefen die Schüler ihre sprachliche Ausdrucksfähigkeit im Umgang mit Notentext.

Auch wenn es bei dieser ersten Annäherung an die Partitur hauptsächlich um eine Beschreibung der Notengrafik geht – also weniger um eine differenzierte Betrachtung dessen, was die einzelnen Instrumente spielen –, ist es für die Schüler sicherlich zunächst eine Herausforderung, sich in den verschiedenen Notenzeilen zu orientieren. Deshalb sollte für eine erste Orientierung mit den Schülern die Besetzung der einzelnen Partiturausschnitte geklärt werden. Für die Beschreibung des Notenbildes stehen Formulierungshilfen zur Verfügung, die die Schüler aber durch eigene Beobachtungen erweitern sollten. Im Schülerarbeitsheft steht eine differenzierte Aufgabenstellung zur Verfügung, die die Schüler bei der Bearbeitung der Partiturausschnitte unterstützt.

Mithilfe der Präsentation auf der Multimedia-CD-ROM können die Notenbilder groß mittels Beamer oder Whiteboard an die Wand projiziert und die Hörbeispiele direkt abgespielt werden. Eine Markierung unterstützt die Schüler beim Mitlesen.

2 Nun sprechen die Schüler über das Wetterereignis Gewitter und beschreiben dessen Ablauf (Regen, Sturm, Blitz und Donner). Anschließend ordnen sie die drei Partiturausschnitte den Elementen zu. Der grafische Vergleich von Notentext und bildlicher Darstellung von Gewitterelementen bereitet die Höraufgabe vor, in der die Schüler die Reihenfolge der erklingenden Gewitterelemente hörend erkennen sollen (dazu das Hörbeispiel bis ca. 1:04 vorspielen und dann ausblenden).

D 45

Von diesem Ausschnitt sollen die Schüler beim erneuten Hören in ihrem Schülerarbeitsheft nun eine Ablaufskizze erstellen, in der sich Elemente aus den Bildern und/oder aus dem Notat wiederfinden (Platz gut einteilen!). Dabei greifen sie auf Kompetenzen zurück, die bereits in vorhergehenden Kapiteln angelegt wurden (➤ Kap. 5, Kap. 9).

[**Tipp**] Sie können die Aufgabe unterstützen, indem Sie die Zeit ansagen (10 Sekunden, 20 Sekunden...) oder jeweils nach 10 Sekunden ein Signal geben (Hand heben).

Sobald alle Schüler ihre Ablaufskizze erstellt haben, tauschen sie die Arbeitshefte und verfolgen die vom Banknachbarn erstellte Skizze während eines letztmaligen Hörens (nun das gesamte Hörbeispiel vorspielen). Ein Austausch über die Ergebnisse schließt diese Arbeitsphase ab.

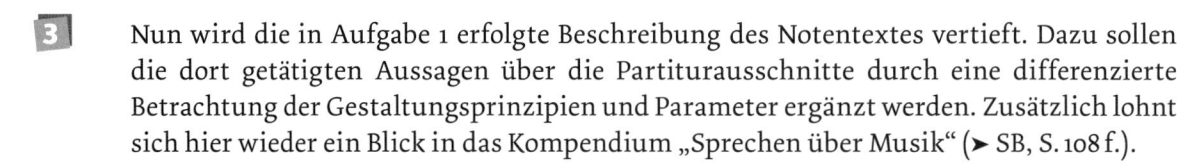

3 Nun wird die in Aufgabe 1 erfolgte Beschreibung des Notentextes vertieft. Dazu sollen die dort getätigten Aussagen über die Partiturausschnitte durch eine differenzierte Betrachtung der Gestaltungsprinzipien und Parameter ergänzt werden. Zusätzlich lohnt sich hier wieder ein Blick in das Kompendium „Sprechen über Musik" (➤ SB, S. 108 f.).

4 In Aufgabe 4 werden die Beobachtungen nun für eigene musikalische Gestaltungsversuche genutzt. Dabei sind zwei Umsetzungsmöglichkeiten denkbar:
- Die in Aufgabe 2 erstellte Ablaufskizze wird in Kleingruppen selbst von den Schülern vertont.
- Eine eigene Gewitterszene wird von den Schülern entworfen und anschließend vertont.

Kapitel 11 **12** 13 14 15 16 17 18 19 20

In einem ersten Schritt sollen die Schüler sich Gedanken machen, auf welche Weise sie die einzelnen Phasen bzw. Elemente des Gewitters vertonen und welche Instrumente sie jeweils verwenden wollen. Dies setzt Kompetenzen voraus, die bereits in Klasse 5 (vor allem ➤ SB, Kap. 2, S. 23, und Kap. 5, S. 60 ff.) erworben wurden: Kenntnisse über Klang, Spielweise und Einsatzmöglichkeiten der Klasseninstrumente. Diese grundlegenden Kompetenzen sollten deshalb noch einmal ins Gedächtnis gerufen werden.

[**Tipp**] Sie können diese Aufgabe auch in drei Gruppen erarbeiten lassen:
› mit Stimme,
› mit Körperklängen und
› mit Instrumenten.
In einer Ergebnispräsentation können die Gruppen das Gewitter zunächst nacheinander darstellen, bevor sie ihre improvisierten Interpretationen zusammenführen zu einem großen „Klassen-Gewitter".

Im Hörbeispiel hört man den slowenischen Popchor *Perpetuum Jazzile*, der als Einleitung zum Song „Africa" der Gruppe *Toto* ein Gewitter gestaltet. Beeindruckend ist hier, und insbesondere im Video gut zu sehen, wie nahe der Chor nur mit Körperklängen den „Originalgeräuschen" kommt, z. B. beim Donnern, das spontanen Szenenapplaus hervorruft.

Eine Nacht auf dem kahlen Berge ➤ SB, S. 150

Die Sonnenwende gilt seit jeher als besonderes Datum, an dem sich der Mensch der irrealen Geisterwelt am nächsten fühlt. Modest Mussorgskis programmatische Schilderung des gruseligen Treibens auf dem kahlen Berg übt eine besondere Faszination auf die Hörer aus. Diese programmatische Komposition führt die Schüler nun weiter von der nachahmenden Darstellung eines Naturereignisses hin zu der Umsetzung einer Handlung. Eine einleitende Fantasiegeschichte bildet die Grundlage für ein hörendes Nachvollziehen des Programms.

Eine Fantasiereise

Man kann mit dem „Klapper-Groove" (➤ SB, S. 145) oder dem Kanon „Ghost of John" (➤ SB, S. 185) in das Thema einführen. Die Hörgeschichte nimmt dann die Schüler mit auf die Reise zum kahlen Berg. Es gibt an dieser Stelle zwei alternative Einstiegsmöglichkeiten, die beide die vertiefte Beschäftigung mit dem Programm und der musikalischen Umsetzung Mussorgskis vorbereiten:

- In der Hörgeschichte wird das Programm als Fantasiegeschichte umgesetzt. Musikausschnitte aus Mussorgskis Komposition illustrieren die Geschichte und machen die Schüler somit mit zentralen Motiven bekannt.
- Einen zeitlich wohl etwas aufwändigeren, aktivitätsbezogenen Zugang stellt die Einführung des Programms mittels einer Fantasiereise dar. Hier vollziehen die Schüler das Kennenlernen des Programms anhand von Körper- und Klangaktionen nach. Der Lehrer gestaltet dabei die einzelnen Stationen erzählend aus und gibt Anweisungen für die dazu auszuführende klangliche bzw. „semi-szenische" Umsetzung der Schüler. Das Einbinden von stimmbildnerischen Aspekten, kombiniert mit Motiven aus der Komposition, erlaubt eine sehr plastische und eindrückliche Auseinandersetzung mit der der Komposition zugrunde liegenden Handlung.

Musik mit Programm

Station	Schüleraktion
Eine Zeitmaschine versetzt uns 130 Jahre zurück in den Osten der Ukraine. Es ist Johannisnacht.	Klassenraum verdunkeln
Eine einsame Gegend, Nacht, heulender Wind, unheimliche Stimmung.	Luft langsam und leise auf „f", „s", „sch" ausströmen lassen (Windgeräusche)
Verlassene Höfe, Menschen verstecken sich in den Häusern – Angst.	Schultern schütteln, Knie lockern und Luft wieder einströmen lassen
In der Finsternis drohend eine einzige Erhebung: der verrufene „kahle Berg". Kein Mensch wagt sich in die Gegend, denn dort versammeln sich die Geister der Finsternis; man hört ihre Stimmen.	nächtliche Tierstimmen imitieren und sirenenartig auf „ui" Geisterstimmen erklingen lassen (Glissando), langsam den Umfang der Stimme erweitern
Unheimliche Hexen und Geister tanzen.	Lied der Hexen und Geister singen: „Kommt nur alle her und tanzt mit uns!" (4x)
Der Satan erscheint!	Motiv des Satans klopfen:
Alle zusammen feiern den wilden Hexensabbat.	ein wildes Durcheinander aller Elemente: Geisterstimmen, heulender Wind, Hexenlied und Motiv des Satans (evtl. Gruppen einteilen)
Auf dem Höhepunkt des Hexensabbats läutet von fern das Glöckchen einer Dorfkirche.	mit Glocke oder am Klavier auf hoher Tonhöhe „läuten" (Cluster)
Beim Klang der Glocken zerstreuen sich die Geister der Finsternis.	Geisterstimmen sechsmal wiederholen, immer leiser werden bis fast unhörbar
Der Tag bricht an.	Arme und Beine ausschütteln, sich strecken und gähnen – wieder Licht ins Klassenzimmer lassen

Von Hexen und Geistern

3 2–5 Im nächsten Schritt wird die Brücke zur Komposition Mussorgskis geschlagen. Zunächst sollen die Schüler in Partnerarbeit vier Audioausschnitte aus der Komposition dem Programm zuordnen und daraufhin ihre Auswahl begründen.

Daraufhin vertiefen die Schüler die musikalische Umsetzung des Programms im Hinblick auf die von Mussorgski gewählte Instrumentierung. In Klasse 5 (vor allem ➤ SB, Kap. 7) haben sich die Schüler bereits mit den Instrumenten bzw. deren Eigenschaften auseinandergesetzt. Dennoch benötigen sie hier Hilfestellungen: Der Lehrer klärt zunächst die unter Aufgabe 3b genannten Instrumente und lässt deren Klanglichkeit beschreiben. Nach einem erneuten Hören der Beispiele sollte eine – auch begründbare – Zuordnung möglich sein, die die Schüler in ihrem Schülerarbeitsheft festhalten. Ein Gespräch über die Wahl der Instrumente (Blechblasinstrumente für den Satan bzw. Flöte und Harfe für den Tagesanbruch) schließt diese Aufgabe ab.

Lösung
2–5

Beispiel 1: Unirdischer Lärm der Geister und Hexen – Geigen und hohe Holzbläser (Flöten, Oboen, Klarinetten)
Beispiel 2: Erscheinung des Satans – Blechblasinstrumente (Trompeten, Posaunen)
Beispiel 3: Tagesanbruch – Glocke (8 x)
Beispiel 4: Sonnenaufgang: Die Geister der Finsternis zerstreuen sich – Flöte und Harfe

Ein konzentriertes Anhören der ganzen Komposition ist für Schüler einer 6. Klasse eine Herausforderung. 🎵 Im Sinne des aufbauenden Strangs „Hören" ist eine schrittweise Ausweitung der Zeitspanne aktiven Hörens jedoch ein wichtiger Aspekt.

[**Tipp**] Um die Konzentration über einen längeren Zeitraum aufrecht zu erhalten, können Sie unter anderem kleine Aufgaben als Anreize beim Hören stellen, z. B. können die Schüler immer, wenn sie die Geisterstimmen hören, die rechte Hand heben; die linke Hand bleibt dem Satan vorbehalten. Lassen Sie die Schüler zudem zählen, wie oft die Glocke vor dem Tagesanbruch schlägt. Damit schaffen Sie kleinere Abschnitte, die den Ablauf des Hörbeispiels gliedern. Zudem lenken Sie die Aufmerksamkeit der Schüler auf bestimmte Aspekte der Komposition und fördern so ein bewusstes, konzentriertes Hören. Weitere Fragestellungen für ein aktivitätsbezogenes Hören finden sich im Schülerarbeitsheft.

Instrumente rufen Bilder wach ➤ SB, S. 152

Die Überlegung, dass Mussorgski in seiner Komposition bewusst unterschiedliche Instrumente für die verschiedenen Charaktere bzw. Stationen des musikalischen Programms verwendet hat, führt zu einer näheren Betrachtung, welche Funktion bestimmte Instrumente in der Programmmusik haben. In diesem Zusammenhang werden die häufig als Signalinstrumente verwendeten Blechblasinstrumente in den Fokus genommen, die für die Vertonung von Jagd, Post oder Militär erste Wahl waren. Der kleine instrumentenkundliche Exkurs kann später in Kapitel 14 (➤ SB, S. 178 f.) wieder aufgegriffen werden, wenn die Blechblasinstrumente als Orchesterinstrumente thematisiert werden.

Der Einstieg geschieht über eine Zuordnung von Bild und Klang. Für Schüler könnte diese historisch begründete Funktion der Instrumente unter Umständen zunächst gar nicht eindeutig nachvollziehbar sein. Dennoch sollte ihnen aufgrund des Charakters der gewählten Hörbeispiele eine Zuordnung gelingen.

Lösung

Beispiel 1 (I. Strawinsky: **Trompeten**signal als Fanfare aus „Petruschka") – Bild 1
Beispiel 2 (C. M. v. Weber: Jagdsignal der **Hörner** aus dem „Freischütz") – Bild 2
Beispiel 3 (R. Vaughan Williams: **Oboe** als Hirteninstrument im „Rondo Pastorale" aus dem Oboenkonzert) – Bild 3

Widersprüche oder Fragen bei der Zuordnungsaufgabe führen zur Überlegung, ob bestimmte Instrumente wirklich eine universelle Bedeutung innehaben können, also bei allen Menschen die gleichen Assoziationen oder Bilder wachrufen. Diese Fragestellung nimmt damit im weiteren Sinn schon vorweg, was in Kapitel 20 ausführlicher behandelt wird: Ist Musik eine universelle Weltsprache? Ein Blick voraus (➤ SB, S. 238 f.) ist für den Lehrer sicher hilfreich. Musik trägt – insbesondere auf der emotionalen Ebene – in gewisser Weise zur Verständigung bei, kann aber natürlich viele Funktionen, die die Sprache hat, nicht übernehmen. Und: sie kann auch missverstanden werden, wie z. B. bei Signalen, die nur in bestimmten Regionen oder Berufsständen eine spezielle Funktion haben.

Signalinstrumente

Instrumente wurden im Laufe der Geschichte immer wieder in verschiedenen Bereichen eingesetzt, um Nachrichten zu übermitteln. Diese Instrumente hatten meist einen durchdringenden Klang und konnten so über weite Strecken gehört werden.

Musik mit Programm

3 Die Schüler überlegen zunächst, warum und zu welchen Zwecken Signalinstrumente wohl benötigt bzw. benutzt wurden. Ausgangspunkt könnte dabei beispielsweise die beim Fußball oder auch bei der Eisenbahn benutzte Trillerpfeife sein, bei der ein einfaches kräftiges Hineinblasen genügt, um einen sehr lauten, schrillen und durchdringenden Klang zu erzeugen.

Danach hören die Schüler die im Schülerbuch abgebildeten Signale an, untersuchen sie genauer. In einer Tabelle im Schülerarbeitsheft halten die Schüler die Besonderheiten der einzelnen Signale fest. Dabei sollten unbedingt immer wieder die Signale erklingen (am Klavier oder als Hörbeispiel von CD), um damit die Ergebnisse der jeweils untersuchten Signale auch akustisch zu manifestieren.

Lösung

Jagdsignale

1) Aufbruch zur Jagd:
- der Quintsprung c – g wird 6 x wiederholt
- punktierter Rhythmus
- am Ende langer hoher Ton

2) Ende der Jagd (Halali):
- schwingender 6/8-Rhythmus
- abwechselnd: Achtelmotiv – längerer Ton
- die Abfolge Achtelmotiv – längerer Ton wiederholt sich 3 x jeweils in höherer Tonlage
- am Ende ein langer hoher Ton

Posthornsignale

1) Ankunft einer Extrapost:
- Tonwiederholung zu Beginn mit dem charakteristischen Rhythmus (Achtel, 2 Sechzehntel, Achtel)
- darauf folgt ein Dreiklang aufwärts
- dreimalige Wiederholung

2) Anzahl der zu wechselnden Pferde:
- Quartsprung abwärts, dann zurück zum Ausgangston
- sehr kurzes Signal: nur 3 Töne
- je nach Anzahl der Pferde Wiederholung des Dreitonmotivs

Trompetensignale

1) Signal zur Versammlung der Truppen:
- durchgehend punktierter Rhythmus (Reiterrhythmus)
- im letzten Takt Tonwiederholung auf dem Grundton

2) Officer's Call:
- schwingender 6/8-Rhythmus
- charakteristisches rhythmisches Motiv (Achtel, 2 Sechzehntel, Achtel)
- nur die Töne des Dreiklangs (c – e – g) werden verwendet

Erweiterung:
Auffällig ist, dass alle Signale lediglich drei verschiedene Töne verwenden (Obertöne). Dies erarbeiten sich die Schüler im Schülerarbeitsheft. Dazu notieren sie den Tonvorrat der Signale und untersuchen ihn auf gemeinsame Töne. Im Rückgriff auf Kapitel 8 („Mit drei Klängen durch die Welt") lässt sich feststellen, dass die Signale lediglich die Töne des (C-Dur-)Dreiklangs in unterschiedlicher Reihenfolge benutzen. In diesem Zusammenhang können auch die Obertöne erwähnt werden, die allerdings erst in „MusiX 2" (Klasse 7/8) eine zentrale Rolle spielen werden.

4 Nachdem sich die Schüler intensiv mit den Besonderheiten der einzelnen Signale auseinandergesetzt haben, sollte die kleine Signalprüfung für die Schüler kein großes Problem darstellen. Im Sinne des aufbauenden Strangs „Hören" ist das Einprägen und Erkennen von Tonfolgen ein wichtiger Schritt. Die spielerische Auseinandersetzung mit dieser Höraufgabe stößt bei Schülern erfahrungsgemäß auf große Motivation.

Kapitel 11 **12** 13 14 15 16 17 18 19 20

> **Lösung**
>
> Signalprüfung A: Anzahl der Pferde / Officer's Call / Aufbruch zur Jagd
> Signalprüfung B: Ende der Jagd (Halali) / Signal zur Versammlung der Truppen / Ankunft einer Extrapost

Abschließend versuchen sich die Schüler an einer eigenen Komposition eines Jagdhornsignals. Im Schülerarbeitsheft ist dazu eine kleinschrittige Vorgehensweise vorgegeben.

Im Wald mit Smetana

Als Vertiefung mit dem Topos Jagdsignale beschäftigen sich die Schüler mit einem Ausschnitt aus Smetanas Komposition „Die Moldau" aus dem Zyklus „Mein Vaterland" (tschech. „Má vlast"). Hier symbolisiert das Horn mit seiner ganz besonderen Klanglichkeit – insbesondere im vierstimmigen Hornensemble – den Wald bzw. die dort stattfindende Jagd. Die Bearbeitung von Aufgabe 5 wurde durch die intensive Beschäftigung mit den Besonderheiten der Hornsignale (Tonvorrat, Rhythmik, Gestus, Instrumentenklang ...) bestens vorbereitet. So können 6/8-Takt und Dreiklangsmotivik sowie Tonwiederholungen zu Kompositionsmitteln mit „Wiedererkennungswert" werden.

6/8-Takt mit Schwung ► SB, S. 155

Für Schüler ist der Unterschied zwischen 3/4- und 6/8-Takt nicht sofort nachvollziehbar, besitzen beide doch die gleiche Länge von sechs Achteln. Den Charakter bzw. auch die unterschiedliche Wirkung des 3/4- bzw. 6/8-Taktes haben die Schüler bereits im Start-up „Klapper-Groove" praktisch erfahren. Wenn im Folgenden der 6/8-Takt eingeführt wird, bietet sich eine nochmalige Beschäftigung mit diesem Start-up an. Zudem kann später das Start-up herangezogen werden, um den Unterschied zwischen 3/4- und 6/8-Takt darzustellen.

Hier werden zunächst drei für den 6/8-Takt typische Rhythmuselemente erarbeitet:
- drei Achtel
- Viertel – Achtel
- punktierte Viertel

An dieser Stelle ist es für die Schüler sehr hilfreich, die einzelnen Bausteine erst unter Verwendung der Rhythmussilben zu sprechen.

[Tipp] Achten Sie dabei wieder auf einen stabil durchlaufenden Puls, der von den Schülern körperlich gut empfunden wird.

In einem zweiten Schritt sollten dann die Silben mit den angegebenen Körperklängen verbunden werden (Aufgabe 1). Sobald die drei grundlegenden Bausteine A, B und C problemlos von den Schülern ausgeführt werden, können aus Kombinationen verschiedene Rhythmen gebildet werden (Aufgabe 2). Die Schüler sollen nun auch kreativ mit dem Material umgehen und eigene Kombinationen erfinden, die sie zunächst mit Bodypercussion und/oder Rhythmussilben ausführen (Aufgabe 3). Ihren Rhythmuskanon und die neu erfundenen Rhythmusbausteine notieren sie abschließend im Schülerarbeitsheft.

Musik mit Programm

4 🎧 19 Bei dieser Höraufgabe für Profis sollen die Schüler nun den 6/8-Takt des Moldau-Themas mitklopfen. Zur Verinnerlichung sollte dies ein paar Mal wiederholt werden. Nach einigen Hördurchgängen singen die Schüler das Thema auf Singsilbe (z. B. „du") mit. Dies bereitet die folgende Aufgabe vor, bei der die Schüler den Rhythmus in ihr Schülerarbeitsheft notieren.

[**Tipp**] Notieren Sie als Starthilfe den Auftakt und den ersten Takt – eventuell auch den zweiten Takt – an der Tafel. Bei dieser Gelegenheit lohnt es sich, das Phänomen Auftakt zu wiederholen (➤ SB, Kap. 3, S. 37).

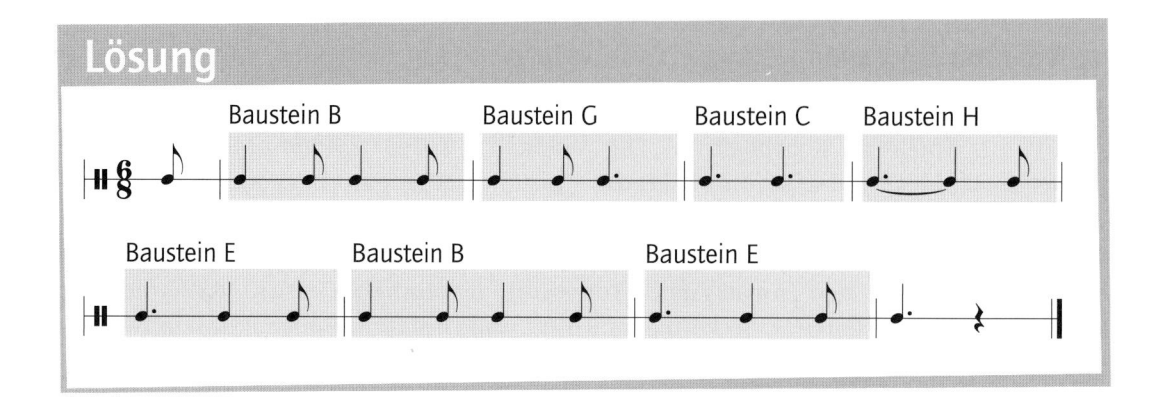

Lösung

Baustein B   Baustein G   Baustein C   Baustein H

Baustein E   Baustein B   Baustein E

Die Wirkung des 6/8-Taktes

5 🎧 20 Beim mehrfachen Hören der Beispiele patschen die Schüler zunächst den Puls auf den Oberschenkeln. In einem nächsten Schritt sollen sie herausfinden, ob es sich um eine Zweier- oder Dreierunterteilung des Grundbeats handelt: dazu wird die Rhythmussprache („du dei" bzw. „du da di") zur Musik gesprochen. Zusätzlich kann auch die Wirkung der Musik als Merkmal einer Taktzuordnung herangezogen werden: Klingt die Musik eher schwingend (Dreierunterteilung) oder marschierend (Zweierunterteilung)?

🎧 20 **Lösung**

Beispiel 1: 6/8-Takt (J. Haydn: Jägerchor, aus: Die Jahreszeiten)
Beispiel 2: 6/8-Takt (F. Mercury: We Are the Champions)
Beispiel 3: 4/4-Takt (G. Rossini: Ouvertüre, aus: Wilhelm Tell)
Beispiel 4: 6/8-Takt (K. Badelt: He Is a Pirate, aus: Fluch der Karibik)

[**Tipp**] Der 3/4- und der 6/8-Takt haben die gleiche Länge (jeweils sechs Achtel). Deshalb ist der Unterschied zwischen den beiden Taktarten für Schüler – vor allem bezogen auf das Notat der Musik – zunächst nur schwer nachzuvollziehen. Um den Unterschied hinsichtlich der Betonungsverhältnisse zu verstehen, hilft die Sprache. Nutzen Sie dazu beispielsweise das im 6/8-Takt notierte Start-up „Klapper-Groove" (➤ SB, S. 145). Bei genauerer Betrachtung mischen sich hier aber 3/4- und 6/8-Takt. Dies macht auch den Reiz des Stückes aus. Lassen Sie die Schüler zunächst die erste Zeile sprechen, die Betonungen herausfinden und dann zum Sprechen klatschen. Verfahren Sie auf gleiche Weise bei der Erarbeitung der zweiten Zeile. Lassen Sie die Schüler die Wirkung beider Takte beschreiben. Die Sprache und die damit verbundene Verschiebung der Betonungsverhältnisse verändert den Takt und bestimmt den Charakter. Zeile 3 verbindet 6/8-Takt (Takt 1) mit dem 3/4-Takt (Takt 2). Auch hier klatschen die Schüler die Betonungen mit. Das Schülerarbeitsheft bietet eine kleinschrittige und gut nachvollziehbare Erarbeitung des Unterschiedes von 3/4- und 6/8-Takt.

Herbstimpressionen

> SB, S. 156

Autumn Comes

Auch im englischen Song „Autumn Comes" bestimmt der 6/8-Takt durch seinen wiegenden Charakter den musikalischen Gestus. Ein Gespräch darüber, warum der Urheber des Songs diese Taktart gewählt hat, kann als Zwischenmotivation während der Erarbeitungsphase dienen.

Für das Lied hat sich ein sehr schöner deutscher Text etabliert, der alternativ zum englischen gesungen werden kann:

Herbst ist da

1. Herbst ist da, der Sommer ging hin,
   leiser die Winde wehn,
   heller die Sterne, näher die Ferne,
   glänzet der Mond so schön.

2. Herbst ist da, es ruhet die Zeit,
   klagendes Lied wird still,
   will nichts mehr fragen, will nichts mehr sagen,
   Welt hat ein End und Ziel.

Der stimmungsvolle Begleitsatz wird unterstützt durch mit Trillertechnik gespielte Boomwhackers:
- Der Boomwhacker wird dazu zwischen Oberschenkel und freier Hand locker hin- und hergeschlagen. Vorsicht bei langen, tiefen Boomwhackers! Man darf sie nicht ganz am Ende anfassen, sonst ist die Hebelwirkung zu groß und es klappt nicht.
- Bei der geblasenen Trillertechnik bewegt man den Boomwhacker vor dem Mund schnell hin und her und pustet auf die Öffnung. Dabei entsteht ein relativ leiser Klang, der aber von mehreren ausgeführt ganz apart, fast meditativ klingt.

Ein Herbstgedicht in Musik umsetzen

Ein anspruchsvolles Etappenziel der improvisatorischen Umsetzung von außermusikalischen Vorgaben haben die Schüler mit der Vertonung des Gedichtes von Mascha Kaléko erreicht. Dieses kleine Projekt braucht Zeit, damit die Schüler sich auf den Text und die Gruppenarbeit einlassen können. Hier könnte man fachübergreifend einen das Fach Deutsch unterrichtenden Kollegen bitten, sich im Vorhinein in seinem Unterricht mit dem Gedicht auseinanderzusetzen. Bei der Vertonung helfen die im Schülerbuch notierten Tipps.

Mascha Kaléko ist mit ihren vielen humorvollen und nachdenklichen Gedichten und Aphorismen der „Neuen Sachlichkeit" zuzurechnen. In ihrer „Großstadtlyrik" ist sie in ihrer schnörkellosen und direkten Sprache mit Erich Kästner vergleichbar. Weitere Informationen unter: http://www.kaleko.ch.

Kapitel 13: Farbwechsel: Dur und Moll

Thema und Ziele

Dur und Moll – die für die abendländische Musik charakteristische Unterscheidung der beiden Tongeschlechter ist Thema dieses Kapitels. Anhand verschiedener Lieder, Start-ups und Hörbeispiele wurden die Schüler hörenderweise mit den unterschiedlichen Klangwelten der beiden Tongeschlechter bereits in den vorangegangenen Kapiteln vielfältig konfrontiert. 🎵 Aufbauend darauf setzen sie sich nun bewusst mit deren Wirkung auseinander und erlernen die tonale Struktur von Dur- bzw. Moll-Tonleitern und Dreiklängen. Sie erfahren, dass Moll nicht automatisch eine „traurige" Tonart ist, sondern eben eine andere – oft auch unterschiedlich empfundene – Farbe in die Musik bringt. Dies wird bereits im ersten Start-up und im herbstlichen Motto-Song spürbar, aus dem heraus dann die Moll-Tonleiter entwickelt wird. In diesem Band beschränken wir uns auf die natürliche Moll-Tonleiter. Harmonisches und melodisches Moll werden aufbauend in „MusiX 2" behandelt. Besonders augen- und ohrenfällig wird für die Schüler die unterschiedliche Wirkung, wenn ihnen bekannte Lieder ins andere Tongeschlecht umgewandelt werden (z. B. bei „Sascha" und „Bruder Jakob") oder Moll und Dur direkt gegenübergestellt werden (z. B. in „Conquest of Paradise").

🎵 Als Vertiefung und Weiterführung der in Kapitel 8 („Mit drei Klängen durch die Welt") behandelten Dreiklangsbildung unterscheiden die Schüler nun Dur- und Moll-Dreiklänge, indem sie klangliche Unterschiede hören, sich mit deren Aufbau beschäftigen und Lieder begleiten.

In diesem Kapitel wird an folgenden Dimensionen musikalischer Kompetenz gearbeitet:

- **Stimme und Singen:** Artikulation, Sprache perkussiv nutzen („Samba-Quartett" ➤ SB, S. 159), usuelles Singen (➤ SB, S. 159, 160, 162, 163, 164, 167, 168)
- **Instrumente spielen:** Begleitsatz (➤ SB, S. 161, 165, 167, 168)
- **Körper und Bewegung:** Bodypercussion (➤ SB, S. 159), Tanz (➤ SB, S. 169)
- **Variieren und Erfinden:** Improvisation in Moll (➤ SB, S. 161), Begleitarrangement (➤ SB, S. 167)
- **Lesen und Notieren:** Moll-Tonleiter (➤ SB, S. 161 ff.), Versetzungszeichen (➤ SB, S. 163), Punktierung (➤ SB, S. 164), Dreiklänge (➤ SB, S. 166 f.), Musiklabor (➤ SB, S. 170 f.)
- **Hören und Beschreiben:** Dur – Moll (➤ SB, S. 162 f., 166, 171)
- **Anleiten:** Dirigieren im 3/4-Takt (➤ SB, S. 165)

Start-ups für Stimme und Körper ➤ SB, S. 159

Stimme

Tassen-Tango

Dieser Muntermacher soll vor allem die Artikulation schulen, er darf also „mit spitzer Zunge" gesungen werden. Insbesondere die Konsonanten sollten sehr gut ausgesprochen werden. Die Aufnahme eines Tangosängers (z. B. Max Raabe) kann dafür eine gute Anregung sein. Alternativ vermittelt die Aufnahme zum Song weitere Interpretationsimpulse (etwa das rollende „rrr").

🎵 21

Methodische Hinweise:
- Der Spitzenton d" auf die Silbe „ich" (T. 3) ist nicht leicht zu singen. Hier sollte man – ganz stilecht – die letzte Silbe des vorherigen Wortes „greife" im Glissando nach oben führen und zum „i" übergehen lassen. Bei der Wiederholung kann man das „I" in

„klingt" für das Angleiten nutzen. Zudem muss der Spitzenton leicht und „kopfig" angesungen werden, indem der Ton dynamisch etwas zurückgenommen und mit der Vorstellung verbunden wird, das „i" leicht lächelnd gegen „ü" zu färben.
- Im zweiten Teil des Songs müssen die Tonschritte gut vorbereitet werden (Halbtonschritte bei „Das ist mein Tassen…" sowie Quint- bzw. Quartsprung bei „Tango").
- Beim „Rühren" des Begleitostinatos genügt es nicht, den Stift einfach im Kreis zu drehen, vielmehr muss er auf jedes Viertel einen kräftigen Impuls (Schwung) bekommen.

[Tipp] Die Wirkung des „Rührens" ist besonders bei Aufführungen um einiges eindrucksvoller, wenn Sie dieses Pattern mit Löffeln und echten Kaffeetassen ausführen lassen. Erfahrungsgemäß genügt es (bezogen auf Lautstärke, Präzision…), wenn Sie für diesen Effekt drei bis vier Schüler in mitgebrachten Tassen rühren lassen.

Die vorgeschlagene Klavierbegleitung ist im ersten Teil eine Tango-Habanera, im zweiten Teil ein strenger klassischer Tango, bei dem die letzte Achtelnote im Bass einen Akzent erhalten sollte.

Tassen-Tango (Klaviersatz)

Text: M. Detterbeck, G. Schmidt-Oberländer;
Musik u. Klavierbegleitung: G. Schmidt-Oberländer
© Helbling

Farbwechsel: Dur und Moll

Rhythmus/Körper und Bewegung

Samba-Quartett

Dieser Körper-Groove, der durch einen witzigen Sprechtext unterstützt wird, wiederholt und festigt den sicheren Umgang mit unterschiedlichen metrischen Ebenen.

E 23, 24

Methodische Hinweise:
- Stimme 1 (Viertelpuls) imitiert mit den Bodypercussion-Schlägen auf den Oberkörper eine Trommel (z. B. Surdo). Um die Klanglichkeit zu unterstützen, sollten die Schüler das Brustbein heben und den Brustkorb als Klangraum möglichst weit machen (Vorstellung: breiter Rücken).
- Stimme 2 (Sechzehntel) imitiert einen Shaker (z. B. Maracas) oder auch eine Guiro. Den Akzent mit etwas Druck und schneller Handbewegung vom Körper weg ausführen.
- Stimme 3 (Achtelnoten) unterstützt die Offbeats. Hier sollte der Text unbedingt mitgesprochen werden, um eine präzise Ausführung zu unterstützen. Zusätzlich können die Schüler auch auf den Achtelpausen einen Luftschlag ausführen.
- Stimme 4 imitiert einen für den Samba typischen Glockenrhythmus (Agogo), der für Schüler eine Herausforderung darstellt.
- Bei der Erarbeitung beginnt man am besten mit Stimme 2, da die Sechzehntelpulsation das Tempo stabilisiert. Danach kommen die Stimmen 1 und 3 hinzu, die sich am Puls orientieren können, und zum Schluss eventuell Stimme 4 (Profis).

Folgender Ablauf wäre für eine effektvolle Präsentation denkbar:

T. 1/2	T. 3/4	T. 5/6	T. 7–10	T. 11	T. 12–15	T. 16–19	T. 20
Teil A: Stimme 1 (mit Sprache)	Teil A: Stimme 1 und 2 (mit Sprache)	Teil A: Stimme 1, 2 und 3 (mit Sprache)	Teil A: Tutti (mit Sprache)	Break	Teil A: Tutti (ohne Sprache)	Teil A: Tutti (mit Sprache)	Schluss

Farbe für die Musik

➤ SB, S. 160

Colour Your Life (Klaviersatz)

Text: M. Detterbeck; Musik: M. Detterbeck, G. Schmidt-Oberländer;
Klavierbegleitung: G. Schmidt-Oberländer
© Helbling

Alternativ kann das Herbstlied auch in der folgenden deutschen Textversion gesungen werden:

Text: G. Schmidt-Oberländer
© Helbling

Farben

1. Blätter so rot,
Blätter so gelb
wirbeln im wilden Wind.
Fallen vom Baum,
fallen ins Gras,
fliegen herum
geschwind.

Blätter im Herbst
wie ein Buch,
ein buntes Tuch,
färben die
Welt kunterbunt,
Blumen im Gras,
Farben für unsre Welt!

Refrain
Farben, mein Lied,
Farben sind Harmonie,
Farben sind Klang,
Farben sind wie Magie.

Farbwechsel: Dur und Moll

2. Himmel so weiß,
Himmel so blau,
fliegende Wolkenschar
zieht über mir,
flieht dann von hier,
lässt meinen Himmel klar.

Wolken im Herbst
zieh'n im Sturm,
Fahnen am Turm
färben die
Welt weiß und blau,
Wellen im Meer,
Farben für unsre Welt!

Refrain
Farben, mein Lied,
Farben sind Harmonie,
Farben sind Klang,
Farben sind wie Magie.

Der Motto-Song „Colour Your Life" führt musikalisch mit seiner Zweiteiligkeit (Moll- und Dur-Teil) in einem melancholischen Jazz-Waltz-Feeling sowie textlich mit der Beschreibung der Farbigkeit des Herbstes, aber auch des Lebens, in die Thematik des Kapitels ein. Der Dur-Teil fordert auf fast hymnische Weise dazu auf, das Leben zu einem Lied, einer Melodie, zu machen, ihm durch Harmonie Farbe zu verleihen und die Traurigkeit zu vertreiben.

Methodische Hinweise:
- Das stufenweise Ansteigen des Motivs im A-Teil verleitet dazu, die Spannung zu verlieren, die für eine gute Intonation gerade im vierten Takt nötig ist. Hilfreich ist hier, mit den Schülern die einzelnen Töne des Quintraums *d – a* sängerisch vorzubereiten (z. B. mit Solmisation oder mit Unterstützung eines Instruments). Dabei sollte besonders auf den großen Sekundschritt *d – e* und auf das Erreichen des Quinttons *a* geachtet werden.
- Im C-Teil kann die Intonation der absteigenden D-Dur-Tonleiter durch eine Aufwärtsbewegung mit den Händen und eine klangliche Aufhellung („freundlich singen") unterstützt werden.
- Das Playback leistet gute Dienste, um in das richtige Feeling zu kommen (Jazz-Waltz, Dur-/Moll-Wechsel…).

Der Tonvorrat der d-Moll-Tonleiter

Im Rahmen des aufbauenden Strangs „Improvisation" wurde schon an zwei Stellen die Improvisation in einem Tonraum thematisiert (Pentatonik ➤ SB, S. 72; C-Dur-Tonleiter ➤ SB, S. 142). Anknüpfend an diese ersten Erfahrungen improvisieren die Schüler nun mit der natürlichen Moll-Tonleiter. Damit lernen sie nun eine Tonleiter kennen, die (für die Improvisation) durch das Fehlen eines Leittons einen ganz eigenen Reiz hat.

Aus dem im Schülerbuch abgebildeten Songausschnitt entwickeln die Schüler den Tonvorrat, der anschließend für die Improvisation zur Verfügung stehen wird. Das Schülerarbeitsheft bietet dazu eine differenzierte Aufgabenstellung und Platz zum Eintragen der Lösungen an.

Vorzeichen haben in den früheren Kapiteln noch keine Rolle gespielt. Im Sinne des „bridging movement" (E. Gordon ➤ Einleitung, S. 14) wurden die Schüler in Liednotaten oder Werkausschnitten natürlich immer wieder indirekt mit Vor- und Versetzungszeichen konfrontiert. Eine bewusste Auseinandersetzung fand jedoch bislang nicht statt. Deshalb sollten die Schüler an dieser Stelle darauf hingewiesen werden, dass der Ton *h* durch ein Versetzungszeichen verändert wurde. Die Veränderung kann dann auch direkt beim Stabspiel nachvollzogen werden, indem der entsprechende Klangstab ausgewechselt wird. Eine vertiefte Auseinandersetzung mit dem Aufbau der Moll-Tonleiter (Tonschritte usw.) findet an dieser Stelle noch nicht statt. Ziel ist momentan lediglich, dass das Singen und Spielen die Schüler auf die Klanglichkeit der d-Moll-Tonleiter einstimmt und die folgende Improvisationsübung vorbereitet.

Improvisation in Moll

In dieser Improvisationsübung setzen sich die Schüler aktiv spielend und hörend mit der Moll-Klangwelt auseinander. Im Sinne des aufbauenden Unterrichts bildet der praktisch-handelnde Umgang Grundlage und Ausgangspunkt für die weiterführende Auseinandersetzung mit dem Tongeschlecht Moll. Damit folgt der Lernweg der Prämisse: Handeln → Können → Wissen → Begriff (➤ Einleitung, S. 5).

Für die Improvisation benötigt man mindestens zwei, am besten drei Stabspiele. Am ersten Stabspiel steht der „Impulsgeber", der alle zwei Takte auf Zählzeit 1 das d' spielt. Am zweiten Stabspiel wird improvisiert (mit zwei Schlägeln, siehe dazu auch Workshop „Stabspiele" ➤ SB, S. 42 f.). Nach zwei (bzw. drei oder vier) Durchgängen werden die Schlägel weitergegeben. Ein drittes Stabspiel ist von Vorteil: wird an zwei Stabspielen im Wechsel improvisiert, entsteht beim Wechsel keine Hektik. Um das Tempo zu stabilisieren und das Gefühl für den Grundbeat beim gemeinsamen Musizieren hörbar zu machen, sollte die Bass-Stimme der Begleitung zur Improvisation von einem erfahrenen Spieler ausgeführt werden. Diese Stimme kann zu diesem Zweck alternativ mit durchlaufenden Viertelnoten gespielt werden.

Folgende Regeln helfen, die Improvisation zu strukturieren:
- Beschränkung zunächst auf einen Notenwert (Halbe, Viertel oder Achtel), später auch Kombinationen (Viertel und Achtel usw.)
- lange Töne oder auch Pausen als Gestaltungsmittel nutzen
- zunächst kurze Motive spielen (Zwei- oder Dreitonmotive), dann allmählich ausweiten

[Tipp] Weitere Tipps zur Improvisation mit Motiven oder Frage-Antwort-Modellen finden Sie im Workshop „Improvisation" (➤ SB, S. 142 f.).

Wenn man die Begleitung zur Improvisation von Schülern ausführen lässt, stellt dies durchaus eine musikalische wie organisatorische Herausforderung dar. Falls der dafür nötige Zeitrahmen nicht zur Verfügung steht, kann der Lehrer die Improvisationsübung auch am Klavier begleiten (Dm, Dm/C, Dm/B, A).

Kleiner Unterschied – große Wirkung ➤ SB, S. 162

Bevor sich die Schüler die Aufgaben zu Dur- bzw. Moll-Tonleitern erarbeiten, sollte unbedingt das Grundwissen bezogen auf die Bildung von Tonleitern (vgl. vor allem ➤ Kap. 6, SB, S. 75) wiederholt werden. Dieses Grundwissen ist Voraussetzung für die in dem vorliegenden Kapitel verankerte weiterführende Erarbeitung von Moll-Tonleitern bzw. Dreiklängen und dem damit verbundenen Vergleich zwischen Dur und Moll. Haben die Schüler die Grundlagen der Dur-Tonleiter (bezogen auf den Grundton c) und der Dreiklangsbildung nicht verstanden, ist die weiterführende und vor allem nachhaltige Verankerung der Inhalte von Kapitel 13 nicht möglich. Deshalb sollten folgende Aspekte an dieser Stelle wiederholt werden:
- **Stammtonreihe:** z. B. in Form der weißen Klaviertasten; hier auch der Aspekt „Fehler im System": die Töne haben in der Notation scheinbar den gleichen Abstand, der Abstand ist aber unterschiedlich **(Ganz- bzw. Halbtonschritte)**, was sich auch bei näherer Betrachtung der Klaviertasten zeigt.
- **Tonreihen** lassen sich von allen Tönen der Stammtonreihe aus bilden, dabei hat jede Tonreihe ihren **charakteristischen Klang**. die Tonreihe von c' bis c'' können wir hörend erkennen (wenn möglich, unbedingt Solmisation mit einbeziehen!).
- Die Tonreihe c' bis c'' **(C-Dur-Tonleiter)** weist eine charakteristische Abfolge von Ganz- und Halbtonschritten auf.

Farbwechsel: Dur und Moll

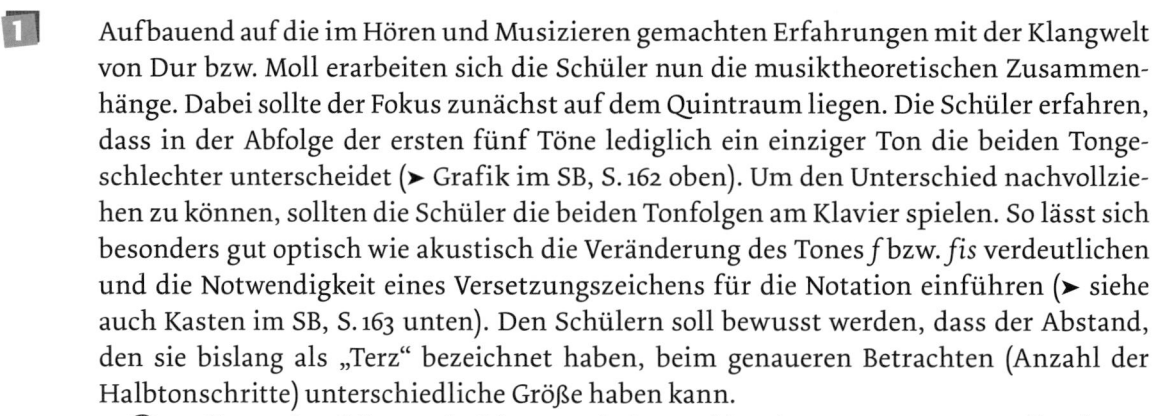

1 Aufbauend auf die im Hören und Musizieren gemachten Erfahrungen mit der Klangwelt von Dur bzw. Moll erarbeiten sich die Schüler nun die musiktheoretischen Zusammenhänge. Dabei sollte der Fokus zunächst auf dem Quintraum liegen. Die Schüler erfahren, dass in der Abfolge der ersten fünf Töne lediglich ein einziger Ton die beiden Tongeschlechter unterscheidet (➤ Grafik im SB, S. 162 oben). Um den Unterschied nachvollziehen zu können, sollten die Schüler die beiden Tonfolgen am Klavier spielen. So lässt sich besonders gut optisch wie akustisch die Veränderung des Tones *f* bzw. *fis* verdeutlichen und die Notwendigkeit eines Versetzungszeichens für die Notation einführen (➤ siehe auch Kasten im SB, S. 163 unten). Den Schülern soll bewusst werden, dass der Abstand, den sie bislang als „Terz" bezeichnet haben, beim genaueren Betrachten (Anzahl der Halbtonschritte) unterschiedliche Größe haben kann.

Aufbauend auf die Beschäftigung mit der Grobbestimmung von Intervallen (➤ SB, S. 76 ff.) stellt die Bestimmung von kleiner bzw. großer Terz nun einen ersten Schritt hin zur Feinbestimmung von Intervallen dar. Hilfreich ist in diesem Zusammenhang auch die dafür aufbereitete Präsentation „Fünftonraum" auf der Multimedia-CD-ROM.

Wenn die Grundlagen der C-Dur-Tonleiter praxisbezogen erarbeitet und verstanden wurden, sollte nun auch der folgende Schritt für alle Schüler problemlos nachvollzogen werden können: Zunächst wird die D-Dur-Tonleiter ins Schülerarbeitsheft geschrieben. Dabei gehen die Schüler nach folgenden Arbeitsschritten vor:
- Schritt 1: Tonreihe von *d'* bis *d"* notieren.
- Schritt 2: Die zur Bildung einer Dur-Tonleiter richtige Folge von Ganz- und Halbtonschritten unter der Tonleiter notieren.
- Schritt 3: Die Tonschritte der Tonleiter beginnend beim ersten Ton überprüfen: Stimmen die Tonschritte mit der unter dem Notat vermerkten Abfolge überein? Ist ein Tonschritt falsch, muss der Ton verändert werden.
- Schritt 4: Tonleiter am Klavier spielen und nochmals mit den Ohren kontrollieren.

[Tipp] Alternativ zur oben beschriebenen kognitiven Herangehensweise einer schriftlichen Konstruktion von Tonleitern kann ein hörender Zugang mit darauf aufbauender Klärung von Begrifflichkeiten (Versetzungszeichen etc.) besser nachvollziehbar und vor allem nachhaltiger sein. Spielen Sie dazu die notierte Stammtonreihe von *d'* bis *d"*. Haben Sie mit der Klasse Solmisation als Werkzeug zur Erarbeitung des Tonraumes verwendet, werden die Schüler zielsicher die Töne benennen können, die bezogen auf die Dur-Tonleiter „nicht stimmen".

Nun wird die d-Moll-Tonleiter, die bereits bei der Improvisation (➤ SB, S. 161, Aufgabe 1) erarbeitet wurde, unter der gleichnamigen Dur-Tonleiter notiert. Achtung: Die Tonschritte müssen dabei sauber, genau untereinander notiert werden, um die voneinander abweichenden Töne bzw. Tonschritte zu verdeutlichen. Während der Beschäftigung mit der Notation und den Bauprinzipien der Tonleitern ist unbedingt immer wieder der klangliche Nachvollzug (Singen und Spielen, Solmisation) wichtig.

[Tipp] Wenn Sie Solmisation verwenden, könnten Sie an dieser Stelle den Schülern erklären, dass es eine Moll-Tonleiter aus Stammtönen gibt, die nicht mit „do" beginnt, sondern bei der 6. Tonstufe also auf „la". Diese Überlegung schließt sich an die oben gemachte Beobachtung an, dass sich Tonreihen von allen Tönen der Stammtonreihe aus spielen lassen. Bezogen auf die Stammtöne wäre die Moll-Tonleiter also die Tonreihe, die beim 6. Tonschritt beginnt und die Töne *a'* bis *a"* umfasst. Daran anschließend kann die charakteristische Klanglichkeit bzw. der besondere Aufbau der Moll-Tonleiter (Abfolge von Ganz- und Halbtonschritten) analog wie oben beschrieben erarbeitet werden.

2 28–31 Die Lieder „Sascha" und „Bruder Jakob" werden im jeweils anderen Tongeschlecht im Schülerarbeitsheft notiert und anschließend gesungen oder am Instrument gespielt.

Mit den beiden Liedern wurden bewusst zwei Lieder zur Vertiefung der beiden Tongeschlechter ausgewählt, die nicht den Dur-Moll-Klischees von „lustig – traurig" entsprechen. Moll-Lieder, die in Dur gesungen werden, werden von den Schülern häufig als „langweilig" eingestuft, während ihnen „vermollte" Dur-Lieder als „schöner, interessanter" erscheinen. Solche Aussagen sollte man als Lehrer nutzen, um der Gefahr der einseitigen Interpretation von Dur und Moll im oben genannten Sinne entgegenzuwirken.

Im Kompetenzstrang „Hören/Schulung der Wahrnehmung" ist die hörende Unterscheidung von Dur und Moll eine wichtige Kompetenz, deren Erwerb nicht allen Schülern leicht fällt. Die Verfremdung von bekannten Liedern und Melodien in das jeweils andere Tongeschlecht macht es ihnen leichter, da ihr inneres Ohr (→ Audiation) die charakteristische Terz voraushört und deren Veränderung sofort wahrnimmt.

Auf der Multimedia-CD-ROM ist „Bruder Jakob" zur Präsentation aufbereitet, sodass man zwischen der Dur- bzw. Moll-Version des Liedes (Notation und Audio) hin- und herwechseln kann. So lässt sich der Unterschied klanglich und zugleich optisch für alle Schüler gut nachvollziehbar präsentieren.

Die Bestimmung und auch die Umwandlung des Tongeschlechts soll möglichst an weiteren Liedern und Songs vertieft werden.

Nun bestimmen die Schüler das Tongeschlecht verschiedener Hörbeispiele, die ihnen jeweils einige Male vorgespielt werden, basierend auf der empfundenen Klanglichkeit. Damit dies nicht zur Rateaufgabe mit 50:50-Chance wird, ist alternativ ein höranalytischer Zugang sinnvoll: Die Schüler singen den Grundton des jeweiligen Beispiels und vollziehen die ersten fünf Töne des Tonvorrates singend nach. Besonders bei den ersten beiden Hörbeispielen sollte dies den Schülern durchaus gelingen.

Lösung

Hörbeispiel 1: Moll – G. Mahler: Sinfonie Nr. 1, D-Dur („Bruder Jakob")
Hörbeispiel 2: Dur – J. Haydn: Sinfonie Nr. 94, G-Dur („Paukenschlag")
Hörbeispiel 3: Dur – E. Grieg: Morgenstimmung (aus: Peer-Gynt-Suite)
Hörbeispiel 4: Moll – E. Grieg: Åses Tod (aus: Peer-Gynt-Suite)
Hörbeispiel 5: Moll – G. Bizet: Farandole (aus: L'Arlesienne-Suite Nr. 2)

Eine Hymne zur Entdeckung der Neuen Welt ► SB, S. 164

Anhand des Songs „Conquest of Paradise" vertiefen die Schüler die Unterscheidung der beiden Tongeschlechter. Die hymnische Musik, verbunden mit der Charakteränderung zwischen A-Teil (Moll, punktierte Rhythmen) und B-Teil (Moll, fließende Viertelbewegungen), macht gesungen und/oder im Klassenarrangement gespielt den Schülern erfahrungsgemäß sehr viel Spaß.

Das Begleitarrangement ist auch für weniger erfahrene Klassen gut ausführbar. Die Stabspiel-Triller im A-Teil werden mit der sogenannten Trillertechnik gespielt: Zwei Schlägel werden mit einer Hand gegriffen, ein Schlägel ist über, einer unter dem Stab. Die Schlägel werden schnell von unten nach oben bewegt (► s. Illu auf S. 70 in diesem Lehrerband).

Farbwechsel: Dur und Moll

1 🔊 Nachdem sich die Schüler bereits mit dem 4/4-Takt (➤ SB, S. 35) und dem 2/4-Takt (➤ SB, S. 106) beschäftigt haben, üben sie nun aufbauend darauf die Schlagfigur des 3/4-Taktes. Sie findet Anwendung im Mitdirigieren zur Aufnahme des Songs „Conquest of Paradise".

Ⓔ 37

2 Auch wenn die gesamte Doppelseite als optionales Material gekennzeichnet ist, sollte man, wenn dies zeitlich möglich ist, an diesem Stück hörend den Wechsel zwischen Dur und Moll nachvollziehen.

[Tipp] An diesem Song können Sie besonders gut die Punktierung wiederholen (➤ SB, S. 53), die maßgeblich für den hymnischen Charakter sorgt.

Melodien begleiten: Dreiklänge in Dur und Moll   ➤ SB, S. 166

Dur- und Moll-Dreiklänge

Aufbauend auf die Erfahrung der melodischen Charakteristik von Dur und Moll im Quintraum beschäftigen sich die Schüler nun mit der Bildung der dazugehörigen Dreiklänge.

An dieser Stelle sollte die Bildung von Dreiklängen (➤ Kap. 8) wiederholt werden. Folgende Aspekte spielen dabei eine Rolle:
- der Dreiklang als eine besondere Form des Zusammenklangs
- das Bauprinzip eines Dreiklangs in Grundform mit seinen zwei übereinanderliegenden Terzen (**Terzenschichtung**)
- Dreiklangstöne, die nacheinander (sukzessiv) oder gleichzeitig (simultan) erklingen können

🔊 Mit der differenzierten Betrachtung des Dreiklangs baut sich dieses Wissen nun weiter aus und stellt die Differenzierung in kleine und große Terz und deren Anordnung in den Fokus.

1 Nach der bisherigen intensiven Auseinandersetzung mit dem Quintraum (➤ SB, S. 162) sollten die Schüler den d-Moll- bzw. D-Dur-Dreiklang auf dem Klavier nun problemlos spielen können. Lassen Sie die Schüler im Rückgriff auf das bisher Erlernte herausfinden, welche Töne sich verändern bzw. welche Töne beiden Dreiklängen gemeinsam sind. Es geht hier zunächst lediglich um die Klanglichkeit der beiden Dreiklangstypen. Eine Analyse des Dreiklangs hinsichtlich des Aufbaus (große bzw. kleine Terz) folgt erst in einem weiteren Schritt nach dem praktisch-hörenden Umgang.

2 Im Folgenden wird die klangliche Unterscheidung der beiden Dreiklänge spielerisch geübt und vertieft. Zusätzlich zum im Schülerbuch beschriebenen Dreiklangsquiz können weitere Spielvarianten herangezogen werden:
- „1, 2 oder 3": Drei Stühle stehen nebeneinander vor der Klasse mit jeweils einem Kärtchen: Dur, Moll, anderer Klang. Der Lehrer spielt nun einen Dreiklang (Dur oder Moll) bzw. einen beliebigen anderen Klang auf dem Klavier. Die Schüler müssen innerhalb von fünf Sekunden entscheiden, um welchen Klang es sich handelt, und sich vor den entsprechenden Stuhl stellen. Wer richtig liegt, bekommt einen Punkt.
- „Partner-Quiz": Ein Schüler spielt auf dem Klavier einen D-Dur- oder d-Moll-Dreiklang. Ein weiterer Schüler steht etwas entfernt davon (kein Sichtkontakt zur Klaviatur) am Stabspiel und spielt den entsprechenden Dreiklang nach.
- „Dreiklangsketten": Ziel ist es, möglichst viele Dreiklänge in Reihe zu hören und richtig zu benennen. Der Lehrer spielt einen Dreiklang (Dur oder Moll). Die Schüler benennen ihn. War die Antwort richtig, wird der gleiche Dreiklang noch einmal gespielt,

Kapitel 11 12 **13** 14 15 16 17 18 19 20

gefolgt von einem weiteren Dreiklang. Die Schüler benennen beide Dreiklänge. War die Antwort richtig, erklingen drei Dreiklänge usw. Dieses Spiel macht als Wettkampf zweier Gruppen besonders viel Spaß: Für jede Gruppe erklingt dabei abwechselnd eine eigene Dreiklangsfolge. Wer erreicht zuerst acht richtig benannte Dreiklänge?

Nach der hörenden Unterscheidung der Klanglichkeit werden die beiden Dreiklangstypen in der Notation systematisiert. Das Wissen um die Feinbestimmung der Terz wenden die Schüler nun bei der Analyse der Dreiklangsstruktur an, was wiederum am besten anhand der Klaviatur erfolgt. Im Schülerarbeitsheft wird die Feinbestimmung der Terz bzw. die Analyse der Dreiklangsstruktur anschaulich gemacht und anhand verschiedener Aufgaben geübt.

Lösung

Aus den Stammtönen *a*, *h*, *c*, *d*, *e*, *f*, *g* können folgende Dreiklänge gebildet werden (weisen Sie die Schüler nochmals darauf hin, dass die Stammtöne in der Oktave fortgesetzt werden!): a-Moll, d-Moll, e-Moll, C-Dur, F-Dur, G-Dur, H vermindert. Der verminderte Dreiklang spielt an dieser Stelle keine Rolle und wird nicht weiter thematisiert.

What Shall We Do with the Drunken Sailor

Der bekannte Shanty kann mit lediglich zwei Harmonien (d-Moll und C-Dur) begleitet werden. Da die Melodie dreiklangsbasiert aufgebaut ist, lassen sich die Begleitakkorde problemlos aus der Melodie ablesen. So eignet sich dieser Song gut für ein erstes eigenständiges harmonisches Arrangement.

Nach dem gemeinsamen Singen untersuchen die Schüler zunächst die Melodie hinsichtlich der verwendeten Dreiklänge. Als Regel gilt dabei: Die Begleitakkorde passen dann gut zur Melodie, wenn es möglichst viele gemeinsame Töne zwischen Melodie und Begleitdreiklang gibt.

[Tipp] Geben Sie gegebenenfalls die Hilfestellung, die im jeweiligen Takt vorkommenden Töne übereinander zu notieren (T. 1/2 und 3/4), um die dazugehörigen Dreiklänge zu finden.

Ab Takt 5 ist der zugrunde liegende Dreiklang nicht ohne Weiteres aus dem Notenbild ersichtlich. Ab diesem Takt könnte die korrekte Abfolge der Harmonien alternativ zur Ableitung aus dem Notenbild auch über eine hörende Zuordnung erschlossen werden. Wenn der Ablauf der Begleitdreiklänge im Schülerarbeitsheft notiert ist, wird die Klasse in zwei Gruppen geteilt, um den harmonischen Ablauf zu verinnerlichen. Jeweils eine Gruppe ist für eine Harmonie zuständig. Wenn der für die jeweilige Gruppe vereinbarte Dreiklang erklingt, schlägt die Gruppe den Grundbeat mit. Auf der Grundlage dieser Vorübung lässt sich dann das Arrangement schnell z. B. auf zwei Boomwhackers-Gruppen übertragen.

Nun sollte es den Schülern möglich sein, basierend auf die in Aufgabe 4a erarbeiteten Akkorde ein Begleitarrangement zum Shanty im Arbeitsheft zu erstellen. Dabei nutzen sie den im Schülerbuch notierten rhythmischen Ablauf.

Zuletzt soll der Shanty mit Begleitung aufgeführt werden:
- Gruppe 1 singt den Shanty.
- Gruppe 2 spielt den d-Moll-Dreiklang auf Stabspielen oder Boomwhackers (T. 1, 2, 5, 6 und 8), indem die Dreiklangstöne auf die Schüler verteilt werden.
- Gruppe 3 spielt den C-Dur-Dreiklang (T. 3, 4 und 7) auf Stabspielen oder Boomwhackers.

Farbwechsel: Dur und Moll

[**Tipp**] Steht nur ein Stabspiel zur Verfügung, ist auch ein Rundlauf, bei dem Schnelligkeit und Präzision gefragt sind, als Begleitung denkbar:
> Die Schüler stellen sich in drei Schlangen hinter das Stabspiel. Die Schüler der Schlange 1 haben die Aufgabe, den Grundton zu spielen, die Schüler der Schlange 2 spielen den Terzton und die Schüler der Schlange 3 den Quintton.
> Die Schüler der ersten Reihe begleiten die Takte 1 und 2 mit den Tönen des d-Moll-Dreiklangs, die Schüler der zweiten Reihe die Takte 3 und 4 mit dem C-Dur-Dreiklang; die dritte Reihe ist wieder mit dem d-Moll-Dreiklang dran. Die vierte Reihe hat die Spezialaufgabe, erst einen Takt C-Dur, dann einen Takt d-Moll zu spielen usw.

Alternativ können die Schüler eine Begleitung auch am Klavier gestalten. Dies knüpft direkt an die Erarbeitung der Dreiklänge auf S. 166 im Schülerbuch an.

Ein Friedenslied mit Lichtertanz ➤ SB, S. 168

Dieses kleine Friedenslied aus Israel besticht durch eine besondere Klanglichkeit. Ein einfacher Spielsatz und ein weihnachtlicher Lichtertanz laden zu einer stimmungsvollen Aufführung ein.

Musiklabor 4: Versetzungszeichen, Dur und Moll ➤ SB, S. 170

Verschlüsselte Autokennzeichen

1 In einem ersten Schritt werden die Tonnamen der Noten-Kennzeichen notiert. Um die Kennzeichen zu entschlüsseln, benötigen die Schüler eventuell Unterstützung. Hilfe finden sie beispielsweise im Internet (www.autokennzeichen-guide.de). Die Fahrtstrecken können bei Google Maps errechnet werden (http://maps.google.de/maps).

> **Lösung**
>
> HD = Heidelberg, F = Frankfurt, HH = Hamburg, A = Augsburg, H = Hannover, B = Berlin, AB = Aschaffenburg, DA = Darmstadt, HB = Bremen
> Die weiteste Anreise hatten die Teilnehmer aus Hamburg (775 km) und Bremen (748 km).

Geheimbotschaft im Zoo

2 Mit Noten verschlüsselte Texte machen Schülern viel Spaß und üben ganz nebenbei das Notenlesen. Verschlüsselt werden können der eigene Name, Geheimwörter oder ganze Geschichten...

> **Lösung**
>
> *GEHE* in den Zoo. Begib dich zum Aquarium der *FISCHE*. Im Becken des *HAIS* findest du einen Schlüssel. *EHE* du hineingreifst, denke daran, dich vor den Zähnen des *HAIS* zu hüten. Der Schlüssel passt zur Tür vom *GEHEGE*, auf dem *AFFE* steht. *HABE* keine Angst, der *AFFE* ist harmlos. Unter dem *DACH* gibt es ein kleines *FACH*. Wenn der *AFFE* von dir eine Banane bekommt, holt er dir den Code aus dem *FACH* unter dem *DACH*. Gehe nun ins Musik-*CAFE ABBA*, frage nach dem *CHEF*, *BAGDAD-EDE*. Ihm musst du zunächst eine kleine *ABGABE* zahlen, dann sage ihm den Code.
> Code: *BAD BAGGAGE FACE*

[**Tipp**] Als Erweiterungsaufgabe können die Schüler selber weitere Geheimbotschaften verfassen.

Farbwechsel: Dur oder Moll?

Eine Höraufgabe vertieft das sichere Erkennen von Dur- bzw. Moll-Dreiklängen. Alternativ zur im Schülerbuch beschriebenen Aufteilung in zwei Gruppen und der Ausführung bestimmter Aktionen können die Schüler die Abfolge der gehörten Dreiklänge auch in ihr Arbeitsheft notieren.

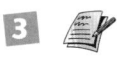

Lösung

Moll – Dur – Moll – Moll – Dur – Dur – Moll – Moll – Dur

Aufbauend auf das Hören einzelner Dreiklänge sollen die Schüler nun einer Klavierimprovisation folgen und Abschnitte erkennen, die in Dur bzw. in Moll gespielt werden. Diese Aufgabe ist nicht ganz einfach und benötigt einige Übung, da der Zusammenhang mehrerer aufeinander folgender Dreiklänge (also ein tonaler Kontext) gehört und beurteilt werden muss. In einigen Abschnitten der Improvisation ist dies einfacher zu lösen als in anderen.

[Tipp] Geben Sie den Schülern eventuell Hilfestellungen und zeigen Sie sinnvolle Wege auf, wie an die Aufgabe herangegangen werden kann (Wo ändert sich die Stimmung des Stückes? Wo erkenne ich mehrere Moll- bzw. Dur-Dreiklänge in Folge? ...).

Dur-Moll-Bestimmungsmaschine

Mit der Maschine üben die Schüler auf spielerische Weise den Bestimmungsprozess für das Tongeschlecht von Dreiklängen:
- Schritt 1: Töne bestimmen
- Schritt 2: Anordnung der Terzen bestimmen durch Abzählen der Halbtonschritte
- Schritt 3: Benennen des Grundtons und des Tongeschlechts

Die im Buch zur Verfügung stehenden Beispiele können beliebig durch weitere Dreiklänge erweitert werden. Hier sollten die Schüler sich in Partnerarbeit (Banknachbar) gegenseitig Aufgaben stellen.

[Tipp] Auch der umgekehrte Weg sollte geübt werden: Ein Dreiklang wird benannt, die Schüler sollen die Töne nennen und aufschreiben.

Besonders anschaulich ist die Programmierung der Maschine, bei der die Arbeitsschritte interaktiv ausgeführt werden. Hier erhalten die Schüler bei jedem Schritt ein Feedback und können das Ergebnis hörend nachvollziehen.

Kapitel 14: Musikinstrumente II

Thema und Ziele

Das zweite Kapitel zum Thema Instrumentenkunde (➤ Kapitel 7: „Musikinstrumente I") legt den Schwerpunkt auf das Orchester als Klangkörper. In diesem Zusammenhang setzen sich die Schüler intensiv mit den Instrumentengruppen der Blechbläser und Holzbläser am Beispiel der Trompete und Klarinette (Bau, Tonerzeugung und Spieltechnik) auseinander. Zur methodisch abwechslungsreichen Unterrichtsgestaltung sowie zur besseren Veranschaulichung steht eine Vielzahl an Medien zur Verfügung. Vielfältige Höraufgaben entwickeln darüber hinaus bei den Schülern die Fähigkeit, die Orchestergruppen sowie die wichtigsten Blasinstrumente allmählich am Klang erkennen und unterscheiden zu lernen.

Abschließend beschäftigen sich die Schüler mit der Band, die – quasi als kleines „Orchester" der Popmusik – mit ihren wichtigsten Instrumenten anhand eines Motto-Songs und einer multimedialen Anwendung (interaktives Mischpult) am Ende des Kapitels vorgestellt wird.

> In diesem Kapitel wird an folgenden Dimensionen musikalischer Kompetenz gearbeitet:
>
> - **Stimme und Singen:** Stimme und Körpereinsatz, Grundtonempfinden („Don daya" ➤ SB, S. 175), Artikulation („Tomatensalat" ➤ SB, S. 175), usuelles Singen (➤ SB, S. 182)
> - **Instrumente spielen:** Flaschentrompete (➤ SB, S. 178), multimediale Anwendung Trompetenventile (➤ SB, S. 179), Strohhalm-Oboe (➤ SB, S. 180), Papierklarinette (➤ SB, S. 181)
> - **Körper und Bewegung:** Grundbeat-Chant, Bewegungskoordination („Don daya" ➤ SB, S. 175)
> - **Variieren und Erfinden:** Sound-Abmischung, interaktives Mischpult (➤ SB, S. 183)
> - **Hören und Beschreiben:** Instrumentengruppen des Orchesters (➤ SB, S. 177), Trompete/Blechblasinstrumente (➤ SB, S. 178 f.), Klarinette/Holzblasinstrumente (➤ SB, S. 180 f.), Abmischungen von Bandinstrumenten beurteilen (➤ SB, S. 183)
> - **Kontexte herstellen:** Orchester (➤ SB, S. 176 f.), Blechblasinstrumente (➤ SB, S. 178 f.), Holzblasinstrumente (➤ SB, S. 180 f.), Bandinstrumente/Band (➤ SB, S. 182 f.)

Start-ups für Stimme und Körper ➤ SB, S. 175

Stimme/Körper und Bewegung

Ⓔ 46

Don daya

In diesem Start-up werden verschiedene bereits erarbeitete Kompetenzaspekte zusammengeführt und vertieft: der Tonraum der Pentatonik, das Ausführen eines Pulses mit Körpereinsatz zu einem melodischen Rhythmus sowie das intonationssichere Durchhalten eines Grundtones (Grundtonempfinden). Dies wird mitgetragen durch das Klang-Ostinato, das besonders gut auf Bass-Klangstäben wirkt. Zusätzlich kann eine Handtrommel die Begleitung unterstützen, wobei Schüler sinnvolle Begleitrhythmen selber erfinden können.

> [**Tipp**] Das kleine Start-up sollte im Kreis ausgeführt werden. Achten Sie darauf, dass die Schüler so eng beieinander sitzen oder stehen, dass sie in Strophe 4 die Oberschenkel der beiden Nachbarn mit der Hand erreichen können. Wenn eine Kreisform aus Platzgründen nicht möglich sein sollte, kann man Strophe 4 weglassen und das Ganze am Platz ausführen. Vorsicht: Nicht schneller werden, sonst wird Strophe 5 zu schwierig! Als Erweiterung können die Schüler eigene Bewegungsformen (auch lustige Varianten) entwickeln.

Tomatensalat

Dieser „Klassiker" macht immer wieder Spaß! Herausforderung ist die Betonungsverschiebung in den Wörtern. Der Grundbeat (auf Zählzeit 1 und 4) sollte zunächst am besten wieder mit der Basisübung Faust – Hand (➤ SB, S. 8) ausgeführt werden. Um Frustrationen zu vermeiden, ist ein schrittweises Einüben notwendig:
- Schritt 1: Melodie auf beliebige Silbe lernen
- Schritt 2: Text im Rhythmus zum Grundbeat sprechen
- Schritt 3: Melodie und Text in langsamem Tempo verbinden
- Schritt 4: Tempo allmählich steigern
- Schritt 5: neue Wörter ausprobieren (weitere – noch schwierigere – Wörter sind z. B. Gespenstergeheul, Spaghettibesteck, Spazierstockgeschwätz)

[Tipp] Es macht Spaß, als Steigerung die Bewegungsmuster des ersten Start-ups „Don daya" zum „Tomatensalat" auszuführen. Die Bewegungen erstrecken sich dann jeweils über zwei Takte.

Ordnung muss sein: Sitzordnung im Orchester   ➤ SB, S. 176

Für die Doppelseite 176/177 steht eine Fülle von Begleitmaterialien zur Verfügung, aus der je nach Klasse, Zeitplanung und medialer Ausstattung ausgewählt werden kann:
- Der medial und zeitlich überschaubarste Ansatz in der Vermittlung der Orchestersitzordnung folgt den Aufgaben im Schülerbuch wie unten erläutert und stellt die Hörbeispiele der Audio-CD (B. Britten: Young Person's Guide to the Orchestra) dem großformatigen Foto und dem Schaubild auf S. 177 gegenüber.
- Zur vereinfachenden Erläuterung und besseren Präsentation im Klassenraum steht die Grafik auch für eine Projektion per Beamer zur Verfügung. Hier kann außerdem das Britten-Hörbeispiel von den einzelnen Instrumentengruppen abgespielt werden.
- Alternativ zur Beschäftigung mit Brittens Komposition enthält die Begleit-DVD eine Videosequenz, die anhand eines Ausschnitts aus Mussorgskis „Bilder einer Ausstellung" Sitzordnung und Instrumentengruppen des Orchesters, Klang und Bild auf sehr anschauliche Weise illustriert.

Als Einstieg in den Themenkomplex „Sitzordnung und Instrumentengruppen eines Orchesters" denken die Schüler zunächst über die Sitzordnung in der eigenen Klasse nach. Mögliche Kriterien (außer Aufteilung nach Mädchen – Jungen) könnten sein: Geburtsmonate (nach geraden, ungeraden Monaten oder nach Jahreszeiten sortiert), Größe, wer ein Haustier hat, wer in einem Sportverein ist.

In Kapitel 7 haben die Schüler sich bereits mit Orchesterinstrumenten beschäftigt. Sie lernten die wichtigsten Instrumente mit ihren besonderen Eigenschaften und Spielweisen kennen (➤ SB, S. 88) und setzten sich intensiv mit der Familie der Streichinstrumente (➤ SB, S. 90 ff.) auseinander. In Form des Bildes und der dazugehörigen Grafik auf S. 176 f. begegnen den Schülern in diesem Kapitel die Orchesterinstrumente wieder. Aufbauend auf das in Kapitel 7 erworbene Wissen geht es nun aber um die Beteiligung der einzelnen Instrumente am Klangkörper Orchester. Aspekte, die dabei eine Rolle spielen, sind zunächst Sitzordnung und Zusammensetzung der Instrumentengruppen. In den weiteren Aufgaben geht es dann um klangliche Besonderheiten der einzelnen Instrumentengruppen. Ein Vorschlag für die Reihenfolge der Arbeitsschritte:
- Schritt 1: bekannte Instrumente (z. B. Streichinstrumente) in dem „Wimmel-Bild" identifizieren
- Schritt 2: das jeweilige Instrument nun anhand der Grafik einer Instrumentengruppe zuordnen
- Schritt 3: unbekannte Instrumente suchen und ebenfalls zuordnen

Musikinstrumente II

📝 Im Schülerarbeitsheft, in dem die Schüler ihre Ergebnisse festhalten, ist durch eine kleinschrittige Vorgehensweise eine gute Hilfe bei der Systematisierung gegeben.

3 Um die Frage der Besetzung differenzierter zu betrachten, sollen die Schüler zunächst die zahlenmäßige Besetzung ermitteln.

> **Lösung**
>
> Anzahl der Spieler in den Instrumentengruppen:
> Schlaginstrumente: 5
> Holzblasinstrumente: 12
> Blechblasinstrumente: 13
> Streichinstrumente: 55
> Harfe: 1

Die gemeinsame Überlegung über den Grund für das zahlenmäßige Ungleichgewicht führt zu einer vertieften Auseinandersetzung mit den Charakteristika der einzelnen Instrumente bzw. Instrumentengruppen. Mögliche Aspekte könnten dabei sein: Lautstärke (z. B. Schlaginstrumente lauter als eine Geige), Klang (z. B. Trompete bzw. Blechbläser mit strahlendem durchdringenden Klang), Tonhöhe (z. B. Flöte durch höhere Töne besser wahrnehmbar als Tuba).

4 Hier kann man zum einen auf die Ergebnisse aus Aufgabe 1 und 3 zurückgreifen. Zum anderen sind (provokante) Fragen bzw. Aussagen möglich, um die Diskussion zu beleben:
- Warum sitzen die Instrumentalisten nicht gemischt, damit jeder neben seinem besten Freund sitzen kann?
- Die Pauke gehört doch eigentlich in die Mitte des Orchesters, weil sie den Takt angibt.
- Ganz vorne müssten die Trompeter sein, denn sie spielen ja das Instrument der Könige (siehe nächste Doppelseite).

> **Lösung**
>
> Die Schüler sollen aus der Diskussion folgende Ergebnisse mitnehmen:
> Die Streichinstrumente bilden den Kern des Sinfonieorchesters; deshalb sitzen sie als Gruppe vorne und dem Dirigenten am nächsten. Die lauteren Instrumente (Blechblasinstrumente, Schlagwerk) sitzen weiter hinten. Die Holzblasinstrumente bestimmen wesentlich die Klangfarbe und sitzen deshalb zentral hinter den Streichern.
> **Fazit:** Die Instrumente müssen so angeordnet werden, dass sie klanglich voll zur Geltung kommen.

In den folgenden beiden Aufgaben beschäftigen sich die Schüler nun hörend mit den verschiedenen Orchestergruppen. Während in Aufgabe 5 die Instrumentengruppen isoliert das Thema spielen, sollen darauf aufbauend in Aufgabe 6 Instrumentengruppen bzw. auch einzelne Instrumente aus dem Orchesterzusammenhang heraus identifiziert werden.

5 Um die Abfolge der spielenden Instrumentengruppen noch eindrücklicher nachvollziehen zu können, sollten die Schüler vier Instrumentengruppen bilden (Streichinstrumente, Holzblasinstrumente, Blechblasinstrumente, Schlaginstrumente). Dabei wird ungefähr auf die zahlenmäßige Verteilung der einzelnen Stimmgruppen geachtet (▶ SB,

S. 176, Aufgabe 3). Die Schüler setzen sich nun so hin, dass es der Sitzordnung des Orchesters entspricht (➤ SB, S. 177). Ein Schüler ist der Dirigent: Er probiert zunächst ohne Worte, nur mit Gesten, die Schüler einer Stimmgruppe zum Aufstehen zu bewegen. Klappt dies, werden die Hörbeispiele eingespielt und der Dirigent gibt die Einsätze zum Aufstehen der jeweiligen Stimmgruppe.

Lösung

Reihenfolge der Instrumentengruppen:
Tutti – Holzblasinstrumente – Blechblasinstrumente – Streichinstrumente – Schlaginstrumente – Tutti

Lösung

Beispiel 1: Blechblasinstrumente/Streichinstrumente
Beispiel 2: Streichinstrumente/Horn/Klarinette
Beispiel 3: Streichinstrumente/Oboen
Beispiel 4: Schlaginstrumente

Die Instrumentengruppen in der Videosequenz „Instrumentengruppen im Orchester" werden mittels einer Stop-Trick-Aufnahme vorgestellt: Die einzelnen Streicherstimmen, die Holzbläser, die Blechbläser sowie die Schlaginstrumente spielen jeweils ihren Part von Mussorgskis/Ravels Satz „Das große Tor von Kiew" aus „Bilder einer Ausstellung". So wird der Zusammenbau des Orchesterklangs anschaulich. Falls den Schülern nicht von selbst auffällt, dass die Sitzordnung von der Grafik auf S. 177 abweicht, kann diese Frage gezielt gestellt werden. Im Video ist die deutsche Sitzordnung zu sehen, bei der sich erste und zweite Violinen gegenübersitzen und die Bässe in die Mitte nehmen. Im Orchesterschaubild ist die amerikanische Sitzordnung zu sehen, bei der die Bässe rechts außen sitzen. Diese Sitzordnung ist allerdings auch bei uns weit verbreitet.

Die Trompete: Instrument der Könige ➤ SB, S. 178

Nachdem die Schüler sich im ersten Instrumentenkunde-Kapitel intensiv mit der Familie der Streichinstrumente auseinandergesetzt haben (➤ SB, S. 90 ff.), beschäftigen sie sich nun vertieft mit den Blech- und Holzblasinstrumenten. Dabei steht mit der Trompete bzw. der Klarinette jeweils ein Protagonist der Gruppe im Vordergrund.

Ausgehend von stilistisch und spieltechnisch verschiedenartigen Hörbeispielen nähern sich die Schüler zunächst hörend dem Klang und der Vielseitigkeit der Trompete. Dann beschreiben sie die Bilder auf S. 178 hinsichtlich der jeweiligen Musiziersituation (Wer musiziert? Wo wird musiziert? Wie wird die Musik wohl klingen? ...). In einem weiteren Schritt werden die Hörbeispiele den Bildern zugeordnet und abschließend in ihrer Wirkung näher beschrieben. Neben den vorgeschlagenen Adjektiven können die Schüler natürlich auch das Kompendium im Workshop „Sprechen über Musik" (➤ S. 108 f.) zu Hilfe nehmen.

Musikinstrumente II

> **Lösung** (F 11–14)
>
> Beispiel 1: z. B. Militär, Staatsempfang (Fanfarenklang)
> Beispiel 2: z. B. Konzertsaal, Orchesterkonzert (J. Haydn: Trompetenkonzert Es-Dur, 3. Satz)
> Beispiel 3: z. B. Jazzkonzert, Jazzclub (C. Brown: Cherokee, Bebop-Solo)
> Beispiel 4: z. B. Folkband, Open-Air-Bühne (Sunce Sjajno, Serbische Folktrompete)

Bau und Spieltechnik der Trompete

2 Wie man einen Trompetenton erzeugt und wie man allein durch die Lippenspannung unterschiedliche Töne erzeugen kann, können die Schüler schon beim Spielen einer „Recycling-Trompete" erfahren. Für den Bau braucht man lediglich ein Trompeten- oder Posaunenmundstück, ein Stück Gartenschlauch und einen Trichter.

Noch einfacher ist der Bau einer „Flaschen-Trompete": Dazu sägt man vorsichtig den Boden einer Kunststoffflasche ab und schleift den Rand glatt (Vorsicht: scharfkantig, Verletzungsgefahr). So lässt sich mit einfachen Mitteln die Tonerzeugung bei der Trompete selbst ausprobieren.

Eventuell haben einige Schüler von der letzten WM in Südafrika noch eine Vuvuzela zu Hause, mit Hilfe derer die Funktion eines Blechblasinstrumentes hervorragend demonstriert und ausprobiert werden kann. Mit etwas Geschick lassen sich hier sogar mehrere Obertöne erzeugen.

Die Filmsequenz auf der Begleit-DVD enthält Erläuterungen zu Tonerzeugung, Mundstück, Naturtönen, Funktionsweise der Ventile sowie ein Klangbeispiel. Ggf. kann der Clip im Unterricht um die Erläuterung der Ventile gekürzt werden, falls das Prinzip mittels der multimedialen Präsentation (s. u.) veranschaulicht wird.

3 4 Aufgabe 4 lässt sich anhand der Abbildungen im Schülerbuch lösen, die den Zusammenhang von Ventilen, Luftweg und unterschiedlichen Rohrlängen illustrieren. Dennoch können diese Zusammenhänge praktisch und um einiges anschaulicher anhand der multimedialen Anwendung demonstriert bzw. nachvollzogen werden:

- Übungsmodus: Die einzelnen Ventile lassen sich durch das Drücken der Tasten j, k, l (alternativ Zahlenblocktasten 1, 2, 3) öffnen und durch Loslassen wieder schließen. Der Luftstrom wird sichtbar, wenn man entweder die Taste c oder g drückt. Dabei erklingt dann auch der jeweilige Ton. Auf diese Weise wird der direkte Zusammenhang zwischen Rohrlänge und Tonhöhe optisch und akustisch erfahrbar: Die Schüler hören die entsprechenden Tonabstände und sehen, welchen Weg die Luft nimmt. Hinweis: Vorher die Lautstärke einmal testen!
  Als Aufgabenstellung im Umgang mit der Anwendung könnten die Schüler beispielsweise Tonleiterausschnitte oder kleine bekannte Melodien (wie z. B. „Alle meine Entchen") spielen. Zur Orientierung bzw. als Überprüfungsmöglichkeit tritt der jeweils gespielte Ton als Note im darunter liegenden Notensystem in den Vordergrund.
- Spielmodus: Den Schülern wird ein notierter Ton vorgegeben, den sie auf der multimedialen Trompete durch die richtige Ventileinstellung spielen sollen.

Blechblasinstrumente

Nachdem die Schüler sich mit der Trompete beschäftigt haben, lernen sie im Folgenden weitere Instrumente der Familie der Blechblasinstrumente kennen.

Im Einleitungstext und in Hörbeispielen werden zunächst die einzelnen Blechblasinstrumente vorgestellt. Die jeweils erklingenden Instrumente sollten dann den auf dem Bild abgebildeten Instrumenten zugeordnet werden. Zusatzfrage: Welches der erklingenden Instrumente fehlt auf dem Bild? (Tuba). Ein Hörquiz vertieft dieses Wissen und fordert die Schüler zum genauen Hinhören auf. Im Schülerarbeitsheft steht eine Aufgabenstellung zu den Blechblasinstrumenten und Raum zur Lösung des Hörquiz' zur Verfügung.

Lösung

Reihenfolge Hörquiz 1: Horn – Tuba – Posaune – Trompete
Reihenfolge Hörquiz 2: Trompete – Tuba – Horn – Posaune

Darauf aufbauend vertieft eine weitere Höraufgabe den Kompetenzbereich „Hören". Die Schüler sollen ein Soloinstrument aus dem Orchesterzusammenhang heraus hörend bestimmen. Diese Erfahrungen stellen einen ersten Schritt im Instrumentationshören dar.

Lösung

Das solistisch spielende Instrument ist eine Trompete (A. Jolivet: Konzert für Trompete, Klavier und Orchester Nr. 2).

Eine Familie stellt sich vor: die Holzblasinstrumente ▸ SB, S. 180

Während die einzelnen Holzblasinstrumente auf der linken Schulbuchseite nur kurz anhand von Hörbeispielen und Bildern vorgestellt werden, gibt es exemplarisch für die Klarinette als vielleicht vielseitigstes Instrument dieser Familie eine vertiefte Darstellung rechts.

Als ersten Schritt sollten sich die Schüler selbstständig über die Instrumente informieren. Dafür stehen ihnen die kurzen Texte und die Begleit-DVD zur Verfügung, die zu jedem der vorgestellten Holzblasinstrumente einen kurzen Clip zu Bau, Besonderheiten und Tonumfang sowie ein Klangbeispiel enthält. Ein Quiz mit Hörbeispielen gibt den Schülern die Möglichkeit, mit eigenen Worten ihre Zuordnung zu begründen und das erworbene Wissen anzuwenden.

Alternativ kann die erste Begegnung auch in Gruppenarbeit stattfinden: Jede Gruppe stellt ein Instrument anhand der Hörbeispiele und Informationstexte vor.

In einem zweiten Schritt beschäftigen sich die Schüler mit der unterschiedlichen Tonerzeugung der Holzblasinstrumente. Hierfür steht ein Video zur Verfügung. Es zeigt im Vergleich die Tonerzeugung der Querflöte und die mit einfachem und doppeltem Rohrblatt. Neben der Bedeutung der schwingenden Luftsäule werden auch die Klappenmechanik und das Überblasen thematisiert. Die Sequenz zum Rohrblatt erläutert zusätzlich die Herstellung und Nachbearbeitung von einfachen und doppelten Rohrblättern. Im Schülerarbeitsheft stehen Fragen zum Video zur Verfügung. Damit kann die Beschäftigung mit den Inhalten des Videos nachhaltig gestaltet werden.

Als komplexere Aufgabenstellung sollen die Schüler nun aus Instrumentalensembles den Klang verschiedener Holzblasinstrumente heraushören und diese benennen. Diese Aufgabenstellungen haben wiederum eine wichtige Funktion im aufbauenden Strang „Musik hören – über Musik reden".

Musikinstrumente II

> **Lösung**
>
> 26–29
>
> Beispiel 1: J. S. Bach: Doppelkonzert für **Oboe** und Violine, BWV 1060
> Beispiel 2: F. Poulenc: Trio für Klavier, **Oboe** und **Fagott**, 1. Satz
> Beispiel 3: **Tenorsaxofon** in einer Jazz-Combo
> Beispiel 4: A. Copland: Konzert für **Klarinette** und Streicher mit Harfe und Klavier

3 Anknüpfend an die Beschäftigung mit dem Video zur Tonerzeugung sollen die Schüler die Tonerzeugung selbst ausprobieren. Der vorgeschlagene Bau einer Strohhalm-Oboe ist geeignet, das Prinzip der Tonerzeugung eines Doppelrohrblattes anschaulich und nachvollziehbar zu machen.

[Tipp] Lassen Sie nur eine Gruppe die Strohhalm-Oboe bauen, während die zweite Gruppe die Papierklarinette (➤ SB, S. 181, Aufgabe 2) herstellt. So können die Schüler die Tonerzeugung und Klanglichkeit der beiden Instrumente vergleichen.

Die Klarinette: ein Instrument wie die menschliche Stimme
➤ SB, S. 181

Die Klarinette eignet sich als vielseitiges Instrument besonders gut für eine vertiefte Betrachtung bezüglich Bau, Spielweise, Klang und Stilistik.

1 Mithilfe des Videos zum Klarinettenbau und selbstständiger Recherche informieren sich die Schüler in einem ersten Schritt über die Klarinette. Die Filmaufnahmen wurden beim Klarinettenbauer Gerold Angerer gedreht und zeigen alle Arbeitsschritte von der Holzauswahl über das Bohren der Tonlöcher, Anbringen von Mechanik bis zur Polsterung und Kundenbetreuung.

Die Schüler sollen sich dann anhand der unten auf der Seite im Filmstreifen abgebildeten Arbeitsschritte zum Klarinettenbau in eigenen Worten äußern und dadurch die aus dem Video gewonnenen Informationen nachvollziehen und festigen.

Um das Video zielgerichtet einsetzen zu können und die Informationen im Sinne der Portfolioarbeit für die Schüler nachhaltig verfügbar zu machen, stehen im Arbeitsheft Fragen und Aufgaben zur Verfügung.

2 Instrumentenkunde zum Anfassen: Ein Rohrblatt mit einfachsten Mitteln selbst zu bauen, ist für die Schüler nachhaltiger als jede theoretische Vermittlung. Idealerweise basteln Sie zur Vorbereitung des Unterrichts ein Exemplar selbst; das Video erklärt die einzelnen Arbeitsschritte. Natürlich kann/soll man das Papierquadrat schon vor dem Rollen bunt bemalen.

Das Musizieren mit der Papierklarinette ist zeitlich begrenzt. Die Luftfeuchtigkeit der Atemluft beeinträchtigt den Zustand des Papiers nach etwa 10 Minuten. Im Gegensatz dazu muss das Mundstück von „richtigen" Rohrblattinstrumenten immer eine gewisse Feuchtigkeit aufweisen, damit es in idealer Weise schwingen kann.

Die Klasse kann versuchen, mit ihren Instrumenten einen gemeinsamen Rhythmus zu spielen (z. B. den „Stadion-Rhythmus"). Abwechselnd mit der Klasse bringen kleinere Gruppen oder einzelne Schüler dann ihre Instrumente zu Gehör. Welche Papierklarinette klingt höher, welche tiefer? Wer erzeugt den lautesten, wer einen leisen Ton?

Anknüpfend an Aufgabe 1 auf S. 178 (Trompete) sollen die Schüler nun hörend die stilistische Vielseitigkeit der Klarinette kennenlernen und sie verschiedenen Musiziersituationen zuordnen.

> **Lösung**
>
> Beispiel 1: Orchester (G. Gershwin: Rhapsody in Blue)
> Beispiel 2: Orchester (W. A. Mozart: Klarinettenkonzert A-Dur)
> Beispiel 3: Klezmer (O. Truan: Crazy Freilach)
> Beispiel 4: Volksmusik (Klarinettenmuckl)
> Beispiel 5: Jazz (S. Bechet: Petite Fleur)

Die Band ➤ SB, S. 182

„Ein Song für uns" erzählt die musikalische Entstehungsgeschichte eines Schulsongs. Gesungen oder instrumental gestaltet macht dieser Song nicht nur Spaß. „Ganz nebenbei" wird der Aufbau einer Band mit ihren Instrumenten erklärt und eine Computeranimation führt die Schüler in die Aufgaben eines Tontechnikers ein.

In den Strophen werden die einzelnen Bandinstrumente und deren Funktion innerhalb der Band beschrieben: Drums und Bassgitarre legen das Fundament, darauf folgt die Melodie des Songs, ein Refrain mit einprägsamer Hookline. Ein Keyboard fügt den Background hinzu. Ein Saxofon würzt das so entstandene Arrangement zu guter Letzt mit einem Riff.

Am besten kann der Song zum Playback gesungen werden, in dem die Instrumente zugleich klanglich vorgestellt werden. Während des Refrains imitieren die Schüler die jeweils neu hinzugekommenen Instrumente gestisch (Schlagzeug, Bass, Keyboard, Gitarre und Saxofon).

Der Song kann aber auch problemlos selbst mit Instrumenten begleitet werden, da lediglich drei Akkorde vorkommen (E-Dur, A-Dur, H-Dur). Idealerweise sollten die in den Strophen genannten Instrumente die Band bilden und auch in dieser Reihenfolge nacheinander zu spielen beginnen: Drumset (spielt einen einfachen Rock-Groove, siehe z. B. ➤ SB, S. 203), Bass (Grundtöne E, A, H), Keyboard (Akkorde als Dreiklänge). Falls ein Schüler ein Melodieinstrument spielt (Flöte, Saxofon etc.) kann dieses Instrument zuletzt die Refrainmelodie mitspielen.

Für die Strophen werden die Schüler in zwei Gruppen aufgeteilt: Eine führt den Rap aus, die andere begleitet mit Bodypercussion.

Möglicher Ablauf:

Refrain	Strophe 1	Refrain	Strophe 2	Refrain	Strophe 3	Refrain	Strophe 4	Refrain	Strophe 5	Refrain
gesprochen	Bodypercussion	gesprochen, Drums	Bodypercussion	gesprochen, Drums, Bass	Bodypercussion	gesungen, Drums, Bass	Bodypercussion	gesungen, Drums, Bass, Keyboard	Bodypercussion	gesungen, Drums, Bass, Keyboard, Saxofon

Abschließend vertiefen die Schüler die im Song bereits angeklungenen Funktionen und Spielweisen der einzelnen Bandinstrumente. Hierzu stehen kurze Informationstexte zur Verfügung.

Musikinstrumente II

Am besten wird das entsprechende Instrument an der Tafel notiert und die Schüler ergänzen Besonderheiten nach ihrem Vorwissen. Eventuell spielt ein Schüler eines der Instrumente und kann als Experte seinen Mitschülern sein Instrument vorstellen. Im Schülerarbeitsheft können die Schüler in einer Überblickstabelle die Aufgaben/Funktionen der einzelnen Bandinstrumente festhalten.

Da die Bandinstrumente ausführlich in „Musix 2" (Klasse 7/8) thematisiert werden, geht es hier noch nicht um besondere Details der einzelnen Instrumente, sondern lediglich um ein erstes Kennenlernen der Band als populäre Ensembleform.

2 Der Techniker am Mischpult erfüllt eine ebenso wichtige Aufgabe wie die Musiker auf der Bühne. Er ist für den Gesamtsound zuständig und fügt die Darbietungen der einzelnen Musiker im richtigen Verhältnis zusammen. Damit hat er eine große Verantwortung und entscheidet über das klangliche Endergebnis.

An einem digitalen Mischpult können die Schüler den Refrain des Songs selbst neu abmischen. Damit machen sie erste Versuche im Bereich Tontechnik. Die einzelnen Kanäle sind jeweils einem Instrument zugeordnet und beeinflussen dessen Lautstärke (Volume) und die Positionierung innerhalb des Stereopanoramas (Pan). Die Instrumente lassen sich auch stumm schalten (grüne Tasten). Damit bietet das Programm vielfältige Einsatzmöglichkeiten: Zur Erarbeitung oder Demonstration können die Schüler sich Instrumente einzeln anhören oder beliebige Instrumentenkombinationen bilden. Beispielsweise kann die klangliche Wirkung der Rhythmusgruppe (Bass und Schlagzeug) demonstriert werden.

Im Schülerarbeitsheft stehen weitere Aufgaben zur Verfügung: Zunächst verschaffen sich die Schüler einen Überblick über das Mischpult. In einer weiteren Aufgabe beschäftigen sie sich mit vorgegebenen Abmischungen des Songs. Diese sollen kommentiert und bewertet werden. Abschließend erstellen sie ihre Lieblings-Abmischung und vergleichen sie mit der eines Partners (Welche klanglichen Vorteile oder Nachteile hat die jeweilige Abmischung?).

Kapitel 15: Musik in Form II

Thema und Ziele

In Kapitel 9 („Musik in Form I") haben die Schüler sich mit grundlegenden Formprinzipien des musikalischen Satzes (Gestaltungsprinzipien, Motiv, Motivgestaltung, Phrasen) sowie einfachen Liedformen auseinandergesetzt und die Rondoform kennengelernt. Aufbauend darauf geht es in diesem Kapitel nun um das Verständnis dafür, wie Komponisten mit strukturbildenden Einheiten arbeiten. Im Zentrum steht dabei J. S. Bach. Ausgehend vom Kanon, der den Schülern als Musizierform bereits bekannt ist, wird die Arbeit mit einem Motiv am Beispiel der Invention Nr. 1 in den Fokus genommen. Wie die Komposition aus einem Motiv heraus aufgebaut ist, wird dabei für die Schüler besonders anhand einer multimedialen Anwendung nachvollziehbar. Die bisher erarbeiteten Prinzipien Wiederholung und Veränderung spielen hier eine besondere Rolle und werden an bestimmten kompositorischen Mitteln ausdifferenziert. Ein kurzes Porträt des Tüftelkünstlers erschließt den Schülern Leben und Werk, letzteres wird auch durch die spielerische Beschäftigung mittels einer Bach-Hitparade erreicht. Das bei Bach untergeordnete Prinzip des Kontrasts spielt dann die Hauptrolle in Haydns Sinfonie mit dem Paukenschlag. An ihr wird schließlich auch die Variation als musikalische Form erläutert.

> In diesem Kapitel wird an folgenden Dimensionen musikalischer Kompetenz gearbeitet:
>
> - **Stimme und Singen:** Stimmmodulation als Gestaltungsmittel, Kopfstimme – Bruststimme („Ghost of John" ➤ SB, S. 185), Quintraum: vom Blatt singen („Bach geht stiften" ➤ SB, S. 185), usuelles Singen (➤ SB, S. 187)
> - **Instrumente spielen:** Stiftpercussion (➤ SB, S. 185), elementares Klavierspiel (➤ SB, S. 188), Spiel-mit-Satz (➤ SB, S. 192)
> - **Körper und Bewegung:** Bewegungsgestaltung (➤ SB, S. 187), Paukenschlag im Kreis (➤ SB, S. 192)
> - **Variieren und Erfinden:** Kanonbau (➤ SB, S. 186)
> - **Lesen und Notieren:** Kanon (➤ SB, S. 186), Invention/Motivveränderung (➤ SB, S. 188 f.), Variation (➤ SB, S. 193)
> - **Hören und Beschreiben:** Bach-Hitparade (➤ SB, S. 191), Variation (➤ SB, S. 193)
> - **Kontexte herstellen:** Kanon (➤ SB, S. 186), Invention (➤ SB, S. 188 f.), Variation (➤ SB, S. 193), Komponistenporträt/Kurzporträt (Bach ➤ SB, S. 190 f.; Haydn ➤ SB, S. 192 f.), Pauke (➤ SB, S. 192)
> - **Anleiten:** Kanon dirigieren (➤ SB, S. 186)

Start-ups für Stimme und Körper ➤ SB, S. 185

Ghost of John

Stimme

Der humorvolle Geister-Kanon stimmt die Schüler auf das Kapitel ein, in dem u. a. der Aufbau eines Kanons thematisiert wird.

Methodische Hinweise:
- Bei der Erarbeitung der Kanonmelodie ist darauf zu achten, dass der Ton d als Grundton gut empfunden wird. In den beiden ersten Takten kann man beispielsweise mit den Schülern üben, den Ton d „im Ohr" zu behalten: bei der Wechselnote d – c – d im ersten Takt und auch später in Takt 2 müssen die Tonschritte bewusst gesungen werden (abwärts gut geführt, aufwärts mit ausreichend großen Tonschritten), um den Ausgangston d wieder zu erreichen.
- Die ersten beiden Takte dürfen nicht isoliert in der Bruststimme gesungen werden. In der Tiefe deshalb nicht auf die Stimme drücken, sondern die Töne eher hell und leicht (mit „offenen, wachen Augen") gestalten.
- In Takt 4 führt die Achtelbewegung zum Quintton a. Bei diesem Lauf mit Achtelnoten auf einer Silbe sollten die Schüler zur Unterstützung ein imaginäres Gummiband (oder um im Bild des Kanons zu bleiben: eine Spinnwebe) vor dem Körper vertikal in die Länge ziehen. Das unterstützt die Längsspannung der Stimme und erleichtert den Übergang zur Kopfstimme, der in Takt 5 gefordert ist.
- Besonders der Spitzenton d sollte sehr leicht und kopfig (mit erstauntem, langem Gesichtsausdruck) gesungen werden.
- Takt 7/8 schließt die Kanonmelodie ab. Hier ist aufgrund der absteigenden Tonfolge besondere Vorsicht geboten, damit die Spannung nicht abfällt und die Töne folglich nicht zu tief werden. Die Tonschritte müssen deshalb gut geführt werden und tendenziell eher „klein" gesungen werden; der Ton e benötigt dabei besondere Spannung, da er erfahrungsgemäß zu tief gesungen wird. Eine Gegenbewegung mit der Hand (eine imaginäre Treppe hochsteigen) oder eine Handgeste (langsam einen Gegenstand mit der rechten Hand fassen und in den vor dem Körper gehaltenen linken Handteller ablegen) hilft an dieser Stelle. Achtung auch beim letzten Takt (Wechselnote d – c – d): Schritt abwärts gut führen, aufwärts mit ausreichend großem Tonschritt, damit der Ton d bei der Wiederholung nicht tiefer gerät.

[Tipp] Gestalten Sie den Kanon mit verschiedenen Stimmungen: Eine geflüstert – aber deutlich artikuliert – gesungene Geisterstimme hilft beispielsweise zusätzlich, der Kanonmelodie Spannung zu verleihen. Um den Schülern eine tonale Orientierung zu bieten, können Sie eine ostinat gespielte Quinte d – a erklingen lassen (z. B. Metallofon oder Klavier). Dies schärft die Ohren und unterstützt das Grundtonempfinden der Schüler. Falls Sie mit Ihren Schülern Solmisation verwenden, eignet sich der Kanon auch, um den Moll-Tonraum zu wiederholen bzw. zu festigen.

Bewegungsgestaltung:
Im verdunkelten Klassenzimmer lässt sich ein kleines „Grusical" gestalten. Die folgenden Geisterbewegungen setzen die einzelnen Kanonzeilen wirkungsvoll um. Sie könnten auch als Impuls für eine von den Schülern selbst gestaltete Bewegungsumsetzung des Kanons dienen:
- gebückt umherschleichen (in Halben) und eine Hand über die Augen halten zum Umherspähen
- Arme und Beine steif und wie ein Knochengerippe umherstaksen (in Vierteln)
- Hände an beide Wangen, dabei Kopf hin- und herwiegen
- Arme überkreuzen und frierend die Oberarme abklopfen (in Achteln)

Mit Xylofonen kann man ein Klapper-Ostinato als Begleitung spielen. Stimme 1 und 3 sind auf demselben Stabspiel ausführbar.

Klapper-Ostinato für Xylofone

Musik: M. Detterbeck, G. Schmidt-Oberländer
© Helbling

Bach geht stiften

Ein augenzwinkernder Umgang mit einem kleinen Werk des großen Meisters Bach, der in diesem Kapitel porträtiert wird, stimmt die Schüler auf die Thematik ein. Das stimmungsvolle Playback schafft durch Instrumente und Arrangement eine barocke Atmosphäre.

Man sollte zunächst die Melodie auf Tonsilben („du du-wa-du-wa ...") singen lernen, da der melodische Rhythmus mit den Stiften nachvollzogen wird. Da die Melodie im Quintraum und größtenteils in Tonschritten verläuft, bietet sie sich auch als Blattsinge-Übung in langsamem Tempo an. Dabei ist die Verwendung von Solmisationssilben hilfreich, um die tonale Orientierung im Quintraum weiter zu verankern. Die Stabspielstimme sollte dabei als Begleitung bzw. Unterstützung (Grundtonempfinden) hinzugenommen werden.

[Tipp] Die Haltung der Stifte muss man eine Weile üben, damit man auch wirklich schön klappern kann. Am besten eignen sich Drück-Kugelschreiber (vorher die Mine einfahren, damit es keine Flecken gibt!).

Hörempfehlung: Auf der CD „Hush" von Bobby McFerrin und Yo-Yo Ma gibt es eine ebenfalls sehr humorvolle Version der Musette, die sich durchaus eignet, nach dem eigenen Musizieren auch von den Schülern gehört zu werden.

Der Kanon: eine kunstvolle Anweisung ➤ SB, S. 186

Was ist ein Kanon?

Die Schüler haben im Verlauf ihrer Schulzeit schon eine große Anzahl von Kanons gesungen (usuelles Singen). Daher ist der Aufbau eines Kanons durch prozedurales Lernen bei ihnen bereits als formale mentale Repräsentation angelegt (➤ Einleitung, S. 5 f.). Dies zu systematisieren ist Ziel der Doppelseite.

„Was ist ein Kanon?" gibt inhaltlich über die wichtigsten Bauprinzipien eines Kanons Auskunft. Um dies auch musikalisch möglichst deutlich zu machen, ist der Kanon auf das Einfachste reduziert. So können die Schüler beim Singen durch die klare rhythmische und melodische Struktur den Aufbau im praktischen Musizieren bereits theoretisch nachvollziehen. Die Melodieführung, die den Oktavraum von unten nach oben durchschreitet, sollte möglichst mithilfe der Solmisationssilben zusammen mit den Handzeichen erarbeitet werden (➤ Einleitung, S. 11 ff.). Dies festigt einerseits die Orientierung im Oktavraum, und bereitet die Schüler andererseits auf die Analyse (Aufgabe 2) vor. Das Singen der Solmisationssilben fördert bei den Schülern die Fähigkeit innerer Audiation – damit wird die Tonvorstellung im Zusammenhang mit der Funktion der einzelnen Töne (Grundton – Terz – Quarte – Quinte usw.) entwickelt. Auf dieser Basis wird ein Verständnis der Zusammenklänge im Zusammenhang mit dem Kanon erst wirklich nachvollziehbar.

Das Anzeigen von Einsätzen als ein wichtiger und weiterführender Aspekt des aufbauenden Strangs „Anleiten" kann an dieser regelmäßigen Form und Einsatzfolge gut geübt werden. Für Fortgeschrittene könnte eine Aufgabenstellung sein, die eingeteilten Kanongruppen in vorher nicht vereinbarter Reihenfolge einsetzen zu lassen. Besonders deutlich wird hierbei, dass das bloße „Nachdirigieren" nicht funktioniert, sondern dass man sich der nächsten Kanongruppe rechtzeitig zuwenden muss. Dies gilt in gleichem Maße auch für das Anzeigen des gemeinsamen Endes.

Die Computeranwendung bietet unterschiedliche Präsentationsmodi des Kanons und erlaubt damit ein besonders eindrückliches Nachvollziehen der Form. So können zunächst die Kanoneinsätze frei gewählt werden. Das Audio-Feedback macht schnell deutlich, welche Einsatzpunkte der zweiten Stimme sinnvoll sind und welche nicht. Die grafische Darstellung zeigt beim Erklingen der Musik, wie die vier Kanonstimmen die Melodie durchlaufen. So können die Schüler zugleich optisch und akustisch den Ablauf und die jeweils entstehenden Zusammenklänge verfolgen.

Anhand der Notationsaufgabe sollen die Schüler erkennen, dass durch das Zusammenfassen der Zeilen 1–3 eine Folge von Dreiklängen entsteht, was letztlich auch der Grund für das (gute) Zusammenklingen der einzelnen Kanonstimmen ist. Die Aufgabe baut auf Grundkompetenzen im Zusammenhang mit der Bildung von Dreiklängen auf, die in Kapitel 8 (➤ SB, S. 101) und Kapitel 13 (➤ SB, S. 166) erarbeitet wurden. Dieses Grundwissen sollte an dieser Stelle gegebenenfalls wiederholt werden.

[Tipp] Haben Sie mit der Klasse den Kanon mithilfe der Solmisation eingeübt, können die Schüler den Bauplan noch einmal praktisch nachvollziehen. Es wird dabei schnell klar, dass die Stimmen im Abstand einer Terz singen bzw. Dreiklänge bilden.
Die Kadenz wird erst in „MusiX 2" (Klasse 7/8) thematisiert. Falls Sie an dieser Stelle dennoch die Kadenz ansprechen wollen, könnten Sie auf diesen Kanon zurückgreifen, um die Linearität der Stimmführung plastisch zu machen.

Ausgehend von den Erkenntnissen aus Aufgabe 2 erwächst nun die Frage, welche Regeln bei der Komposition dieses Kanons angewendet wurden. Aus den gemeinsamen Überlegungen heraus entsteht eine einfache „Kanonbau-Gebrauchsanleitung", die beispielsweise so aussehen könnte:
- Schritt 1: Folge von Dreiklängen aufschreiben
- Schritt 2: Unter-, Mittel-, Oberstimme als Melodielinien daraus ableiten
- Schritt 3: Text ausdenken
- Schritt 4: Text rhythmisieren (Taktart?!)
- Schritt 5: Übertragen auf Melodielinien
- Schritt 6: evtl. Variationen erfinden (Durchgänge, Wechselnoten)

Dieser Kompositionsplan ermöglicht es guten Schülern, selbstständig als Mini-Projekt einen einfachen Kanon zu komponieren.

Swinging Bach

Dieser leicht swingende Kanon greift insbesondere in seinem zweiten Teil rhythmisch-melodische Motive auf, die Bach auch verwendet haben könnte. Am besten funktioniert diese Gestaltung mithilfe des Playbacks.

Folgende Aspekte sollten bei der Erarbeitung beachtet werden:
- Der Beginn des Kanons mit Vierteln und Achteln verleitet zu einem (zu) schnellen Tempo. Bei der Erarbeitung ist es deshalb wichtig, die Viertel als Puls gut zu spüren, dabei aber die swingenden Sechzehntel im Kopf zu haben. Das Tempo sollte bei Viertel = ca. 72–80 liegen.

    [Tipp] Denken Sie beim Einzählen des Kanons an die zweite Zeile (Sechzehntelnoten).

- Takt 1–4: Die Tonschritte nach oben unbedingt groß genug nehmen (ausreichend hohe kleine Terz, dann zur Quinte und später zur Sexte)! Zudem muss die Sexte stimmlich gut vorbereitet sein. Den Grundton *d* gut im Ohr behalten und als Ausgangston immer wieder richtig intonieren. Achtung in Takt 4, Zählzeit 2: „dap" kurz phrasieren.
- Takt 5–8: Die Sechzehntel sollen ternär gesungen werden (Swing-Feeling), keinesfalls dürfen sie aber auch nur annähernd nach Punktierungen klingen, denn dann geht der Swingle-Singers-Drive verloren. Achtung: Bei der aufwärts geführten Tonfolge in Takt 8 den Zielton *d"* gut im Ohr haben; keinesfalls die Bruststimme massiv und laut nach oben führen, sondern den Druck von der Stimme nehmen und den Kopfstimmenanteil schrittweise erhöhen.
- Takt 9–12: Den Ton *d"* akzentuiert und glockig singen (leicht und hell, Kopfstimme), dabei den Konsonant („d") mit der Zungenspitze gut artikulieren und schnell vom Vokal zum Klinger („ng") gehen. Wer kann, soll das „r" bei „ring" rollen. Achtung, dass der Ton *d"* bei jeder Wiederholung des kleinen Glockenmotivs seine Tonhöhe beibehält.

Das Begleitostinato imitiert eine Rhythmusgruppe (Bass und Schlagzeug) (siehe dazu auch Hinweise zu Drumset und Vocussion ➤ SB, S. 140 f., bzw. Lehrerband, S. 124 ff.):
- die Silbe „dun" wie einen gezupften Bass perkussiv singen
- das „t" mit der Zungenspitze an den oberen Schneidezähnen kurz und trocken artikulieren (wie eine Hi-Hat, die geschlossen wird)
- das „ke" wird kurz gesprochen (Snare-Drum)

Swinging Bach (Begleitpattern)

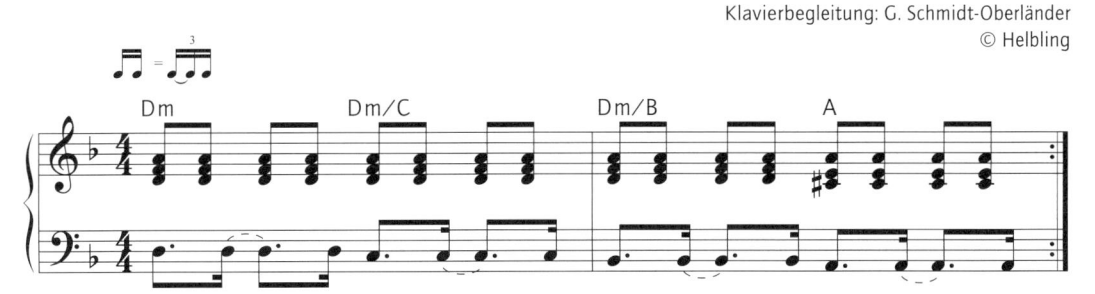

Klavierbegleitung: G. Schmidt-Oberländer
© Helbling

Musik in Form II

5 Bei der Bewegungsgestaltung sollen die Schüler die melodische und rhythmische Eigenheit der jeweilgen Kanonzeile beachten. Den ersten Kanonteil empfindet man z. B. deutlich schwerer als den voller Bewegungsenergie steckenden zweiten Teil. Für eine Choreografie geben die Illustrationen Anregungen. Denkbar ist die Folge:
- Teil 1: Hände kräftig reiben (vgl. Besen auf Snare)
- Teil 2: tänzelnde Schritte nach vorne
- Teil 3: oben – unten klatschen

Die Invention: eine musikalische Tüftelei ➤ SB, S. 188

Auf dieser Doppelseite beschäftigen sich die Schüler anhand der „Invention Nr. 1" von Bach mit den Grundlagen motivisch-kontrapunktischer Kompositionsweise.

Fingerübungen

1 2 Für diese Aufgabenstellung kann zur Vorübung auch die Tastatur auf der hinteren Umschlagseite des Schülerbuchs zu Hilfe genommen werden. Sie ist zwar etwas kleiner mensuriert, fördert aber dennoch die Orientierung auf dem Klavier. Nach der Trockenübung auf der Papiertastatur sollten die Schüler aber die erworbenen Fertigkeiten unbedingt auf dem Klavier anwenden. Hierbei kann man auch drei Schüler gleichzeitig spielen lassen.

Bach wollte anhand dieser klavierpädagogischen Komposition seinen Schülern das Klavierspiel, aber zugleich auch das Verständnis für Kompositionstechniken vermitteln. Die Aufgabenfolge auf der Doppelseite greift beides auf: Ausgehend von den Fingerübungen im Fünftonraum kommen die Schüler zu dem die Invention prägenden Motiv, dessen Bearbeitung und Transformation sie dann im weiteren Verlauf untersuchen.

Johann Sebastian Bach als Tüftler

3 Nachdem die Schüler die beiden Fingerübungen im Fünftonraum gespielt haben, sollen sie anhand der Grafik die Entstehung des Hauptmotivs erklären. Besonders deutlich lässt sich der in den Aufgaben 1–3 erarbeitete Entstehungsprozess anhand der multimedialen Anwendung nachvollziehen. Zudem besteht hier auch die Möglichkeit, die gesamte Komposition als Mitlaufpartitur abzuspielen, wobei das Motiv und seine Veränderungen markiert sind.

41 Anmerkung zum Hörbeispiel: Die betont langsame Interpretation wurde gewählt, da Glenn Gould für seine eher rhythmisch strengen und im Tempo extremen Einspielungen bekannt ist. Ob den Schülern auffällt, dass im Hintergrund jemand mitsummt? Dieses leise Mitsummen ist ein Markenzeichen Goulds, das er seit seiner Kindheit, in der er von seiner Mutter unterrichtet und dazu angehalten wurde, nicht mehr abgelegt hat, weil er fürchtete, dass sonst sein Spiel darunter leiden könnte.

Aus der Werkstatt des Komponisten: Wie ein Motiv verändert werden kann

4 Im Anschluss an die erste Begegnung mit Bachs Invention erarbeiten sich die Schüler in einer ersten Analyse des Notentextes verschiedene Bearbeitungsprinzipien und wenden diese auf einen Abschnitt aus dem Stück an. Bevor die Schüler die vier Ausschnitte untersuchen, beschäftigen sie sich mit der Grafik auf der Mitte der Seite, die das Hauptmotiv und die wichtigsten Veränderungen zeigt. Das Schülerarbeitsheft bietet differenzierte Aufgabenstellungen zur Erarbeitung von Motiv und dessen Veränderungen an.

[**Tipp**] Machen Sie aus der Aufgabe ein Knobelspiel: Dabei sollen die Schüler das Hauptmotiv und jeweils eine der Veränderungen am Klavier spielen. Mithilfe von Klang und Notation sollen sie die Prinzipien, die hinter den jeweiligen Veränderungen stecken, herausfinden.

In einem weiteren Schritt werden nun die vier Notenausschnitte (A–D) aus der Invention hinsichtlich der jeweils verwendeten Veränderung des Hauptmotivs untersucht.

Lösung

Notenbeispiel A: Veränderung der Tonhöhe (Sequenzierung)
Notenbeispiel B: Veränderung der Bewegungsrichtung (Umkehrung)
Notenbeispiel C: Verwendung eines Teils der Umkehrung (Abspaltung)
Notenbeispiel D: Veränderung der Bewegungsrichtung (Umkehrung) und Sequenzierung (umgekehrtes Motiv wird viermal, dabei jeweils von einem anderen Ausgangston, gespielt)

Das Notenbeispiel dient zur Vertiefung für schnelle Schüler bzw. Schüler, die bereits Erfahrung auf diesem Gebiet gesammelt haben.

Lösung

Dialog zwischen rechter und linker Hand: Die rechte Hand beginnt mit dem Motiv, wobei die letzte Tonfortschreitung eine Veränderung erfährt; die linke Hand antwortet mit der Wiederholung auf einer anderen Tonstufe (Sequenzierung). Im zweiten Takt folgt dann jeweils eine Umkehrung des Motivs (linke Hand sequenziert).

Wie oben schon erwähnt bietet die Multimedia-CD-ROM eine Mitlaufpartitur der Invention. Die Motive und die jeweiligen Veränderungen sind dabei farbig markiert.

Als Vertiefungsaufgabe steht der Notentext der ganzen Invention als Kopiervorlage zur Verfügung (siehe nächste Seite). Hier können die Schüler z. B. den Notentext beim Hören verfolgen, Motive und Veränderungen eintragen und die Anzahl der Motivwiederholungen zählen.

Bach war nicht nur als Komponist ein Tüftler: In seinem Familiensiegel (▸ SB, S. 188) hat er seine Initialen JSB zusätzlich spiegelbildlich ineinander verwoben. Im Schülerarbeitsheft können die Schüler herausfinden, wie Bach seine Initialen in das Familienwappen integriert hat und farbig markieren. In der multimedialen Anwendung wird die Gestaltung plastisch erfahrbar.

J. S. Bach: Invention Nr. 1, C-Dur, BWV 772

Johann Sebastian Bach: der „Tüftelkünstler" ➤ SB, S. 190

Aus Bachs Tagebuch

Ein fiktives Tagebuch als Methode des biografischen Erschließens einer Persönlichkeit ermöglicht es den Schülern, sich in den Menschen Bach, seine Arbeitsbedingungen und sein persönliches Umfeld wenigstens ein Stück weit hineinzudenken. Ergänzt durch eigene Recherchen sind sie dann in der Lage, in einem Brief die Beschäftigung mit der Person Bach kreativ zu vertiefen und damit auch die Frage nach der Entscheidung Bachs, sich aus Leipzig wegzubewerben, zu beantworten. Im Schülerarbeitsheft steht eine entsprechende Aufgabenstellung und Raum zum Eintragen der Ergebnisse zur Verfügung. Im Internet finden sich unter folgenden Adressen weiterführende Informationen: www.bach.de, www.bach-leipzig.de.

Der große, unbekannte Komponist

In dieser Aufgabe hören die Schüler im Zusammenhang mit dem Erstellen einer Bach-Hitparade (Welche Stücke sind bekannt? Welches sind die Top-3-Kompositionen?…) einige der bekanntesten Kompositionen von Bach.

Eine Programmierung automatisiert das Erstellen der Charts und lässt diese dann gleich ganz professionell aussehen. Die Hitparade wird ermittelt über die Lautstärke des Beifalls mithilfe eines in die Programmierung integrierten „Applausometers", das die

Musik in Form II

Schüler zusätzlich motiviert. Vor Beginn der akustischen Auswertung muss die Eingangsempfindlichkeit des Mikrofons unbedingt durch einen Testdurchgang eingestellt werden.

Wohnorte und Wirkungsstätten

Nach der Beschäftigung mit den Komponisten W. A. Mozart (▶ Kap. 4) und C. Orff (▶ Kap. 5) steht nun J. S. Bach im Fokus des Kompetenzstrangs „Ein Komponist in seiner Zeit". Später werden noch Leonard Bernstein (▶ Kap. 17) und der Zeitgenosse Dieter Mack (▶ Kap. 19) eine Rolle spielen. Verschiedene Aspekte sollten im Vergleich der Komponisten thematisiert werden, z. B. Reisemöglichkeiten, Musizierorte, Verdienstmöglichkeiten, Verbreitung der Musik, Medien (von der Handschrift bis zum digitalen Zeitalter).

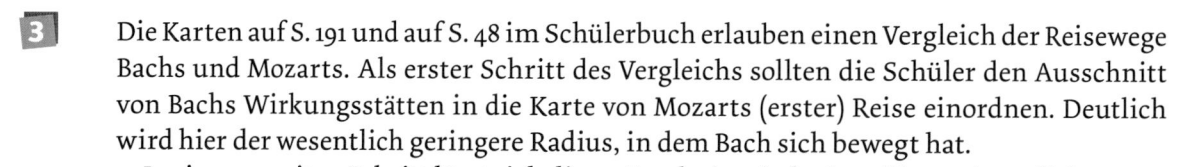

Die Karten auf S. 191 und auf S. 48 im Schülerbuch erlauben einen Vergleich der Reisewege Bachs und Mozarts. Als erster Schritt des Vergleichs sollten die Schüler den Ausschnitt von Bachs Wirkungsstätten in die Karte von Mozarts (erster) Reise einordnen. Deutlich wird hier der wesentlich geringere Radius, in dem Bach sich bewegt hat.

In einem zweiten Schritt lässt sich dieses Ergebnis mit der jeweiligen Biografie begründen (z. B. Mozarts Vermarktung als Wunderkind, Verpflichtung Bachs bei seinem Dienstherren). Im Schülerarbeitsheft können die Schüler anhand ausgewählter Aspekte beide Komponisten vergleichen. Dies führt zu einer differenzierten und intensiven Beschäftigung mit den beiden Komponistenpersönlichkeiten.

[Tipp] Anhand der Präsentation auf der Multimedia-CD-ROM können die Schüler Bachs Stationen besonders gut nachvollziehen.

Die Aufgabe, ein Bach-Museum zu gestalten, hat bereits den Umfang eines Mini-Projekts und kann ein reizvoller Anlass sein, sich vertieft mit verschiedenen Aspekten aus Bachs Leben und Wirken auseinanderzusetzen.

[Tipp] Bei der Gestaltung von Plakaten in Gruppenarbeit ist es wichtig, dass man die Leistung jeder Gruppe ausreichend würdigt. Gruppenarbeit ist eine wichtige Lernform, sie ist aber aufgrund der vielen Unwägbarkeiten (Gruppenzusammensetzung, Arbeitszeit, Verfügbarkeit von Materialien, Recherche-Kompetenzen) nicht leicht wertend einzuschätzen. Dennoch könnte man auch hierbei mithilfe einer Leistungskontrolle alle Schüler dazu bringen, sich mit jedem Plakat angemessen zu beschäftigen. Die Plakate werden für zwei Wochen in Absprache mit dem Klassenlehrer im Klassenzimmer aufgehängt. Am Ende gibt es einen kurzen Test, in dem es zu jedem Plakat genau eine (oder genau zwei) Fragen bzw. Aufgabenstellungen gibt. So ist jeder Schüler in dem von ihm erarbeiteten Aspekt „Experte" und muss sich in einigen anderen Aspekten unter gleichen Voraussetzungen wie alle anderen informieren. Die Aufgaben dürfen dann natürlich nur das thematisieren, was wirklich auf den Plakaten steht.

Haydn: eine Sinfonie mit Paukenschlag ▶ SB, S. 192

Paukenschlag im Kreis

Die Bewegungsform des Weitergebens eines Gegenstandes wurde in anderer Form schon in Kapitel 11 im Start-up „Pass It On" (▶ SB, S. 133) trainiert. Der im Video gezeigte Bewegungsablauf mit Drehen der Hände ist bereits sehr anspruchsvoll. Einfacher lässt sich das Weitergeben folgendermaßen realisieren:
- Die rechte Hand bleibt wie ein Tablett immer nach oben offen an der gleichen Stelle rechts vom Körper. Alle machen die gleichen Bewegungen, auch ohne Ball, den man sich vorstellen muss. Blick nach rechts, damit man den Ball kommen sieht!

- Zählzeit 1: Ball mit der linken Hand in die rechte Hand des linken Nachbarn geben.
- Zählzeit 2: Den neuen Ball mit der linken aus der eigenen rechten Hand aufnehmen.
- Im Wechseltakt (Paukenschlag in Klammer 2) gibt die linke Hand nun den Ball einfach nach rechts in die eigene rechte Hand weiter. Von dort aus nimmt der rechte Nachbar den Ball auf. Dieser Übergang ist nicht leicht und muss ein paar Mal separat geübt werden.
- Level 2: Neue Bälle kommen ins Spiel.
- Level 3: Jeder hat einen Ball.

Alternativ zur Bewegungsgestaltung kann man den Sinfoniesatz als Spiel-mit-Satz ausführen. Die Programmierung als projizierte Mitlaufpartitur erleichtert den Schülern die Orientierung im Notenbild.

Das Kreisspiel und der Spiel-mit-Satz sind eine gute Vorbereitung, um sich im Folgenden mit dem Prinzip der Variation zu beschäftigen.

Ein Thema mit Variation

Das Gestaltungsprinzip Veränderung wurde spielend, improvisierend, hörend und lesend schon mehrfach im Buch aufbauend thematisiert, vertieft in Kapitel 9 („Musik in Form I"). Als Kompositionsprinzip wurde es in diesem Kapitel bereits an einem kleinen Motiv in einer Invention erarbeitet. An zwei Haydn-Variationen erfahren die Schüler nun exemplarisch, wie ein ganzes, liedhaftes Thema variiert werden kann durch Instrumentation, dynamische Gestaltung oder Wechsel des Tongeschlechts.

Lösung

In Variation 1 wird die Melodie von der zweiten Violine gespielt; die erste Violine hat eine bewegte Gegenstimme in Sechzehntelnoten. Die Lautstärke wechselt im Thema zweitaktig von *f* nach *p* und zurück.
In Variation 2 hören wir die Melodie in Moll. Für die Schüler ist dies sicher leichter hörend als lesend zu erkennen. Danach könnte aber die Charakteristik der beiden Tongeschlechter wiederholt werden (➤ Kap. 13). Die Lautstärke wechselt nun viertaktig.

Das Schülerarbeitsheft bietet die Möglichkeit, durch eine gezielte Beschäftigung, z. B. durch Eintragungen, die Analyse der beiden Variationen anschaulich zu machen.

Humor in der Musik ist ein wichtiger Aspekt künstlerischer Gestaltung und wird in diesem Hörbeispiel, das die Sequenz um Haydns Sinfonie abschließt, deutlich dargestellt. Das spontan zur Aufführung lachende Publikum erleichtert die Aufgabenstellung des Vergleichs beider Hörbeispiele, indem es die Aufmerksamkeit der Schüler auf bestimmte Stellen lenkt, die für den Vergleich relevant sind. Leicht zu erkennen: der maßlos übertriebene Paukenschlag, die falsch spielenden ersten Violinen, die nicht funktionierende Transposition (und zurück), das falsche Ende der zweiten Variation.

Kapitel 16: Haste tiefe Töne?

Thema und Ziele

Der Bass-Schlüssel und der Klangbereich, der mit ihm in der Notation erschlossen wird, stehen im Mittelpunkt dieses Kapitels. Ausgangspunkt für eine Ausweitung des Oktavraums nach unten (kleine und große Oktave) sind Bass-Ostinati. Diese Begleitform haben die Schüler schon beim usuellen Singen in Form mehrerer Kanons und Spielstücke kennengelernt (➤ SB, S. 7, 57, 94, 118 f., 137, 161, 165, 187). So bietet auch der Bewegungskanon „Shoobeedoowah" ein grooviges Bass-Ostinato und dient damit als Einstieg in das Kapitel. ⊙ Im Sinne aufbauenden Musikunterrichts wird nun das, was bereits vielfach praktisch erfahren wurde, in Wissen und letztlich in eine Begrifflichkeit überführt. Ein Musiklabor bietet kreative Vertiefungsmöglichkeiten für die Ordnung des Tonraums (Oktavräume) und Notation im Bass-Schlüssel.

Anhand bekannter Rock-Riffs und dem berühmten Pachelbel-Kanon wird das erworbene Wissen hörend vertieft und an dem Evergreen „Love Is All Around" in Form eines Klassenmusizierarrangements angewendet. In diesem Zusammenhang beschäftigen sich die Schüler intensiv mit dem E-Bass, der in Pop, Rock und Jazz eine wichtige Rolle als Mitglied der Rhythmusgruppe spielt: Er ist unter anderem für das Fundament der Harmonie (Basstöne), aber gleichzeitig zusammen mit dem Schlagzeug für den Rhythmus (Groove) verantwortlich. Ein Mini-Workshop am Ende des Kapitels greift dies auf und erlaubt den Schülern, erste Modelle mit leeren Saiten und einfachen Griffen zu spielen.

> In diesem Kapitel wird an folgenden Dimensionen musikalischer Kompetenz gearbeitet:
>
> - **Stimme und Singen:** Bass-Instrumentalimitation („Lazy and Low" ➤ SB, S. 195; „Shoobeedoowah" ➤ SB, S. 196), Grundtonkanon („Trommelklang" ➤ SB, S. 195), usuelles Singen (➤ SB, S. 196, 202)
> - **Instrumente spielen:** Begleitsatz (➤ SB, S. 203), Bass-Workshop (➤ SB, S. 203)
> - **Körper und Bewegung:** Choreografie (➤ SB, S. 197)
> - **Lesen und Notieren:** Bass-Schlüssel (➤ SB, S. 198), Musiklabor (➤ SB, S. 199), Pachelbel-Kanon (➤ SB, S. 200 f.), Bass-Workshop (➤ SB, S. 203)
> - **Hören und Beschreiben:** Bassfiguren (➤ SB, S. 199), vergleichendes Hören (➤ SB, S. 201)
> - **Kontexte herstellen:** Coverversion (➤ SB, S. 200 f.), E-Bass (➤ SB, S. 203)

Start-ups für Stimme und Körper ➤ SB, S. 195

Rhythmus/Stimme

Ⓕ 47

Lazy and Low

Das Start-up thematisiert textlich wie musikalisch (angedeuteter Walking-Bass) den Charakter des Swing-Basses. Im Zentrum steht eine absteigende Phrase als Ostinato, die mit Vocussion verbunden die Rhythmusgruppe einer Jazz-Combo imitiert.

Methodische Hinweise:
- Bass-Ostinato:
  Das Legato-Feeling der Basslinie sollte durch die angedeutete Hi-Hat auf Zählzeit 2 und 4 nicht unterbrochen werden. Deshalb sollten die Schüler zunächst die Basslinie – ohne die Hi-Hat-Klänge – möglichst dicht im Legato singen, das „d" kurz mit der Zungen-

spitze akzentuiert. Achtung auf die Intonation! Die Schritte abwärts stimmlich gut führen und nicht zu groß nehmen, immer wieder bewusst und mit genügend Spannung die Phrase beim Ausgangston *e* beginnen. Sobald dies gut klappt, wird das so kurz wie möglich artikulierte „ts" hinzugenommen, das wie das Schließen der getretenen Hi-Hat klingen soll. Eine Gruppe führt – evtl. unterstützt durch ein Bassinstrument oder Klavier – diese Phrase nun fort, während darüber die Kanonmelodie erklingt.

- Kanonmelodie:

  Takt 1–3: Die sich wiederholende Phrase immer bewusst auf *e* beginnen. Achtung: In der Wiederholung verliert die Phrase erfahrungsgemäß an Spannung. Der Schritt zum *g* (kleine Terz hoch intonieren!) muss groß genug genommen werden. Dabei hilft es, diesen Ton mit einem kleinen Akzent zu singen. Dies entspricht auch der Swing-Phrasierung, bei der die Offbeats betont sind.

  Takt 4: Genügend Spannung zum Quintton; evtl. mit Geste unterstützen: am Luft-Bass mitspielen, bei dieser Phrase dann die Bünde höher rutschen.

  Takt 5–7: Wie zuvor aufpassen, dass die Singspannung bei den Wiederholungen, aber auch die Artikulation des Textes nicht abnimmt. Eher ein Crescendo über diese drei Takte denken bzw. sogar ausführen.

  Takt 8: Vorsicht bei der absteigenden Phrase zum Grundton: besonders das *g* als Ton vor dem Grundton hoch intoniert singen.

[Tipp] Üben Sie die Kanonmelodie zunächst mit den Silben „du-**wah**-du-**wah**…". Damit lässt sich die Swing-Phrasierung herausarbeiten. Dabei das „du" leise und gefühlvoll, die Silbe „wah" betont und im Timing spät singen. Die Melodie legato mit der Vorstellung „einen Teig kneten" oder „Jazz-Besen spielt auf der Snare" singen. Lassen Sie die Schüler das Bass-Ostinato am Luft-Kontrabass gestisch mitspielen. Der zweistimmige Kanon sollte medium-slow musiziert werden.

Die folgende Begleitung ist ein Vorschlag; die rechte Hand kann auch mit einfacherer rhythmischer und harmonischer Umsetzung der Akkordsymbole gestaltet werden.

Lazy and Low (Klaviersatz)

Text u. Musik: M. Detterbeck, G. Schmidt-Oberländer;
Klavierbegleitung: G. Schmidt-Oberländer
© Helbling

Haste tiefe Töne?

Stimme

Trommelklang

(F 48) Dieser Kanon dient zur Übung, Wiederholung und Festigung wichtiger Kompetenzen, die sich die Schüler im Laufe der letzten Kapitel erarbeitet haben:

- Grundtonempfinden – wurde in den Kapiteln 2 und 3 angelegt und entwickelt. Hier sollte man einmal noch im Singen unsichere Schüler das einfache Ostinato durchhalten lassen, evtl. unterstützt durch Bass-Klangstäbe. Ein ostinat erklingender Ton *d* kann zudem das Gefühl für den Grundton zusätzlich unterstützen.
- Dreiklangsbildung und Moll – in den Kapiteln 8 und 13 haben sich die Schüler mit der Bildung von Dreiklängen bzw. dem Tongeschlecht Moll beschäftigt; zudem haben sie in Kapitel 15 den „Bauplan" eines Dur-Kanons untersucht und eigene Kompositionsversuche angestellt. Der Kanon „Trommelklang" bietet ideale Voraussetzungen, diese Kompetenzen zu üben bzw. zu vertiefen. Möglichkeiten sind in diesem Zusammenhang:
  – Welches Tongeschlecht hat der Kanon? → Notation der einzelnen Kanonstimmen in einer Notenzeile, Dreiklänge
  – Welche harmonische Funktion haben die einzelnen Kanonstimmen? → Grundton, Terz, Quint (direkte Transferaufgabe, die auf die Beschäftigung mit „Was ist ein Kanon?" (▸ SB, S. 186) zurückgreift)
  – Stabspielbegleitung (in Kleingruppen) erfinden, dabei evtl. ein Rhythmusmodell vorgeben. Wenn zeitlich möglich, in das Arbeitsheft notieren.

Musiziervorschlag: Eine oder mehrere Handtrommeln spielen den Rhythmus des letzten Taktes („Dum ba dum!") mit.

[**Tipp**] Nutzen Sie die Übung, um den Tonraum von Moll noch einmal zu festigen. Besonders gut geht dies mit Solmistation (**la** – **ti** – **do** – re – **mi** – fa – so – **la**) zusammen mit den Handzeichen. Wenn die Schüler die einzelnen Töne, deren Funktionen bzw. die Spannungsverhältnisse der jeweiligen Töne erfahren und verinnerlicht haben, wird die Ausführung des Kanons ungleich präziser und intonationssicher möglich sein.

Kanon mit Bass-Ostinato ▸ SB, S. 196

(1) (F 49, 50) Das Bass-Ostinato greift das im Start-up „Lazy and Low" angelegte Bass-Feeling auf. Verbunden mit dem Rhythmus-Ostinato entsteht eine noch stärkere Annäherung an eine Jazz-Rhythmusgruppe. Die Bodypercussion mit dem Reiben der Handflächen auf den Oberschenkeln imitiert das Spielen des Schlagzeugers mit den Jazzbesen auf der Snare. Die Zählzeiten 1 und 3 sollten dabei mit einem kleinen Akzent gespielt werden.

Bei der Erarbeitung der Melodie unterstützen die in den Bausteinen beschriebenen Bewegungen stimmlichen Ausdruck und stimmtechnische Umsetzung:

- Takt 1–4: Geste „Heranwinken" unterstützt Legatogefühl und Spannung der Phrase.
- Takt 5–8: Schnipsen und Schritt unterstützt die Offbeat-Phrasierung (siehe auch oben Start-up „Lazy and Low").
- Takt 9–12: Bewegung Armkreis nach oben oder alternativ Bogenschütze (s. u.) unterstützt die Melodieführung zum Spitzenton (Kopfstimme).
  Bogenschütze: Bei „Hey" einen Pfeil aus dem Köcher nehmen, bei „shoo-" Pfeil auf den Bogen legen, bei „-bee" Sehne des Bogens spannen, bei „dah" Pfeil nach vorne schießen. Wichtig ist, den Flug des Pfeils danach zu verfolgen (→ nachschauen, um die Spannung weiterzuführen).

Alternativ kann das Rhythmus-Ostinato auch in einer rhythmisch vereinfachten Form musiziert werden:

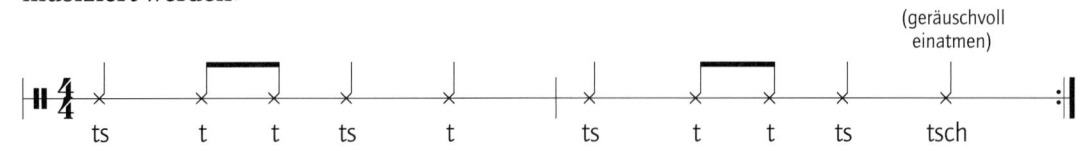

(geräuschvoll einatmen)

ts t t ts t ts t t ts tsch

Shoobeedoowah (Klaviersatz)

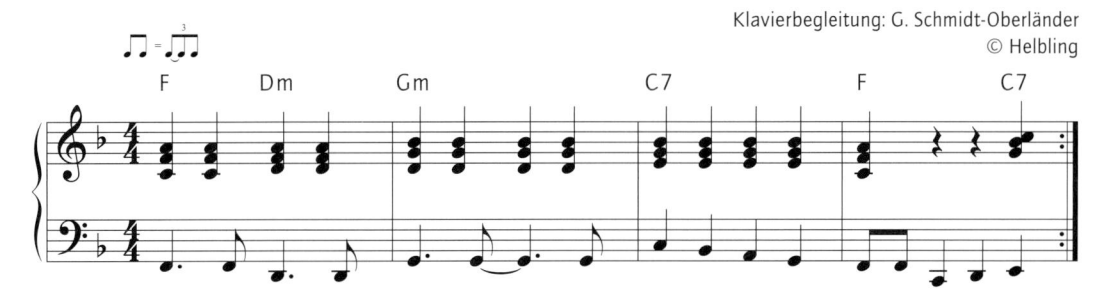

Klavierbegleitung: G. Schmidt-Oberländer
© Helbling

Das Begleitvideo enthält die Bewegungsbausteine 1–4 zur Vorbereitung des Unterrichts, einzeln erläutert und vorgeführt. Darüber hinaus wird eine Gesamtchoreografie des Songs mit Schülern als Beispiel für eine mögliche Umsetzung gezeigt.

Der Bass-Schlüssel ➤ SB, S. 198

Ein Spezialschlüssel für tiefe Töne

Ein wichtiges Prinzip jeden Lernens ist, den Gebrauchswert dessen zu erkennen, was man gerade lernt. Wenn eine Aufgabenstellung durch das zu Lernende leichter zu bewältigen ist, wird die Motivation für den Lernstoff deutlich größer sein, als wenn er bloße „Etüde" ist. So dient die intendierte Unübersichtlichkeit von Noten mit vielen Hilfslinien im Violinschlüssel und die dem gegenübergestellte erleichterte Lesbarkeit im Bass-Schlüssel dazu, den Gebrauchswert von unterschiedlichen Schlüsseln augenfällig zu machen. An dieser Stelle könnte auch zur Sprache kommen, dass die Schlüssel aus Buchstaben heraus entstanden sind (G, F, C). Mit einem Buchstaben legte man fest, welcher Ton auf dieser bestimmten Notenlinie zu singen oder spielen war. Außerdem konnte man Hilfslinien vermeiden, wenn die Buchstaben an verschiedenen Stellen des Notensystems notiert wurden. Beim C-Schlüssel wird dies besonders deutlich: Je nachdem, ob für eine Sopran-, Mezzosopran-, Alt- oder Tenorstimme notiert wurde, befand sich der Schlüssel auf einer anderen Notenlinie. Dies wurde für die Notation der Bratsche und des Cellos übernommen, die den Schlüssel bis heute verwenden. Die Grafik in der Wissensbox „Der Bass-Schlüssel" zeigt die Entwicklung des F-Schlüssels aus dem Buchstaben „F" heraus zum heute verwendeten Bass-Schlüssel.

Ordnung des Tonraums

Nachdem die Schüler die (intendierte) Problematik des Lesens von Noten mit vielen Hilfslinien erfahren haben, erleben sie die Einteilung des Tonraums in Oktavräume im Violin- bzw. neu eingeführten Bass-Schlüssel als übersichtlicher und leichter lesbar.

Anhand der Notengrafik sollte den Schülern auch verdeutlicht werden, dass Violin- und Bass-Schlüssel-System direkt aneinander anschließen: beide Notensysteme werden

Haste tiefe Töne?

nur getrennt durch das *c'*. Das Bass-Schlüssel-System stellt also eine Erweiterung des Tonraums nach unten dar. Durch diese Grafik wird auch eine erste Möglichkeit der Partiturnotation eingeführt (z. B. Klavier, Chor mit hohen/tiefen Stimmen…).

[Tipp] Es hat sich bewährt, wenn die Schüler sich an dieser Stelle bestimmte Rahmentöne einprägen (z. B. für den Bass-Schlüssel *c'*: eine Hilfslinie; *a*: oberste Linie; *f*: Schlüsselton; *G*: unterste Linie) und sich von diesen aus die anderen Töne erschließen.

Im Schülerarbeitsheft finden sich Aufgaben zum Bass-Schlüssel und zur Erarbeitung des Tonraums (Oktavräume). Eine „Grundwissen-aktiv"-Box verankert wichtiges Basiswissen.

Musiklabor 5: tiefe Töne ➤ SB, S. 199

Die Schüler sollten die Aufgaben im Musiklabor eigenständig mithilfe der Informationen von S. 198 lösen können.

Twitter-Musik

1 Rätselsaufgaben, die Texte in Noten verschlüsseln oder umgekehrt, machen den Schülern Spaß, fördern die Kreativität und üben gleichzeitig das flüssige Lesen von Noten. So müssen die Schüler zunächst einen in Notenschrift notierten Text als MusiX-Tweet (angelehnt an die Internet-2.0-Anwendung Twitter) entschlüsseln (Aufgabe 1a), einige Wörter in Notenschrift übersetzen (Aufgabe 1b) und zuletzt selbst kreativ werden und in Noten verschlüsselte Texte erfinden (Aufgabe 1c). Die Lösungen zu den Aufgaben können im Schülerarbeitsheft eingetragen werden. Für Aufgabe 1c steht Platz für die Notation eines selbst erstellten MusiX-Tweets zur Verfügung.

> **Lösung**
>
> Aufgabe 1a:
> Im *CAFE* in *BAGDAD* AẞS *EDDA* *FISCHE* *DES* *PASCHAS*.
>
> Aufgabe 1b:
>
> F E H D E   G ES C H A H   B E G E H E   FIS C H

2 Diese Aufgabe greift die auf S. 198 eingeführte Notationsform einer Klavierpartitur auf und vertieft das Sich-Zurechtfinden und Lesen von Noten innerhalb beider Notensysteme. Im Zusammenhang mit dem aufbauenden Strang „Lesen und Notieren" stellt diese Vorübung eine wichtige Vorbereitung hin zum Lesen von Partituren dar. Im Schülerarbeitsheft können die richtigen Zuordnungen markiert und die Notennamen eingetragen werden.

Lösung

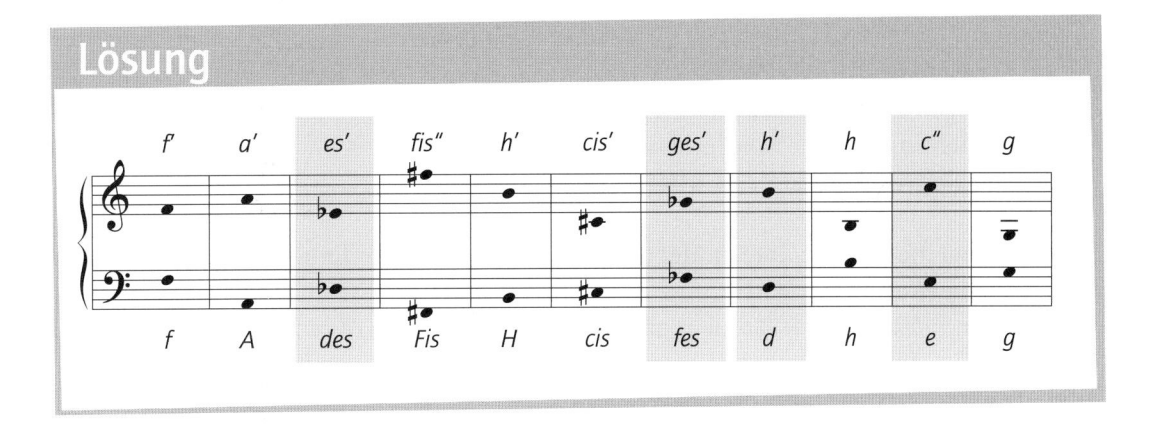

f'	a'	es'	fis"	h'	cis'	ges'	h'	h	c"	g
f	A	des	Fis	H	cis	fes	d	h	e	g

Als zusätzliche spielerische Trainings- und Vertiefungsmöglichkeit steht auf der Multimedia-CD-ROM ein „Violin- und Bass-Schlüssel-Memory" zur Verfügung.

Populäre Riffs

Riffs werden als Gestaltungsmittel in vielen Popsongs verwendet. Einige dieser oft nur wenige Takte langen Riffs sind derart bekannt, dass sie Popgeschichte geschrieben haben.

In einem Hörquiz ordnen die Schüler drei dieser weltbekannten Riffs den Notenbeispielen zu. Um den Bass-Schlüssel zu vertiefen, sind alle Notenbeispiele in diesem Schlüssel notiert. ◗ Die Aufgabenstellung dient der Entwicklung der Audiation und bereitet zudem die eigenständige Notation gehörter Melodien vor.

[Tipp] Bevor Sie die Hörbeispiele mehrmals vorspielen, sollten Sie die Schüler die Notenbeispiele beschreiben lassen: Auf-, Abwärtsbewegung, rhythmische Besonderheiten, Tonwiederholungen, kurze, sich wiederholende Melodiebausteine usw. Hören die Schüler anschließend die Riffs, ist eine Zuordnung auch begründet möglich.

Um das Lesen der Töne weiter zu vertiefen, notieren die Schüler abschließend eines oder mehrere der im Bass-Schlüssel notierten Riffs im Violinschlüssel.

Lösung

Hörbeispiel 1 – Notenbeispiel 3 (Another One Bites the Dust)
Hörbeispiel 2 – Notenbeispiel 1 (Smoke on the Water)
Hörbeispiel 3 – Notenbeispiel 2 (Satisfaction)

Ein Jahrhundert-Hit: der Pachelbel-Kanon   ▸ SB, S. 200

Ganz schön alt und doch topaktuell

Mit dem Pachelbel-Kanon lernen die Schüler ein altes und zugleich immer wieder aktuelles Harmonieschema kennen, das sehr stark durch den Verlauf des Basses geprägt ist. Dabei erfahren sie, dass eine Bassfigur, insbesondere als Ostinato, eine Vielzahl von Möglichkeiten für darüberliegende melodische Gestaltungen eröffnet.

Zunächst soll die Bassfigur gesungen bzw. gespielt werden. Hier bietet es sich wieder an, auf Solmisation zurückzugreifen. Sind die Schüler mit deren Umgang geübt, sollte eine eigenständige Erarbeitung sogar problemlos möglich sein.

Haste tiefe Töne?

In einem zweiten Schritt überlegen die Schüler, gemäß welchen musikalischen Aspekten die Basslinie aufgebaut ist, z. B.:
- regelmäßigen Aufbau beschreiben (Quarte abwärts, Sekunde aufwärts)
- die Abweichung (letzter Takt) erkennen
- die auf Halbe Noten reduzierte Rhythmik

Abschließend musizieren die Schüler den Kanon. Dafür stehen folgende Ausschnitte aus dem Pachelbel-Kanon zur Verfügung:
- Die ersten 16 Takte (Einsätze 1–4) sind auch für weniger geübte Schüler spielbar und genügen für eine komplette Kanonausführung auf verschiedenen Klasseninstrumenten.
- Für geübtere Instrumentalisten stehen mit den Einsätzen 5 und 6 anspruchsvollere Variationen zur Verfügung.

[Tipp] Alternativ zur Ausführung als Kanon können Sie die einzelnen Zeilen auch auf Gruppen verteilen, die jeweils ihre Zeile wiederholen.

2 Im Anschluss an das Musizieren untersuchen die Schüler, auf welche Weise die Melodie im Verlauf des Kanons verändert wird:
- rhythmische Verdichtung: zunächst Halbe Noten, dann Viertel (später Achtelnoten), dadurch Zunahme der Bewegungsenergie
- Zunächst in Zeile 1/2 absteigende Melodielinien mit Sekundschritten (Tonleiter), dann in Zeile 3/4 tendenziell aufsteigende Melodie (basierend auf Dreiklangsbrechungen); Zeile 3/4 Gegenstimme zu Zeile 1/2 (hohe Lage – tiefe Lage, absteigend – aufsteigend)

Weiterführend könnten auch noch die Zeilen 5 und 6 analysiert werden:
- Zeile 5/6: Tonwiederholungen jeweils an den Taktanfängen (punktierte Viertel, Achtel)
- Zeile 5 als Variation von Zeile 1: Die Haupttöne der Melodie (Zeile 1) werden in Zeile 5 mit Achtelnoten umspielt.

Im Schülerarbeitsheft steht eine differenzierte Aufgabenstellung zur Verfügung, die den Melodieverlauf bzw. die Variationen der Melodie untersucht und damit gut nachvollziehbar macht.

Erweiterung:
Es kann eine improvisierende Auseinandersetzung mit dem Material erfolgen. Das Besondere und immer wieder Faszinierende an dieser Basslinie ist, dass sie sich zur Begleitung von zwei verschiedenen absteigenden Tonleitern eignet. Auf dieser Basis kann man mit den Schülern auch improvisieren, indem man sie zunächst ganz einfache Veränderungen spielen lässt, bis sie selber zu Ergebnissen gelangen. Hier ein paar Beispiele in komprimierter Form:

Pachelbel: ein wahrer Chartstürmer

In diesem Abschnitt sollen die Schüler erkennen, dass einer gelungenen musikalischen Erfindung eine Kraft innewohnt, die Jahrhunderte überdauern und bis heute Aktualität besitzen kann. Ziel dieser Seite ist es, den Schülern ein Gefühl für das „Klassische" im Sinne von etwas Bleibendem zu geben. Die Zeitspanne, die hier in der Popmusik umrissen wird, umfasst immerhin bereits 30 Jahre (1975–2005), für Sechstklässler eine kleine Ewigkeit.

Streets of London

Die intensive Auseinandersetzung mit dem Pachelbel-Kanon in Verbindung mit Grundlagen, die sich die Schüler beispielsweise in Kapitel 9 („Musik in Form I") erarbeitet haben, bilden die Grundlage zur Lösung der Höraufgabe. Zunächst skizzieren die Schüler den Ablauf des Songs: Wie ist der Song aufgebaut (Strophen, Refrain), wo wiederholen sich bestimmte Teile? In einem weiteren Schritt geht es um die Verwendung der Pachelbel-Bassfigur im Verlauf des Songs.

[Tipp] Lassen Sie die Schüler evtl. den Bass zum Song singen und unterstützen Sie dies am Klavier. In welchem Formteil folgt der Song der Bassfigur von Pachelbel?

Lösung

„Streets of London" hat die klassische Songform (AABA, vgl. auch ➤ SB, S. 118 f.). Der A-Teil von „Streets of London" folgt jeweils im Bass- und Harmonieverlauf dem Pachelbel-Schema.

Pachelbel auf dem Fußballplatz

Diese Fragestellung baut auf der bereits erfolgten Analyse der Kanonmelodie auf. Dabei sollen die Schüler erkennen, dass die Kerntöne der Pachelbel-Melodie bei „Go West" durch Wechselnoten und Dreiklangsbrechungen umspielt werden. Den im Schülerbuch abgedruckten Melodieausschnitt von „Go West" übertragen die Schüler ins Arbeitsheft. Dort können dann die Kerntöne (vgl. Pachelbel-Kanon Zeile 1) farbig markiert werden. Damit wird für die Schüler die Verwandtschaft der beiden Melodien sofort augenfällig.

In der Diskussion um die Wirkung des Songs als „Fußball-Lied" könnten folgende Aspekte zur Sprache kommen:
- tanzbarer Begleitrhythmus
- die immer von einer Männergruppe fast gerufenen Einwürfe „together" bzw. „go west", die an Sportplatzgesänge erinnern
- die Melodie wird fast nicht variiert

Pachelbel als Rap

An dieser Stelle soll auf den Inhalt des Coolio-Songs „C U When U Get There" nicht näher eingegangen werden (eher ab Klassenstufe 8 oder darüber sinnvoll). Der Song nutzt am deutlichsten hörbar die Musik Pachelbels: Die Einleitung zitiert den Kanon gespielt durch ein Streichorchester. Dieses Zitat endet abrupt und mündet in einen soften Hip-Hop-Sound. Im Hintergrund hört man ein Cembalo, später dann Streicher, die eine Gegenmelodie spielen, im Refrain sogar recht nah am Pachelbel-Original.

Haste tiefe Töne?

„Canon Rock" im Internet

6 Die aktuellste hier vorgestellte Version, der „Canon Rock", zeigt, wie Pachelbels Hit auch in den neuen Formen der Onlinekommunikation zu einer künstlerisch-kreativen Auseinandersetzung ganz anderer Form führen kann. Der fast skurrile Gegensatz zwischen dem biederen Ambiente und der explodierenden Interpretation kann zu interessanten Unterrichtsgesprächen führen, die den eingangs genannten Aspekt „Was ist ein Klassiker?" fortführen und vertiefen können.

Das Video findet sich auf „YouTube", Suchbegriffe: „Canon Rock", „JerryC.", „The Original"; weitere Infos auch unter: http://jerryc.tw.

Das erste Mal verliebt ► SB, S. 202

Love Is All Around

F 59 Die 1986 gegründete Band *Wet Wet Wet* konnte ihren größten Erfolg 1994 landen: Für den Soundtrack zum britischen Spielfilm „Vier Hochzeiten und ein Todesfall" nahm sie eine Coverversion von „Love Is All Around" auf, die im Original von den *Troggs* (1967) stammt. Mit dieser Single war die Band 15 Wochen lang auf Platz 1 der britischen Charts.

C 60, 61 Der Song mit seiner klaren Struktur eignet sich ideal zum Klassenmusizieren. Die Melodie ist in der Klasse gut singbar, nicht allzu textbetont, hat einen angenehmen Tonumfang und ist rhythmisch gut umzusetzen. Durch die einfache Akkordstruktur lassen sich leicht spielbare Bass-Patterns bilden, die auch von Schülern bewältigt werden können, die bislang noch keine Erfahrung im Spielen eines E-Basses machen konnten.

Zuerst lernen alle die Melodie, begleitet durch den Lehrer oder das Playback, die so sicher eingeübt sein sollte, dass die Schüler sie eigenständig und ohne Hilfe singen können.

[Tipp] Lassen Sie den Backgroundchor (Kleinstich-Noten) von einer kleinen Gruppe singen. Musikalisches Ziel ist eine möglichst nahtlose Ablösung der beiden Gruppen. Damit das funktioniert, sollen die Sänger lernen, die jeweils andere Stimme mitzudenken, um dann richtig einzusetzen. Für den Backgroundchor ist ein rhythmisches Einatmen auf dem jeweils vierten Schlag des vorhergehenden Taktes hilfreich.

Als Begleitband zum Song können Klavier und/oder Gitarre sowie ein E-Bass (bzw. zusätzlich auch vier Bass-Klangstäbe oder Boomwhackers in *D, E, G, A*) und ein Schlagzeug fungieren:
- Klavier/Keyboard: Erfahrenere Schüler übernehmen die Klavierstimme.
- Melodieinstrumente: Schüler, die ein Melodieinstrument beherrschen, können den Backgroundchor unterstützen.
- Bass: Die Töne *d, E, g* und *A* entsprechen den Leersaiten einer Bassgitarre oder eines Kontrabasses (siehe auch Mini-Workshop unten).
- Schlagzeug: Ein oder zwei Spieler spielen am Schlagzeug einen einfachen Rock-Beat.

Mini-Workshop: Eine Bass-Stimme entsteht

1 2 3 Anhand des Songs lassen sich im Klassenverband sehr gut die Grundlagen des E-Bass-Spiels vermitteln, da die Akkordfolge sich mit den leeren Saiten des E-Basses begleiten lässt. So kann jeder Schüler mit Erfolgsgarantie den Bass zum Song spielen.

Der E-Bass ist schon wegen der Bereicherung des Soundspektrums ein Instrument, das man frühzeitig ins Klassenmusizieren einführen sollte. Zudem sind die Basiskompetenzen darauf leicht zu erlernen.

Die Akkordfolge sollte man vorher trocken vorüben mithilfe der „Bass-Hand", die die Saiten des Instrumentes darstellt (siehe Abbildung ➤ SB, S. 203). Dabei können wirklich alle Schüler mitmachen und haben später kein Problem, die passenden Saiten zum richtigen Zeitpunkt zu finden und im richtigen Rhythmus anzuschlagen.

[**Tipp**] Beachten Sie folgende grundlegende Hinweise zum Bass-Spiel:
- Die Saiten werden nicht wie beim Pizzicato auf einem Streichinstrument gezupft, also mit einer Bewegung vom Instrument weg angerissen. Beim sogenannten „Plucking" (auch: Fingertechnik) liegen Zeigefinger und Mittelfinger auf der zu spielenden Saite und „rutschen" von ihr weg auf die nächst tiefere Saite bzw. von der E-Saite auf den Korpus. Diese Technik erwirkt eine gute Kontrolle über die Saiten, da sich die Schwingungen der Saite sehr gut und kontrolliert abdämpfen lassen.
- Leere Saiten müssen nach dem Anschlagen eigentlich abgedämpft werden, da sie sonst sehr lange nachklingen. Das erfordert ein wenig Übung, hilft aber, das Verschwimmen der Töne zu vermeiden. Es ist daher fast einfacher, recht bald zu einfachen Griffen überzugehen, auch weil dann eine linearere Bassführung erzeugt werden kann (siehe Tipps für Fortgeschrittene ➤ SB, S. 203).

Kapitel 17:
Multitalent Leonard Bernstein

Thema und Ziele

Das zweite Komponistenporträt ist dem Multitalent Leonard Bernstein gewidmet. Bernstein repräsentiert wohl wie kaum ein anderer Musiker das 20. Jahrhundert, einerseits durch seine einem musikalischen Mainstream folgende Kompositionsweise, andererseits durch die Vielfalt seiner Ausdrucksweisen (von Zwölftonexperimenten bis zum Musical-Welterfolg) und Begabungen.

In diesem Kapitel sollen die Schüler anhand ausgewählter Werkausschnitte, Zitate und Bilder diesen faszinierenden Musiker, Dirigenten, Komponisten und Pädagogen kennenlernen. Bernstein hatte Humor und vermochte diesen Humor in seiner Musik auszudrücken. Dies wird z. B. in seinem Orchesterwerk „Turkey Trot" deutlich. Dieses Stück dient als Einstieg in das Kapitel und regt zum Klassenmusizieren auf einem etwas anspruchsvolleren Level an. Dass dabei der Taktwechsel eine Rolle spielt, ist eine Herausforderung, die die Schüler nach dem ausgiebigen Rhythmustraining in den bisherigen Kapiteln problemlos meistern werden. 🎵 Zum Abschluss werden in einem kleinen Dirigierkurs viele vorher erworbene Fähigkeiten des Kompetenzstrangs „Anleiten von Musik" zusammengeführt und systematisiert.

In diesem Kapitel wird an folgenden Dimensionen musikalischer Kompetenz gearbeitet:

- **Stimme und Singen:** Tonsprünge, unterstützt durch Bewegung („Spread Your Wings" ➤ SB, S. 207), usuelles Singen (➤ SB, S. 208, 213)
- **Instrumente spielen:** Spiel-mit-Satz (➤ SB, S. 209)
- **Körper und Bewegung:** Bewegungen zur Unterstützung von Tonsprüngen („Spread Your Wings" ➤ SB, S. 207), Tisch-Percussion (➤ SB, S. 207)
- **Lesen und Notieren:** Spiel-mit-Satz (➤ SB, S. 209)
- **Hören und Beschreiben:** musikalische Mittel (➤ SB, S. 209), Hörbeispiele Bildern zuordnen (➤ SB, S. 211)
- **Kontexte herstellen:** Komponistenporträt (➤ SB, S. 210 ff.)
- **Anleiten:** Dirigierkurs (➤ SB, S. 213)

Start-ups für Stimme und Körper ➤ SB, S. 207

Stimme/Körper und Bewegung

Spread Your Wings

Mit diesem Start-up üben die Schüler, längere Spannungsbögen zu singen und mit dem Atem zu führen, und erweitern den Ambitus ihrer Stimme; nicht zuletzt wird auch die Treffsicherheit bei größeren Tonsprüngen trainiert. Damit bereitet diese Vorübung unter anderem das Singen der Bernstein-Adaption „Turkey Trot" mit ihren vielen Tonsprüngen vor. Eine wichtige Rolle spielt hier auch wieder die Körper- und Zwerchfellaktivierung, die dafür sorgt, dass der ganze Körper in die nötige Singspannung versetzt wird.

Methodische Hinweise:
- Teil A und B: Die aufsteigende Tonfolge in ausreichend großen Tonschritten nach oben führen (siehe unten auch Tipp zur Solmisation). Den Grundton *d* dabei immer gut im Ohr haben. Besonders soll mit diesem Start-up die Verbindung zwischen Brust- und Kopfstimme trainiert werden: Die aufsteigende Tonfolge keinesfalls mit Kraft nach oben drücken! Vielmehr muss der sich wiederholende Grundton leicht und bereits mit viel Kopfstimmenanteil (Randstimmenfunktion der Stimmbänder) gesungen werden. Diese Leichtigkeit muss bei der aufsteigenden Tonfolge übernommen werden ("schlanke Vokale"; besonders hilfreich ist dabei der Vokal "u").
- Teil C: Bereits die erste Note (*g'*) sehr leicht ansingen, um das Singen der hohen Töne zu erleichtern und den Registerübergang problemlos zu ermöglichen. Unterstützend sollte ein (imaginäres) Gummiband beim Vokal (schlank gesungenes "u") senkrecht vor dem Körper langgezogen werden, was einen von der Kopfstimme geprägten Klang fördert.

[Tipp] Lassen Sie eine kleine Gruppe den Grundton *d'* auf die Silbe "u" singen, um der Klasse eine Orientierung bei den größer werdenden Tonsprüngen zu geben. Als Vorübung kann man auch nur die aufsteigende Linie *fis' – g' – a'* auf "spread – wings – fly" singen, um dann in einem zweiten Schritt das *d'* in diese Linie "einzubetten". Zu Beginn kann man dies durch ein kleines Glissando erleichtern. Dieses Start-up sollten Sie im Idealfall wieder mit Solmisation erarbeiten. Bei dieser Intervallübung können die Schüler die Tonsprünge und die dazugehörige Änderung der Spannungsverhältnisse der Töne bestens erfahren.

Spread Your Wings (Klaviersatz)

Text u. Musik: M. Detterbeck, G. Schmidt-Oberländer;
Klavierbegleitung: G. Schmidt-Oberländer
© Helbling

Tisch-Percussion 2

Beide Rhythmen sollte man als Lehrer vorher gut geübt haben, bevor man sie mit den Schülern erarbeitet.

Rhythmus 1

Der Rhythmus sollte in kleinen, sinnvollen Abschnitten durch Vor- und Nachmachen in langsamem Tempo vermittelt werden:
- Schritt 1: Zählzeit 1 bis 3 des ersten Takts.
- Schritt 2: Bis zur Zählzeit 4 + erweitern.
- Schritt 3: Pattern bis zur Zählzeit 2 (noch nicht 2 +) des zweiten Takts.
- Schritt 4: Gesamtes Pattern der zwei Takte in langsamem Tempo ausführen.

Alternativ könnte folgende Methode zur Einstudierung verwendet werden: Die Bewegungsfolge als Übeloop ohne Unterbrechung durchlaufen lassen, wobei jeder Takt allmählich von vorne nach hinten ergänzt wird; dabei laut mitzählen (auch das muss man üben!).

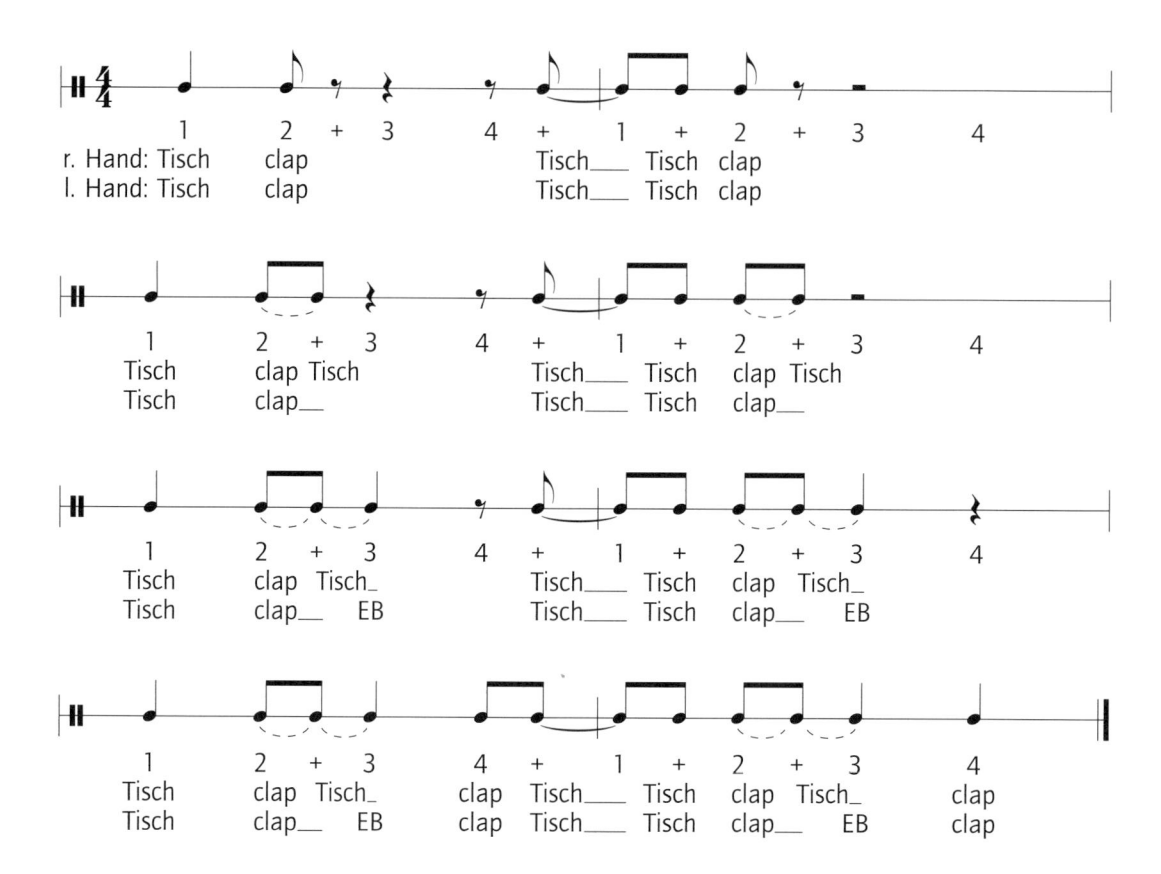

	1	2	+	3	4	+	1	+	2	+	3	4
r. Hand:	Tisch		clap				Tisch__		Tisch	clap		
l. Hand:	Tisch		clap				Tisch__		Tisch	clap		

	1	2	+	3	4	+	1	+	2	+	3	4
	Tisch		clap	Tisch			Tisch__		Tisch	clap	Tisch	
	Tisch		clap__				Tisch__		Tisch	clap__		

	1	2	+	3	4	+	1	+	2	+	3	4
	Tisch		clap	Tisch_			Tisch__		Tisch	clap	Tisch_	
	Tisch		clap__	EB			Tisch__		Tisch	clap__	EB	

	1	2	+	3	4	+	1	+	2	+	3	4
	Tisch		clap	Tisch_		clap	Tisch__		Tisch	clap	Tisch_		clap
	Tisch		clap__	EB		clap	Tisch__		Tisch	clap__	EB		clap

Rhythmus 2

Bei Rhythmus 2 ist es wichtig, dass die rechte Hand nie den Kontakt zur Tischfläche verliert. Als Vorübung sollte zunächst die Drehbewegung der Hand geübt werden: Die Hand wird nur über die Außenkante auf den Rücken und zurück gedreht. Erst wenn dies problemlos funktioniert, sollte die linke Hand hinzugenommen werden, die auf den Zählzeiten 1, 2, 3 und 4 jeweils Impulse auf den Handrücken bzw. den Tisch schlägt.

Das Teaching-Video auf der DVD erleichtert Ihnen die Vorbereitung und zeigt die Ausführung der beiden Patterns in langsamem Tempo.

[Tipp] Mit diesen beiden Patterns können Sie binär bzw. ternär groovende Musik begleiten. Aufbauend auf der Unterscheidung zwischen Zweier- und Dreierunterteilungen (z. B. ➤ Kap. 4, 11) ist eine Kombination beider Rhythmen auch für leistungsstarke Klassen eine große Herausforderung.

Ein lustiger Tanz der Truthähne ► SB, S. 208

Der „Turkey Trot" war und ist zum Teil heute noch eine Tradition in den Südstaaten der USA. Am Thanksgiving Day werden Tausende von Truthähnen durch die festlich geschmückten Straßen getrieben. Die größte Veranstaltung dieser Art findet jedes Jahr in Cuero, Texas, statt.

Zu Beginn des 20. Jahrhunderts wurde der Turkey Trot zu einem Gesellschaftstanz, der in den USA für kurze Zeit nahezu eine ähnliche Popularität erreichte wie der Foxtrott oder der Charleston. In manchen Städten war dieser Tanz wegen seiner seltsamen und ausgreifenden Bewegungen sogar verboten.

Das Orchesterstück, inspiriert wohl von beidem – dem Gang der Truthähne und Elementen aus dem Tanz –, ist dem „Divertimento für Orchester" entnommen, das Leonard Bernstein zum hundertjährigen Bestehen des *Boston Philharmonic Orchestra* im Jahre 1980 als eines seiner letzten Werke komponierte.

Turkey Trot

Song
Um die Melodie des Orchesterstücks (mit-)singen zu können, wurde ein zum Ausdruck der Musik passender Text verfasst. Als Song wirkt diese Melodie bereits sehr gut und macht vor allem Spaß. Der auf der nächsten Seite stehende Klaviersatz kann zur Erarbeitung herangezogen werden. Als Vorübung des Taktwechsels und der rhythmischen Strukturen leisten die ersten beiden Takte der auf S. 209 im Schülerbuch notierten Bodypercussion (Teil A) gute Dienste. Stimmlich sind die vielen Intervallsprünge eine Herausforderung. Die dreiklangsbasierte Melodie sollte deshalb nicht in Einzeltönen vermittelt werden, sondern immer im harmonischen Kontext (am Klavier die entsprechenden Akkorde zur Unterstützung spielen). Damit werden die Tonvorstellung und das Treffen der Töne erleichtert. Besonderes Augenmerk benötigt der Sprung in Takt 5 (e' – g' – e"). Auf den Audio-CDs steht ein Playback zur Verfügung.

Spiel-mit-Satz
- Woodblocks (Intro):
  Ein Solist oder eine kleine Gruppe übernimmt die Einleitung an einem Woodblock. Dieser Rhythmus wurde bereits durch die Bodypercussion vorgeübt.
- Bodypercussion (Teil A und B):
  Als Vorübung für das Element des Taktwechsels haben die Schüler die ersten beiden Takte der Bodypercussion bereits isoliert vorgeübt. Wenn sie diese Takte sicher beherrschen, erlernen sie den A-Teil komplett. Dies wird dann auch nicht mehr schwer fallen, da die gesamte rhythmische Struktur von Teil A auf diesen beiden Takten beruht.
- Boomwhackers (Teil A):
  Drei Spieler (bzw. drei Gruppen) übertragen den bei der Bodypercussion-Begleitung bereits geübten Rhythmus auf jeweils zwei Boomwhackers. Dabei sollten die Boomwhackers locker aus dem Arm heraus auf den Oberschenkeln gespielt werden.
- Stabspiele (Teil B):
  Der rhythmisch viel einfachere Teil B (4/4-Takt, Viertelnoten) wird an Stabspielen ausgeführt. Eine gewisse Herausforderung stellen die notierten Triller dar, für deren Ausführung es mehrere Möglichkeiten gibt:
  - Die Triller werden auf einem separaten Stabspiel mit der Trillertechnik (siehe auch ► SB, Kap. 13, S. 165) gespielt.
  - Die Triller werden mit zwei Schlägeln als eine Art kurzer Pralltriller angedeutet.
  - Die Triller werden von Boomwhackers der entsprechenden Tonhöhe gespielt.
  - Zur Vereinfachung können die Triller auch weggelassen werden.

Multitalent Leonard Bernstein

[Tipp] Wählen Sie gezielt rhythmisch sichere Spieler an den Boomwhackers bzw. Stabspielen aus, damit der Spiel-mit-Satz zum Hörbeispiel gelingt. Doch bereits mit der Bodypercussion allein macht dieses humorvolle Stück großen Spaß.

Turkey Trot (Klaviersatz)

Klavierbegleitung: G. Schmidt-Oberländer

Nachdem sich die Schüler mitspielend mit dem Werk auseinandergesetzt haben, überlegen sie, welche musikalischen Mittel Bernstein verwendet hat, um das Bild der herumstolzierenden Truthähne in Musik umzusetzen. Elemente – die auch den Humor der Musik ausmachen – sind dabei vor allem:
- die Karikatur eines Foxtrott-ähnlichen Tanzes mit Marschelementen, die durch den Taktwechsel und die Synkopen insbesondere im 3/4-Takt verstärkt wird,
- große, abrupte Melodiesprünge, insbesondere in Teil B,
- das zu frühe Enden der Melodie in Teil B, noch dazu auf einem durch eine Rückung erreichten Dreiklang.

Im Schülerarbeitsheft werden die musikalischen Mittel, die Bernstein für die Karikatur der Truthähne verwendet, schrittweise erarbeitet. Besondere Aufmerksamkeit erfährt dabei der Taktwechsel.

Der praktische Umgang mit dem Taktwechsel trainiert bereits hörend und musizierend ein Phänomen, das in den Kapiteln 19 („Klänge im Aufbruch") und 20 („Fremd und vertraut") wieder eine Rolle spielen wird. Taktwechsel als musiktheoretisches Wissen bzw. Begrifflichkeit wird aufbauend auf die handelnde Beschäftigung erst in „MusiX 2" erarbeitet.

Bernstein – ein musikalisches Universum   ▶ SB, S. 210

Die Seiten 210–212 informieren die Schüler schlaglichtartig über Leonard Bernstein. Dazu stehen kurze Text- und Bildimpulse zur Verfügung. So bekommen die Schüler einen direkten Einblick in die vielschichtige Persönlichkeit des großen Komponisten, Dirigenten und Pädagogen.

In einem ersten Schritt hören die Schüler Ausschnitte aus Bernsteins Kompositionen. Sie sollen zunächst z. B. deren Charakter beschreiben (ausgelassen, frech, feierlich…), die Besetzung erkennen (Sinfonieorchester, Sängerinnen, Chor) oder sich einen angemessenen Aufführungsort vorstellen (Konzertsaal, Oper, Kirche). In einem zweiten Schritt, bei dem die Hörbeispiele den Bildern zugeordnet werden, werden die bisher erarbeiteten Ergebnisse sicherlich bestätigt. Im Schülerarbeitsheft können in Form einer Zuordnungsaufgabe die Lösungen eingetragen und mit eigenen Worten begründet werden.

Lösung

Hörbeispiel 1 (Ouvertüre zu „Candide") – Konzertsaal (Bild rechts oben)
Hörbeispiel 2 (I Like to Be in America, aus: West Side Story) – Musical-Theater (Bild links oben)
Hörbeispiel 3 (Chichester Psalms) – Kirche (Bild links unten)

Die grundlegenden Informationen über Bernstein, die hier in Zitaten und einem tabellarischen Lebenslauf vorliegen, sollen von den Schülern durch eigene Recherchen ergänzt werden. Hier bietet sich die Erarbeitung der Kurzpräsentationen in Gruppen zu einem jeweils enger definierten Aspekt an (z. B. der Komponist, der Pädagoge, der Dirigent).
  Der Wikipedia-Artikel zu Bernstein (Stand: Januar 2012) ist relativ dürftig und lückenhaft. Gute Informationen bietet (allerdings in englischer Sprache) http://www.leonardbernstein.com. Weitere empfehlenswerte Links: http://www.klassikakzente.de/leonard-bernstein/biografie, http://www.klassika.info/Komponisten/Bernstein.

Im Schülerarbeitsheft finden die Schüler Leitfragen für eine gezielte Internetrecherche, die zur Vorbereitung eines Kurzreferates dient.

Aufbauend auf die Kapitel zu Mozart (▶ Kap. 4), Orff (▶ Kap. 5) und Bach (▶ Kap. 15) sollen die Schüler nun über das Berufsfeld eines Komponisten in verschiedenen Zeiten und Gesellschaftsformen reflektieren. Leitfragen dieser recht komplexen Aufgabenstellung, die sich vorzugsweise in Gruppenarbeit bearbeiten lässt, könnten beispielsweise sein:
- Wo ist der Komponist/Künstler angestellt?
- Muss er als Angestellter den Weisungen und Aufträgen seines Dienstherren Folge leisten?
- Welchen Wirkungskreis hat er? Ist er nur im direkten Umfeld tätig oder in ganz Europa, weltweit?
- Welche technischen Hilfsmittel stehen ihm zur Verfügung?
- Welche Möglichkeiten hat er, von anderen Komponisten/Künstlern zu lernen?
- Welche Möglichkeiten hat er, seine Musik zu verbreiten?

Eine Tabelle im Schülerarbeitsheft unterstützt die Schüler, indem unter anderem der Fokus auf zentrale Aspekte bezüglich der Lebenswelt der jeweiligen Komponisten gelenkt wird.

Multitalent Leonard Bernstein

In Kapitel 19 wird diese Fragestellung wieder aufgegriffen und anhand des zeitgenössischen Komponisten Dieter Mack (➤ SB, S. 230, Aufgabe 3, 4) vertieft.

4 In dieser Aufgabe wird mit Bernstein als Dirigent eine weitere wichtige Facette seiner Persönlichkeit näher beleuchtet. Das Panorama der Bernstein-Fotografien lässt die Schüler erkennen, mit welch unterschiedlicher Ausdruckskraft und Intensität ein und derselbe Dirigent zu beobachten ist. Beim Vergleich der Bilder zeigt sich ein noch sehr kontrollierter junger Dirigent, während der ältere Maestro vor allem durch Expressivität und volles Aufgehen in der musikalischen Gestaltung beeindruckt.

> **Lösung**
>
> Chronologische Reihenfolge der Fotografien: 4, 3, 1, 2

5 Das Nachstellen der Dirigiergesten in Form eines Standbildes ermöglicht den Schülern, die unterschiedlichen Ausdrucksebenen noch eindringlicher zu erfahren. Es werden zwei Gruppen gebildet: Gruppe 1 wählt – ohne Wissen der beobachtenden Gruppe 2 – eine der Ausdrucksmöglichkeiten aus und baut ein Standbild. Gruppe 2 beobachtet und kommentiert. Gruppe 2 stellt abschließend Vermutungen an, wie die Musik wohl geklungen haben mag, die von der Standbildgruppe dargestellt wird.

[**Tipp**] Beachten Sie dazu auch die Hinweise zur Standbildarbeit auf S. 61 ff. des Lehrerbands.

6 Die in den vorigen Aufgaben und überhaupt im aufbauenden Strang „Anleiten" gemachten praktischen wie theoretischen Erfahrungen geben den Schülern eine Fülle von Anhaltspunkten für die Überlegung, welche Fähigkeiten und Eigenschaften ein guter Dirigent wohl haben sollte. Folgende Aspekte könnten z. B. angesprochen werden:
- einen gemeinsamen Beginn und Schluss sicherstellen
- klare Vorgabe von Tempo und Takt
- Einsätze für die verschiedenen Musiker geben
- Musiker motivieren
- Lautstärke anzeigen
- Mimik (Gesichtsausdruck zeigt den Charakter der Musik)
- Gestik (Hände müssen das kommunizieren, was man den Musikern in dem Moment nicht sagen kann)
- die Komposition gut im Kopf haben (auch wenn man die Partitur als Gedankenstütze hat)

Anhand einer Aufgabe im Schülerarbeitsheft werden die wichtigsten Fähigkeiten und Eigenschaften eines Dirigenten erarbeitet.

Auf dem Begleitvideo vermittelt ein kurzer Ausschnitt eines Dirigats von Leonard Bernstein einen lebendigen Eindruck seiner agilen Persönlichkeit, seines Temperaments und auch seines kollegialen Umgangs mit den Musikern.

Kapitel 11 12 13 14 15 16 **17** 18 19 20

Kleiner Dirigierkurs ➤ SB, S. 213

🎬 Mit dem kleinen Dirigierkurs erreicht die musikalische Kompetenz „Anleiten von musikalischen Prozessen" in ihrer Spezialform „Dirigieren" und „Schlagfiguren" ein erstes Etappenziel. Die im Folgenden skizzierten Übungen sind nicht unbedingt dazu gedacht, aus den Schülern „kleine Dirigenten" zu machen. Vielmehr dient der Dirigierkurs dazu, einige zentrale Aspekte des Dirigierens bewusst zu erleben. Dabei kann eine wichtige Einsicht auch sein, welch komplexe und anspruchsvolle Aufgabe hier zu erfüllen ist. Nicht alle Aufgabenstellungen des Dirigierkurses müssen von allen Schülern an dieser Stelle bewältigt werden. Es geht vor allem darum, auszuprobieren. Zudem besteht die Möglichkeit der Differenzierung, um begabte Schüler zu fördern.

Ausgehend von den theoretischen Überlegungen, die in der Begegnung mit Leonard Bernstein als Dirigent gemacht wurden, beschäftigen sich die Schüler nun mit folgenden Aspekten des Dirigierens bzw. Anleitens von Musik:
- Schlagfiguren (Aufgabe 1 und 4)
- Tempo (Aufgabe 2)
- Gestaltung von Musik, insbesondere von Dynamik (Aufgabe 3)

1

Zunächst sollte die in Kapitel 3 (➤ SB, S. 35) bereits erarbeitete Schlagfigur des 4/4-Takts wiederholt werden. Wichtig: ein sauberes Schlagbild und das zuverlässige Empfinden und deutliche Anzeigen des Grundbeats. Dies kann besonders gut zu marschartiger Musik geübt werden. Auch auf den Audio-CDs stehen einige geeignete Hörbeispiele zur Verfügung. Es muss nicht mit beiden Händen parallel dirigiert werden. Besser wäre es, die Schlagfigur zunächst mit nur einer Hand zu üben.

Ⓐ Ⓑ
3, 28 7, 17, 19, 44

Erst wenn die Schüler die Schlagfigur zuverlässig und deutlich ausführen können, folgt in einem zweiten Schritt das Dirigat des Songs „I Like the Flowers". Dieser Song wurde gewählt, weil er den meisten Schülern aus der Grundschule bzw. aus dem usuellen Singen aus Klasse 5 wohl bestens bekannt ist und nicht lange vorgeübt werden muss. Profis können den Song auch als Kanon dirigieren und den drei Kanongruppen zur richtigen Zeit den Einsatz geben: mit der rechten Hand die Schlagfigur ausführen, sich der jeweiligen Gruppe zuwenden und der Gruppe mit der linken Hand (oder per Kopfnicken) den Einsatz zum Singen geben. Dabei kann der Dirigent leise sprechen: „und **los**" – wobei das „los" den Beginn des Singens markiert, also hier auf Zählzeit 1 gesprochen wird, das „und" folglich einen Schlag davor, also auf Zählzeit 4. Diese anspruchsvolle Aufgabe des Anleitens (Auftakt und Einsätze geben) spielt jedoch erst in „MusiX 2" und „MusiX 3" eine zentrale Rolle.

2

Nun sollen die Schüler mit dem Tempo „spielen" und es, ohne etwas anzusagen, nur mit ihrem Dirigat der Gruppe vorgeben: zunächst ein langsames, dann ein schnelles Tempo. Dies ist eine Herausforderung für die Schüler: Sie müssen lernen, sich das Tempo vor Beginn gut vorzustellen. Erst wenn sie die Musik in einem bestimmten Tempo innerlich empfinden, gelingt auch das Anzeigen. Dies muss zunächst ohne Musik geübt werden. Dazu stellen sich einzelne Schüler ein Tempo vor und klatschen oder sprechen („1, 2, 3, 4") es dann. Der Rest der Klasse achtet darauf, ob das Tempo sofort stabil und nachvollziehbar geäußert wird. Erst wenn dies der Fall ist, kann eine Gruppe das Tempo auch zuverlässig vom Dirigenten abnehmen.

Profis versuchen, das Tempo während des Singens zu ändern: von langsam nach schnell und umgekehrt. Dies erfordert aber schon viel Übung. Das allmähliche Schnellerwerden beim Dirigieren sollte deshalb zunächst ebenfalls ohne Musik vorgeübt werden.

Multitalent Leonard Bernstein

3 Neben dem Körperausdruck spielt bei dieser Aufgabe natürlich vor allem der Ambitus der Dirigierbewegung eine entscheidende Rolle. Deshalb sollte nun geübt werden, die Dirigierfigur immer noch präzise und deutlich auszuführen (Grundbeat), wenn laut (groß und energiereich) oder leise (klein und mit sanften Bewegungen) dirigiert werden soll. Die größte Herausforderung ist dabei, dass sich die Geschwindigkeit des Schlages verändert. Besonders beim allmählichen Lauter- bzw. Leiserwerden bedarf dies einiger Übung.

Eine weitere Fähigkeit ist wichtig: Wie kann der Ausdruck der Musik durch Mimik, Gestik, Körpersprache unterstützt werden? Als Vorübung sollten die Schüler (aufbauend auf die Standbildarbeit ➤ SB, S. 212) pantomimisch ganz unterschiedliche Musik ausdrücken. Gruppenarbeit: Gruppe 1 drückt die erklingende Musik pantomimisch aus, Gruppe 2 beobachtet. Nach einiger Zeit benennen die beobachtenden Schüler, während die Musik noch läuft, aus der pantomimisch agierenden Gruppe einen Schüler, dessen Körperausdruck sie als besonders gelungen oder überzeugend empfinden. In Form eines Schattentheaters (Führen – Folgen) ahmen sie nun dessen Bewegungen, Körperausdruck etc. nach. Daraufhin erfolgt ein Wechsel der Gruppen mit einer neuen Musik, die möglichst einen ganz anderen Charakter hat.

Nach diesem Einführungsspiel sollte es den Schülern gelingen, ein kleines Repertoire zur Verfügung zu haben, um den Song in verschiedenen Ausdrucksarten zu gestalten: leise und luftig, sehr laut und intensiv, allmählich lauter und leiser werdend.

Soll die Beschäftigung mit dem Dirigieren und mit dem Berufsbild des Dirigenten weiter vertieft werden, stehen auf der DVD zwei lohnende Filmsequenzen zur Verfügung:
- Im ersten Clip dirigiert Gustav Kuhn das Orchester der Tiroler Festspiele mit dem „Gnomus" aus Mussorgskis „Bilder einer Ausstellung". Durch den konstanten Blick der Kamera auf den Dirigenten bekommen die Schüler einen Eindruck von der Mimik, den differenzierten Gesten und auch der Interaktion (Humor, Bestimmtheit, Forderung) zwischen Dirigent und Orchester während der Aufführung.
- Im zweiten Clip erläutert Gustav Kuhn verschiedene Schlagtechniken und Gesten des Dirigierens. Der kleine Dirigierkurs lässt sich danach möglicherweise mit sehr viel mehr Verständnis seitens der Schüler unterrichten.

4 Ⓖ 8–10 Die Schüler dirigieren einige bekannte Songs aus der „West Side Story" und erweitern damit ihren Hörhorizont. In diesem Zusammenhang könnte dieses Musical vertieft erarbeitet werden.

Kapitel 11 12 13 14 15 16 17 **18** 19 20

Kapitel 18: Notenbilder – Tonbilder

Thema und Ziele

Dieses Kapitel greift auf mehrere bereits eingeführte Inhalte zurück und festigt die damit verbundenen Kompetenzen bzw. baut sie aus: Notation von Musik (➤ Kap. 6), außermusikalische Inhalte in der Musik (➤ Kap. 12), Sitzordnung im Orchester (➤ Kap. 14) und Dirigierkurs (➤ Kap. 17). ♪ Lesen und Notieren von Musik sind im Sinne aufbauenden Lernens nachgeordnete Schritte, die erst erfolgen können, wenn sich die Schüler bestimmte Grundlagen, Fähigkeiten und Fertigkeiten im praktischen Umgang mit Musik selbst erarbeitet haben. Aus diesem Grund wurde die Auseinandersetzung mit Partituren ans Ende des Kursbuches „MusiX 1" gestellt. In verschiedenen aufeinanderfolgenden Schritten konnten sich die Schüler inzwischen wichtige Grundlagen und Erfahrungen in folgenden Bereichen erarbeiten:
- Notieren erster Rhythmen (z. B. „Stop and go" ➤ SB, S. 11; Rhythmusbaukasten ➤ SB, S. 34)
- Notieren musikalischer Abläufe (z. B. Skizze eines Klangbildes ➤ SB, S. 58)
- Notieren von einfachen Melodieverläufen (z. B. Melodiebaukasten ➤ SB, S. 71; Melodieverläufe vervollständigen ➤ SB, S. 116)
- Erstellen von Ablaufskizzen (z. B. „Sing, Sing, Sing" ➤ SB, S. 118)
- Erstellen von grafischen Partituren (z. B. Skizze eines Klangbildes ➤ SB, S. 58)

Aufbauend auf die vielfältige und grundlegende Beschäftigung mit Notation konfrontiert dieses Kapitel die Schüler mit der Partitur als musikalischer „Landkarte" für Dirigenten – aber auch für interessierte Zuhörer („Herausforderung für Augen und Ohren" ➤ SB, S. 218). Ausgangspunkt ist die Überlegung, welche Beweggründe wohl dazu führten, dass Musiker irgendwann damit begannen, ihre Musik aufzuschreiben. Dem folgt eine intensive Auseinandersetzung mit der Geschichte der Notation. Verschiedene Partitur- und Hörbeispiele illustrieren den Zusammenhang von Klang und Grafik, verweisen aber auch auf die Grenzen von Notation.

Nach dem Kennenlernen der Orchester-Sitzordnung (➤ SB, S. 176 f.) erfahren die Schüler nun, an welcher Stelle und nach welchem System die Instrumente des Orchesters in einer Partitur notiert werden. Zuletzt wird die „Feuerwerksmusik" von G. Fr. Händel anhand der Partitur hörend verfolgt und analysiert. Zwei Computerprogrammierungen stehen zur Verfügung, um die Anordnung der Orchesterinstrumente innerhalb einer Partitur interaktiv zu präsentieren. Darüber hinaus eröffnen sie interessante Möglichkeiten, im Bereich Orchestrierung bzw. Partiturlesen mit den Schülern zu experimentieren.

In diesem Kapitel wird an folgenden Dimensionen musikalischer Kompetenz gearbeitet:

- **Stimme und Singen:** eng geführter Kanon („Glockenkanon" ➤ SB, S. 215), einzelne Stimmen einer Partitur singend erfassen und umsetzen (➤ SB, S. 218)
- **Instrumente spielen:** Stimmen einer Partitur mit verschiedenen Melodieinstrumenten umsetzen (➤ SB, S. 218 f.)
- **Körper und Bewegung:** Bodypercussion (➤ SB, S. 215)
- **Lesen und Notieren:** Notationsformen (➤ SB, S. 216 f.), Partitur (➤ SB, S. 218 ff.), Verfolgen einer Instrumentalstimme in einer Mitlaufpartitur (multimediale Anwendung ➤ SB, S. 220 f.)
- **Hören und Beschreiben:** Notationsformen (➤ SB, S. 216 f.), Instrumentengruppen (➤ SB, S. 219), gezieltes Hören mit Partitur (➤ SB, S. 220 f.)
- **Kontexte herstellen:** Geschichte der Notation von Musik (➤ SB, S. 216 f.), Partitur (➤ SB, S. 218 ff.)
- **Anleiten:** Partitur als Dirigierhilfe (➤ SB, S. 219)

Notenbilder – Tonbilder

Stimme

Start-ups für Stimme und Körper
➤ SB, S. 215

Glockenkanon

🎵 Der „Glockenkanon" eignet sich zur Wiederholung und Festigung von drei bereits erarbeiteten Themenfeldern: „Dreiklänge", „Dur und Moll" und „Kanon". Zudem ist er natürlich sowohl in Dur als auch in Moll eine wunderbare Stimm- und Gehörbildungsübung.

Methodische Hinweise:
- Die Töne „glockig" singen: Der Konsonant „d" wird dazu mit der Zungenspitze kurz artikuliert und geht schnell zum Klinger „ing" über. Eine unterstützende Glockenbewegung durch Hin- und Herschwingen der Arme im Viertelpuls erhält den Ton lebendig.
- Besondere Aufmerksamkeit muss Takt 3 geschenkt werden:
  - Den Leitton *h* mit entsprechender Spannung singen.
  - Den Terzschritt hin zum *g* ganz bewusst nehmen.
  - Die absteigende Achtellinie darf nicht an Spannung verlieren und „in den Hals" rutschen (Stimmsitz!); besonders gefährdet sind hier der vorletzte und der letzte Ton (Silbe „dong").
- Dieser eng geführte Kanon muss erst gut einstimmig beherrscht werden, bevor man sich an die Dreistimmigkeit wagen kann. Dann aber entfaltet er eine ganz besondere Wirkung durch die allmähliche Verschiebung der Kadenzharmonik.

[Tipp] Verwenden Sie zur Erarbeitung des Kanons wenn möglich die Solmisation zusammen mit den Handzeichen. So können die Positionen der einzelnen Töne im Tonraum, aber auch die Spannungsverhältnisse der einzelnen Töne viel besser von den Schülern erfasst werden. Das Resultat wird eine in vielerlei Hinsicht sicherere und intonationsreinere Umsetzung sein. In Solmisation geübte Klassen werden den Kanon mithilfe der Solmisationssilben vom Blatt singen können.

🎵 Der Kanon bietet sich zur Wiederholung von Dur- bzw. Moll-Dreiklängen an, die in Kapitel 13 bereits erarbeitet wurden (➤ SB, S. 166). Als Zusatzaufgabe sollen die Schüler herausfinden, welche Akkorde den einzelnen Takten zugrunde liegen. Dazu analysieren sie den Melodieverlauf und notieren die im jeweiligen Takt erklingenden Töne übereinander. Die Takte 1 und 2 sind problemlos lösbar, bei Takt 3 muss der Lehrer wohl den Hinweis geben, dass die Achtelnoten als Durchgangstöne fungieren (die Septime – Ton *f* – wurde noch nicht behandelt). Damit liegen als Dreiklänge zugrunde: C-Dur, d-Moll, G-Dur. Die notierten Dreiklänge sollten anschließend verteilt auf drei Gruppen gesungen werden.

Erweiterung:
Eine schöne Intonationsübung ist auch die Ausführung in (harmonisch) Moll mit dem übermäßigen Sekundschritt von Zählzeit 1 des zweiten zur Zählzeit 1 des dritten Taktes.

Glockenkanon in Moll

Text u. Musik: überliefert

Afrikanische Bodypercussion

Am Beginn einer Unterrichtsstunde oder als Zwischenmotivation macht diese Bodypercussion nicht nur Spaß, sondern aktiviert die Schüler ganzkörperlich. Ziel ist es, die Sicherheit im Empfinden und Ausführen des Grundbeats zu verbessern. Es ist eine Herausforderung, zwei Aktions-Ebenen gleichzeitig auszuführen: 1.) mit den Füßen einen gleichmäßigen Grundbeat zu gehen, 2.) dazu mit den Händen verschiedene Bodyrhythmen auszuführen.

Die Vermittlung der Bodyrhythmen geschieht über Vor- und Nachmachen. Der Grundbeat sollte nie unterbrochen werden. Die Füße gehen also immer weiter, während sukzessive jeweils in Zweitakt-Einheiten die mit den Händen ausgeführten Bodyrhythmen hinzugenommen werden.

Um in Zeile 2 das Klatschen auf Zählzeit 2 gut ausführen zu können, ist das Stampfen mit Gewicht auf Zählzeit 1 hilfreich. Die Vorstellung, auf einen Lehmboden in einem afrikanischen Dorf aufzustampfen, hilft, um dem Grundbeat-Gefühl das nötige Gewicht zu geben und die Schüler zusätzlich in ihrem Körpergefühl gut zu „erden".

Um die Ausführung zu erleichtern, kann das Start-up in zwei Gruppen gespielt werden:
- Gruppe 1 führt Zeile 1 und Zeile 2 gleichzeitig aus.
- Gruppe 2 führt Zeile 1 und Zeile 3 gleichzeitig aus.

[Tipp] Für fortgeschrittene Gruppen ist es zusätzlich reizvoll, wenn Sie das Pattern im Kanon ausführen lassen, wobei der Kanoneinsatz entweder nach zwei oder nach drei Takten (interessante Überlagerungen) erfolgen kann.

Slap and Clap

Der österreichisch-amerikanische Musiker und Pädagoge Henry O. Millsby ist durch seine zahlreichen groovenden und pointiert getexteten Kleinstkompositionen bekannt. Das vorliegende Start-up könnte zu einem kleinen rituellen Klassengroove werden, der am Anfang der Musikstunde die Aufmerksamkeit weckt und die Präsenz erhöht. Bei der Erarbeitung ist auf eine gute sprachliche Gestaltung zu achten. Keinesfalls darf der Text nur auf einer tiefen Sprechstimme „dahingemurmelt" werden.

[Tipp] Für eine sprachlich interessante Gestaltung sollten Sie mit den Schülern verschiedene Möglichkeiten ausprobieren, z. B.:
› Takt 1: Crescendo
› Takt 2: Decrescendo
› Takt 3: Sprachfluss hin zum Wort „cheeks", das betont und etwas höher gesprochen wird
› Takt 4: die Wörter „belly" und „back" betonen

Zum Sprechkanon bietet sich – angelehnt an den Text – folgende Bodypercussion an:

Gestaltung: M. Detterbeck, G. Schmidt-Oberländer
© Helbling

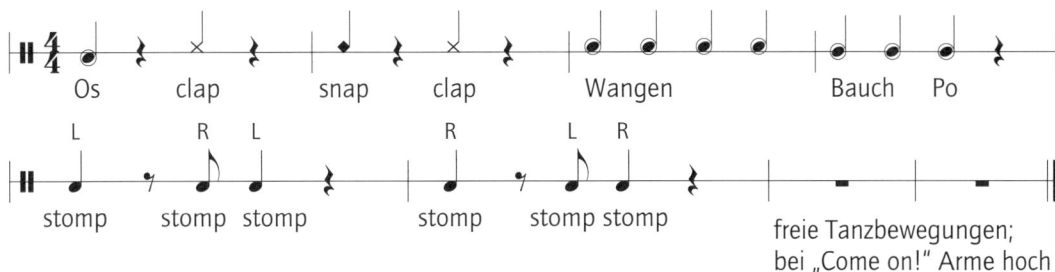

Notenbilder – Tonbilder

Zu Papier gebracht: Notation von Musik ➤ SB, S. 216

🎵 In den bisherigen Kapiteln – z. B. in Kapitel 6 (➤ SB, S. 73) – haben sich die Schüler immer wieder mit der Frage beschäftigt, wie man Musik aufschreiben kann. In diesem Zusammenhang beschäftigten sie sich auch mit Notationsbeispielen aus verschiedenen Jahrhunderten. Das vorliegende Kapitel reflektiert Notation noch einmal zusammenfassend mithilfe einer sehr offenen Herangehensweise: Die Schüler machen sich zunächst Gedanken, warum Musiker wohl überhaupt damit angefangen haben, ihre Musik aufzuschreiben, und nennen z. B. folgende Aspekte:

- sich eine Merkhilfe anlegen, da man sich komplizierte Musik oder längere Werke schwer merken kann
- die eigene Komposition auch anderen Musikern zur Verfügung stellen können
- für eine weitere Verbreitung der Musik sorgen (vor allem in Zeiten ohne Radio, CD oder MP3)

1 Die Schüler sollen die unterschiedlichen Notationsformen der fünf Partiturbilder als Grafik erfassen und eine klangliche Vorhersage wagen. Indikatoren für eine solche Klangprognose können beispielsweise sein:
- Anzahl der Instrumente
- Art der Instrumente
- Text
- grafische Gestaltung – grafischer Verlauf der Melodie
- rhythmische Dichte

Bei der Begründung der Einordnung sollten natürlich auch Vorerfahrungen eine Rolle spielen, wie z. B. das Kennen verschiedener Ensembles in der Musik (Streichquartett), der Orchesterbesetzung oder Aspekte der Instrumentenkunde.

2 G 12–16 Die in Aufgabe 1 getroffene Prognose sollen die Schüler anhand der Hörbeispiele überprüfen. In einer weiterführenden Reflexionsphase sollen sie über die beste Repräsentation eines Klangereignisses durch Notation nachdenken und kommen dabei z. B. zu folgenden Überlegungen:
- Welche Partitur schafft es am überzeugendsten, den Klang in musikalische Zeichen bzw. Noten umzusetzen?
- Wo unterscheiden sich Klang und Grafik am deutlichsten?
- Welche Partiturausschnitte lassen sich nur schwer lesen bzw. erfassen?
- Braucht unterschiedliche Musik unterschiedliche Notationsformen?

Die Computerprogrammierung ist eine gute Hilfe für die Bearbeitung des Aufgabenkomplexes. Damit lassen sich die einzelnen Partituren bildschirmfüllend darstellen und das zur Partitur gehörige Hörbeispiel abspielen, wobei eine Markierung das Lesen erleichtert (Mitlaufpartitur).

G 12–16 Lösung

Hörbeispiel 1 – Notenbild A (I. Xenakis: Metastasis)
Hörbeispiel 2 – Notenbild E (J. Haydn: Streichquartett op. 20, Nr. 3, Allegro con spirito)
Hörbeispiel 3 – Notenbild D (Gregorianischer Hymnus „Ad te levavi")
Hörbeispiel 4 – Notenbild B (J. S. Bach: Bereite dich, Zion, aus: Weihnachtsoratorium)
Hörbeispiel 5 – Notenbild C (L. v. Beethoven: Sinfonie Nr. 8, Allegro vivace e con brio)

Abschließend informieren sich die Schüler selbstständig über die Geschichte der Notation und ordnen die Notations- und damit auch die Hörbeispiele chronologisch. Hierzu steht im Schülerbuch eine Infobox zur Verfügung (➤ SB, S. 217). Zusätzliche Informationen finden die Schüler im Internet: http://wissen.dradio.de (Hörbeitrag „Kulturgeschichte der Notation"); http://de.wikipedia.org (Suchbegriff: „Notation Musik"); http://www.wissen-digital.de (Suchbegriff: „Notation Musik").

Im Schülerarbeitsheft gehen die Schüler noch einmal der Frage nach, wie Musik weitergegeben werden kann. Unter anderem finden sie Vor- und Nachteile mündlicher bzw. schriftlicher Überlieferung. Zudem steht eine „Grundwissen-aktiv"-Box zur Verfügung, in der die Geschichte der Notation vertieft und im Sinne der Portfolioarbeit verankert wird.

Die Partitur: Herausforderung für Augen und Ohren ➤ SB, S. 218

Meine Herren, lasst uns jetzt eine Sinfonie aufführen

Die Idee dieses „pädagogischen" Liedes von Joseph Haydn ist es, die Orchesterinstrumente einzeln, aber auch im Zusammenklang kennenzulernen. Dafür setzen sich die Schüler aktiv mit den Motiven der einzelnen Instrumente auseinander. Dieses Wissen wird später für die weiterführende Arbeit an der Partitur benötigt („Ordnung in der Partitur" ➤ SB, S. 219).

Zunächst sollten die Motive erarbeitet werden. Dazu überlegen sich die Schüler zu jedem Instrument passende Singsilben. Anregung geben die im Schülerbuch bei den Geigen und der Bratsche vorgeschlagenen Silben. Zusätzlich sollten hier die Schüler ihr Wissen über den Klang der Instrumente einbringen (➤ Kap. 7 und 14).

Aufgrund der Tonlage müssen die Motive von Flöte, Oboe und ggf. auch der Bässe und Pauken oktaviert werden. Je nach Klassensituation können vorhandene Instrumente zur Unterstützung der einzelnen Motive hinzugenommen werden.

Möglichkeiten der Ausführung:
- Der Lehrer singt als Vorsänger den „Dirigenten", alle Schüler singen gemeinsam die einzelnen Instrumentenmotive.
- Die Schüler singen bzw. spielen pantomimisch „ihr" Instrument zur Aufnahme.
- Szenische Aufführung:
  - Die Klasse wird in 10 Gruppen aufgeteilt.
  - Jede Gruppe ist für eines der Instrumente verantwortlich, singt/spielt das entsprechende Motiv und imitiert gleichzeitig das Instrument pantomimisch.
  - Die Schüler sollten – wenn räumlich möglich – die Sitzordnung eines Orchesters (➤ SB, S. 176 f.) einnehmen.
  - Ein Schüler, eine kleine Gruppe oder der Lehrer übernimmt die Rolle des Vorsängers (der „Dirigent").
  - Ablauf: 1.) Der Vorsänger singt die Einleitung und ruft singend die Instrumente auf. Achtung: Die Textverteilung („Die Flöte…", „Die Oboe…") ist bei jedem Instrument je nach Anzahl der Silben ein bisschen anders. Aus Platzgründen wurde die Melodie nur für die ersten drei Strophen notiert. 2.) Die jeweiligen Instrumente antworten mit ihrem zweitaktigen Motiv.

[Tipp] Sie können die „Instrumentalstimmen" als Instrumentengruppe alleine singen lassen oder aber auch Stimmgruppen miteinander kombinieren. Dies ist aber sehr anspruchsvoll und wird wohl nur von sehr gesangsstarken Klassen leistbar sein. Nutzen Sie eventuell zur Unterstützung die Aufnahme des Orchesterliedes.

Notenbilder – Tonbilder

J. Haydn: Meine Herren, lasst uns jetzt eine Sinfonie aufführen

Klavierbegleitung: G. Schmidt-Oberländer
© Helbling

Ordnung in der Partitur

2 Im zweiten Musikinstrumente-Kapitel (➤ Kap. 14) haben sich die Schüler bereits intensiv mit der Orchesterbesetzung bzw. den wichtigsten Gruppen im Orchester auseinandergesetzt. 🎵 Aufbauend darauf steht nun die Frage im Blickpunkt, an welcher Stelle und nach welchem System die Instrumente bzw. die Instrumentengruppen des Orchesters in einer Partitur notiert werden.

Die Beschäftigung geschieht anhand der Partitur der „Kleinen Sinfonie", die eine Zusammenstellung der zweitaktigen Instrumentenmotive des Haydn-Liedes (➤ SB, S. 218) darstellt.

In einem ersten Schritt überlegen die Schüler – auch basierend auf ihren eigenen Erfahrungen z. B. bei der Aufführung des Orchesterliedes –, wozu ein Dirigent überhaupt eine Partitur braucht. Dabei geht es zum einen um visuelle Komponenten (z. B. Ordnung in der Partitur, schnelles Zurechtfinden in den einzelnen Stimmen, Systematik der Instrumente). Zum anderen darum, dass eine Partitur zur Kontrolle des Gehörten sehr hilfreich sein kann (z. B. den klanglichen Eindruck mit der Notation vergleichen: „Welches Instrument fehlt?").

3 Nun setzen sich die Schüler intensiv mit der Partitur der „Kleinen Sinfonie" auseinander. Im Rückgriff auf das Wissen aus Kapitel 14 wird diskutiert, welche Aspekte eine Partitur dem Dirigenten vermitteln kann, z. B.:
- Die Partitur zeigt, welche Instrumente beteiligt sind.
- Es wird deutlich, was (Tonhöhe, Rhythmik) und wie (Dynamik, Artikulation) die einzelnen Instrumente spielen müssen.
- Man sieht, welches Instrument die führende Rolle hat.
- Man kann erkennen, welche Instrumente begleiten.

In der weiteren Auseinandersetzung (Aufgabe 3b) untersuchen die Schüler die Anordnung der Instrumente innerhalb der Partitur. Hierbei sollen sie zu dem Ergebnis kommen, dass
- die Instrumentengruppen zusammen notiert werden,
- die Holzbläser ganz oben stehen,
- die Streicher als unterstes System notiert sind (Kern/Basis des Orchesters),
- die Blechbläser unter den Holzbläsern notiert sind,
- die Pauke zwischen den Blechbläsern und den Streichern notiert ist,
- innerhalb der einzelnen Stimmgruppen die Instrumente nach Tonlage aufsteigend notiert sind (tiefe Instrumente stehen immer unten, höhere weiter oben).

Alle erklingenden Stimmen des Orchesters im Blick zu behalten und gleichzeitig mit den Ohren zu kontrollieren, ist eine wichtige Aufgabe und gleichzeitig eine große Herausforderung für den Dirigenten. Die Höraufgaben erfordern genaues Hinhören auf einzelne Instrumente bzw. Instrumentengruppen und entwickeln damit einen wichtigen Aspekt des Kompetenzbereichs „Hören und Beschreiben". In der ersten Höraufgabe sollen die Schüler verschiedene Instrumentengruppen hörend unterscheiden und die Reihenfolge, in der sie erklingen, im Arbeitsheft festhalten. Im zweiten Hörbeispiel pausiert eines der Instrumente, die in der Partitur abgebildet sind. Die Schüler sollen herausfinden, welches Instrument im Gesamtklang fehlt. Diese Aufgabe ist eine besondere Herausforderung und bedarf schon einiger Erfahrung und Übung.

Lösung

Aufgabe 4a:
1. Streichinstrumente – 2. Holzblasinstrumente – 3. Blechblasinstrumente – 4. Pauken

Aufgabe 4b:
Es fehlt die Trompete.

Im Schülerarbeitsheft findet sich eine Vielzahl verschiedener Aufgaben rund um die Partitur, die die Fragestellungen des Buches aufgreifen, aber auch vertiefen. Ein kleiner „Partiturlesekurs" führt die Schüler in die Technik ein, sich in einer umfangreicheren Partitur zurechtzufinden. Um die Erarbeitung der Fragen rund um die Partitur („Mit den Augen bzw. Ohren eines Dirigenten") übersichtlich und nachhaltig beantworten zu können, ist die Partitur der „Kleinen Sinfonie" für Eintragungen noch einmal abgedruckt. Zudem leiten gezielte Fragen den Erarbeitungsprozess und geben den Schülern Hilfestellungen für die Beantwortung. Die Lösungen der Höraufgaben (➤ SB, S. 219, Aufgabe 4) können dort ebenfalls eingetragen werden.

In der zugehörigen Programmierung auf der Multimedia-CD-ROM kann man einzelne Instrumente bzw. Instrumentengruppen anhören und nach Belieben kombinieren. Aktiviert man ein Instrument, wird die entsprechende Notenzeile der Partitur gekennzeichnet und das Instrumentalmotiv erklingt. Die Programmierung bietet vielfältige kreative Umgangsmöglichkeiten, z. B. kann der Lehrer weitere Höraufgaben (vgl. Aufgabe 4) und Klangrätsel (Welche Instrumente spielen zusammen?) erstellen.

Notenbilder – Tonbilder

Musik für ein königliches Feuerwerk ➤ SB, S. 220

Aufbauend auf die einen Überblick verschaffende Beschäftigung mit der pädagogisch motivierten „Kleinen Sinfonie" erarbeiten sich die Schüler mit dem Allegro aus der Händel'schen „Feuerwerksmusik" nun gezielt eine Orchesterpartitur.

1 🎵 20

Zunächst beschäftigen sich die Schüler ausführlich mit den ersten 8 Takten des Hörbeispiels (bis 0:17). Um sich detailliert mit der Partitur auseinanderzusetzen, stehen mehrere Aufgaben im Schülerbuch zur Verfügung, die beliebig vom Lehrer erweitert und ergänzt werden können. Die Aufgaben setzen voraus, genau die Partitur zu lesen und hörend das Gelesene zu kontrollieren. Deshalb sollte das Hörbeispiel zur Kontrolle immer wieder eingespielt werden.

Lösung

Aufgabe 1a:
Die Hauptmelodie spielen Horn 1, Trompete 1, Oboe 1, Violine 1.

Aufgabe 1b:
Der höchste Ton der Hauptmelodie heißt *c'''*.

Aufgabe 1c:
Das Motiv wiederholt sich in Takt 2, in denselben Instrumenten. Diese Kompositionstechnik nennt man Sequenz.

2 🎵 21

Bei dieser Aufgabe sollen die Schüler eine der Orchesterstimmen genau lesen und selbst ausführen. Damit dies von der gesamten Klasse leistbar ist, wurde die Paukenstimme ausgewählt. Die Stimme soll zunächst in langsamem Tempo geübt werden, bevor zum Hörbeispiel gespielt wird. Neben den Einsätzen in Takt 1 und 2 müssen dabei besonders die Achtel- und Sechzehntelfolgen (T. 3 ff.) gründlich vorbereitet werden. Für die Erarbeitung kann die Rhythmussprache zur Anwendung kommen. Später wird der Rhythmus geklatscht. Die Schüler können die Paukenstimme auch auf den beiden Oberschenkeln ausführen oder auf zwei Congas mitspielen.

3 🎵 20 ✍

Die Schüler hören nun den gesamten Satz. Erst beim wiederholten Hören fertigen sie in ihrem Schülerarbeitsheft eine Ablaufpartitur an.

Lösung

	A-Teil	Wiederholung des A-Teils	B-Teil	Wiederholung des B-Teils
Trompeten	////////////			//////// ////////
Hörner	////////////		////////	////////
Oboen	////////////	////////////	//////////// ////////	//////////// ////////
Geigen	////////////	////////////	////////////	//////////// ////////

Die interaktive Partitur hat zwei Funktionen: Zum einen ist sie als Mitlaufpartitur programmiert. Zum zweiten kann man auch einzelne Instrumente vorne auf der Partiturseite anklicken und hört dann dieses Instrument (z. B. die 3. Trompete) im Vordergrund, während die übrigen Orchesterinstrumente akustisch in den Hintergrund treten. Zur Aufgabe 2 kann man z. B. die Paukenstimme anwählen und das Werk dann in etwa so hören, wie es in der Position des Paukisten zu hören wäre – eine einzigartige Möglichkeit, um sich einmal in einen Orchestermusiker hineinzuversetzen.

[Tipp] Die interaktive Mitlaufpartitur können Sie auch hervorragend für die Bearbeitung der Aufgaben 1 und 2 einsetzen.

Kapitel 19: Klänge im Aufbruch

Thema und Ziele

Neue Musik in verschiedensten Ausprägungen und ihre Problematik – z. B. die Frage „Kann man überhaupt noch etwas wirklich Neues erfinden?" – sind Themen dieses Kapitels. Ziel ist es, die Schüler an Neue Musik heranzuführen und ihnen den Reichtum der Klänge und Möglichkeiten dieser Musik zu erschließen. Dazu werden verschiedene Kompositionsmittel der Klangsprache des 20. und 21. Jahrhunderts von den Schülern zunächst selbsttätig erprobt und in einem darauf aufbauenden Schritt theoretisch erarbeitet.

Eine lustige Stimmperformance stimmt die Schüler auf das Thema ein. Ein erster Themenschwerpunkt liegt auf Klängen der Umwelt, der mit einem „Recyclical" einen kreativen praktischen Einstieg findet. Daran anknüpfend sammeln die Schüler Geräusche des Klassenzimmers in einer „Geräuschebox" und nutzen diese dann zur Gestaltung einer grafischen Partitur. Anhand von Ausschnitten aus Krzysztof Pendereckis „De natura sonoris" werden verschiedene Klangarten hörend und analysierend erarbeitet. Die Gestaltung einer „Wassermusik" und eines Sprechchores konfrontiert die Schüler mit „neuen Stimmklängen". Zuletzt versucht ein Besuch beim Komponisten Dieter Mack die Frage zu beantworten, wie ein zeitgenössischer Komponist eigentlich lebt und arbeitet.

> In diesem Kapitel wird an folgenden Dimensionen musikalischer Kompetenz gearbeitet:
>
> - **Stimme und Singen:** Stimmperformance („Lesen macht schlau" ➤ SB, S. 223), usuelles Singen („Ein Song von mir" ➤ SB, S. 223), Stimmexperimente/grafische Partituren („Wassermusik", „Künstlerpech" ➤ SB, S. 228 f.)
> - **Instrumente spielen:** Instrumente aus Recyclingmaterialien (➤ SB, S. 225)
> - **Körper und Bewegung:** Perfomance („Lesen macht schlau" ➤ SB, S. 223; „Wassermusik ➤ SB, S. 228)
> - **Variieren und Erfinden:** Klangexperimente mit Recyclinginstrumenten (➤ SB, S. 224), Klänge der Umwelt (➤ SB, S. 226), Klangarten (➤ SB, S. 227)
> - **Lesen und Notieren:** grafische Notation („Sounding Picture" ➤ SB, S. 226; „Wassermusik" ➤ SB, S. 228; „Künstlerpech" ➤ SB, S. 229), eigene Komposition mit Alltagsgeräuschen (➤ SB, S. 226), Klangpartitur erstellen (➤ SB, S. 227)
> - **Hören und Beschreiben:** Klänge der Umwelt (➤ SB, S. 226), Klangarten (➤ SB, S. 227), vergleichendes Hören (➤ SB, S. 229), Kompositionen von Dieter Mack (➤ SB, S. 230)
> - **Kontexte herstellen:** Klänge der Umwelt (➤ SB, S. 226), grafische Notation (➤ SB, S. 226, 228 f.), Komponistenporträt (➤ SB, S. 230 f.)
> - **Anleiten:** eine Gruppe mithilfe einer grafischen Partitur und der darin enthaltenen Anweisungen anleiten (➤ SB, S. 228 f.)

Start-ups für Stimme und Körper ➤ SB, S. 223

Stimme/Rhythmus/Körper und Bewegung

Lesen macht schlau

Die kleine Komposition verbindet kreative Stimmklänge mit den Klangmöglichkeiten eines Buches und gestaltet daraus eine kurze Szene.

Methodische Hinweise:
- Schritt 1: Zunächst mit allen Schülern die beiden Takte von Gruppe 1 üben. Dafür benötigt jeder Schüler ein eigenes Buch. Die Aktionen werden in ruhigem Vierteltempo (Viertel = ca. 60) ausgeführt. Das Blättern im zweiten Takt sollte möglichst geräuschvoll sein.

- Schritt 2: Die Schüler setzen sich in Kleingruppen (jeweils 5–6 Schüler) mit der klanglichen bzw. sprachlichen Umsetzung des Notentextes von Gruppe 2 auseinander. Sie überlegen, auf welche Weise die Grafik jeweils den Text widerspiegelt und was dies bezogen auf die musikalische Umsetzung bedeutet. Anschließend präsentiert jede Gruppe ihre erarbeitete Version. In einem Auswertungsgespräch beschreiben die Schüler ihre Erfahrungen während der Erarbeitungs- und Präsentationsphase als Ausführende bzw. Beobachter:
  – Was hat Spaß gemacht?
  – Welche Herausforderungen hatte die Aufgabe?
  – Was ist besonders schwer gefallen?
  – Welche Interpretation klang besonders überzeugend und warum?
- Schritt 3: In einer abschließenden Diskussion könnten folgende Fragestellungen angesprochen werden:
  – Gibt es nur eine einzige Art, dieses Stück „richtig" zu musizieren?
  – Warum verwendet der Komponist manchmal doch „traditionelle" Noten?
  – Ist ein Buch überhaupt ein Instrument?
  Viele Aspekte, die schon seit etwa hundert Jahren die Diskussion um die jeweils neue Musik bestimmen, können hier zumindest im Ansatz bereits angesprochen werden.

Performance für 2 Gruppen:
Zwei etwa gleich große Gruppen bilden. Die Schüler von Gruppe 2 einigen sich basierend auf der vorangegangenen Präsentation und Auswertung der Kleingruppenergebnisse auf eine Interpretation und üben diese ein. Abschließend wird das gesamte Stück – das sich z. B. auch bestens zur Präsentation an einem Klassenkonzert eignet – aufgeführt. Folgende kleine Szene wäre denkbar:
- Beide Gruppen sitzen sich in zwei Reihen auf Stühlen gegenüber – etwa wie in einem Wartesaal eines Bahnhofs oder morgens in der U-Bahn. Der Blick ist regungslos nach vorne gerichtet.
- Ein Schüler aus Gruppe 1 beginnt die Performance, zunächst leise, in Takt 2 den Text flüsternd; nach 1–2 Durchgängen setzen immer mehr Schüler der ersten Gruppe ein.
- Sobald alle Schüler der ersten Gruppe aktiv geworden sind, setzt Gruppe 2 ein.
- Allmählich steigert sich die Lautstärke – die Schüler geben den regungslosen Blick auf und beginnen mit dem Gegenüber mittels Blicken und Gesten immer ausdrucksstärker zu kommunizieren.
- Auf ein festgelegtes Zeichen gestalten alle kopfnickend gemeinsam den Schluss. Nach einer Generalpause steht ein einzelner Schüler auf, zeigt auf sein aufgeschlagenes Buch und spricht fragend in die Runde: „Und wo steht das?". In diesem Moment blicken alle erstaunt zum Solisten auf und frieren in dieser Bewegung ein.

[Tipp] Die Erarbeitung der gesamten Performance benötigt mindestens eine ganze Schulstunde. Sie können als Einstiegsimpuls zum Kapitel durchaus nur das kleine Buch-Percussion-Pattern (Gruppe 1) – eventuell im Kanon – ausführen oder aber die Erarbeitung auf mehrere Stunden aufteilen und so schrittweise das ganze Stück erarbeiten.

Ein Song von mir

Dieser kleine Kanon ist thematisch und inhaltlich nicht direkt auf das Kapitel ausgerichtet. Vielmehr ist er als singender Einstiegsimpuls gedacht, der stimmliche und musikalische Grundkompetenzen übt und festigt. Unter anderem geht es um:
- den Tonvorrat der Stammtonreihe
- das Tongeschlecht C-Dur
- Tonschritte und Tonsprünge

- auf- bzw. absteigende Melodielinien
- die Festigung der sicheren Tonvorstellung innerhalb des Oktavraums
- sichere Stimmführung im Kanon

Methodische Hinweise:
- Die Erarbeitung über Solmisation ist gut möglich (dabei kann der Tonvorrat der Stammtonreihe wiederholt werden). Erfahrene Schüler können den Kanon als Blattsingeübung (Solmisationssilben) nutzen.
- Die absteigende Melodielinie von Takt 1/2 bzw. Takt 3/4 muss gut geführt werden (kleine Tonschritte, Spannung bcibehalten). Die Terzsprünge nach oben bewusst groß ausführen und den darauffolgenden Ton nicht fallen lassen. Um dies zu unterstützen, können die Schüler zunächst die rechte Hand (T. 1/2), dann die linke Hand (T. 3/4) langsam vor dem Körper heben (Geste: ein Geschenk überreichen). Alternativ schütteln sich die Schüler in diesen Takten paarweise wie zum Gruß die Hände, um den Körper zu aktivieren.
- Takt 5/6: Die aufsteigende Melodieführung mit bewusst großen Tonschritten (Leitton!) zum Zielton *c''* führen. Zur Unterstützung der Klanglichkeit und der stimmlich korrekten Ausführung des Spitzentons in Takt 5 mit einem imaginären Zauberstab langsam nach oben zeigen, auf dem Wort „zaubert" eine „Zauberbewegung" ausführen.
- Takt 7: Beim Wort „froh" wenn möglich das „r" kurz rollen und den Vokal „o" bewusst mit den Lippen formen, um den Stimmsitz zu fördern. Das Gefühl „die Backenknochen heben sich leicht an" unterstützt dies zusätzlich. Achtung beim Oktavsprung in die tiefe Lage: Der tiefe Ton und die darauffolgende Melodielinie darf nicht den Stimmsitz verlieren. Erfahrungsgemäß fällt der Ton hier klanglich „in den Hals" zurück. Um dem entgegenzuwirken, sollten die Töne in der tiefen Lage aufgehellt werden. Dies geschieht am besten mit einem – dem Text entsprechenden – kleinen Lächeln (vgl. „Smiling Faces 2" ➤ SB, S. 17). Bei der aufsteigenden Tonfolge werden die Tonschritte wieder bewusst groß gesungen (vor allem die Schritte *c' – d'* und *f' – a'*). Der Leitton *h* führt wieder zum Beginn der Kanonmelodie zurück.

Die Kanonmelodie kann auch mit folgenden Bewegungen gestaltet werden:

T. 1 (und T. 3)				T. 2 (und T. 4)			
1	2	3	4	1	2	3	4
r. Fuß rück, r. Arm zur l. Schulter		l. Fuß beistellen, l. Arm zur r. Schulter		r. Fuß vor, r. Arm nach vorn strecken (l. Arm bleibt auf Schulter)		l. Fuß beistellen, beide Arme nach vorne strecken	

T. 5				T. 6				T. 7				T. 8			
1	2	3	4	1	2	3	4	1	2	3	4	1	2	3	4
2 Schritte nach vorn (auf Halbe)				beim Wort „zaubert" mit einem imaginären Zauberstab „Zauberbewegung" nach oben				mit 4 Schritten (auf Halbe) im Kreis zurück zum Ausgangspunkt							

Ein Song von mir (Klavierpattern)

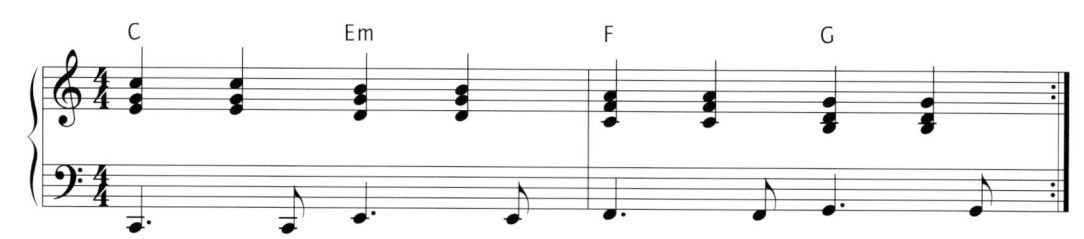

Kapitel 11 12 13 14 15 16 17 18 **19** 20

Musik mit Alltagsgegenständen ▶ SB, S. 224

↻ Diese Doppelseite soll die Schüler aufbauend auf Versuche in anderen Kapiteln (▶ SB, S. 10 f., 87, 111, 207) vertieft in die Verwendung von Alltagsgegenständen als Musikinstrumente einführen.

Instrumente aus Recyclingmaterialien

Für das Bauen und Experimentieren mit Instrumenten aus Recyclingmaterialien sollte man den Schülern ausreichend Zeit lassen, damit sie sich mit den verschiedenen Klangmöglichkeiten ihres Instruments auseinandersetzen können. Das Erfinden eines Rhythmuspatterns in Aufgabe 1b geschieht am besten über einem gemeinsamen Grundbeat in den Füßen. Ein Schüler kann als Dirigent den Break anzeigen.

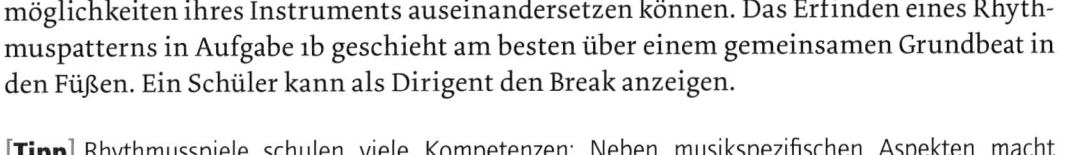

[Tipp] Rhythmusspiele schulen viele Kompetenzen: Neben musikspezifischen Aspekten macht Rhythmus – in der Gruppe ausgeführt – aufmerksam und rücksichtsvoll, man lernt sich selbst und seine Mitspieler kennen. Im Rahmen eines spielerischen Umgangs mit den selbst gebauten Instrumenten wäre z. B. zusätzlich zu Aufgabe 1 denkbar:
› Frage-Antwort-Spiele: Ein kurzes Rhythmuspattern vorspielen, das die Schüler mit ihrem Instrument und einem Klang ihrer Wahl nachspielen.
› Rhythmuskreis: Die Schüler stehen im Kreis und spielen reihum jeweils zwei gleichmäßige Schläge in langsamem Viertelpuls auf ihrem Instrument. Als Steigerung kann man dies auch als Reaktionsspiel gestalten: Spielt ein Schüler anstatt der zwei Viertel zwei Achtel, wechselt die Richtung.
Verwenden Sie in dieser Phase schon einzelne Rhythmen aus dem Recyclical „Papercup".

Einen besonders interessanten Zugang zu Rhythmus fanden die Musiker der Gruppe *Stomp*, die seit den frühen 90er-Jahren weltweit für Furore sorgen (Infobox ▶ SB, S. 224). Für ihre einzigartige Show verwandeln sie Alltagsgegenstände wie Besen, Basketbälle, Abfalltonnen usw. in ungewöhnliche Percussioninstrumente.

Der schwedische Kurzfilm „Music for one apartment and six drummers" (Ausschnitt) zeigt eine Rhythmusperformance mit Küchengerätschaften. Ausgehend davon können die Schüler dazu angeregt werden, selbst Ideen für eine Komposition mit anderen Alltagsgegenständen zu entwerfen.

Recyclical

Die für das Spielstück benötigten Materialien werden in Kleingruppen beschafft und vorbereitet:

Pappbecher

Für die Pappbecher-Percussion empfehlen wir einfache Trinkbecher aus Pappe, wie sie in vielen Papierfachgeschäften erhältlich sind. Becher aus Keramik, Glas und Kunststoff sind hingegen ungeeignet. Pappbecher entwickeln angenehme Klänge und führen die Schüler aufgrund ihrer eingeschränkten Stabilität zu einer lockeren und umsichtigen Handhabung. Die Schüler merken schnell, dass bei unkontrolliertem Gebrauch die Instrumente kaputtgehen. So regelt sich das Problem der Lautstärke von selbst.

Plastikbeutel

Die Tüten leicht aufblasen und fest verschließen. Dann den Rand der Tüten zu einem Griff rollen, das Ende umknicken und den Griff mit einem Stück Klebestreifen fixieren.

Klänge im Aufbruch

Besonders gut klingen raschelnde Plastiktüten aus dünnerem Material. Die Schüler halten einen halb aufgeblasenen Plastikbeutel in der linken Hand. Gespielt wird mit beiden Händen auf den Oberschenkeln.

Zeitungspapier
Ein großes Blatt Zeitungspapier auf den linken Oberschenkel legen. Je nach dynamischer Gestaltung entweder mit der flachen Hand (laut) oder mit den Fingerspitzen (leise) spielen.

Papier-Sticks
Einige Lagen Zeitungspapier eng zusammenrollen und mit Klebestreifen fixieren. Am besten auf den Tisch schlagen. Man kann aber auch mit anderen Spieloberflächen experimentieren.

2 **3** **G. 23** Methodische Hinweise:
- Papercup-Aktionen: Zunächst die einzelnen Spielmöglichkeiten vorstellen und mit Call & Response erarbeiten. Insbesondere die Aktionen in Takt 3 und 4 (Becher verkehrt fassen und drehen, auf der Handfläche abstellen und festhalten, abschließend mit der linken Hand abstellen) müssen langsam geübt werden, da sie in besonderem Maße die Koordinationsfähigkeit fordern. Grundregel bei allen Aktionen ist: Kein unkontrolliertes Schlagen der Becher auf den Tisch, besonders nicht auf die Finger der Mitspieler!
- Papercup-Pattern: Sobald die Schüler mit den einzelnen Spielmöglichkeiten ausreichend vertraut sind und einen sicheren Umgang mit dem Becher erreicht haben, kann in kleinen Schritten das Pattern vermittelt werden. Am besten taktweise vor- und nachspielen und einzelne Abschnitte wiederholen, bis sich die Schüler sicher fühlen. Wichtig ist dabei, auf ein langsames Tempo und einen gleichmäßigen Puls zu achten.
- Nun sollte auch das Ending problemlos klappen. Als allerletzte Aktion im Stück kann man den Becher hochhalten oder als „Showeffekt" wirkungsvoll über die Schulter „wegwerfen".
- Je nach Gruppengröße und Leistungsfähigkeit zur Erweiterung die anderen Begleitpatterns hinzunehmen. Diese stellen keine allzu großen Anforderungen und sind leicht auszuführen.

[Tipp] Insgesamt sind bis zu fünf Gruppen am Recyclical beteiligt. Es ist aber durchaus möglich, die begleitenden Stimmen wegzulassen und z. B. nur die Pappbecher-Percussion zu spielen.

Das Begleitvideo demonstriert eine mögliche Durchführung des Arrangements sowie in separaten Sequenzen die vier Einzelfiguren der Bewegungskombination.

Klingende Umwelt – Klänge der Umwelt   ▸ SB, S. 226

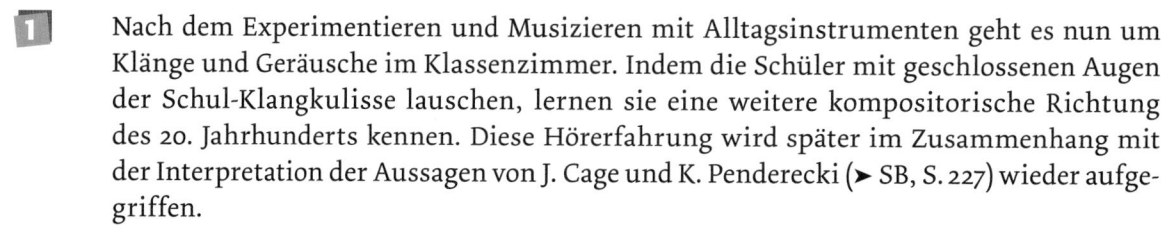

1 Nach dem Experimentieren und Musizieren mit Alltagsinstrumenten geht es nun um Klänge und Geräusche im Klassenzimmer. Indem die Schüler mit geschlossenen Augen der Schul-Klangkulisse lauschen, lernen sie eine weitere kompositorische Richtung des 20. Jahrhunderts kennen. Diese Hörerfahrung wird später im Zusammenhang mit der Interpretation der Aussagen von J. Cage und K. Penderecki (▸ SB, S. 227) wieder aufgegriffen.

Ein Klassenzimmer voller Klänge und Geräusche

Die Schüler erforschen zunächst kreative Klang- und Geräuschmöglichkeiten im Klassenzimmer. Dabei sollen sie aber keine „traditionellen" Instrumente verwenden, die sie im Klassenzimmer vorfinden. Die Klänge werden in einer „Geräuschebox" gesammelt und dienen als Repertoire für weitere musikalische Gestaltungsaufgaben. Im Anschluss vertiefen spielerische Aufgabenstellungen den Umgang mit neuen Klängen und dienen gleichzeitig als Hörschulung:

- Geräuscherätsel: Die Schüler lauschen mit geschlossenen Augen und versuchen zu erkennen, mit welchem Gegenstand ein von einem Mitschüler gespieltes Geräusch erzeugt wurde.
- Ortungsaufgaben als Hörweg: Alle lauschen wieder mit geschlossenen Augen, ein Schüler erzeugt eine Reihe verschiedener Geräusche. Im Anschluss versucht ein weiterer Schüler den Weg durch das Klassenzimmer nachzuvollziehen und die jeweiligen Geräusche zu spielen.
- Geräuscheerzählung: Eine vorher verabredete Szene (z. B. mein Morgenritual: Aufwachen, Anziehen, Frühstück, Zähneputzen, in die Schule gehen) wird klanglich mit Geräuschen aus dem Klassenzimmer umgesetzt.

Nachdem sich die Schüler spielerisch mit den Klangmöglichkeiten im eigenen Klassenzimmer auseinandergesetzt haben, wenden sie diese Erfahrungen auf die klangliche Realisierung einer grafischen Notation an. Dazu steht im Schülerbuch die Komposition „Sounding Picture II" zur Verfügung.

Bei einer ersten Konfrontation mit der „Partitur" könnten Fragen als Impuls zur näheren Beschäftigung dienen:
- Wurde hier überhaupt Musik aufgeschrieben?
- Wie ist die Partitur aufgebaut und welche Anweisungen hat der Komponist in seinem Werk vermerkt? Mögliche Beobachtungen:
  - Gliederung in eine obere und eine untere Hälfte
  - vertikal ist die Tonhöhe abgebildet, horizontal der zeitliche Verlauf
  - jede vertikale Line markiert den Verlauf von 15 Sekunden
  - nacheinander spielen die Musiker zunächst die obere, dann die untere Hälfte
  - sobald das Ende erreicht ist, wird die Partitur gedreht und das Stück rückwärts noch einmal aufgeführt
- Wie lassen sich die einzelnen Zeichen deuten und wie wird das Werk wohl klingen? Mögliche Aspekte:
  - Punkte für kurze Klänge auf verschiedenen Tonhöhen
  - Punktklänge, die sich langsam in einen Klangteppich verwandeln
  - Klangwolken mit umherschwirrenden Klängen
  - Klänge, die sich quallenförmig allmählich in ein Toncluster verwandeln
- Hatte der Komponist wohl eine ganz genaue Vorstellung vom klanglichen Ergebnis der von ihm notierten Musik oder war es seine Absicht, dem Ausführenden ein großes Maß an Interpretationsfreiraum einzuräumen?

Im nächsten Schritt erarbeiten die Schüler nun in vier Gruppen eine klangliche Umsetzung der grafischen Partitur unter Verwendung von Klängen aus der Geräuschebox. Eine Präsentation der Ergebnisse und ein Gespräch über die Erfahrungen im praktischen Umgang mit der grafischen Partitur bilden den Abschluss der Gestaltungsaufgabe.

Zur Vertiefung können die Schüler, wie in Aufgabe 4 vorgeschlagen, ein eigenes Stück für Geräusche bzw. Klänge entwerfen.

Von der Natur der Klänge

5 In den 1960er-Jahren fingen Komponisten und Musiker damit an, Klänge der Umwelt oder auch Klänge von Alltagsgegenständen in ihre Kompositionen einfließen zu lassen. Zwei Zitate von J. Cage und K. Penderecki beleuchten die Beweggründe, wobei die Aussage von Cage an die Erfahrung der Schüler (➤ SB, S. 226, Aufgabe 1) anknüpft. Die Beschäftigung mit den Zitaten kann als Anfangsimpuls dienen, um gemeinsam darüber nachzudenken,
- was Cage mit der Aussage „wir wollen diese Klänge einfangen und beherrschen" meint,
- wie und mit welchen Instrumenten man denn einen Lastkraftwagen oder eine Störung im Radio musikalisch umsetzen könnte,
- wie ein Werk für Motor, Wind, Herzschlag und Erdrutsch klingen wird,
- ob sich solche Klänge überhaupt sinnvoll in Kompositionen verwenden lassen,
- wie das klangliche Repertoire der traditionellen Instrumente erweitert werden könnte,
- an welche Möglichkeiten Penderecki denkt, wenn er neue Instrumente fordert,
- welche Folgen dies für Komponisten und Musiker haben könnte und
- welchen Herausforderungen sich die Komponisten dabei stellen müssen.

Penderecki hat die in seinem Zitat beschriebenen Überlegungen in zwei Orchesterstudien („De natura sonoris I" und „De natura sonoris II") umgesetzt. Dort lotet er experimentell die klanglichen Möglichkeiten des Orchesters aus bzw. erweitert sie. In der späteren Beschäftigung kann deshalb die Musik direkt in Kontext mit der Aussage im Zitat („... müssen alle Möglichkeiten ausgenutzt werden, die noch in den traditionellen Instrumenten schlummern") gesetzt werden.

Info: Penderecki nutzt unter anderem ungewöhnliche Spielarten (z. B. „am Frosch mit starkem Bogendruck spielen, sodass ein hässliches Knirschen entsteht", „sehr langsames Vibrato mit 1/4-Ton Frequenzdifferenz") bzw. perkussive Klänge (Holzhammer, Paukenschlägel auch für andere Instrumente), um dem Orchester neue Klangfarben zu entlocken.

Klangarten

Pendereckis Komposition „De natura sonoris II" basiert hauptsächlich auf den vier Klangarten Schichtklänge (Cluster), Punktklänge (sehr kurze Töne oder Klänge), Schwebeklänge (längere Klangereignisse mit langsamem Vibrato), Gleitklänge (Glissandoklänge). Die Unterscheidung dieser Klangarten hinsichtlich ihrer klanglichen Eigenschaften (Aufgabe 6) ist eine wichtige Voraussetzung, einerseits, um eine Hörpartitur erstellen zu können (Aufgabe 7), andererseits, um grafische Impulse (➤ SB, S. 228 f.) in eigene musikalische Gestaltungsversuche umzusetzen.

6 Die Schüler lernen zunächst die Klangarten kennen. Vier Schüler bekommen dazu jeweils eine „Aktionskarte" der im Buch abgebildeten Klangarten. Der Reihe nach realisieren sie die auf ihrer Karte abgebildete Klangaktion. Die restlichen Schüler beschreiben die jeweiligen Klangeigenschaften und tragen das Ergebnis in ihrem Schülerarbeitsheft ein.

Lösung

Klangart	Klangeigenschaften	Aktionskarte
Schichtklänge	kleinste Intervalle werden übereinander geschichtet (Cluster oder „Tontrauben")	D
Punktklänge	einzelne Klangereignisse, die sehr kurz sind	A
Schwebeklänge	ein Klangimpuls, der lange nachhallt oder anhält, also im Raum „weiterschwebt"	B
Gleitklänge	Klänge, die durch einen Tonraum gleiten, von oben nach unten oder umgekehrt	C

Die umfangreichen eigenen Kreativaufgaben dieser Doppelseite dienten dazu, die Begegnung mit Originalwerken Neuer Musik durch eigene praktische Erfahrungen vorzubereiten. Dadurch wird die folgende Beschäftigung mit „De natura sonoris I" von Penderecki von einer intensiveren Hörerfahrung und einem tieferen analytischen Verständnis geprägt sein.

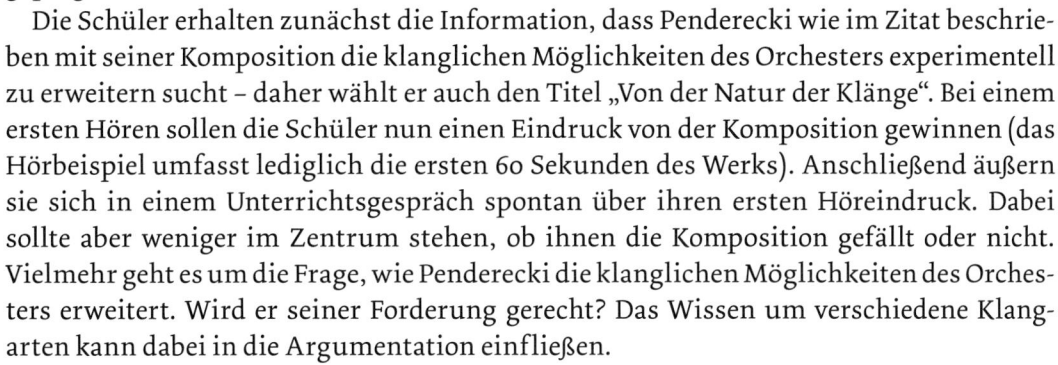

Die Schüler erhalten zunächst die Information, dass Penderecki wie im Zitat beschrieben mit seiner Komposition die klanglichen Möglichkeiten des Orchesters experimentell zu erweitern sucht – daher wählt er auch den Titel „Von der Natur der Klänge". Bei einem ersten Hören sollen die Schüler nun einen Eindruck von der Komposition gewinnen (das Hörbeispiel umfasst lediglich die ersten 60 Sekunden des Werks). Anschließend äußern sie sich in einem Unterrichtsgespräch spontan über ihren ersten Höreindruck. Dabei sollte aber weniger im Zentrum stehen, ob ihnen die Komposition gefällt oder nicht. Vielmehr geht es um die Frage, wie Penderecki die klanglichen Möglichkeiten des Orchesters erweitert. Wird er seiner Forderung gerecht? Das Wissen um verschiedene Klangarten kann dabei in die Argumentation einfließen.

In einem zweiten Schritt erstellen die Schüler eine Hörpartitur. Sie sollten dazu das Beispiel wiederholt hören. Im Schülerarbeitsheft ist ein leeres Skizzenblatt vorgegeben, das die Anfertigung der Hörpartitur erleichtert. Das dort eingetragene Zeitraster bietet den Schülern Orientierung und ermöglicht eine übersichtliche Gliederung.

Folgende Klangarten spielen in diesem Abschnitt eine Rolle:
- Man hört zu Beginn deutlich die Punktklänge.
- Es folgt ein Schwebeklang, der nach einiger Zeit in eine dunklere Klangfarbe gleitet.
- Anschließend sind drei weitere Schwebeklänge hörbar, die sich nacheinander einsetzend zu einem Schichtklang verbinden.
- Nach einem langen Crescendo endet der Schichtklang abrupt mit einem kräftigen Punktklang, um als leiser Schwebeklang fortgeführt zu werden.

[Tipp] Sie können den Schülern die Orientierung erleichtern, indem Sie alle 10 Sekunden ein deutliches akustisches oder optisches Zeichen geben.

In einem abschließenden Gespräch vergleichen und begründen die Schüler ihre Ergebnisse. Welcher Hörpartitur kann man am besten folgen? An dieser Stelle lohnt sich auch ein Blick in die Originalpartitur von Penderecki, um der Frage nachzugehen, wie der Klangverlauf eigentlich vom Komponisten notiert wurde.

Klänge im Aufbruch

Auf der Suche nach neuen Stimmklängen ➤ SB, S. 228

Auf dieser Doppelseite vertiefen die Schüler ihren Zugang zu erweiterter Notation. Während die „Wassermusik" eine Kombination aus bildhaften Symbolen, Buchstaben und „Regieanweisungen" darstellt, erkennen die Schüler in der Komposition von Stahmer Elemente ihnen vertrauter traditioneller Notationsweisen in verfremdeter, zum Teil aufgebrochener und erweiterter Form wieder.

Wassermusik

Der Komponist Gerold Amann experimentiert in seinem Chorstück „Wassermusik" mit verschiedenen Lautäußerungen und Klanggesten. Zu Beginn der Beschäftigung steht die Frage im Raum „Wie klingt eigentlich Wasser?". Einzelne Schüler können versuchen, dies nun mit Worten zu beschreiben oder sogar Wasser-Klänge mit Körperinstrumenten zu imitieren.

[Tipp] Zusätzlich kann es hilfreich sein, sich anzuhören, wie Wasser eigentlich klingen kann: ein Bach plätschert, es regnet, das Meer rauscht, der Wasserhahn tropft, der Abfluss gluckert, Luftblasen blubbern empor, ein Stein plumpst in den Teich ... Wassergeräusche finden Sie im Internet z. B. unter: http://soundsource.servus.at, www.salamisound.de/wasser-sounds, www.freesound.org.

Die Schüler erarbeiten die einzelnen Bausteine der Komposition:
- blubbern (hoch – tief)
- Zungenschnalzen (hoch – tief)
- Händeklatschen (Fingerspitzen, ganze Hand, flache Hand, hohle Hand ...)
- Zischlaute (mit der Zungenspitze, mit den Lippen, Veränderung des Mundraums ...)
- gesungene Vokalreihen (iü, eä, oö)

Die grafische Aufbereitung dient als Ablaufpartitur der einzelnen Bausteine; die Hinweise zur Ausführung rechts daneben bieten neben der Beschreibung der Klänge eine zeitliche Orientierung.

Alternativ dazu könnte auch eine programmatische Vorstellung den Ablauf der „Wassermusik" steuern. Das folgende Programm wurde von Schülern anlässlich einer Aufführung erarbeitet und ist eine von vielen Möglichkeiten: „Ich wandere über eine saftige Bergwiese. Dabei höre ich das zarte Plätschern eines kleinen Gebirgsbaches und folge nun für kurze Zeit seinem Lauf. Doch plötzlich ändert sich das Wetter, es beginnt zu regnen, ein stürmischer Wind zieht auf, ja es blitzt sogar und der Regen klatscht auf das Dach der Hütte, die ich als Unterstand gefunden habe. Auf einmal dringen ganz wundersame Töne an mein Ohr, Töne wie vom Himmel kommend. Neugierig verlasse ich meinen Unterschlupf und genieße die sphärischen Klänge. In der Zwischenzeit ist das Unwetter weitergezogen und ich kann fröhlich meinen Weg entlang des plätschernden Baches fortsetzen."

Eine abschließende Reflexion des Werkes könnte die Aussage des Komponisten Gerold Amann einbeziehen, dem es nicht vordergründig darauf ankam, Wassergeräusche nachzuahmen: „Mir ging es um ganz spezielle Bedingungen: Wird aus ‚Tropfen' bei Verdichtung ‚Plätschern' bzw. ‚Rauschen'? Kann mit Klatschen auch ‚Knistern am offenen Herd' oder – bei Verdichtung und Hinzufügen von Zischlauten – ein ‚Brand' dargestellt werden? Wasser und Feuer klingen sehr ähnlich – wie z. B. auch Lachen und Weinen."

Ⓖ 25 Die „Wassermusik" stammt aus dem Stück „Das Albtraummännlein, sprachunabhängiges Sprechtheater für sieben musikalische Schauspieler und Vokal-Orchester" (2001).

Künstlerpech

Die Schüler überlegen zunächst anhand der Anmerkungen und Vortragsbezeichnungen, wie die einzelnen Teile wohl aufgeführt werden sollen. Die vielen italienischen Vortragsbezeichnungen können dabei von den Schülern auf gleiche Weise recherchiert werden wie im Workshop „Sprechen über Musik" (➤ SB, S. 108) vorgeschlagen.

Um einen ansprechenden Klangeffekt zu erzielen, muss die Geschichte sehr expressiv vorgetragen werden (Stimmklänge und Sprechstellen übertreiben).

Der Kompetenzbereich „Anleiten von Musik" kann hier vertieft werden, indem die Anweisungen für die Abschnitte A und B von einzelnen Schülern umgesetzt werden.

[Tipp] Um Zeit zu sparen, können Sie die Erarbeitung und Aufführung des Stücks auf mehrere Gruppen aufteilen:
› Gruppe 1: System 1 (A) und System 6 (D)
› Gruppe 2: System 2, System 3 (A) und System 6 (D)
› Gruppe 3: System 4 (B) und System 6 (D)
› Gruppe 4: System 5 (C) und System 6 (D)

In einem Unterrichtsgespräch setzen sich die Schüler abschließend noch einmal mit Notationsformen Neuer Musik auseinander: Stahmers Komposition vermischt traditionelle Notationsformen (z. B. Fünfliniensystem, rhythmische Notation oder italienische Anweisungen) mit grafischen Elementen. Anhand verschiedener Fragestellungen soll Stahmers Partitur mit den Notationsformen des Start-ups „Lesen macht schlau" und der „Wassermusik" verglichen werden. Fragen könnten dabei z. B. sein:
- Welche Komposition benutzt für uns ungewohnte Notationsformen?
- Welche Vorlage ist leichter umzusetzen?
- In welcher Partitur hat der Komponist seine Klangvorstellung exakter festgehalten?
- Welche Notationsform gibt den Aufführenden mehr Gestaltungsspielraum?

Der Vergleich der Notationsformen wird im Schülerarbeitsheft präzisiert. Dort findet sich eine entsprechende Aufgabenstellung und Raum zum Eintragen der Ergebnisse.

Zu Besuch beim Komponisten Dieter Mack ➤ SB, S. 230

Die Textarbeit erwartet von den Schülern, dass sie tabellarisch die Reihenfolge auflisten, in der – exemplarisch – ein Komponist beim Komponieren vorgeht:
1. eine Idee (finden)
2. über die Idee nachdenken
3. sich den ungefähren Verlauf des Stücks vorstellen
4. Textskizze und grobe formale und zeitliche Einteilung erstellen
5. Definition und Ausarbeitung des musikalischen Materials → grobe Partitur
6. …?

Die Schüler können nun noch überlegen, was die nächsten, nicht im Text genannten Schritte sein werden, z. B. Reinschrift, ausführende Musiker suchen, gegebenenfalls Umarbeitung des Stückes, Uraufführung vorbereiten etc.

Im Schülerarbeitsheft stehen verschiedene Fragen zur Verfügung, anhand derer sich die Schüler die einzelnen Aspekte um den Komponisten Dieter Mack erarbeiten. Unter anderem sollen in einer Tabelle die einzelnen Kompositionsschritte festgehalten werden. Dabei lernen die Schüler gezielt bestimmte Informationen aus einem längeren Text herauszufiltern.

Klänge im Aufbruch

2 🎵 27 — Das Stück „Voice & Percussion" verwendet Fantasiesilben. Im Unisono werden schwierigere Melodiefetzen gesungen; komplexe Akkorde wechseln nicht, sondern werden repetiert, wodurch eine Art Groove entsteht, der von den beiden Schlagzeugern aufgegriffen wird. In einem zweiten Teil singen einige Solistinnen über Schwebeklängen klagende Melodiepartikel.

Dieter Mack hat die Komposition an die Anforderungen und Fähigkeiten eines (sehr guten) Jugendchores angepasst. Dennoch dürfte es für die Mädchen schwer gewesen sein, die Ton- und Silbenfolgen, die keinen ihnen bekannten Mustern folgen, sicher – und vor allem auswendig – zu erlernen.

🎵 28 🎬 — Die „Kammermusik IV" ist ein Stück für ein größeres Instrumentalensemble. Das Begleitvideo zeigt einen Probenausschnitt der Komposition von den Kieler Tagen für Neue Musik 2008. Dieses Videobeispiel kann als Alternative zum Hörbeispiel verwendet werden. Die Schüler können hier klassische Instrumentalisten und eine Sängerin sehen, die ganz andere Klänge produzieren und kombinieren, als man es von ihnen gewohnt ist. Hinzu kommt ein relativ großer Schlagwerkaufbau, bei dem man kurz auch eine Spieltechnik (Bassbogen auf Metallplatte) erkennen kann.

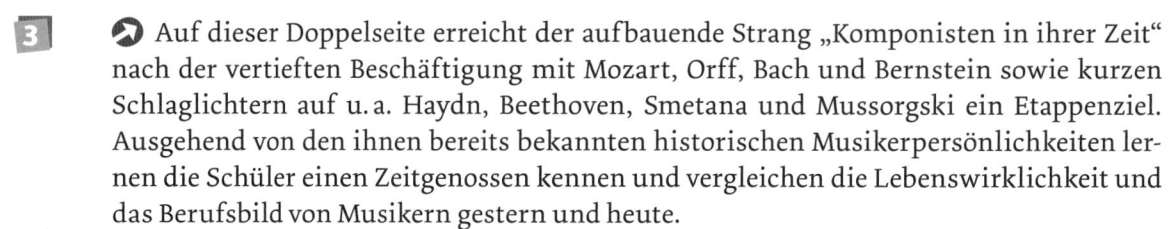

3 — Auf dieser Doppelseite erreicht der aufbauende Strang „Komponisten in ihrer Zeit" nach der vertieften Beschäftigung mit Mozart, Orff, Bach und Bernstein sowie kurzen Schlaglichtern auf u. a. Haydn, Beethoven, Smetana und Mussorgski ein Etappenziel. Ausgehend von den ihnen bereits bekannten historischen Musikerpersönlichkeiten lernen die Schüler einen Zeitgenossen kennen und vergleichen die Lebenswirklichkeit und das Berufsbild von Musikern gestern und heute.

🎬 Dabei kann auch ein Blick in den Videoausschnitt hilfreich sein, der Dieter Mack beim Besuch in einer Schule zeigt. In dem Filmausschnitt erläutert der Komponist, warum es gerade für die Neue Musik wichtig ist, vor Ort in die Schulen zu gehen und mit Schülern das Thema aktiv zu behandeln. Der Filmausschnitt kann zur Motivation in der eigenen Arbeit dienen; ob er auch für Sechstklässler geeignet ist, muss von der Gruppe abhängig gemacht werden.

✏ Der zusammenfassende bzw. vergleichende Blick auf die im Buch vorgestellten Komponisten kann übersichtlich im Schülerarbeitsheft festgehalten werden. Dort stehen entsprechende Fragestellungen zur eigenständigen Bearbeitung zur Verfügung.

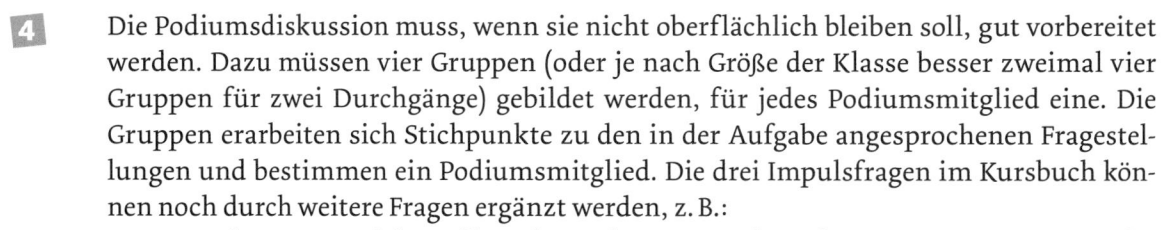

4 — Die Podiumsdiskussion muss, wenn sie nicht oberflächlich bleiben soll, gut vorbereitet werden. Dazu müssen vier Gruppen (oder je nach Größe der Klasse besser zweimal vier Gruppen für zwei Durchgänge) gebildet werden, für jedes Podiumsmitglied eine. Die Gruppen erarbeiten sich Stichpunkte zu den in der Aufgabe angesprochenen Fragestellungen und bestimmen ein Podiumsmitglied. Die drei Impulsfragen im Kursbuch können noch durch weitere Fragen ergänzt werden, z. B.:

- Warum kann man nicht auf bewährte Klänge zurückgreifen, wie sie z. B. Mozart oder die *Beatles* erfolgreich gemacht haben?
- Ist Komponist wirklich ein Beruf?

Weitere Hinweise zur Person und zum Werk Dieter Macks (* 1954) findet man auf seiner Website: www.dieter-mack.de.

Die Bilder im Schülerbuch zeigen Dieter Mack in zwei über das Komponieren hinausgehenden Kontexten: auf S. 230 spielt er in einem Gamelan-Ensemble, auf S. 231 ist er in einem Improvisationskonzert als Pianist zu sehen. Dieter Mack ist nach eigenem Bekunden gerne bereit, Schulen zu besuchen, sei es in Sachen Neuer Musik oder zum Thema Gamelan. Kontakt ebenfalls über die Website.

Kapitel 20: Fremd und vertraut

Thema und Ziele

Die Realität einer Gesellschaft, die von Migration, Misstrauen gegenüber Fremdem und Leitkulturparolen bestimmt ist, aber auch von Globalisierung, Fernreisen oder Sushi, spiegelt sich auch im höchst divergenten Umgang mit Musik wider: Musik anderer Kulturen wird einerseits oft als eintönig, primitiv, manchmal sogar „nervend" empfunden, andererseits boomen mancherorts Salsa-Tanzkurse, Drumcircles oder Worldmusiclabels.

Musik bietet durch die Beschäftigung mit dem Thema „Fremd und vertraut" die große Chance, innere und äußere Barrieren gegenüber Fremdem zu überwinden und sprachliche Probleme kleiner werden zu lassen.

Doch was ist „fremd" und was ist „vertraut"? Im 20. Jahrhundert entstand durch die gegenseitige Befruchtung unterschiedlicher Kulturen ein musikalisch-kultureller Pluralismus. Musik wird nicht mehr als spezifisches Kulturgut behandelt, sondern gewinnt in Formen gegenseitigen Austauschs kulturübergreifende Bedeutung. Diese Globalisierung von Musik führt weniger zu einer Uniformierung der musikalischen Äußerungen verschiedener Kulturen, als vielmehr zu einer ständig wachsenden Zahl von neuen Stilformen, neuen musikalischen Genres und Idiomen. Noch ein weiterer Gedanke spielt hierbei eine wichtige Rolle: Individuen sind nicht mehr in gleichem Maße wie früher nur von den kulturellen Konventionen und Traditionen ihres eigenen Kulturkreises geprägt, sondern werden von vielerlei Einflüssen disponiert. Der deutsche Philosoph Wolfgang Welsch nennt das durch mehrfache kulturelle Anschlüsse geprägte Individuum einer Gesellschaft deshalb einen „kulturellen Mischling".

Durch die vor allem praktische Auseinandersetzung mit der Musik einer fremden Kultur werden nicht nur eine Öffnung und ein Austausch erzielt, die von gegenseitigem Respekt und Interesse gekennzeichnet sind. Vielmehr entsteht mit der wachsenden Einsicht, dass keine strikte Trennung von Kulturen, kulturellem Erbe und kulturell geprägten Individuen mehr existiert, ein neuer Zugang zu den einst als „fremd" bezeichneten Menschen und deren Kulturen, der auf der Verknüpfung „eigener" mit zuvor „fremder" Kulturerfahrung gründet.

Ausgehend von dem „Fremden" in Europa werfen wir einen Blick in verschiedene musikalische Kulturen der Welt und kommen zur bereits in Kapitel 12 aufgeworfenen Frage nach Musik als einer universellen Sprache. Wie Musik – fremde und vertraute – auf uns wirkt und uns beeinflusst, wird in einem Experiment ausprobiert. Den Abschluss des Kapitels und des Buches bilden ein Sprech- und Bodygroove, der bereits an die großen Ferien denken lässt, und ein Abschiedskanon in zwölf verschiedenen Sprachen.

> In diesem Kapitel wird an folgenden Dimensionen musikalischer Kompetenz gearbeitet:
>
> - **Stimme und Singen:** Artikulation („Europa lacht" ➤ SB, S. 233; „Ristorante Ritmicale" ➤ SB, S. 242), Bewegungssong („Sponono" ➤ SB, S. 233), usuelles Singen („Samiotissa" ➤ SB, S. 234; „Eyvallah" ➤ SB, S. 243)
> - **Instrumente spielen:** musikalische „Unterhaltung" (➤ SB, S. 239)
> - **Körper und Bewegung:** Bewegungssong („Sponono" ➤ SB, S. 233), Tanz (➤ SB, S. 235), Bodypercussion (➤ SB, S. 242)
> - **Variieren und Erfinden:** Alien-Musik (➤ SB, S. 238), musikalische „Unterhaltung" (➤ SB, S. 239)
> - **Hören und Beschreiben:** fremd – vertraut (➤ SB, S. 235 ff.), Soundtrack (➤ SB, S. 239), Manipulation (➤ SB, S. 240 f.)
> - **Kontexte herstellen:** zusammengesetzte Taktarten (➤ SB, S. 235), Weltmusik (➤ SB, S. 236 f.), Musik als universelle Sprache (➤ SB, S. 238 f.), Musik und Wirkung (➤ SB, S. 241)

Fremd und vertraut

Start-ups für Stimme und Körper ➤ SB, S. 233

Rhythmus

Europa lacht

Dieser fünfstimmige Sprechkanon führt auf humorvolle Weise in das Thema des Kapitels ein. 🎵 Gleichzeitig werden hier verschiedene musikalische Kompetenzen noch einmal gebündelt:
- Jeder Kanonzeile ist ein Vokal zugeordnet, der in den unterschiedlichen Lachformen auftaucht, aber auch den dazugehörigen Text überwiegend prägt („… singt H**I**H**I** in R**i**m**i**ni …"). Hier lohnt es sich, noch einmal an den Anfang des Buches zurückzublättern zu den Smileys (➤ SB, S. 5 und insbesondere S. 17) und dem mit ihnen gelernten Vokalkreis. Natürlich kann man insbesondere die Lachsilben übertreiben, Ziel ist aber, den Kanon gut artikuliert und mit ausgeglichenem Vokalklang zu sprechen.
- Die rhythmisch-metrische Kompetenz ist in diesem Start-up besonders gefordert. Beispielsweise muss das Tempo stabil bleiben, die Gruppe darf nicht der Gefahr erliegen, bei den vielen Achtelnoten immer schneller zu werden.

[**Tipp**] Wenn man – wie vorgeschlagen – den Text leise und nur das Lachen laut spricht, entsteht als additiver Lachrhythmus folgender Groove:

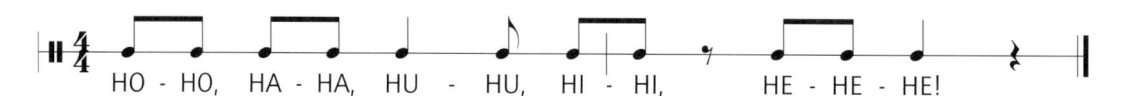

HO - HO, HA - HA, HU - HU, HI - HI, HE - HE - HE!

Lassen Sie diesen Rhythmus von einer Schülergruppe sprechen oder auf Percussioninstrumenten (z. B. Woodblocks, Xylofone: verschiedene Tonhöhen) mitspielen. Dies unterstützt auf lustige Weise den Groove und bietet eine Orientierung für die sprechenden Schüler.

Ablauf:
- Alle sprechen das Intro (das lediglich einmal als Einleitung zum Stück gesprochen wird).
- Alle sprechen gemeinsam die Stimmen 1 bis 5.
- Fünf Gruppen setzen nacheinander im Kanon jeweils im Abstand von zwei Takten ein.
- Sobald die erste Gruppe vier komplette Durchgänge gesprochen hat, endet der Kanon.

Der Kanon funktioniert besonders gut mit dem Playback, das die verschiedenen Lachklänge mit unterschiedlichen Percussionsounds unterstützt. So fällt es leichter, sich in dem Lachgetümmel zu orientieren. Im Playback wird das gesamte Sprechstück einmal komplett gesprochen, dann erklingt nur noch der Lachrhythmus zum Sprechkanon der Schüler.

Stimme/Rhythmus/Körper und Bewegung

Sponono

Rhythmusspiele gehören für Kinder und Jugendliche in Afrika zum Alltag. Sie dienen zum Zeitvertreib, stellen aber auch eine Möglichkeit dar, sich mit anderen zu messen. Dabei zählen Geschicklichkeit, Koordinationsvermögen und Geschwindigkeit: Rhythmus wird so mit allen Sinnen erleb- und erfahrbar.

In afrikanischen Klatschspielen oder auch „Game Songs" werden immer verschiedene Aktionsformen kombiniert: singen, tanzen, klatschen oder trommeln. Diese Songs schulen mit viel Spaß und hohem Motivationspotenzial „ganz nebenbei" Körperkoordination und Rhythmusgefühl der Schüler.

„Sponono" ist ein kleines Tanzlied der Xhosa aus Südafrika. Es wird im Kreis mit Tanzschritten und Gesten gesungen. Der Text könnte in etwa übersetzt werden mit: „Mein Liebster ist verschwunden."

Methodische Hinweise:
- Ausgangsposition ist eine Kreisaufstellung der Gruppe.
- Teil A: Die Schüler gehen den Puls in Halben auf der Stelle. Der Puls sollte während der gesamten Erarbeitungsphase niemals unterbrochen werden. Die Vermittlung des Liedes erfolgt nun durch Vor- und Nachsingen. Sobald dies mühelos gelingt, das Klatschen hinzunehmen: linke Hand mit der Handfläche nach oben vor dem Körper mehr oder weniger statisch halten, die rechte Hand führt das Klatschen aus. Bei Zählzeit 1 auf die Handfläche des rechten Nachbarn, bei Zählzeit 3 auf die eigene Hand klatschen.
- Den B-Teil entsprechend erarbeiten. Bewegungsfolge:
  – T. 1/2: vier Schritte (rechts – links – rechts – links) im Tempo von Halben in Richtung Kreismitte, auf dem vierten Schritt zweimal klatschen.
  – T. 3/4: Vier Schritte (rechts – links – rechts – links) zurück zur Ausgangsposition, auf dem letzten Schritt zweimal klatschen.
  – T. 5–8 wie zuvor, auf dem letzten Schritt nur einmal klatschen.

[Tipp] Wenn Sie im A-Teil einen Sidestep nach rechts ausführen, bewegen sich die Schüler langsam im Kreis. Dies ist wirkungsvoll und erhöht die Konzentration.

Alternativ kann zu dem Song auch ein „Steinspiel" ausgeführt werden. Die Schüler knien oder sitzen im Schneidersitz auf dem Boden im Kreis. Vor ihnen liegen zwei Steine oder andere Gegenstände. Zum Playback führen sie nun folgende Bewegungen im Rhythmus von halben Noten aus:

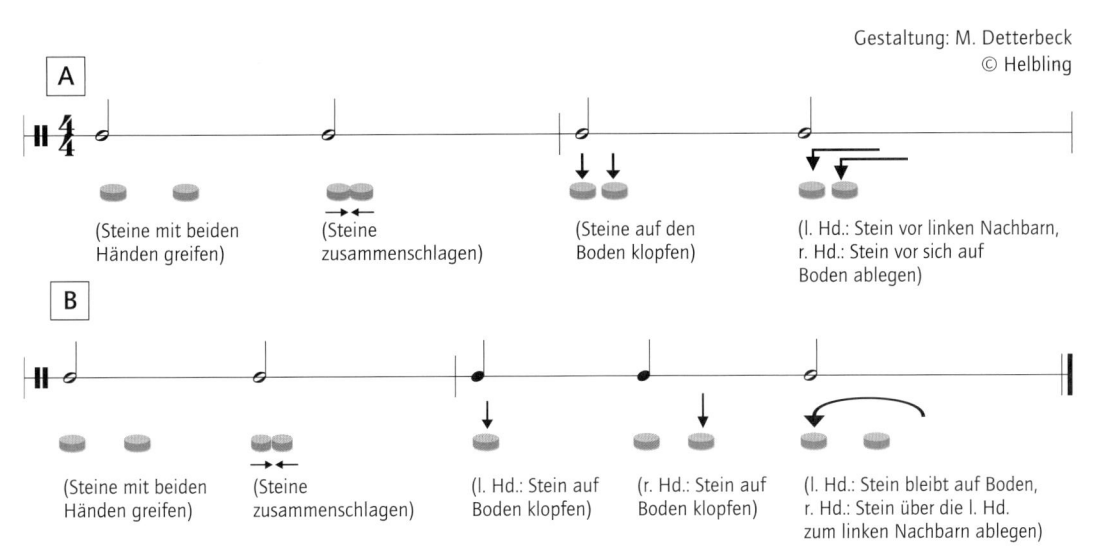

Gestaltung: M. Detterbeck
© Helbling

A
(Steine mit beiden Händen greifen) — (Steine zusammenschlagen) — (Steine auf den Boden klopfen) — (l. Hd.: Stein vor linken Nachbarn, r. Hd.: Stein vor sich auf Boden ablegen)

B
(Steine mit beiden Händen greifen) — (Steine zusammenschlagen) — (l. Hd.: Stein auf Boden klopfen) — (r. Hd.: Stein auf Boden klopfen) — (l. Hd.: Stein bleibt auf Boden, r. Hd.: Stein über die l. Hd. zum linken Nachbarn ablegen)

[Tipp] Beginnen Sie dieses Spiel zunächst in langsamem Tempo und steigern Sie dann das Tempo allmählich. Der B-Teil soll nach Möglichkeit in doppeltem Tempo ausgeführt werden. Eine vereinfachte Version wäre das Weitergeben im Kreis lediglich eines Steines: greifen und vor dem linken Nachbarn ablegen.

Fremd und vertraut

Heimat und Ferne

> SB, S. 234

Die Erfahrung, in den Sommerferien wegzufahren und etwas anderes als die vertraute Umgebung zu sehen, teilen sicher die meisten Schüler. Dabei spielt die Entfernung gar keine so große Rolle. Ob es in ein Ferienlager im selben Bundesland geht oder auf die Fernreise nach Südostasien – es ist immer die Fremde, in die man fährt. Auf dieser Doppelseite werfen wir einen Blick in ein typisches Urlaubsland in Europa, das sich in Sitten und Gebräuchen, aber auch in der Musik zwar deutlich unterscheidet von der mitteleuropäischen Kultur, aber auch eine Menge Gemeinsamkeiten hat. An einem Lied im ungewohnten 7/8-Takt und dem dazugehörigen Volkstanz erhalten die Schüler einen ersten Einblick in die Kultur des heutigen Griechenlands.

Ein Lied der Sehnsucht

Das Lied „Samiotissa" stammt zwar aus Nordgriechenland (Makedonien), besingt aber ein Mädchen aus Samos, einer Insel nahe der westtürkischen Küste. Es ist das Liebeslied eines jungen Mannes, der das angebetete Mädchen am Ende warnt, ihn doch nicht zu lange warten zu lassen, denn schließlich gäbe es ja noch andere …

1 Methodische Hinweise:
- Den unregelmäßig pulsierenden Rhythmus lernen die Schüler zunächst unter Verwendung der Rhythmussprache: **du** da di **du** dei **du** dei (Aufgabe 1a). Um die Orientierung nicht zu verlieren, können die Schüler im Grundbeat des Songs mit dem Zeigefinger der rechten Hand Finger der linken Hand „zählend" antippen: zunächst drei Finger (Daumen, Zeigefinger und Mittelfinger), dann jeweils zwei Finger (Daumen und Zeigefinger). Da der Daumen immer am Beginn der Dreier- bzw. Zweiergruppe steht, bekommen die Schüler zudem gleich das Gefühl für die richtigen Betonungen.
- Das Sprechpattern wird nun auf die Bodypercussion übertragen (Aufgabe 1b). Dieser zusätzliche Schritt sollte nun den Schülern nicht mehr schwer fallen.
- Nachdem Aussprache und Inhalt des Textes geklärt sind, singen die Schüler die Melodie des Liedes zur Bodypercussion (Aufgabe 1c).

[Tipp] Der griechische Text ist nicht ganz einfach zu singen. Konzentrieren Sie sich auf die erste Strophe des Originaltextes oder verwenden Sie die im Schülerbuch abgedruckte singbare deutsche Textversion.

Samiotissa (Klaviersatz mit Melodie)

Text u. Musik: überliefert aus Griechenland;
Klavierbegleitung: G. Schmidt-Oberländer
© Helbling

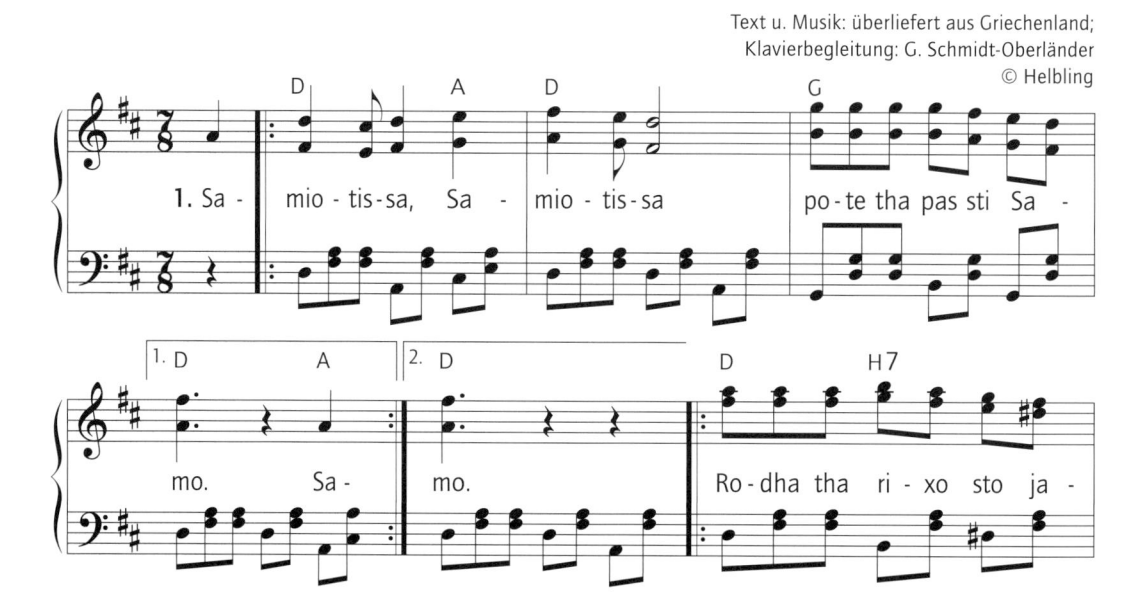

Samiotissa (Klaviersatz ohne Melodie)

Klavierbegleitung: G. Schmidt-Oberländer
© Helbling

Der Kalamatianos

Der 7/8-Takt, der auf dem ganzen Balkan weit verbreitet ist, ist eigentlich eine Umsetzung von „langsamen" und „schnellen" Tanzschritten oder anders beschrieben einem „schweren" und zwei „leichten" Tanzschritten. Beim Tanzschritt auf Zählzeit 1 geht man etwas in die Knie – das braucht eben etwas mehr Zeit als ein einfacher Schritt.

Methodische Hinweise:
- Eine wichtige Voraussetzung für einen gelungenen Tanz ist das Gefühl für die unterschiedlich gewichteten Schritte im 7/8-Takt: Die Schüler probieren die „langsamen" und „schnellen" Tanzschritte aus, indem sie zur Gesamtaufnahme oder zum Playback durch den Raum gehen. Dabei sollten sie den Rhythmus nicht auf Achtelbasis empfinden, sondern eher als Dreiertakt mit einer sehr breiten 1 (schwer – leicht – leicht).
- Die Tanzschritte nun in langsamem Tempo erarbeiten. Die Schüler müssen sich dabei lediglich zwölf Schritte merken nach dem System: hinten kreuzen – vorne kreuzen – vorne kreuzen – „Quadrat" (das die Schritte in diesem Abschnitt bilden). Diese Schrittfolge wiederholt sich unentwegt, dabei bewegt sich die Reihe weiter.

Fremd und vertraut

- Am Anfang sollten die Tänzer zwar die Arme seitlich wegstrecken, aber den Nachbarn noch nicht berühren. Wenn die Schritte halbwegs sicher sind, kann eine Handfassung erfolgen; erst bei guter Beherrschung der Schrittfolge legen die Tänzer die Hände auf die Schultern der Nachbarn.
- Der erste Schüler in der Reihe bestimmt auch deren Weg, oft hat er ein Tuch in der Hand, mit dem er winkt (➤ Begleitvideo).

Das Begleitvideo mit Einführung und detaillierter Erläuterung der Tanzschritte hilft bei der Erarbeitung. In einer Gesamtchoreografie demonstrieren Schüler die Schrittfolge und Armhaltung des Kalamatianos.

Aufgabe 3 stellt nun die Frage, die das zentrale Thema des Kapitels ist: Was ist „das Eigene", was ist „das Fremde"? Gemeinsam reflektieren die Schüler dazu ihre Erfahrungen mit dem Singen des Liedes und dem dazugehörigen Tanz. Fragestellungen, die dabei eine Rolle spielen, könnten z. B. sein:
- Welche Aspekte fielen uns beim Singen des Liedes schwer? Was erschien eher fremd und ungewohnt?
- Welche Tänze sind uns bekannt? Wo liegen die Unterschiede zum Kalamatianos?
- Woher kennen wir ähnliche Tänze? Haben wir das schon mal im Urlaub, im Tanzkreis, in einer Reportage usw. erlebt/gesehen?
- Welche Funktion hat der Kalamatianos, haben Tänze generell? Gibt es Unterschiede in der Funktion von Tänzen, wenn ja, welche? (Zeitvertreib, fördern die Gemeinschaft, sich abreagieren, Gruppentänze/Solotänze …)
- Warum wirft uns die ungewohnte Taktart manchmal aus der Bahn? (Als Herausforderung könnten hier die unterschiedlich langen Taktteile und die Umsetzung in Bewegung sowie die relativ komplexe Schrittfolge empfunden werden.)
- Welches Gefühl ruft die Abfolge von „schnellen" und „langsamen" Schritten hervor? Wäre es nicht einfacher und besser, einen Tanz mit gleichen Schrittfolgen zu machen? (Dies eventuell ausprobieren und den Tanz als regelmäßigen Dreiertakt tanzen.)
- Versetzen Lied und Tanz uns in ein Gefühl, das wir beispielsweise schon mal im Urlaub erlebt haben?

Vertiefend könnten in Form eines eher analytischen Zugangs die wesentlichen Gemeinsamkeiten mit der den Schülern vertrauten Musik herausgearbeitet werden. Diese sind z. B.:
- die Dur-/Moll-Harmonik
- der Quartauftakt
- die Periodik der Melodie

Als fremd könnten z. B. empfunden werden:
- der 7/8-Takt
- eventuell die fast reine Sekundschrittigkeit im Gegensatz zur Dreiklangsmelodik
- das Tanzen im Halbkreis

Die Aufgabenstellung kann in offener Gesprächsform bearbeitet werden, lässt sich aber auch mit der schriftlichen Fixierung im Arbeitsheft kombinieren. Interessant ist die Diskussion, wenn Schüler in der Klasse sind, deren Herkunftskulturraum durch ähnliche Musik geprägt ist (Balkan, Griechenland, Teile der Türkei). Die Erfahrungen und emotionalen Bezüge dieser Kinder einzubeziehen, kann für alle einen großen Gewinn bedeuten.

Kapitel 11 12 13 14 15 16 17 18 19 **20**

Weltmusikforscher – auf der Suche nach fremden Klängen ► SB, S. 236

Mithilfe der drei Medien Musik, Bild und Text entsteht ein Panorama der Musik unserer Welt, gepaart möglicherweise mit der Erkenntnis, dass Musik aus Europa (Uilleann Pipes) fremdartiger klingen kann als z. B. eine brasilianische Samba, die wir aus dem Karneval usw. gut kennen. Von sechs Kontinenten lernen die Schüler auf dieser Doppelseite exemplarisch typische Musik bzw. Musikinstrumente kennen.

1 33–38

In dieser ersten Aufgabenstellung hören die Schüler zunächst die verschiedenen Hörbeispiele. Das Buch ist noch geschlossen. Es geht nicht um eine Zuordnung, sondern vielmehr um die möglichst genaue Beschreibung der Hörbeispiele. Dazu sollen die Schüler ihre in früheren Kapiteln (► SB, Kap. 2, 5, 7, 9, 12, 14, 19) sowie im Workshop „Sprechen über Musik" (► SB, S. 108 f.) erworbenen Fähigkeiten, Merkmale in der Musik zu benennen, einsetzen. Im Schülerarbeitsheft steht eine Tabelle zum Eintragen zur Verfügung. Hier füllen die Schüler zunächst nur den Aspekt „Merkmale" aus.

2 33–38

Basierend auf den in Aufgabe 1 erarbeiteten musikalischen Merkmalen sollte eine begründete Zuordnung zu den Ländern, Abbildungen und Infotexten gelingen. Lediglich bei der räumlichen Zuordnung wird der Lehrer Hilfestellungen geben müssen. Vielleicht klappt eine korrekte Zuordnung aber auch durch Vorerfahrungen mit bestimmten Musikkulturen und durch Ausschlussverfahren.

Methodische Hinweise:
- Schritt 1: Die Schüler machen sich mit den Bildern und Texten der Doppelseite vertraut.

  [Tipp] Regen Sie in diesem Zusammenhang eine Bildbeschreibung an. Hier könnten folgende Fragen eine Rolle spielen:
  › Was ist auf den jeweiligen Bildern zu sehen?
  › Welche besonderen Instrumente werden gespielt?
  › Wie könnten die Instrumente klingen?

- Schritt 2: Die Schüler hören erneut die Hörbeispiele. Im Schülerarbeitsheft vervollständigen sie die dort abgebildete Tabelle und tragen die Länder, eine Kurzbeschreibung der Bilder und die richtige Zuordnung der Infotexte ein.

Lösung
33–38

Hör-beispiel	Merkmale	Land	Bild	Infotext
1	z. B. rhythmische Verzahnung, Mbiras (Daumenklavier) und Xylofone (Ballafone), Gesang	Simbabwe	zwei Frauen am Boden mit Mbiras	A
2	z. B. Bordunton, näselnder Melodieklang	Irland	Mann mit irischem Dudelsack	E
3	z. B. „Fiesta"-Feeling, Latin-Rhythmen, Karnevalsstimmung	Brasilien	Sambagruppe mit Trommeln	F
4	z. B. tiefer Brummsound mit perkussiven Elementen	Australien	Aborigine mit Didgeridoo	D
5	z. B. Pentatonik, Zupfinstrument, Flöte	China	Frau mit Zupfinstrument (Pipa)	B
6	Trommel und Rassel, Call: energetischer Ruf – Response: Gesang, starker Grundbeatbezug: Tanz	USA	trommelnde und singende Navajos	C

Fremd und vertraut

Weitere Informationen zu den Hörbeispielen:

- **Mbira:** Dieses in ganz Afrika südlich der Sahara weit verbreitete Instrument aus der Gruppe der Lamellofone besteht aus einem Holzbrett mit Resonanzkörper, auf dem je nach Region 7 bis zu über 50 Metallzungen befestigt sind. Das Instrument wird mit beiden Händen gespielt, wobei die Zungen meist mit dem Daumen gezupft werden, daher auch der deutsche Beiname „Daumenklavier". Die auf der Aufnahme zu hörende Musikerin Stella Rambisai Chiweshe aus Simbabwe ist international als Sängerin und Mbira-Spielerin bekannt.

- **Uilleann Pipes** ist der Name für den irischen Dudelsack. Uilleann heißt Ellbogen und beschreibt, dass dieses Instrument nicht wie die schottische Bagpipe mit dem Mund, sondern über einen mit dem rechten Ellbogen betätigten Blasebalg mit Luft versorgt wird. Zusätzlich zu den bei anderen Dudelsäcken üblichen Bordun- und Melodiepfeifen gibt es meist drei sogenannte Regulatoren, die Begleitakkorde erzeugen und mit der rechten Handkante bedient werden. Die Uilleann Pipes sind somit die komplexesten und zugleich am schwersten zu spielenden Instrumente aus der Reihe der Dudelsäcke. Allein der rechte Arm hat drei verschiedene Aufgaben: Pumpen, Begleitakkorde, Melodiepfeifen.

- Im **Samba Enredo**, einer der vielen Sambaformen Brasiliens, gibt es eine Vielzahl von Instrumenten, die meisten davon Percussioninstrumente: Surdo, Repinique, Caixa (Snare), Tamborim, Agogô, Chocalho (Shaker), Cavaquinho, Cuica, Maracas. Der gesungene Samba Enredo wird von den großen Sambaschulen in Rio de Janeiro, São Paulo und Recife beim Karneval aufgeführt. In Deutschland gibt es jährlich im Juli das weltweit größte Samba-Festival außerhalb Brasiliens, im oberfränkischen Coburg.

- **Didgeridoo:** Der Name ist möglicherweise eine lautmalerische Annäherung an den Klang des Instruments, möglicherweise imitiert er auch eine typische Rhythmusfolge. Das Holz stammt von bestimmten Eukalyptusarten. Spieltechnisch und somit instrumentenkundlich gehört das Didgeridoo eigentlich zu den Blechblasinstrumenten. Als einziges solches Instrument wird es auf der tiefsten Frequenz, also dem Grundton, geblasen. Inzwischen hat das Instrument auch Eingang in die World Music gefunden. Bekanntes Beispiel: *Jamiroquai*.

- **Pipa:** Das von Aussehen und Bauweise der Laute ähnelnde Instrument wird oft aus Mahagoni oder Sandelholz gefertigt. Die 4 Saiten (a – e – d – a) sind aus Stahl und laufen über bis zu 30 Bünde. Der Name des Instruments kommt von den zwei Anschlagsarten: beim „Pi" streicht der Zeigefinger der rechten Hand nach links über die Saiten, beim „Pa" tut dies der Daumen in die Gegenrichtung. Die ältesten Nachweise der Pipa sind etwa 2000 Jahre alt.

- Die **Navajo** (gesprochen: Nawacho) sind das größte indianische Volk der USA. Musik und Tänze der Navajo durchdringen alle Bereiche des Lebens. So gibt es z. B. auf den Feldern gesungene Lieder für eine gute Maisernte. Die meist von Männern solistisch oder chorisch ausgeführten Gesänge ahmen mit kraftvoller und rhythmischer Stimme Tierrufe nach. Dieser Song, gesungen vom legendären Navajo-Sänger Edvard Lee Natay, ist Teil der „Squaw-Tänze", die vier Tage und Nächte dauern.

Auf der Multimedia-CD-ROM ist die Weltkarte als Präsentation aufbereitet. Beim Anklicken eines Landes öffnen sich Bild- und Textinformationen sowie das zugehörige Hörbeispiel. Somit können besonders auf einem interaktiven Whiteboard die Aufgaben dieser Doppelseite anschaulich präsentiert bzw. erarbeitet werden.

Bei der Zusammenstellung und Vorbereitung der Moderation von Weltmusik-Charts vertiefen die Schüler die Informationen und setzen sich noch einmal gezielt mit den Besonderheiten der jeweiligen Musikkulturen auseinander. Die Präsentation der Ergebnisse schult das Auftreten vor einer Gruppe und übt Präsentationsformen ein.

Kapitel 11 12 13 14 15 16 17 18 19 **20**

Alien-Songs: Musik als universelle Sprache? ▸ SB, S. 238

Was ist eigentlich fremd? – Ein Experiment

Spätestens der Erfolgsfilm „Avatar" hat unsere Vorstellungskraft bezüglich einer völlig fremden Kultur wieder sensibilisiert. Die Kreation einer Gesellschaft mit in sich schlüssigen und den Erdbewohnern doch völlig fremden Regeln, Ritualen und kulturellen Äußerungen wie Sprache, Religion und Musik war sicher eine enorme Herausforderung für den Drehbuchschreiber. Diese Aufgabe sollen die Schüler übernehmen, wobei ein Aspekt, der Entwurf einer fremd klingenden Musik, das Hauptaugenmerk bekommt.

🌑 Bei der Suche nach den Klängen der Percepis sollen die Schüler auf Erfahrungen zurückgreifen, die sie ausführlich in Kapitel 19 (▸ SB, S. 226 f.), aber auch vorher in den Kapiteln 2 (▸ SB, S. 20 f.), 5 (▸ SB, S. 58–61) und 7 (▸ SB, S. 86 f.) machen konnten. Insbesondere baut die Aufgabenstellung auf Erfahrungen und Experimenten aus Kapitel 19 („Klänge im Aufbruch") auf: Penderecki sucht z. B. in seiner Komposition „De natura sonoris" ausdrücklich neue Klangwelten.

Kommunikation mit Außerirdischen

Bereits in Kapitel 12 (▸ SB, S. 152) wurde gefragt, ob musikalische Signale in aller Welt gleichermaßen verstanden werden. Der Film „Unheimliche Begegnung der dritten Art" suggeriert, dass Musik sogar bei der Kommunikation mit Außerirdischen als Sprachersatz funktionieren könnte.

Die Schüler haben sich bereits an verschiedenen Stellen des Kursbuchs mit Motiven und deren Verarbeitung bzw. mit musikalischen Gestaltungsmitteln intensiv auseinandergesetzt. Dennoch ist es eine Herausforderung, die Entwicklung der Musik aus dem Ur-Motiv heraus hörend zu verfolgen und zu beschreiben.

Methodische Hinweise:
- Schritt 1: Die Schüler hören das Hörbeispiel mehrmals (bis ca. 1:14) und fertigen dabei eine Ablaufskizze der „musikalischen Unterhaltung" an. Darin sollen sie festhalten, wer wann „spricht" und was gesagt wird, z. B.:
  – Die Aliens antworten zunächst nur mit einem kontrastierenden tiefen Ton auf das musikalische Motiv der Menschen,
  – nehmen dann aber schrittweise das Motiv auf und
  – machen es sich zu eigen, indem sie es mehr und mehr umformen.
- Schritt 2: Die Schüler tauschen nun ihre Skizzen und verfolgen den ersten Teil des Hörbeispiels noch einmal anhand der Skizze eines Mitschülers. In einer kurzen Reflexionsphase besprechen sie die unterschiedlichen Möglichkeiten, den Verlauf der Musik aufzuschreiben. Fragestellung könnte dabei z. B. sein: Anhand welcher Skizze kann man dem Hörbeispiel besser folgen? Welche Skizze schafft einen guten Überblick über die Entwicklung?
- Schritt 3: Nun hören die Schüler das ganze Hörbeispiel. Dabei geht es aber nicht mehr um einen genauen Verlauf, sondern darum, in welche Richtung sich die Kommunikation entwickelt:
  – Die Außerirdischen übernehmen die Kontrolle über das Keyboard der Menschen.
  – Die Musik wird zunehmend „wilder".
  – Beide Seiten scheinen sich einzelne Töne zuzuwerfen.
  – Hier und da taucht vereinzelt das Motiv wieder auf.
  – Am Ende erklingen wieder die tiefen Töne, mit denen das Hörbeispiel begonnen hat.

Fremd und vertraut

📝 Im Schülerarbeitsheft können die Schüler eine Ablaufskizze der Unterhaltung anfertigen.

3 Anhand der Ablaufskizze kann nun die Kommunikation auf eigenen Instrumenten nachgespielt werden. Dabei geht es aber nicht um den Versuch, die Musik zu kopieren. Vielmehr sollen die Schüler im Sinne einer Improvisation (➤ Workshop „Improvisation", SB, S. 142 f.) auf die musikalischen Statements des Gegenüber reagieren. Beim nächsten wichtigen Schritt reflektieren die Schüler sowohl ihre Beschäftigung mit dem Hörbeispiel aus dem Film als auch ihre eigene Kommunikation hinsichtlich der Frage, ob man sich mit Musik wie mit Sprache verständlich machen kann. Dies führt zur übergeordneten Frage (Aufgabe 4), ob Musik eine universelle Sprache ist.

4 Musik die Funktion einer universellen Weltsprache zuzuweisen, muss sehr kritisch gesehen werden. So wie wir Europäer kaum die subtilen Unterschiede zwischen einem indischen Morgen- und Abend-Raga wahrnehmen können, wenn wir nicht in dieser Musik geschult sind, so empfinden indische Musiker umgekehrt europäische Musik oft als „Musik mit Löchern", weil sie die Pausen als musikalisches Gestaltungsmittel kaum kennen. Natürlich gibt es die physikalisch-akustischen Gemeinsamkeiten der musikalischen Parameter Tonhöhe, Lautstärke und Tempo. Doch schon die Klangfarbe kann in unterschiedlichen Kulturen eine über- oder eher untergeordnete Bedeutung haben bzw. ganz unterschiedlich wahrgenommen und vor allem bewertet werden. Die Schüler zu einer kritischen Auseinandersetzung mit der Fragestellung und nicht zu einem schlichten, aber falschen „Ja" zu führen, sollte hier das Ziel sein.

Musikwelten: meine Musik – deine Musik ➤ SB, S. 240

Meine Musik – deine Musik

1 Wie gebrauche ich Musik? Und: Welche Wirkung hat diese Musik auf mich? Ein Ziel des Musikunterrichts, die Schüler zu einer verständigen Musikpraxis zu befähigen, schließt auch den selbstständigen und selbstbewussten Umgang mit Gebrauchsmusik ein. Dass man Musik als Aufputsch- oder Beruhigungsmittel gebrauchen kann, wird den Schülern durch die Selbstauskunft in Form einer Wochentabelle bewusst. Wichtig ist hier auch der Austausch untereinander, um Gemeinsamkeiten und Unterschiede im Umgang mit Musik im Alltag wahrzunehmen. Im Schülerarbeitsheft steht eine Tabelle zum Eintragen der einzelnen Schritte der Aufgabenstellung zur Verfügung.

Musik zeigt Wirkung

2 🔘 40, 41 Dieses Experiment zur Wirkung von Musik hat oft erstaunliche Ergebnisse. Je nach Begleitmusik werden Bild 1 als freundschaftlich, relaxed und Bild 2 als Fahrt zur Party oder in den Urlaub wahrgenommen oder beide eben jeweils als bedrohlich, düster, unheimlich. Ideal wäre es natürlich, wenn die Schüler nicht wissen, dass es sich um ein Experiment handelt. Dafür wären folgende Unterrichtsschritte denkbar:
- Schritt 1: Beide Bilder werden gleichzeitig an die Wand projiziert. Die beiden Gruppen sollen, wie im Kursbuch beschrieben, in ihrem Schülerarbeitsheft eine kurze Bildbeschreibung zu einem Bild machen, „für ein gemeinsames Projekt mit dem Kunstunterricht".

- Schritt 2: Der Lehrer gibt vor, die Zeit zu nutzen, um für die Vorbereitung der nächsten Stunde noch Musik auszuwählen und spielt dabei die beiden Hörbeispiele vor.
- Schritt 3: Einige Schüler lesen die Ergebnisse vor. Gibt es Gemeinsamkeiten bezüglich der Wahrnehmung der Bilder?
- Schritt 4: Dies könnte der Impuls sein, gemeinsam mit den Schülern darüber nachzudenken, ob und auf welche Weise Musik unsere Wahrnehmung beeinflussen kann.

Um die gleichzeitige Projektion der beiden Bilder zu erleichtern, findet sich eine Programmierung auf der Multimedia-CD-ROM. Die Hörbeispiele lassen sich zudem direkt durch Klick in der Anwendung starten.

Musik beeinflusst uns – bewusst und unbewusst

Ausgehend von der Selbstauskunft über musikalische Wirkung und den Erkenntnissen aus dem „Experiment" können die Schüler nun aktiv Musik als „Wirkstoff" einsetzen, indem sie verschiedene Situationen musikalisch „inszenieren". Die verschiedenen Möglichkeiten, wie Musik Wirkung ausüben kann, finden sich in der abschließenden Wissensbox und sind für die Schüler nach den eigenen Erfahrungen musikalischer Wirkung viel plastischer vorstellbar. Ihre Auswahl und die Begründungen können von den Schülern im Schülerarbeitsheft notiert werden.

Eyvallah, auf Wiedersehen! ► SB, S. 242

Ristorante Ritmicale

Methodische Hinweise:
- Wichtig für die Ausführung dieses kulinarischen Sprechstücks ist die klare und rhythmisch präzise Ausführung der stimmlosen Konsonanten: Das „z" in „Pizza", „Nizza" etc. sollte wie eine geschlossene Hi-Hat klingen; die jeweils ersten Silben werden leise gesprochen, das „z" laut auf den Zählzeiten 2 und 4.
- Die Klatschfolge beim Pattern „Spaghetti" ist eine Herausforderung und sollte unbedingt langsam geübt werden (kinesiologische Übung: es geht auch um die Überkreuzung bzw. Aktivierung von rechter und linker Hemisphäre).
- Beim Klatsch-Crescendo beginnt man mit den Fingerspitzen und endet mit der ganzen Handfläche.
- Das korrespondierende Klatsch-Crescendo bzw. -Decrescendo in Gruppe 2 und 3 muss man ein wenig üben, damit es überzeugend wird.

[Tipp] Lassen Sie die Schüler auch einmal Versionen ausprobieren, in denen sie nur sprechen, flüstern oder nur Bodysounds spielen. Dies ist auch für eine Aufführung sehr reizvoll. Zunächst beginnen die Gruppen nacheinander mit ihrem Pattern (gesprochen und mit Bodysounds gespielt), auf ein Zeichen sprechen alle leiser, um erst nur noch zu flüstern und schließlich nur noch mit Bodysounds zu spielen. Interessant sind auch plötzliche Wechsel zwischen gespielten und gesprochenen Teilen.
Geben Sie einzelnen Schülern der jeweiligen Gruppen Boomwhackers (pentatonisch: *c, d, e, g, a*) in die Hand, wobei diese weiter ihr Rhythmuspattern spielen. So entsteht ein interessanter pentatonischer Begleitgroove zum Sprechstück.

Eyvallah

Dieser kleine Song ist ein schöner Ausklang und stimmt auf die großen Ferien ein. Die 12 Sprachen sind:
- Eyvallah – Türkisch
- Adieu – Französisch
- Auf Wiedersehn – Deutsch
- Adios – Spanisch
- Goodbye – Englisch
- Arrivederci – Italienisch
- Hejdå – Schwedisch
- Dowidzenia – Polnisch
- Ahoj – Tschechisch
- Hyvästi – Finnisch
- Addio – Griechisch
- Zaijian – Chinesisch

Eyvallah (Begleitpattern)

Klavierbegleitung: G. Schmidt-Oberländer
© Helbling

Workshop Stabspiele ➤ SB, S. 42

Begründung

Der Gebrauch von Stabspielen spielt bereits in der Grundschule eine wichtige Rolle im Praxisfeld „Musik gestalten". Durch ihren einfachen Aufbau und die schnell zu erlernende Handhabung sind die von Carl Orff in die Musikpädagogik eingeführten Instrumente auch in der weiterführenden Schule unverzichtbar. Die Visualisierung der diatonischen Skala durch die allmählich kleiner werdenden Stäbe und durch die Beschriftung, die Möglichkeit, mit Austauschstäben die Funktion von Versetzungszeichen zu verdeutlichen, und der angenehme Klang, der sich durch unterschiedliche Instrumente aus Holz und Metall und verschiedene Schlägeltypen noch weiter differenzieren lässt, sind wichtige Gründe für die ungebrochene Popularität dieser Instrumentengruppe in der Schule.

Gerade deshalb will auch der richtige Umgang mit diesen Instrumenten gelernt und geübt sein. Dieser Workshop thematisiert daher z. B. Schlägelhaltung, Handsatz, Improvisationsmöglichkeiten und die Anwendung an einem Spielstück aus der Ursprungsregion der modernen Xylofone.

Umsetzung

Die im Schülerbuch vorgeschlagenen Erarbeitungsschritte reichen vom ersten Kennenlernen des Instruments über Vorübungen und Klangexperimente bis hin zu einem exemplarischen Spielstück.

Schritt 1: Erstes Kennenlernen

Im Rahmen des ersten Kennenlernens der Stabspiele (Xylofone, Metallofone, Glockenspiele) muss unbedingt mit den Schülern die richtige Schlägelhaltung geübt werden. Der häufigste Fehler, den Schüler beim Spielen auf dem Stabspiel machen, resultiert aus einer falschen Schlägelhaltung: Der Schlägel wird fest wie ein Hammer in die Hand genommen statt locker, wie im Workshop beschrieben. Dadurch bleibt er beim Anschlag auf dem Stab liegen statt zurückzufedern; es entsteht ein trockener „Plopp"-Klang ohne Nachklang.

[Tipp] Lassen Sie die Schüler bewusst auch das falsche Anschlagen abwechselnd mit dem federnden Spiel ausführen, damit der Unterschied allen hörend bewusst wird. Natürlich kann der gestoppte Klang in bestimmten Zusammenhängen auch als Effekt eingesetzt werden.

Schritt 2: Vorübungen am Instrument

Oft wird der Fehler begangen, den Schülern bei einfachen Stimmen nur einen Schlägel in die Hand zu drücken. Dabei wird gerade die Chance vertan, die Rechts-links-Koordination anzuwenden und zu vertiefen, die die Schüler in verschiedenen Bodypercussion-Übungen bereits angelegt haben. So werden beim abwechselnden Spiel mit zwei Schlägeln (Hand-zu-Hand-Spiel) auch scheinbar einfache Stimmen wie die Begleitstimme 2 zu „Mai Nozipo" mit ihren vielen Repetitionen deutlich präziser ausgeführt als beim Spiel mit einem Schlägel, wo es auch schnell zu Verkrampfungen kommen kann. Im Schülerbuch sind 5 eintaktige Patterns abgedruckt, die das Hand-zu-Hand-Spiel üben und gleichzeitig Schwierigkeiten innerhalb der Stabspielstimmen von „Mai Nozipo" vorbereiten.

Schritt 3: Klangexperimente

Unbedingt sollten die Schüler mit den verschiedenen klanglichen Möglichkeiten der unterschiedlichen Stabspiel- und Schlägeltypen experimentieren können, um für spätere Arrangement- und Improvisationsaufgaben auch eine innere Vorstellung von der Klangvielfalt zu bekommen. Die Pentatonik eignet sich dafür besonders gut, da auch bei vielen Spielern immer ein ästhetisch „erträglicher" Gesamtklang entsteht.

Schritt 4: Ein Stück aus Afrika: Mai Nozipo

Begleitstimme 1 kann problemlos auch von unerfahrenen Schülern ausgeführt werden. Begleitstimme 2 hingegen bietet einige Herausforderungen:
- Achtelnoten
- Tonrepetitionen
- Offbeat-Beginn der Phrasen

Begleitstimme 2 sollte zunächst in langsamem Tempo vorgeübt werden. Um die Achtelpause besser zu spüren, können die Schüler einen Luftschlag ausführen.

[Tipp] Teilen Sie die Klasse in mehrere Gruppen ein. Jede Gruppe beschäftigt sich mit einem Begleitinstrument. Auch die Percussion kann auf diese Weise aufgeteilt werden. So können die Gruppen ihre Begleitstimme üben, während Sie einzelnen Schülern oder Gruppen Hilfestellungen geben. Dies erfordert natürlich eine räumliche Situation, die den Gruppen akustisch eine einigermaßen ungestörte Umgebung ermöglicht.

Ⓑ 16 Das Lied „Mai Nozipo" liegt in einer Aufnahme des Kronos-Quartetts vor. Die Option, die etwas komplexere rhythmische Ausführung der verschiedenen Patterns über das Hören (und evtl. Mitspielen) auf die Stabspiele zu übertragen, ist eine schöne Hörübung. Der Rhythmus der Melodiestimme bildet zur Pulsation der Begleitstimme 2 eine reizvolle metrische Überlagerung und wird etwa so ausgeführt (Beispiel Zeile 2):

Weiterführung

Für folgende Lieder und Stücke im weiteren Verlauf des Kursbuchs ist der Workshop „Stabspiele" eine hilfreiche Voraussetzung:
- Der Mond ist fort (➤ SB, S. 62)
- Haiku: Mondlicht auf dem Teich (➤ SB, S. 69)
- Improvisation zur chinesischen Flusslandschaft (➤ SB, S. 72)
- Workshop „Klassenmusizieren" (➤ SB, S. 82 f.)
- Cancan (➤ SB, S. 106)
- Workshop „Improvisation" (➤ SB, S. 142)
- Autumn Comes (➤ SB, S. 156)
- Improvisation in Moll (➤ SB, S. 161)
- Conquest of Paradise (➤ SB, S. 164)
- Hewenu shalom alechem (➤ SB, S. 168)
- Pachelbel-Kanon (➤ SB, S. 200)
- Workshop „Latin" (➤ SB, S. 204 f.)
- Turkey Trot (➤ SB, S. 209)

Workshop Klassenmusizieren ➤ SB, S. 82

Begründung

Dieser Workshop soll dazu beitragen, gemeinsames Musizieren als eine wertvolle musikalische Erfahrung und Bereicherung für die Schüler gelingen zu lassen. Musikalisches Gestalten als wichtiges Praxisfeld des Musikunterrichts braucht immer wieder größere musikalische Vorhaben, die den Gebrauchswert des in Übungen Gelernten deutlich werden lassen. Welche Schritte dafür in welcher sinnvollen Reihenfolge nötig sind, das zeigt dieser Workshop den Schülern exemplarisch und anschaulich an einem einfachen serbischen Volkslied.

In diesem elementaren Stadium des Klassenmusizierens kann eine stilistische Authentizität wohl kaum angestrebt oder erreicht werden. Dies ist hier aber auch nicht die Absicht. Im Fokus stehen bei diesem Vorgehen vielmehr der Prozess des schrittweisen Zusammensetzens eines Arrangements und das Bewusstmachen der Funktion der einzelnen Teile (Bass, Begleitstimmen, Rhythmuspatterns).

Information
Der serbische Text lautet in einer wörtlichen Übertragung:
Komm, führe fröhlich unseren bunten Kolo an!
Burschen, Mädchen, zum Kolo! Lasst es mit Freude erklingen!

Bis in die heutige Zeit gibt es in Serbien den „altertümlichen Reigen", der „Kolo" genannt wird. Heute wird dieser Rundtanz üblicherweise mit verschiedenen Blasinstrumenten und Akkordeon begleitet, früher waren es überwiegend Flöte, Lautenfidel und andere mittelalterliche Instrumente.

Umsetzung

Der Weg, eine Melodie zunächst mit einem Bordun-Bass zu versehen, ist ein in der Volksmusik oft verwendetes Verfahren, das sofort gelingt und überzeugend klingt. Die Alternative, die Grundtöne der Begleitakkorde zu spielen, ließe sich auch im Wechsel von A- und B-Teil bzw. bei einer Wiederholung umsetzen. So könnte es auch zwei Bassgruppen geben: die Bordun-Spieler und die Grundton-Spieler.

Die Begleitstimmen sind alle so gestaltet, dass sie auf diatonischen Stabspielen ausführbar sind. Reizvoller ist allerdings die Besetzung mit Instrumenten, die von einzelnen Schülern außerhalb der Schule gelernt werden, wie Blockflöte oder Geige. Ein Besetzungsvorschlag ist im Arrangement vermerkt. Dabei ist die Stimme 1 eine „Anfängerstimme", die Stimme 3 verlangt schon eine etwas bessere Beherrschung des Instruments. Stimme 2 kann auch einstimmig gespielt werden, indem die untere Note weggelassen wird. Alternativ kann die Zweistimmigkeit auch auf zwei Spieler aufgeteilt werden.

Die Rhythmuspatterns verlangen von Triangel- und Tamburin-Spieler eine Differenzierung, die zunächst alleine geübt werden muss, bevor man die Instrumente zusammensetzt. Gerade die Koordination des Wechsels von gedämpftem und offenem Klang bei der Triangel ist für Schüler eine Herausforderung, die gut geübt werden muss.

Wichtig ist, dass die Schüler die Möglichkeit bekommen, mit den Bausteinen der Doppelseite einen eigenen Ablauf, ein „Arrangement" zusammenzustellen und dabei unterschiedliche Varianten auszuprobieren. Klassenmusizieren braucht Zeit! Wenn aber derartige Abläufe erst einmal exemplarisch geübt wurden, fällt die Übertragung auf andere Lieder und Spielstücke viel leichter.

[Tipp] Der im Schülerbuch vorgeschlagene Weg der Erarbeitung ist auch beim Einüben des Klassenarrangements sinnvoll. Alternativ können Sie auch die Klasse in Gruppen einteilen: Jede Gruppe beschäftigt sich mit ihrem Instrument und übt die entsprechende Stimme ein. Dies gibt Ihnen die Möglichkeit, jeder Gruppe gezielt Tipps und Hilfestellungen zu geben, während die anderen Schüler an ihren Instrumenten arbeiten. Voraussetzung dazu ist freilich eine entsprechende Raumsituation, die eine akustische Trennung ermöglicht, damit sich die einzelnen Gruppen nicht gegenseitig stören.

Weiterführung

Für folgende Lieder und Stücke im Verlauf des Kursbuchs ist der Workshop „Klassenmusizieren" eine hilfreiche Voraussetzung:
- Shalala (➤ SB, S. 6)
- Finster, finster (➤ SB, S. 22)
- Let's Meet the Beat! (➤ SB, S. 28)
- Ich bin Wolfgang Amadeus (➤ SB, S. 46)
- Der Mond ist fort (➤ SB, S. 62)
- Early-Morning-Reggae (➤ SB, S. 70)
- Instrumenten-Rap (➤ SB, S. 94)
- Dreiklangs-Calypso (➤ SB, S. 104)
- Cancan (➤ SB, S. 106)
- Sing, Sing, Sing (➤ SB, S. 118)
- Autumn Comes (➤ SB, S. 156)
- Colour Your Life (➤ SB, S. 160)
- Sascha (➤ SB, S. 162)
- Conquest of Paradise (➤ SB, S. 164)
- What Shall We Do with the Drunken Sailor (➤ SB, S. 167)
- Hewenu shalom alechem (➤ SB, S. 168)
- Lazy and Low (➤ SB, S. 195)
- Trommelklang (➤ SB, S. 195)
- Shoobeedoowah (➤ SB, S. 196)
- Pachelbel-Kanon (➤ SB, S. 200)
- Love Is All Around (➤ SB, S. 202)
- Workshop „Latin" (➤ SB, S. 204 f.)
- Sponono (➤ SB, S. 233)
- Samiotissa (➤ SB, S. 234)
- Eyvallah (➤ SB, S. 243)

Workshop Sprechen über Musik ➤ SB, S. 108

Begründung

Schüler verwenden normalerweise etwa 8 Begriffe, um Musik zu beschreiben: schnell, langsam, laut, leise, tief, hoch, fröhlich, traurig; dazu noch Ausdrücke, die ihre Emotionen in Bezug auf die Musik verdeutlichen wie: „langweilig", „krass" oder „zum Chillen". Damit sie sich differenzierter über Musik äußern können, brauchen sie Hilfestellungen und einen entsprechenden Wortschatz. Beides wird ihnen hier in mehrfacher Hinsicht gegeben. Dieser Workshop kann den Schülern immer wieder als Kompendium dienen, wenn über Musik gesprochen wird oder wenn Musik beschrieben werden soll.

Umsetzung

Die Wortfelder zur Beschreibung von Musik decken drei Kategorien ab:
- musikalische Parameter: Tempo, Lautstärke, Tonhöhe
- musikalische Mittel: Besetzung, Klangfarbe, Bauplan und Struktur, Gestaltung, Zusammenklang
- Gefühl

In den Wortfeldern finden sich zwar überwiegend Fachausdrücke, es gibt aber darüber hinaus auch viele bildhafte Wendungen wie „mäuschenstill", „Katzenmusik" oder „hineinplatzen".

Die Gruppenarbeit zu Beginn soll die Schüler anregen, sich innerhalb eines Wortfeldes mit der Vielfalt der möglichen Begriffe auseinanderzusetzen. Dabei sollen unbekannte Begriffe, insbesondere die italienischen Fachausdrücke, in Eigenrecherche geklärt werden. Schließlich sollen die Schüler das neue Repertoire für die Beschreibung von selbst ausgesuchter Musik nutzen und der Klasse präsentieren können.

[Tipp] Fertigen Sie für das Klassenzimmer ein Plakat an, in dem die Wortfelder abgebildet sind. So können die Wortfelder, immer wenn über Musik gesprochen wird, leicht herangezogen werden. In einigen Situationen werden die vorhandenen Begriffe nicht zur Musik, die beschrieben werden soll, passen. Dies eröffnet die Gelegenheit, die Wortfelder während des Schuljahres immer wieder zu ergänzen.

Weiterführung

Für folgende thematische Zusammenhänge und Stücke im Verlauf des Kursbuchs ist der Workshop „Sprechen über Musik" eine hilfreiche Voraussetzung:
- Stimmklänge (➤ SB, S. 20)
- Arie des Osmin (➤ SB, S. 52 f.)
- Klangbilder (➤ SB, S. 58)
- Stripsody (➤ SB, S. 61)
- Das Märchen vom gestohlenen Mond (➤ SB, S. 62 ff.)
- Klangskulpturen (➤ SB, S. 87)
- Klavier (➤ SB, S. 95)
- Töne klingen zusammen (➤ SB, S. 100)
- Cancan/Karneval der Tiere (➤ SB, S. 107)
- Gestaltungsprinzipien (➤ SB, S. 112)

Workshop Sprechen über Musik

- Vom Motiv zur Sinfonie (▶ SB, S. 114)
- Baupläne (▶ SB, S. 116)
- Menuett (▶ SB, S. 120)
- Swing-Feeling (▶ SB, S. 135)
- Synkope (▶ SB, S. 136 f.)
- Musik mit Programm (▶ SB, S. 146 ff.)
- Dur und Moll (▶ SB, S. 162 f.)
- Trompete/Blechblasinstrumente (▶ SB, S. 178 f.)
- Holzblasinstrumente (▶ SB, S. 180)
- Invention (▶ SB, S. 188 f.)
- Thema und Variation (▶ SB, S. 193)
- Pachelbel-Kanon (▶ SB, S. 200 f.)
- Turkey Trot (▶ SB, S. 208 f.)
- Notenbilder – Tonbilder (▶ SB, S. 216 ff.)
- Klänge im Aufbruch (▶ SB, S. 226 ff.)
- Fremd und vertraut (▶ SB, S. 234 ff.)

Workshop Improvisation

➤ SB, S. 142

Begründung

Das spontane Erfinden bzw. Variieren von Musik ist eine in allen Kulturen der Welt verankerte musikalische Praxis. In der europäischen Kunstmusik ist sie in den vergangenen Jahrhunderten mehr und mehr verschwunden, allein in der Kirchenmusik blieb sie durchgehend erhalten. Dafür entstand im 20. Jahrhundert mit dem Jazz eine Musikform, in der die Improvisation und die damit verbundene Individualität des Interpreten im Zentrum stehen. Dabei bedienen sich viele Jazzmusiker – bewusst oder unbewusst – auch der improvisatorischen Mittel, die in anderen Kulturen eine Rolle spielen: Beschränkung auf einen Tonraum (z. B. Pentatonik oder andere Skalen), Frage und Antwort (Call & Response) oder motivische Arbeit. Dieser Workshop bietet nach dem vorhergegangenen Umgang mit freier Improvisation (z. B. in Kap. 2 und 5) auf elementare Weise einen Zugang zu diesen Gestaltungsmitteln, die in verschiedenen Stilistiken praktisch anwendbar sind. Zudem werden die im Workshop gewonnenen praktischen Erfahrungen für die Beschreibung, Analyse und Interpretation von Musik unterschiedlichster Provenienz wertvoll sein.

Umsetzung

Schritt 1: Im C-Dur-Tonraum unterwegs

Bei der Improvisation in einem bestimmten Tonraum ist es wichtig, den Schülern eine metrische und harmonische Stütze zu geben. Dabei sind modale harmonische Begleitungen wie in Schritt 1 vorgeschlagen wesentlich offener als Kadenzformeln wie Tonika → Dominante und ermuntern zu freierem Spiel, weil kein offensichtlicher Grundton erreicht werden muss.

[Tipp] Die Erarbeitung der Begleitpatterns ist relativ zeitaufwändig. Um den Schülern einen schnellen Zugang zur Improvisation zu ermöglichen, kann man die Improvisation natürlich auch am Klavier begleiten.

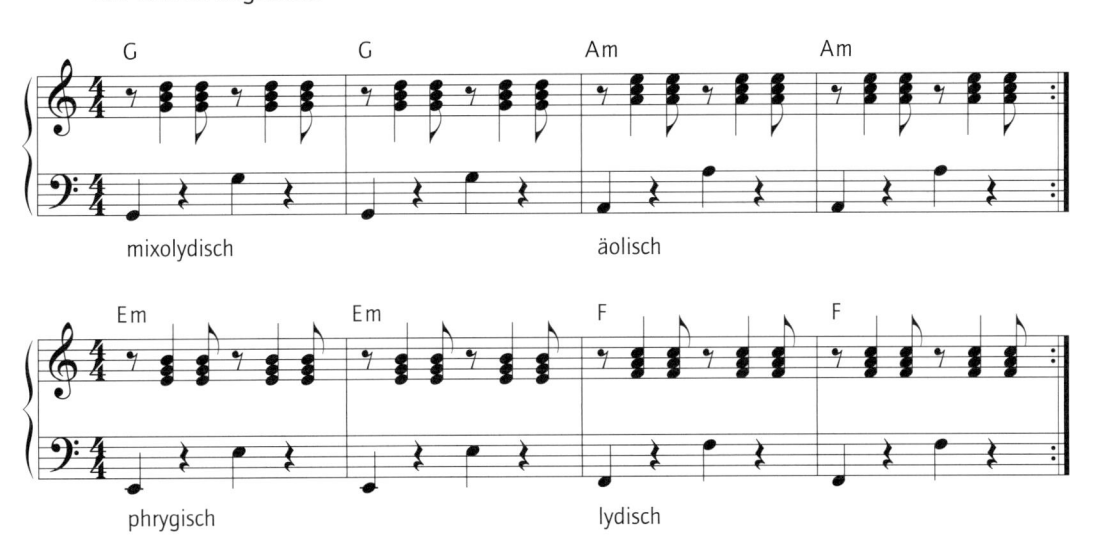

Im Schülerbuch entsteht durch die Folge der Begleitakkorde und die Verwendung der Stammtöne in den ersten beiden Takten eine mixolydische und in den Takten 3 und 4 eine äolische Skala als wahrgenommener Tonraum. Diese Kombination ist nur eine von vielen Möglichkeiten. Auch phrygisch (Begleitung in e-Moll) und lydisch (F-Dur) klingen als Kombination sehr reizvoll.

Das freie Erfinden von Melodien ausgehend von vorgeschlagenen Bausteinen oder auch ohne diese ist eine erste Explorationsphase.

Schritt 2: Frage und Antwort

Das Frage-und-Antwort-Prinzip wird schrittweise eingeführt: Zunächst stellt der Lehrer immer dieselbe motivische Frage, worauf die Schüler wie in einem Rondo mit kleinen eigenen Motiven antworten können.

Schritt 3: Ein Ton, zwei Töne, viele Töne …

Das Erfinden von eigenen Motiven ist erfahrungsgemäß nicht so einfach, da Melodie und Rhythmus gleichzeitig entstehen müssen und man nicht Bezug nehmen kann auf einen Impuls. Daher wird nach dem Prinzip der „rotierenden Aufmerksamkeit" zunächst nur eine Tonhöhe verwendet; erst allmählich treten ein oder mehrere Töne hinzu. Dadurch können sich die Schüler besser auf das Erfinden von markanten Rhythmen konzentrieren.

Schritt 4: Ein Motiv verändert sich

Die den Schülern bereits aus unterschiedlichen Kontexten vertraute Veränderung von musikalischen Bausteinen (z. B. Merkmale-Mischmaschine in Kap. 2) wird hier nun mit differenzierten Aufgabenstellungen vertieft und kann für die musikalische Analyse (z. B. Bach-Invention in Kap. 15) wertvolle Erfahrungen erwirken.

Schritt 5: Ein musikalisches Streitgespräch

Die Überführung der Frage-und-Antwort-Improvisation in eine größere Form gelingt über das Bild eines Streitgesprächs ganz leicht. Wenn der Tipp umgesetzt wird, entsteht letztlich eine musikalische Form, die der Sonatensatzform mit ihrem Themendualismus ähnelt. In höheren Klassen kann dann eine solche Improvisation auch für das musikästhetische Verständnis genutzt werden.

Weiterführung

Für folgende Themenfelder im Verlauf des Kursbuchs ist der Workshop „Improvisation" (in einem Tonraum) eine hilfreiche Voraussetzung in Praxis (P) bzw. Analyse (A):
- Arie des Osmin (A) (➤ SB, S. 52 f.)
- Melodiebaukasten (P, A) (➤ SB, S. 71)
- Eine chinesische Flusslandschaft (P) (➤ SB, S. 72)
- Pausenspaß (A) (➤ SB, S. 79)
- Musik in Form I (A, P) (➤ SB, S. 112 ff.)
- Töne malen Bilder (A) (➤ SB, S. 147)
- Ein Gewitter in der Musik (A, P) (➤ SB, S. 148 f.)
- Eine Nacht auf dem kahlen Berge (A) (➤ SB, S. 150 f.)
- Ein Herbstgedicht in Musik umsetzen (P) (➤ SB, S. 157)
- Improvisation in Moll (P) (➤ SB, S. 161)
- Musik in Form II (A) (➤ SB, S. 186 ff.)
- Pachelbel-Kanon (P, A) (➤ SB, S. 200 f.)
- Klänge im Aufbruch (P, A) (➤ SB, S. 224 ff.)
- Kommunikation mit Außerirdischen (P, A) (➤ SB, S. 238 f.)

Workshop Line Dance ➤ SB, S. 172

Begründung

Line Dance ist eine Form von Gruppentanz zu Country-(Rock-)Musik. Da man beim Tanzen eines Line Dance seinen Partner nicht berührt – also jeder solo tanzt und man niemanden führen muss bzw. Angst haben muss, dem Partner auf die Füße zu treten –, entfällt für Schüler eine Hemmschwelle, die gerade bei Paartänzen erfahrungsgemäß eine Rolle spielt. Deshalb eignet sich der Line Dance hervorragend, um im Musikunterricht erste Erfahrungen mit Gruppentänzen zu machen.

Die Tänzer stehen in Reihen (engl. „lines"), man hat also keinen direkten Tanzpartner. Jeder tanzt für sich, aber gleichzeitig und synchron mit anderen. Die Tänze bestehen aus verschiedenen Grundelementen, die für jeden Tanz neu kombiniert werden. Es gibt einfache Tänze mit nur 16 Schritten bis zu schwierigen Kombinationen mit 120 Schritten und mehr. Mit ein wenig Routine und Übung kann man einfache Tänze aber schon nach der zweiten Wiederholung mittanzen.

Umsetzung

Die vorliegende Tanzform ist sehr einfach gehalten und besteht im Grunde aus nur vier Achtereinheiten (eine übliche Zählweise in populären Tanzformen), die sich immer wiederholen. Da es am Ende der vier Achtereinheiten eine Drehung nach rechts gibt, sieht die Choreografie in der neuen Position für ein Publikum auch immer wieder neu und interessant aus; erst nach vier Drehungen ist die Ausgangsposition wieder erreicht.

Die Choreografie verwendet folgende Grundelemente:
- Figur 1a/b besteht lediglich aus Seitschritten und einer Auf-/Abbewegung. Als Tanzfigur kann diese Achtereinheit wie alle anderen Achtereinheiten auch gegengleich getanzt werden.
- Figur 2a/b: Etwas anspruchsvoller ist die zweite Achtereinheit. Sie ist dafür aber wirkungsvoller und macht viel Spaß, besonders die Twist-Bewegung am Schluss.
- In der Figur 3a/b kommt der sogenannte Grapevine-Schritt zum Einsatz und es gibt die beschriebene Drehung nach rechts.

Das schnelle Tempo des Songs „Summertime Blues" ist für den Line Dance charakteristisch. Die Schrittkombinationen sollten aber unbedingt zunächst in langsamem Tempo geübt werden, ohne Musik und zunächst ganz ohne Drehung. Bei Figur 2a/b und 3a/b beginnt man zuerst im halben Tempo und tastet sich dann langsam an das Originaltempo heran. Die allmähliche Temposteigerung gibt den Schülern die nötige Sicherheit für das spätere Tanzen zum Hörbeispiel. Die Drehung kommt erst hinzu, wenn die Schüler sicher in der Bewegungsabfolge sind.

[Tipp] Bei einer weniger erfahrenen Tanzgruppe können Sie für jede Richtung ein oder zwei Schüler bestimmen, die ihre Gruppe in der jeweiligen Richtung als Vortänzer anführen.

Am besten lassen sich die Bewegungen anhand des Begleitvideos nachvollziehen. Dort werden Intro, Figur 1a, Figur 2a und Figur 3a in langsamem Tempo einzeln erläutert und vorgeführt. Die Gesamtchoreografie mit Schülern zum Song „Summertime Blues" vermittelt einen Eindruck für eine mögliche Umsetzung.

Weiterführung

Über den Rahmen des regulären Musikunterrichts hinaus lässt sich Line Dance sehr gut während schulischer Kreativwochen, Projekttagen oder natürlich für eine Präsentation anlässlich des Schulfestes nutzen. Besonders wenn die Bewegungen präzise und synchron ausgeführt werden, ist der Tanz trotz relativ einfacher Bewegungen bei Vorführungen sehr wirkungsvoll.

Für folgende Tänze bzw. Songs können die Bausteine aus dem Workshop „Line Dance" verwendet werden:
- The Beat Is Hot (➤ SB, S. 27)
- Let's Meet the Beat! (➤ SB, S. 28)
- Hier kommt die Klasse (➤ SB, S. 36)
- Ich, du, er, sie, es (➤ SB, S. 69)
- Formationstanz spontan: My Dancing Queen (➤ SB, S. 125)
- Summer Holiday (➤ SB, S. 126)
- Three Little Fishies (➤ SB, S. 134)
- Y. M. C. A (➤ SB, S. 138)
- Ein Song für uns (➤ SB, S. 182)
- Slap and Clap (➤ SB, S. 215)

Workshop Latin

➤ SB, S. 204

Begründung

Neben dem Orff-Instrumentarium haben sich inzwischen lateinamerikanische Percussionsinstrumente als vielfältig einsetzbare Begleiter des Musikunterrichts durchgesetzt und werden von Schülern erfahrungsgemäß begeistert angenommen. Zusammen mit Stabspielen lassen sich hier durch die Kombination einfacher bis mittelschwerer Bausteine bereits komplexe Begleitgrooves erzeugen.

Der Begriff „Latin" ist ein etablierter Crossover-Ausdruck für afroamerikanische Musikstile, die auf einer Clave-Timeline basieren. Dazu gehören beispielsweise Samba oder Bossanova aus Brasilien oder die kubanische Salsa (wiederum ein Crossover-Begriff für die „Soße", die aus der Kombination von z. B. Son- und Jazz-Elementen entstand). Während hier noch etwas klischeehaft von **der** Musik aus Lateinamerika gesprochen wird, sollte in höheren Klassen damit durchaus differenzierter umgegangen werden.

Im Workshop wird der Gebrauch einiger typischer Percussionsinstrumente anhand jeweils eines rhythmischen Patterns erarbeitet. Die Kombination der Patterns und der Stabspielstimmen ergibt eine reizvolle und machbare Begleitung für den kleinen Song.

Umsetzung

Zur Einstudierung setzt man die Instrumente am besten allmählich und in der vorgeschlagenen Schrittfolge zusammen. So haben alle Schüler die Möglichkeit, die Instrumente, ihre Handhabung und die korrekte Spielweise kennenzulernen.

[Tipp] Stellen Sie die einzelnen Instrumente vor und nehmen Sie sich Zeit, die wichtigsten Aspekte (Besonderheiten, Spielweise ...) zu erklären. Geben Sie einzelnen Schülern die Gelegenheit, das jeweilige Instrument auszuprobieren. Spielen Sie dann mit der ganzen Klasse das im Schülerbuch notierte Pattern unter Verwendung von Bodypercussion. Jeweils ein Schüler darf das Pattern mit dem jeweiligen Instrument spielen. Erst wenn dieses Pattern gut läuft, sollten Sie ein neues Pattern hinzunehmen.

Schritt 1: Cowbell

Das „Metronom" der Latin-Band sollte bei einer Aufführung von einem Schüler gespielt werden, der in der Lage ist, ein Tempo zu halten. Oft ist das Spiel mit einem Schlagzeugstock (Stick) – trotz der im Buch vorgeschlagenen Dämpfung der Glocke – zu laut. In diesem Fall kann man den Stick durch einen Xylofonschlägel ersetzen.

Schritt 2: Maracas (Shaker)

Die waagrechte Schüttelbewegung für den binären Groove muss gut geübt werden, damit ein gleichmäßiger Klang erzeugt werden kann. Zudem erfordert sie eine gewisse Kondition und Lockerheit. Bestimmte Maracas-Typen können sehr laut sein. Schüttel-Eier, auch selbst gebastelte (➤ S. 118 in diesem Lehrerband), sind daher eine schöne Alternative.

Workshop Latin

Schritt 3: Guiro

Die „Gurke" wird mit einem Holzstäbchen gespielt. Wenn man Daumen und Mittelfinger in die Grifflöcher steckt, kann man die Guiro am Oberkörper abstützen. Sie sollte schräg nach unten weisen, dann fällt das Spielen am leichtesten. Die Viertelnoten müssen mit deutlich mehr Druck gespielt werden als die Achtelnoten. Besonderes Augenmerk muss auf den Richtungswechsel und die Tempoänderung beim Streichen der Achtelnoten gelegt werden.

Schritt 4: Conga

In einer Latin-Band hat der Conga-Spieler in der Regel drei Instrumente, um verschiedene Tonhöheneffekte zu spielen. Dies hat historisch unter anderem damit zu tun, dass in Afrika Trommeln eine Melodie spielen („Melorhythmus"). In diesem Zusammenhang spielen auch verschiedene Anschlagarten eine wichtige Rolle (z. B. Open Tone, Bass Tone, Slap, Tap usw.). Bereits mit einem Instrument lassen sich durch die erste Differenzierung zwischen Open- und Bass-Sounds schöne Grooves erzeugen. Es bedarf einiger Übung, um die Töne der Trommel sauber zu spielen. Die Schüler sollten deshalb genügend Zeit zum Experimentieren haben, um die Anschlagpositionen zu verinnerlichen.

[Tipp] Da im Klassenraum normalerweise nicht viele Trommeln vorhanden sind, können Sie den Wechsel zwischen Open- und Bass-Sound auch mittels Bodypercussion vorüben lassen: Der Open-Schlag wird auf den Oberschenkeln gespielt, der Bass-Schlag auf den Knien. So üben die Schüler den Wechsel der Schlagpositionen und die dazugehörige Körperkoordination. Zudem ist die Übungsphase dadurch viel weniger lärmintensiv.

Schritt 5: Claves

Die charakteristische Clave-Figur (hier in der 3-2-Version) muss gut vorbereitet sein, denn sie ist die schwierigste aller Stimmen. Das im Schülerbuch abgebildete Sprechpattern hilft, den Rhythmus präzise auszuführen, und sollte unbedingt zunächst gesprochen werden. Erst in einem weiteren Schritt werden die fett markierten Schläge zum weiterlaufenden Sprechpattern geklatscht.

Zudem erfordert die Haltung einige Übung: Mit der einen Hand bildet man einen nach oben geöffneten Hohlraum, eine Clave wird auf die Fingerkuppen gelegt und mit diesen ganz leicht gehalten. Die andere Clave schlägt federnd und nicht zu fest auf die liegende Clave. Dann klingen die Claves nicht wie zwei Stöcke, sondern erzeugen den typisch durchdringenden hellen Sound.

Schritt 6 und 7: Stabspielstimmen und Bass

Diese Stimmen sind unabhängig von der im Workshop erarbeiteten Latin-Percussion optional zur zusätzlichen Begleitung des Songs gedacht. Zur Ausführung der Stabspielstimme können die Anregungen beim Workshop „Stabspiele" (➤ SB, S. 42, und S. 223 f. in diesem Lehrerband) hilfreich sein. Die Bass-Stimme spielt lediglich zwei verschiedene Töne. So können auch Schüler, die bislang noch keine Erfahrung auf dem E-Bass machen konnten, die Basslinie spielen.

Workshop Latin

Das Begleitvideo enthält kurze Clips zur richtigen Handhabung von Cowbell, Guiro, Maracas und Conga. Diese Sequenzen eignen sich auch zur Demonstration im Unterricht.

Weiterführung

Für folgende Lieder und Stücke im Verlauf des Kursbuchs ist der Workshop „Latin" eine hilfreiche Voraussetzung:
- Let's Meet the Beat! (➤ SB, S. 28 f.)
- Mai Nozipo (➤ SB, S. 43)
- Tropical Fruit Market (➤ SB, S. 85)
- Dreiklangs-Calypso (➤ SB, S. 104)
- Summer Holiday (➤ SB, S. 126 f.)
- Pass It On (➤ SB, S. 133)
- Three Little Fishies (➤ SB, S. 134 f.)
- Die Synkope (➤ SB, S. 136 f.)
- Samba-Quartett (➤ SB, S. 159)
- Ein Song für uns (➤ SB, S. 182)
- Ristorante Ritmicale (➤ SB, S. 242)

Zu diesem Werk sind erhältlich:
MusiX 1, Schülerband: HI-S6560, ISBN 978-3-86227-060-6
MusiX 1, Schülerarbeitsheft 1 A: HI-S6561, ISBN 978-3-86227-061-3
MusiX 1, Lösungsheft 1 A: HI-S6833, ISBN 978-3-86227-084-2
MusiX 1, Schülerarbeitsheft 1 B: HI-S6562, ISBN 978-3-86227-062-0
MusiX 1, Lösungsheft 1 B: HI-S6897, ISBN 978-3-86227-100-9
MusiX 1, Audio-CDs: HI-S6563CD, ISBN 978-3-86227-063-7
MusiX 1, Medienbox mit CD-ROM und DVD: HI-S6565CR, ISBN 978-3-86227-065-1
MusiX 1, Testgenerator mit CD-ROM und Audio-CD: HI-S6714CR, ISBN 978-3-86227-079-8

Redaktion: Dr. Daniela Galle
Notensatz: Susanne Höppner, Neukloster
Umschlag: Marinas Werbegrafik, Innsbruck
Umschlagmotive (v. l. n. r.): © ullstein, © Kasseler Musiktage (Pete Checchia, www.petesart.com),
© dpa Picture-Alliance, © getty-images
Layout und Satz: Roman Bold & Black, Köln
Druck und Bindung: Athesia-Tyrolia Druck GmbH, Innsbruck

HI-S6564
ISBN 978-3-86227-064-4

1. Auflage A1[1] / 2012

© 2012 Helbling, Innsbruck • Esslingen • Bern-Belp
Alle Rechte vorbehalten

Dieses Werk ist in allen seinen Teilen urheberrechtlich geschützt. Jegliche Verwendung außerhalb
der engen Grenzen des Urheberrechts bedarf der vorherigen schriftlichen Zustimmung des Verlages.
Dies gilt insbesondere für Vervielfältigungen wie Fotokopie, Mikroverfilmung, Einspeicherung
und Verarbeitung in elektronischen Medien sowie für Übersetzungen – auch bei einer entsprechenden
Nutzung für Unterrichtszwecke.